"十二五"国家重点图书出版规划项目

中·国·省·市·区·地·理

丛书主编 ◎ 王静爱

北 京 地 理

BEIJING DILI

主　编 ◎ 付　华

副主编 ◎ 周　锐

　　　　张明庆

　　　　田至美

北京师范大学出版集团

BEIJING NORMAL UNIVERSITY PUBLISHING GROUP

北京师范大学出版社

图书在版编目（CIP）数据

北京地理/付华著. —北京：北京师范大学出版社，2021.3
（中国省市区地理丛书）
ISBN 978-7-303-17157-6

Ⅰ.①北… Ⅱ.①付… Ⅲ.①地理—北京市 Ⅳ.①K921

中国版本图书馆 CIP 数据核字（2013）第 242580 号

营 销 中 心 电 话　010-58805385
北 京 师 范 大 学 出 版 社
主题出版与重大项目策划部　http://xueda.bnup.com

BEIJING DILI

出版发行：北京师范大学出版社　www.bnup.com
　　　　　北京市西城区新街口外大街 12-3 号
　　　　　邮政编码：100088
印　　刷：三河市兴达印务有限公司
经　　销：全国新华书店
开　　本：730 mm × 980 mm　1/16
印　　张：23
字　　数：388 千字
版　　次：2021 年 3 月第 1 版
印　　次：2021 年 3 月第 1 次印刷
定　　价：98.00 元
审 图 号：GS（2020）5994 号

策划编辑：郭　珍　　责任编辑：杨磊磊　李锋娟　冯　倩
美术编辑：王齐云　　装帧设计：王齐云
责任校对：康　悦　　责任印制：陈　涛

总　序

　　地理的区域性始终是地理学者关注和探讨的重要论题。编纂一套关于中国省市区的地理丛书，对认识中国地理的区域规律和区域发展战略有重要的学术价值，对加深理解中国国情也有着极为重要的现实意义。

　　中国地域辽阔，南北跨越约 5 500 km，东西跨越约 5 200 km，陆地面积约 960×10^4 km²，内海和边海水域面积约 470×10^4 km²。由于中国地域差异大，自然地理呈现出极为丰富的多样性特征；由于中国历史悠久，人文地理也呈现出一派绚丽多姿的景象。自然地理与人文地理在一个行政区内叠加，构成丰富多彩的省市区地理，即组成了环境、资源、人口与发展的区域格局。"中国省市区地理丛书"正是从综合集成的角度，系统地梳理了中国 23 个省、4 个直辖市、5 个少数民族自治区、2 个特别行政区的环境、资源、人口与发展特征，并从全国的角度，阐述了其区域时空变化规律。

　　中国国情特色鲜明，人口众多、地区发展不平衡、环境分布地带性明显、资源保障不平衡等因素较为突出。"中国省市区地理丛书"正是从历史透视的角度，分析了省、直辖市、少数民族自治区、特别行政区地理过程的形成与发展规律，特别是经济与社会的发展格局。在这个意义上说，丛书是对已完成的《中国地理》《中国自然地理》《中国经济地理》等重要著作的补充。

　　"中国省市区地理丛书"的主要功能：一是中国地理课程和乡土地理课程的教学用书和教学参考书，完善高校师生和中学教师的区域地理教学的教材支撑体系；二是降尺度认识区域地理的科学著作，为区域研究者提供参考；三是从地理视角对中国国情、省情、县情的系统总结，为国民尤其是各级管理人员提供地理信息和国情教育参考。

　　"中国省市区地理丛书"的编纂，对深化辖区主体功能区的规划，加快缩小区域差异，特别是城乡差异，探求可持续发展的区域模式，加强生态文明建设等有着极为重要的意义。科学发展模式的确立，需要客观把握国情、省情、县情，也需要认识辖区的地理规律。经过改革开放和经济发展，中国各省市区的地理格局也发生了重大变化，对于任何一个省市区来说，今天的发展都离不开与相邻的省市区甚至国家和地区的密切合作。了解邻接省市区的地理格局，对构建相互合作的区域模式和网络有着重要的实践价值。特别是处在同一个大江大河流域，或处在受风沙影响的同一个沙源区，或处在共同受益的一个高速交通线或空港枢纽区的省市区，更需要相互间的了解和理解、合作与协同，以追求共同发展，实现双赢或多赢的目标。

"中国省市区地理丛书"可以使读者更全面地认识中国的地理时空格局，加深对中国国情方方面面的理解；也能在省市区的尺度上，对中国地理进行系统而综合的深化研究；并能帮助决策者从省市区对比的角度，更客观地审视和厘定本辖区的发展模式。

"中国省市区地理丛书"由35本组成，包括1本《中国地理纲要》和23个省、5个少数民族自治区、4个直辖市和2个特别行政区的34本分册。每一本省级辖区地理图书都突出其辖区的地理区位，区域环境、资源、人口与发展的总体特征，区域地理的时空分异规律，区域生态文明建设与可持续发展的对策和建议等。此外，对省级区域地理，在突出辖区整体性特征的同时，更要重视辖区的区域差异，特别是城乡差异；对直辖市的区域地理，在突出其城市化的区域差异的基础上，高度关注城市可持续发展遇到的突出的地理问题；对少数民族自治区的区域地理，在高度关注其自然环境多样性的同时，突出其民族自治区域的特色，特别是语言、文化等文化遗产的区域特征；对特别行政区地理，更加关注其特殊发展历程及国际化进程的地理特色和人口高度密集区域的可持续发展模式等。

大部分分册具有统一的体例和结构框架，包括总论、分论和专论三个部分。

总论，是各分册的地理基础，是丛书各分册之间可比较的部分，主要阐述各省市区的地理区位、地理特征和地理区划。地理区位是区域地理的出发点，强调从自然生态、文化和经济等多个视角，理解地理区位的特点和优势，结合行政区划与历史沿革，凸显各省市区的国内地位与区际联系。地理特征是区域地理的基础和重点内容，也是传统地理描述的精华，强调以自然地理和人文/经济地理要素为基础，以人口、资源、环境与发展（PRED）为综合的地理概括，结合专题地图和成因分析，凸显区域人地关系地域系统特征。地理区划是承上（总论）启下（分论）的重要部分，也是区域地理的理论体现，强调从自然生态、文化与经济的地域差异分析入手，梳理前人对区域划分的认识，凸显自然与人文的综合，最终提出地理分区的方案。

分论，是各分册辨识省市区内地域差异的主体，属乡土地理范畴，具有浓郁的乡土意蕴。依据地理分区方案，各地理区单独成章。每个地理区主要阐述：区域概况、资源与环境特征、产业发展与规划、人地关系与可持续发展、最突出或最重要的地理现象等。

专论，是各分册彰显区域综合分析和深入研究的部分，主要阐述省市区有特色的地理问题。这些特色问题大多是与区域发展联系密切的，在全国范围内具有重要地理意义或地位，有多地理要素相互作用、相互影响产生的区域综合问题，也有自然地理与人文地理相结合的综合命题。这部分内容具有特色性、综合性、研究性，同时展现了具有一定权威性的研究新进展。

组织编纂"中国省市区地理丛书"，需要多方面的合作和投入。北京师范大学区域地理国家级教学团队、全国高校中国地理教学研究会、北京师范大学区域地理研究实验室，承担了这项编撰任务的组织工作。2005 年开始筹备，2006 年由北京师范大学出版社立项资助，后组织包括全国 30 多所师范大学和综合性大学的地理相关专业院系的教师参编本丛书。共分四个组织层次：一是编辑委员会，由王静爱教授担任编委会主任，由各分册主编和北京师范大学区域地理国家级教学团队中的教师共同担任编委会成员；二是审稿专家群，丛书邀请各省市区的区域地理专家，全国高校中国地理教学研究会部分教授、北京师范大学区域地理国家级教学团队中的教授和民俗文化、历史方面的专家担任审稿人，分别审阅丛书部分书稿；三是编务工作组，由苏筠教授担任负责人，由北京师范大学区域地理研究实验室师生组成工作团队；四是出版编辑部，北京师范大学出版社高度重视本丛书，将其列为社内重大选题，先后指派王松浦、胡廷兰、关雪菁、尹卫霞负责协调全套书的编辑出版工作。全套丛书已被评为"'十二五'国家重点图书出版规划项目"。

"中国省市区地理丛书"在由北京师范大学出版社资助的基础上，得到了北京师范大学区域地理国家级教学团队、教育部"211 工程"和"985 工程"项目经费的支持，还得到了北京师范大学地理科学学部、地表过程与资源生态国家重点实验室、环境演变与自然灾害教育部重点实验室和国家自然科学基金委员会创新研究群体科学基金项目(41321001)在人力和物力方面的支持。当"中国省市区地理丛书"呈现在读者面前时，我要感谢全体编著者的辛勤工作与团结合作；感谢各分册的审稿人，他们是(以汉语拼音为序)：蔡运龙教授、崔海亭教授、董玉祥教授、樊杰教授、方修琦教授、葛岳静教授、江源教授、康慕谊教授、梁进社教授、刘宝元教授、刘连友教授、刘明光教授、刘学敏教授、马礼教授、史培军教授、宋金平教授、孙金铸教授、王恩涌教授、王卫教授、王玉海教授、王岳平教授、吴殿廷教授、武建军教授、伍永秋教授、许学工教授、杨胜天教授、袁书琪教授、曾刚教授、张科利教授、张兰生教授、张文新教授、张小雷教授、赵济教授、周涛教授、邹学勇教授等。他们认真、严谨的审稿工作是丛书科学性和知识性的保障。特别感谢赵济教授和史培军教授在丛书编纂、审稿和诸多区域地理科学认识方面的重要贡献和指导；特别感谢编务工作组的青年教师苏筠教授，她为丛书庞大而复杂的编纂工作得以有序进行付出了巨大的精力；特别感谢董晓萍教授和晁福林教授对丛书区域民俗文化和历史相关部分的审阅和提出的宝贵意见。在此我谨向上述各位专家、学者对"中国省市区地理丛书"的指导与支持表示深深的谢意；在全体编著者和审稿专家工作的基础上，"中国省市区地理丛书"还得到了各分册主编所在单位及其他许多单位和专家的大力支持和帮助，特此一并郑重致谢！

　　"中国省市区地理丛书"的编纂工作十分庞杂和艰巨，编著者虽然尽了最大的努力，但由于研究内容涉及面广，经济社会发展变化迅速，加上经验与水平有限，会存在诸多不足和遗憾，尚祈广大读者批评指正。

2017 年 5 月

前　言

　　北京一直致力于建设繁荣、文明、和谐和宜居的首善之区，在 2008 年成功举办了一届有特色、高水平的奥运会之后，继续贯彻和落实科学发展观，一举将奥运理念转化为发展理念，提出了建设人文北京、科技北京、绿色北京的战略目标，提出了建设世界城市的远大构想，建设东方大国之都、引领世界发展的宏伟蓝图逐渐展现。

　　北京自然条件多样，自然资源丰富，历史文化悠久，社会文明先进。在这片物产丰美、人杰地灵的土地上，形成了富有浓郁地域特色的北京脉络。20 世纪 80 年代末期，以霍亚贞先生为首的北京师范学院地理系的老前辈，合力出版了专著《北京自然地理》。其后，有关北京人文地理的研究出现了很多，北京自然地理方面的成果也日渐丰富，但一直没有系统介绍北京自然地理和人文地理的著作问世。

　　在北京师范大学王静爱教授的大力指导下，《北京地理》编写组悉心学习、潜心钻研、不敢怠慢，终于完成这部书稿。其中首都师范大学张明庆负责第一章、第三章；首都师范大学张明庆、中国地震局地震预测研究所周锐负责第二章；首都师范大学田至美负责第四章、第九章；中国地震局地震预测研究所周锐负责第五章、第七章；中国地震局地震预测研究所李晓波负责第六章、第八章；首都师范大学付华负责第十章、第十一章，首都师范大学李宏负责第十二章、第十三章，付华统筹全稿。另外，参与组织资料和讨论的有徐建英、张胜男、赵艳昆、杜笑典、张桂黎、薛原等。京源学校宋波提供了部分照片。

　　感谢苏筠教授的鼎力支持和帮助。感谢叶琳的信息支持。同时，在此对有关专家的审稿深表谢忱，感谢北京师范大学出版社的大力支持。

编写组

2020.7.5

目　录

第一篇　总　论/1

第一章　北京的地理区位和行政区沿革　　3

第一节　概　况　　3

第二节　北京的地理区位　　6

第三节　北京的行政区沿革　　9

第二章　北京自然地理特征　　16

第一节　北京的地质与地貌　　16

第二节　北京的气候与水文　　49

第三节　北京的生物与土壤　　70

第三章　北京人文地理特征　　87

第一节　北京城市规划定位与发展　　87

第二节　北京主要产业部门　　95

第三节　北京人口地理　　111

第四节　北京文化地理　　119

第四章　区域功能定位与发展差异　　128

第一节　区域功能定位的影响因素　　128

第二节　地理区域划分与区域功能定位　　134

第三节　各功能区域的发展差异　　144

第二篇　分　论/155

第五章　首都功能核心区　　157

第一节　概　况　　157

第二节　北京市人口最密集的地区　　161

第三节　核心区空间对称性　　168

第四节　历史文化保护区　　173

第五节　商业、金融业繁荣发达　　179

第六节　疏解非首都功能　　181

第六章	城市功能拓展区	184
	第一节　概　况	184
	第二节　国际交往中心——朝阳区	187
	第三节　高科技文化产业中心——海淀区	190
	第四节　高端产业发展区——丰台区	194
	第五节　首都文化娱乐休闲区——石景山区	197
第七章	城市发展新区	200
	第一节　概　况	200
	第二节　北京城市副中心	209
	第三节　城市发展新区人口快速集聚	215
	第四节　高教园区和科技创新园区	222
	第五节　临空经济区	226
第八章	生态涵养发展区	229
	第一节　概　况	229
	第二节　生态涵养发展区旅游文化景区	234
	第三节　生态涵养发展区特色农业	240
	第四节　生态涵养发展区生态保护	242

第三篇　专　论／245

第九章	交通枢纽	247
	第一节　大北京地区交通体系特征	247
	第二节　对外交通	251
	第三节　市域交通与城乡联系	255
	第四节　公共交通系统	257
第十章	北京的战略定位	260
	第一节　政治中心	261
	第二节　文化中心	261
	第三节　国际交往中心	266
	第四节　科技创新中心	269
第十一章	国际性大都市	272
	第一节　文明古都	272
	第二节　中华人民共和国成立以来的发展	274
	第三节　迈向国际化大都市的北京	278

第十二章　北京和首都圈　284

第一节　首都圈范围和特征 ……………………… 284

第二节　首都圈中的北京 …………………………… 301

第三节　雄安新区 ……………………………………… 308

第十三章　区域可持续发展　312

第一节　水问题 …………………………………………… 312

第二节　风沙问题 ……………………………………… 324

第三节　大气污染 ……………………………………… 331

第四节　山区生态退化与修复 …………………… 338

思考题　342

参考文献　344

第一篇　总　论

第一章　北京的地理区位和行政区沿革

章前语

北京，简称"京"，是中华人民共和国的首都，是全国的政治中心、文化中心、国际交往中心、科技创新中心，是世界著名古都和现代化国际城市。早在距今约 70 万年前，著名的"北京人"就已经在这片土地上繁衍生息，燃起了人类文明之火，创造了辉煌的远古文化。历经朝代的更迭交替、历史的兴衰起伏，北京地区的文明之火生生不息、从未间断，而且越烧越旺，历久弥新。当代北京是历史与现代交织融合的北京，充分彰显了北京深厚的文化底蕴和现代化气息。

本章作为本书首章，主要介绍北京的概况和地理区位特征，以及北京的行政区历史沿革。范镇在《幽州赋》中记载："是邦之地，左环沧海，右拥太行，北枕居庸，南襟河济，形胜甲于天下，诚天府之国也。"傍山面海、腹地辽阔的北京，具有优越的自然区位条件。北京在经济发展中的优势，以现代服务业最为明显，包括金融、保险、物流、商业贸易等。同时，它是国家经济决策、管理机构，国家市场准入和监管机构，国家级国有企业总部，国家主要金融、保险机构和相关社会团体等机构所在地。国内外诸多著名企业都把北京市场作为发展重点，北京的市场优势也非常明显。

关键词

首都；地理区位；北京湾；军事重镇；行政区沿革

第一节　概　况

北京是中华人民共和国的首都。北京位于中国华北地区北部，东面与天津市毗连，其余均与河北省相邻。自古以来，北京就是我国中原地区联系东北和西北地区的交通要冲、经济重镇和文化交流中心。作为中国的首都，它是"环渤海经济圈"的核心城市，具有辐射带动全国的作用。

早在距今约 70 万年前，著名的"北京人"就已经在这片土地上掀开了繁衍生息的历史篇章。"北京人"的故乡就在北京房山的周口店。周口店遗址是世界上更新世古人类遗址中内涵最丰富、材料最齐全、最有研究价值的，是唯一保存了纵贯约 70 万年的史前人类活动遗迹的遗址，在世界范围内也是一处有关人类起源与演化研究的圣地。在漫长的历史岁月中，距今约 10 万年前的旧石器时代中期的新洞人、距今约 4 万年前的旧石器时代中期的田园洞人、距今约 3.4 万年前至 2.7 万年前的旧石器时代晚期的山顶洞人都曾在这里居住过。

距今约 1 万年至四五千年期间，北京地区处于新石器时代。当时，人们以血缘关系为纽带结成原始氏族公社，在北京地区到处都能够发现先民们生活与斗争的遗迹。在北京门头沟地区生活着东胡林人，他们将遗骸掩埋在黄土台地上，说明当时的人们可能已经抛弃了祖先世代居住的岩洞，开始在谷地间的黄土台地上开辟出劳动和生活的新天地。这一时期北京地区的文化遗址分布广泛，近郊的海淀、朝阳，西南的房山，东南的通州，东北的平谷、密云，西北的昌平、延庆以及北面的怀柔，都发现过新石器时代的石斧、石铲、石凿以及石纺轮等文化遗物。平谷上宅与北埝头、昌平雪山村古文化遗址，典型地代表了北京地区从新石器时代早期、中期、晚期到夏商的基本线索，体现着北京先民从原始社会过渡到奴隶制时代的进程。

西周时期，燕国都城的建立开启了北京 3 000 余年的建城史。在这 3 000 余年中，朝代更迭交替、历史兴衰起伏，北京地区的文明之火却生生不息。秦汉时期，这里是镇守东北方和北方的边城重镇；魏晋时期，它成为北方封建割据势力的一个中心；隋唐五代时期，此地名"幽州"，始终有少数民族迁居到这里，它不仅是北方的军事重镇，也是北方农业居民和牧业居民物资交流的中心，不同民族的文化也在这里交流和传播。

在辽代，当时的北京是陪都——辽南京。辽南京城人口稠密、市井繁荣，经济发达，文化昌盛。随着城市地位的不断提高，辽南京逐步具备了部分首都功能，拉开了其建都历史的序幕。金中都的建立标志着北京开始成为一代王朝的正式首都，至今北京已有 800 多年的建都史。元代，北京地区建有大都城，它是当时最大的商业中心，也是当时重要的国际政治和贸易中心。元代先后开凿了济州河、会通河和通惠河，贯通了南抵杭州、北达大都城的大运河，使大运河延长到当时的积水潭，使南方的漕粮和货物可以直接运达大都城。明永乐年间，明成祖朱棣迁都北京，这对于统一的多民族国家的巩固和发展以及北京自身的发展，都有着重要的作用。当时，贯通南北的大运河将全国各地的物资源源不断地运抵北京，农业、手工业技术也在这里得到广泛的交流，北京的经济有了显著的发展。清代，北京被称为"京师"，仍为首都，它在人民生活中的地位日益突出，成为维系各民族的政治中心，同时又是清朝统治全国的基地。这时的北京比历史上很多朝代更为重视发展汉族和兄弟民族在经济、政治和文化上的往来与合作。

近代的中国逐步沦为半殖民地半封建社会，世界闻名的古都北京也进入了多灾多难的历史时期。1860 年，英法联军攻占北京，给北京造成了永远难以平复的创伤。1895 年，日本以攻占北京相威胁，强迫清政府签订了丧权辱国的《马关条约》。1900 年，八国联军攻占北京城，使北京又一次惨遭浩劫。1912 年 2 月，清帝在北京颁布退位诏书，几千年的封建制度被推翻，民主共和的观念自此深入人心。

1912 年至 1928 年，北京是各派军阀争夺的中心。1928 年，北洋军阀的统治被推翻，北京暂时失去了昔日的崇高地位，但仍是北方的政治与军事重镇。1937 年，震惊中外的"七七事变"在北京爆发，标志着中华民族全面抗战的开始。之后，北京一直处于日本侵略者的军事占领之下，直至 1945 年，此时古老的北京已是满目疮痍。北京是一座英雄的城市，现代中国的许多先进思潮、进步运动都是在北京产生的，北京是中国共产党的发祥地之一。北京人民在中国共产党的领导下，经过 28 年艰苦卓绝的英勇奋斗，终于在 1949 年迎来了古都的新生。

中华人民共和国成立后，经过 70 余年的发展，北京已经成为现代化国际大都市。当代北京是历史与现代交织融合的北京，既有深厚的文化底蕴，又有浓郁的现代化气息。北京有红墙金瓦的紫禁城，有蜿蜒巍峨的长城，有造型奇特的"鸟巢"，有高耸入云的"国贸三期"。在这里，历史与现代相映成趣，共同构成一张北京所特有的城市名片。

截至 2015 年年底，北京市共有常住人口 2 170.5 万人，其中户籍人口为 1 347.9 万人、外来人口为 822.6 万人。北京市是中国第一个齐聚了 56 个民族的城市，其中 95.69% 的人口为汉族。据第六次人口普查数据，北京市少数民族人口为 80.1 万人，主要集中在牛街、马甸、上地、常营等地区。截至 2016 年年底，北京市共有常住人口 2 172.9 万人，比 2015 年年底增加 2.4 万人，增长 0.1%；增量比上年减少 16.5 万人，增速比上年回落 0.8 个百分点。2016 年，北京实现地区生产总值 24 899.3 亿元，按可比价格计算，比上年增长 6.7%。其中，第一产业增加值为 129.6 亿元，下降 8.8%；第二产业增加值为 4774.4 亿元，增长 5.6%；第三产业增加值为 19 995.3 亿元，增长 7.1%。2016 年，北京居民人均可支配收入为 52 530 元，比上年增长 8.4%，扣除价格因素，实际增长 6.9％。其中，城镇居民人均可支配收入为 57 275 元，增长 8.4％；农村居民人均可支配收入为 22 310 元，增长 8.5％。扣除价格因素，城乡居民收入分别实际增长 6.9％和 7.0％。

第二节　北京的地理区位

一、北京的地理坐标、时间和市域范围

北京市位于华北平原北部，四周与河北省和天津市接壤。北京市位于东经 115.7°～117.4°，北纬 39.4°～41.6°，处于国际时区东八区。中国国家标准时间就是北京时间，以北京所在的东八时区的区时作为标准时间。北京时间并不是北京的(116.4°E)地方时间，而是东经 120°的地方时间。

北京市域范围东至密云区花园村东，西至房山区蒲洼乡鱼斗泉村西，北至怀柔区喇叭沟门满族乡石洞子村北，南至大兴区榆垡镇石佛寺村东南。

北京市的东至点位于密云区新城子镇花园村东黑谷关，又名"黑峪关"，简称"黑关"。明代在这里筑城建关，现在这里的村落仍称黑关。黑谷关是明长城在北京最东端的一处关隘，"北京第一缕阳光"又被称为"京都晨曦"，就照射在黑谷关的烽火台上。

北京市的西至点位于房山区蒲洼乡鱼斗泉村西。鱼斗泉村是北京最西的行政村，故有"京西第一村"之称，整个村落沿山谷而建，紧邻 108 国道，翻过一道山梁便是河北省涞水县九龙镇。

北京市的北至点位于怀柔区喇叭沟门满族乡石洞子村北。石洞子村与河北省丰宁满族自治县交界，素有"首都北大门"之称。石洞子村是一个小山村，村舍分布在 111 国道两侧，因村西山下巨大的天然石洞而得名，村民大都是满族人。

北京市的南至点位于大兴区榆垡镇石佛寺村东南的永定河边。石佛寺村位于大兴区榆垡镇最南端，向南不远隔永定河与河北省固安县相望。它是北京市最南边的村落，故有"京南第一村"之称。清康熙年间，因连日暴雨导致永定河水猛涨，洪水泛滥，有九尊石佛从上游漂来，当漂至今天的石佛寺村附近时，便被冲到河岸上。人们认为"石佛落脚"乃是吉祥之兆，故将石佛抬回村子，随后募捐修了一座庙宇供奉石佛，希望佛祖保佑，以避洪水灾害。因供奉的是石佛，故称石佛寺，其所在的村子也被称为石佛寺村。

二、北京的自然区位

北京市地处中纬度地区，具有显著的暖温带半湿润大陆性季风气候特征，

四季分明。春季升温快速，夏季炎热多雨，秋季天高气爽，冬季寒冷干燥。该特征对于本地区其他自然要素和社会经济活动有着深刻的影响。

地处华北平原西北隅的北京，西、北和东三面环山，东南部面向华北平原，地势西北高、东南低，东南距渤海约 150 km（见图 1-1）。截至 2018 年，全市辖区总面积为 16 410.54 km²。其中，山地约占 2/3，平原约占 1/3。北京西部的山地称西山，是太行山脉的余脉；北部、东北部的山地属燕山山脉；中部和东南部的北京小平原是华北平原的一部分。山地海拔大部分在 300～1 500 m，平原海拔大部分在 20～60 m。河流多是西北—东南走向，主要有永定河、潮白河、温榆河，以及大清河水系的大石河、拒马河。太行山和燕山在南口关沟相交，两山合围出西、北环山，东、南向海的半封闭地形，形如海湾，北京小平原位于其中，人们形象地称之为"北京湾"。诚如《幽州赋》所云："是邦之地，左环沧海，右拥太行，北枕居庸，南襟河济，形胜甲于天下，诚天府之国也。"傍山面海、腹地辽阔的北京，具有优越的自然区位条件。

图 1-1　北京市地势图

三、北京的经济区位

北京经济伴随着城市性质和功能而发展变化。进入21世纪以后，确立了优化第一产业、做强第二产业、做大第三产业的发展战略。

北京市形成了多种经济结构和大、中、小企业并举，规模较大、门类比较齐全、综合配套能力较强的工业体系。中华人民共和国成立以后，北京完成了以商业为主的消费性城市向以发展工业为主的生产性城市的转变。20世纪50年代至70年代是北京市工业布局基本框架形成的重要时期，一些特大型企业，如首钢和燕山石化都是在这一时期发展起来的。1958年首钢建起我国第一座侧吹转炉，实现从炼铁到炼钢的转变；1964年首钢建成了我国第一座30吨氧气顶吹转炉。1969年燕山石化一期工程投产，结束了北京和华北地区所用油品由外地调运的历史；1973年6月燕山石化引进并建设了我国第一套30万吨/年乙烯装置。

20世纪80年代，随着城市规模的扩大，第三产业在中心城区不断集聚，北京的工业布局进行了调整，实施以解决污染扰民为目的的企业搬迁和在郊区组建工业科技园区的策略。20世纪90年代，随着各类开发区在空间上的拓展，工业布局逐步在郊区展开，中心城区工业加大了搬迁改造的力度，第三产业则在中心城区加速发展，形成了传统产业与现代服务业并存的格局。

北京逐步发展形成以高新技术产业和现代制造业为主体，以优化改造后的传统优势产业为基础，以都市型工业为重要补充的新型工业结构。大力支持发展电子信息、光机电、生物医药、汽车制造、新材料等高新技术产业和现代制造业，鼓励发展服装、食品、印刷、包装等都市型工业，限制和转移无资源条件的高消耗、重污染的产业。

农业全面发展，农村经济呈现农、林、牧、副、渔、工、建、运、商、服十业并举、协调发展的局面。都市型现代农业代表着我国农业和农村生产力的最高水平，展现着中国农业和农村经济社会生活进步的方向，是我国农业中富有发展潜力的类型。北京是我国都市型现代农业的发源地和代表性地区之一，都市型现代农业已经被作为北京农业的发展方向。在《北京市国民经济和社会发展第十一个五年规划纲要》的重点专项规划——"新农村建设发展规划"中就已经确定，按照"生态、安全、优质、集约、高效"的都市型现代农业发展方向，以服务城市、改善生态和增加农民收入为宗旨，提高农业综合生产能力、社会服务能力和生态保障能力，实现功能多样化、布局区域化、设施现代化、生产标准化、经营产业化、产品安全化、景观田园化、环境友好化。

北京在经济发展中的优势，以现代服务业体现得最为明显，包括金融、保险、对外经济等。2019 年，北京市第三产业增加值比上年增长 6.4%，对经济增长的贡献率达到 87.8%。其中，金融、信息服务、科技服务等优势行业持续发挥带动作用。从收入来看，2019 年 1 月至 11 月，规模以上金融业，信息传输、软件和信息技术服务业，科学研究和技术服务业法人单位收入占第三产业收入的比重合计为 36.6%，同比提高 3.6 个百分点。

2019 年年末，全市金融机构(含外资)本外币存款余额为 171 062.3 亿元，比年初增加 13 922.4 亿元。全市金融机构(含外资)本外币贷款余额为 76 875.6 亿元，比年初增加 6 232.9 亿元。

2019 年全年，北京市实现原保险保费收入 2 076.5 亿元，比上年增长 15.8%。其中，财产险保费收入 454.8 亿元，人身险保费收入 1 621.6 亿元。全年各类保险赔付支出 719 亿元，增长 14.2%。其中，财产险赔付 269.3 亿元，人身险赔付 449.6 亿元。

2019 年全年，北京地区进出口总值为 28 663.5 亿元，比上年增长 5.4%。其中，出口 5 167.8 亿元，增长 6.1%；进口 23 495.7 亿元，增长 5.3%。

北京市商业十分发达，形成了"多种经营形式，多渠道流通体制"的新格局，可以供应种类繁多的国内外农副产品和食品。北京的市场消费能力快速提高，特别是作为经济飞速发展的中国的首都，具有极强的市场示范效应和辐射效应。

同时，北京是国家经济决策、管理机构，国家市场准入和监管机构，国家级国有企业总部，国家主要金融、保险机构和相关社会团体等机构所在地。国内外诸多著名企业都把北京市场作为发展重点。北京的市场优势也非常明显，包括市场容量、示范效应等。

北京的信息优势也十分明显，体现在北京有接近世界领先水平的硬件设施，在全国处于绝对领先地位。北京是全国的信息中心，信息资源极为丰富。

第三节　北京的行政区沿革

行政区划是为分级管理而实行的国土和政治、行政权力的划分。秦代统一全国后，为了加强中央集权，实行了郡县制，确立了行政区划制度。其后，历代行政区域划分均有所变更。历史上的全国行政区划中，北京市不是独立的行政单位，没有统一的固定名称。北京的行政区是随着历史的发展不断变动而形成的。

一、历史时期行政区的变化

《周礼·职方》中关于北京地区的记载称"东北曰幽州"，燕地称"幽都"或"幽州"。黄帝部族在幽州建立北京地区最早的都邑，称为"幽都"。夏商周时期，北京隶属幽州。至西周，实行分封制，把王族与功臣分封到国家的各个地方，建立起众多诸侯国，数量超过百个。北京地区有蓟和燕两个诸侯国，唐代张守节《史记正义》记载"蓟微燕盛，乃并蓟居之，蓟名遂绝焉"，指春秋初期燕兼并蓟，战国时燕为七雄之一，都城为蓟。

秦统一全国后，废除分封制，实行郡县制。现今北京市境分属广阳郡及其以北的上谷、渔阳等郡。

两汉、晋时期，今境皆属幽州，以蓟城为固定治所。

三国时期，辖区属于曹魏领地——幽州。十六国时期，后赵、前燕、前秦、后燕等分裂割据政权先后占有幽州地区。北魏实行州、郡、县三级制，目前北京市境分属于幽州燕郡、渔阳郡、范阳郡，燕州上谷郡，安州密云郡、广阳郡等。

隋代实行州、县二级制。大业初，又"改州为郡"，变为郡、县二级制。今北京地区分属涿郡、安乐郡和渔阳郡。

唐代实行道、州（郡）、县三级制。北京地区分属河北道幽州范阳郡、檀州密云郡、妫州妫川郡和蓟州渔阳郡。

五代仅后梁、后唐占有北京地区，当时幽、檀、妫、儒、顺、蓟等州仍沿唐旧制。后晋时石敬瑭割幽、蓟等十六州予契丹。契丹会同元年（938年）升幽州为南京，又称燕京，建为陪都。大同元年（947年）耶律德光改国号为辽。辽代实行道、府、州、县四级制。北京地区分属南京、西京、中京三道。辽开泰元年（1012年），改南京幽都府为燕京析津府。

金代实行路、府、州、县四级制。金贞元元年（1153年），女真人把都城从松花江上游迁至燕京，改名中都，为金王朝都城，是北京正式建都之始。金于中都置中都路，统府一、节镇三、刺郡十、县四十九、镇七。今怀柔区北部和密云区西部山区，则属北京路兴州地。

元代实行省、路、府、州、县五级制。忽必烈于至元元年（1264年）八月颁诏以燕京为中都，作为陪都。后又在中都东北郊外以积水潭为中心另建新城，为北京城奠定了基础。至元八年（1271年）十一月，定国号为大元。次年二月，忽必烈改中都为大都，并从上都迁都于此。元大都置中书省，大都路领大兴府。今怀柔区北部、延庆区西北部及密云区西部山区，则属上都路宜兴州地。

明代实行省(布政使司)、府、州、县四级制。明初建都应天府(南京),改大都为北平,大都路为北平府。明永乐元年(1403年)改北平为北京,乃今得名之始,又改北平府为顺天府。永乐十九年(1421年)明成祖朱棣将都城从南京迁到北京,以顺天府北京为京师,亦称北直隶。京师所辖的八府、二直隶州、十七个属州和一百一十六县中,与北京市相关的是顺天府。顺天府辖五州、二十二县。延庆直隶州及所领永宁县亦在今北京市境。今怀柔区北部和密云区西部山区,则为蒙古朵颜部驻牧地。

清代实行省、府(直隶州、直隶厅)、散州(散厅)县三级制。清改明京师(北直隶)为直隶省,与北京市相关的有顺天府、延庆直隶州,承德西南隅和独石口厅东南隅亦与今北京市境相连。清初顺天府只管辖大兴、宛平二县。至乾隆八年(1743年)定顺天府属共二十四州县。延庆直隶州亦在今北京市境。

1912年1月1日中华民国成立,孙中山在南京任临时大总统。同年,北洋军阀袁世凯窃取民国总统职位后仍定都北京。同年,北洋政府废全国府、州而称县,直隶于省,唯有顺天府不改,仍属直隶省。1914年设立京都市政公所,将顺天府改为京兆特别区,又称京兆地方,辖二十四县。今延庆区尚属直隶省口北道。同年,原口北三厅改设察哈尔特别区,承德府改设热河特别区。1928年,北伐战争后国民政府取代北洋政府,迁都南京,北京改名北平,设置北平特别市,直属行政院。同时,改直隶省名为河北,撤销京兆地方,所属各县皆改隶属河北省。又将察哈尔特别区与热河特别区改为省建制。今延庆区属察哈尔省,而怀柔区北部和密云区西部山区则属热河省滦平县。次年,成立北平特别市筹备自治办事处。1930年,北平特别市降为河北省辖的北平市,北平特别市筹备自治办事处亦改为北平市筹备自治委员会,同年12月,又恢复为院辖市。

1937年“七七事变”爆发后,北平沦陷,日伪改北平为北京,但中国政府不予承认,北平之称仍在沿用。后来,北平附近长城内各县属伪河北省津海道或燕京道管辖,长城外各县则属伪蒙疆联合自治政府管辖。抗日战争期间,曾在北平西部和北部山区设有一批联合县,为抗日民主政权。

1945年抗战胜利,国民政府恢复北平市,直属行政院。周围各县仍属河北省,延庆县属察哈尔省,滦平县(其西北隅在今北京市境)则属热河省。1947年,北平市4个郊区拆分为8个区,北平市辖区增至20个。此建制延续至1949年北平和平解放。

二、中华人民共和国成立后行政区的变化

1949 年 1 月 1 日，中国人民解放军北平市军事管制委员会和北平市人民民主政府宣告成立。1 月在国民党时期 20 个区的基础上临时划定了 32 个区，4 月将 32 个区合并为 26 个区，6 月接管任务完成后调整为 20 个区。9 月 21 日至 30 日举行的中国人民政治协商会议第一届全体会议决定采用公元纪年。1949 年 10 月 1 日起，北平市更名为北京市，定为中华人民共和国首都。至 1949 年年底，北京市辖 20 个区，以数字编号命名，其中市区管辖第一区至第十二区，郊区管辖第十三区至第二十区。

(一)20 世纪 50 至 70 年代行政区的变化

1950 年 4 月，将城区 12 个区调整合并为 9 个区，郊区 8 个区调整合并为 7 个区。

1952 年 6 月，北京市人民政府将城区和郊区的 16 个市辖区，调整合并为 13 个市辖区。将城区内由 9 个区，调整合并为 7 个区；郊区由 7 个区，调整合并为 6 个区。具体做法为：撤销第五区，其行政区域分别并入第一、第二、第三、第四区；撤销第九区，其行政区域分别并入第七、第八区；撤销第十四区，其行政区域分别并入第三、第四、第十、第十三区。13 个区不再以数字编号命名，改为以地域命名：第一区更名为东单区，第二区更名为西单区，第三区更名为东四区，第四区更名为西四区，第六区更名为前门区，第七区更名为崇文区，第八区更名为宣武区，第十区更名为东郊区，第十一区更名为南苑区，第十二区更名为丰台区，第十三区更名为海淀区，第十五区更名为石景山区，第十六区更名为门头沟区。7 月将河北省宛平县及房山、良乡二县的部分行政区域划归北京市。9 月撤销宛平县和门头沟区，设立京西矿区，以宛平县、门头沟区及河北省房山、良乡二县划归北京市的部分行政区域为京西矿区辖域。

1956 年 3 月，经国务院批准，将河北省昌平县划归北京市，同时更名为昌平区；将河北省通县所属的金盏、长店、北皋、孙河、崔各庄、上新堡、前苇沟 7 个乡划归北京市。

1957 年 9 月，经国务院批准，将河北省大兴县新建乡划归北京市南苑区；10 月，将彭庄(永定门火车站)地区划归北京市崇文区；12 月，将河北省顺义县的中央机场场区和进场公路划归北京市东郊区。

1958 年 3 月，经国务院批准，将河北省通县专区所属通县、顺义、大兴、良乡、房山县和通州市划归北京市。4 月，撤销前门区，原辖区分别并入崇文、宣武两区；撤销石景山区，原辖区分别并入丰台区、海淀区和门头沟区。

5月，将东郊区更名为朝阳区，京西矿区更名为门头沟区。撤销东单、东四两区，合并改为东城区；撤销西单、西四二区，合并改为西城区；撤销通县和通州市，合并改为通州区；撤销良乡县和房山县，合并设立周口店区；撤销大兴县，改为大兴区；撤销南苑，原辖区分别划归朝阳区、丰台区和大兴区；撤销顺义县，改为顺义区。10月，将河北省平谷县、密云县、怀柔县、延庆县划归北京市。是年，北京共辖东城、西城、崇文、宣武、海淀、朝阳、丰台、门头沟、大兴、周口店、通州、顺义、昌平13个区，平谷、密云、怀柔、延庆4个县。至此，北京行政管辖区域的格局基本形成。

1960年1月，经国务院批准，撤销大兴、周口店、通州、顺义、昌平5个区，恢复县建制，同时将周口店区更名为房山县。

1963年7月，经北京市人民委员会批准，设立石景山办事处(区级)。

1967年8月，北京市革命委员会将石景山办事处更名为石景山区。

1974年8月，北京市革命委员会设立北京市石油化工区办事处(区级)，以房山县的部分地区为其行政区域。

截至1979年年底，北京市辖东城、西城、崇文、宣武、海淀、朝阳、丰台、门头沟、石景山9区和昌平、延庆、怀柔、密云、顺义、平谷、通县、大兴、房山9县，以及北京市石油化工区办事处。

(二)20世纪80年代以来行政区的变化

1980年10月，经国务院批准，撤销北京市石油化工区办事处，设立燕山区。

1986年11月，经国务院批准，撤销房山县和燕山区，合并设立房山区。

1997年4月，经国务院批准，撤销通县，设立通州区。

1998年3月，经国务院批准，撤销顺义县，设立顺义区。

1999年9月，经国务院批准，撤销昌平县，设立昌平区。

2001年3月，经国务院批准，撤销大兴县，设立大兴区。

2002年2月，经国务院批准，撤销怀柔县和平谷县，设立怀柔区和平谷区。

2010年7月，经国务院批准，撤销北京市东城区、崇文区，设立新的北京市东城区，以原东城区、崇文区的行政区域为东城区的行政区域；撤销北京市西城区、宣武区，设立新的北京市西城区，以原西城区、宣武区的行政区域为西城区的行政区域。

2015年11月，经国务院批准，撤销密云县、延庆县，设立密云、延庆区。至此，北京告别县治时代。

截至2019年，北京市辖东城、西城、海淀、朝阳、丰台、门头沟、石景山、房山、通州、顺义、昌平、大兴、怀柔、平谷、密云、延庆 16 个区(见表 1.1)。

表 1.1 北京行政区划现状及其变化

行政区	街道(个)	镇(个)	乡(个)	行政区的变化情况
首都功能核心区				
东城区	17	—	—	1952 年由第七区更名崇文区,1958 年前门区东部并入。1958 年由东单、东四两区合并为东城区。2010 年东城区和崇文区合并
西城区	15	—	—	1952 年由第八区更名宣武区,1958 年前门区西部并入。1958 年由西单、西四两区合并为西城区。2010 年西城区和宣武区合并
城市功能拓展区				
朝阳区	24	—	19	1958 年由东郊区更名
丰台区	16	2	3	1952 年由第十二区更名
石景山区	9	—	—	原第十五区,1958 年撤销并入丰台等区,1963 年设立石景山办事处(区级),1967 年恢复石景山区
海淀区	22	7		1952 年由第十三区更名
城市发展新区				
房山区	8	14	6	1958 年由河北省划归,改设周口店区,1960 年恢复房山县,1986 年撤销房山县、燕山区,改设房山区
通州区	4	10	1	1958 年由河北省划归,改设通州区,1960 年恢复通县,1997 年改设通州区
顺义区	6	19		1958 年由河北省划归,改设顺义区,1960 年恢复顺义县,1998 年改设顺义区
昌平区	8	14		1956 年由河北省划归,改设昌平区,1960 年恢复昌平县,1999 年改设昌平区
大兴区	8	14		1958 年由河北省划归,设大兴区,1960 年恢复大兴县,2001 年改设大兴区

行政区	街道（个）	镇（个）	乡（个）	行政区的变化情况
生态涵养发展区				
门头沟区	4	9	—	原第十六区，1952 年更名为京西矿区，1958 年恢复门头沟区
怀柔区	2	12	2	1958 年由河北省划归，2002 年改设怀柔区
平谷区	2	14	2	1958 年由河北省划归，2002 年改设平谷区
密云区	2	17	1	1958 年由河北省划归，2015 年改设密云区
延庆区	3	11	4	原属察哈尔省，1952 年划归河北省，1958 年划归北京市，2015 年改设延庆区

资料来源：1. 陈潮 . 中国行政区划沿革手册（4 版）［M］. 北京：中国地图出版社，2007.

2. 北京市地方志编纂委员会 . 北京志·综合卷·建置志·地名志·区县概要［M］. 北京：北京出版社，2008.

第二章　北京自然地理特征

章前语

　　北京地区的地质与地貌是北京自然地理环境的基础，与区域经济发展的关系十分密切。燕山和太行山脉交会，因地质作用形成"北京湾"。北京中心城区坐落在永定河的冲洪积扇上，行政副中心（通州）坐落在永定河与潮白河冲洪积扇之间。北京地层除普遍缺失震旦系、奥陶系上统、志留系、泥盆系、石炭系下统、白垩系上统及古近系古新统外，从太古界的古老变质岩系到第四系都有发育，且地层出露良好，厚度大，沉积类型与沉积岩相比较为复杂，生物化石丰富，沉积矿产发育。北京的地貌呈明显的层状结构，东、西、北三面环山，东南为平原。北京地区地处暖温带半湿润地区，气候受蒙古高压的影响，属大陆性季风气候，四季分明，春季多风，夏季多雨，秋季天高气爽，冬季寒冷干燥。北京西北高、东南低，河流大都受地势的影响，流向东南注入渤海。北京市地带性植被类型为暖温带落叶阔叶林，并间有温性针叶林分布。动物区系有属于蒙新区东部草原、长白山地、松辽平原的区系成分，也有属于东洋界季风区、长江南北的区系成分，具有由古北界向东洋界过渡的动物区系特征。土壤形成因素复杂，土壤类型多种多样，地带性土壤为褐土。

关键词

　　暖温带半湿润大陆性季风气候；五大水系；暖温带落叶阔叶林；褐土

第一节　北京的地质与地貌

　　地质与地貌要素是构成区域自然地理环境的基础，是地质历史时期内外力共同作用的产物。它不仅塑造着区域地表形态，而且深刻地影响着区域的气候、水文、土壤、植被、动物等其他自然地理要素。区域地质与地貌是区域自然地理要素耦合作用研究的前提，是综合自然地理区划研究的基础。同时，区域地质与地貌作为自然地理环境的基础，和区域经济发展的关系也十分密切。燕山和太行山脉交会，因地质作用形成"北京湾"。北京中心城区坐落在永定河的冲洪积扇上，行政副中心（通州）坐落在永定河与潮白河冲洪积扇之间。古生代的马家沟组灰岩洞穴为生活在北京的远古先民提供了栖身之所，元古宙的雾迷山组汉白玉大理岩历史上一直是北京的汉白玉石材原料，开采历史悠久的京西煤矿的产煤地层是中生代的窑坡组。研究区域地质和地貌现象，不仅能够认识区域演化的历史，还可以为区域资源开发、灾害预测、工程建设等方面提供科学依据。

一、北京的地质

北京的地质工作开始于 19 世纪 60 年代。北京西山是我国地质工作开展最早的地方，素有"中国地质摇篮"之称。

北京地层属于华北地层分区，除普遍缺失震旦系、奥陶系上统、志留系、泥盆系、石炭系下统、白垩系上统及古近系古新统外，从太古界的古老变质岩系到第四系都有发育。北京各时代地层出露良好，厚度大，沉积类型与沉积岩相比较为复杂，生物化石丰富，沉积矿产发育。其中不少地区的地层与古生物、古人类研究成果闻名中外，如周口店洞穴堆积和北京猿人的发现等。北京地区大地构造处于中朝准地台燕山台褶带中段以及华北断凹西北隅，自太古宙以来，经历了多次构造变动和多旋回、多阶段的地质构造演化。按其沉积建造、构造变动、变质作用和岩浆活动，可划分为迁西、阜平、后吕梁—印支、燕山、喜马拉雅五个旋回，以及前长城期地槽、后吕梁—印支期准地台盖层、燕山—喜马拉雅期濒太平洋大陆边缘活动带三个发展阶段。区域构造基本格架显示出早期的东西向或近东西向隆坳或褶皱断裂被后期的北东、北北东或近南北向褶皱断裂、断坳或断块所交切复合的特点。区内地壳构造发展经历了由以强烈下陷、褶皱活动为主，发展至以稳定隆坳为主，又复以隆褶、断陷以至拉张，呈断块式不断掀斜下沉，形成多旋回螺旋式推进、继承和新生相交替发展演化的过程。

（一）地层

北京地区的地层属华北地层分区晋冀鲁豫地层区，除普遍缺失震旦系、奥陶系上统、志留系、泥盆系、石炭系下统、白垩系上统及古近系古新统外，从太古界的古老变质岩系到第四系都有发育（见表 2.1）。

表 2.1　北京地区地层分布及岩性特征

界	系代号	统	组（群）代号	主要分布地区	岩性特征
新生界 Kz	第四系 Q	上全新统	刘斌屯组（Q_4l）	分布在山间盆地和平原区各河流及其支流的河槽及河漫滩上	为一套由下到上岩性依次为灰黑色淤泥、棕灰色黏土、棕黄色细砂层、褐色砂质黏土含少量腕足类化石、褐色耕植土富含有机质的地层
		中全新统	尹各庄组（Q_4y）	分布于各河流的一级阶地，永定河泛滥平原以及山间盆地、山麓洪积扇之间的洼地和古河道	岩性为黑色泥炭层，纤维状，中部质较纯，可见芦苇根残体，含孢粉及介形虫的地层
		下全新统	肖家河组（Q_4x）	广泛分布于平原地区	为一套冲洪积与湖沼相沉积，岩性一般为黏性土、细砂及沙砾石层，夹沼泽相泥炭层或有机质淤泥层
		上更新统	马兰组（Q_3m）	山区的马兰组分布于西山永定河支流清水河流域的斋堂盆地与延庆盆地及各河流阶地与谷坡上。平原区的马兰组出露于平原北部的二级阶地之上，至南侧隐伏于全新统之下	山区为马兰黄土，以灰黄色或棕黄色粉砂质黏土为主，粒度均匀，多孔隙，常含钙质结核，不含或少含砾石层，在一些剖面中发育1～3层埋藏古土壤层，垂直节理和陡直的沟堑比较发育。平原区岩性为冲洪积相砂、砂砾石，或黄土质黏质砂土（砂质黏土），与下伏地层为平行不整合接触
		中更新统	周口店组（Q_2z）	山区的周口店组下砾石层出露在房山老牛沟沟口，离石黄土分布在山区河谷两侧，如周口店、南口、永定河的三级阶地上更高地貌部位。平原区的周口店组隐伏于平原的东部和北部，其中通州一带最为发育	山区的周口店组指猿人洞第一地点第1～13层的洞穴堆积，是北京人化石产地。同期，洞外的下砾石层和离石黄土堆积。平原凹陷区沉积河湖相的黏性土和砂层，凸起区为山麓相黏性土与砾石沉积，产丰富介形虫、腹足类及植物、孢粉等，与下伏泥河湾组为平行不整合接触

界	系代号	统	组（群）代号	主要分布地区	岩性特征
新生界 Kz	第四系 Q	下更新统	泥河湾组（Q_1n）	洞穴堆积分布太平山北坡大砾岩下，周口店第1地点14～17层，军庄灰峪第18地点等地；河流相砾石沉积分布于长沟峪升平山等地；红色黏土砾石层分布在昌平南口虎峪、龙虎台、红泥沟一带。平原沉积分布在昌平（沙河）、顺义、平谷、通州（夏垫）等地区，为河湖相地层。北京城区有凸起区坡洪积、洪积物	山区的泥河湾组主要有洞穴沉积与山间盆地河湖相沉积，洞穴沉积以黏土、亚黏土、砂土、亚砂土为主，含次生钙质结核及灰岩石块，发育哺乳动物化石。山间盆地河湖相沉积，以灰色、灰绿色黏土为主，上部含淤泥质黏土。边缘过渡为河流相，下部以粗砂、砾石及含黏性土砾石层为主，上部以砂黏质砂土为主。平原岩性为黏性土夹砾石，砂与黏性土互层。在凸起区以坡洪积、洪积为主，岩性为黏性土夹砾石或黏性土与砂互层，局部含钙质结核或钙板
		上新统	天竺组（N_2tz）	仅在北京凹陷东北部出现	一套灰色、灰黑色、棕黄色半胶结泥岩、粉砂岩及砾岩地层，与下伏天坛组为平行不整合接触
	第三系 E＋N	中新统	天坛组（$N_{1-2}t$）	零星出露于海淀复兴路、公主坟附近，其他地区均隐伏于第四系地层之下。据钻孔资料，部分分布于太阳宫、天坛、五棵松、翠微路、金台路及酒仙桥等地，与下伏前门组为角度不整合关系	一套下部浅灰色—粉红色细砾岩为主，夹灰白色含砾硬砂岩，上部红棕色、红褐色、棕褐色粉砂质泥岩为，夹泥质粉砂岩、细砂岩地层
		渐新统	前门组（$E_{2-3}q$）	地表未出露，主要分布在北京城区及东南部	灰色、灰褐色、灰绿色砂质泥岩、粉砂岩与含角砾凝灰岩夹黑色页岩、绿灰色硬砂岩构成的地层，在城区附近夹3～5层玄武岩，与下伏白垩系地层为角度不整合接触
		始新统	长辛店组（E_2c）	分布在丰台区长辛店、辛庄、王佐一带	一套灰白色、紫红色砾岩，砂砾岩夹泥岩、砂质泥岩，细砂岩等地层，发育淡水腹足类、哺乳类化石，与下伏地层为不整合接触

界	系代号	统	组(群)代号	主要分布地区	岩性特征
中生界Mz	白垩系K	下统	夏庄组(Kx)	分布十分局限,仅产出在坨里断陷盆地内,在常乐寺—青龙头水库—大苑村以东,沙锅村—西王佐以西,近圆形分布	以粉砂岩、页岩、砂岩为主,夹有砾岩及泥灰岩,上部紫色粉砂岩中夹有多层石膏层。与上覆地层为不整合接触,与下伏坨里组为整合接触
			坨里组(Kt)	仅产于坨里断陷盆地内,见于坨里、南坊、岗上、羊圈头、辛开口一带	一套由灰紫色、黄绿色、黄褐色厚层砾岩、含砾粗砂岩和各粒级砂岩等多个旋回性基本层序组成,与上覆夏庄组黄褐色砂岩及泥岩和下伏九佛堂组灰黑色页岩均呈整合接触
			九佛堂组(JKj)	仅在丰台山前坨里盆地内有所分布,露头在大灰厂村附近呈带状分布出露	以灰色、绿色为主,间夹灰黄色、灰白色、灰黑色等色,偶见紫色,以钙质、粉砂质页岩、页岩、粉砂岩为主,夹油页岩、泥灰岩、砂岩和砾岩等一套以湖相沉积为主的沉积岩组合,含热河生物群化石
			东狼沟组(JKd)	主要产于坨里火山沉积盆地的北部大灰厂村附近,在东岭盆地的西北部王龙口村以西,杜家庄—镇厂盆地的西部,以及怀柔凯甲坟等地均有出露	主要岩石组合为含集块角砾凝灰岩、角砾凝灰岩、沉凝灰岩、复成分砾岩夹数层玄武岩或粗面岩。含热河生物群早期阶段的一些生物化石组合分子,与上覆九佛堂组整合接触,在层型剖面处与下伏太原组为不整合接触
	侏罗系J	上统	张家口组(JKẑ)	分布于一系列小型火山盆地内,包括东岭盆地、杜家庄—镇厂盆地以及上大水、岔道、怀柔、七道河等断陷盆地;昌平棉山和密云五指山也有小面积出露	广泛分布于冀北及相邻地区,以流纹质熔结凝灰岩、流纹岩和石英粗面岩为主,间夹安山岩、粗安岩和少量紫红色砂砾岩层。有些地方底部常见厚几十米或百米的砾岩、含砾粗砂岩,整合或平行不整合覆盖于土城子组之上,与其上地层为整合接触

界	系代号	统	组（群）代号	主要分布地区	岩性特征
中生界 Mz	侏罗系 J	上统	土城子组（J$t\tilde{c}$）	分布于延庆、怀柔、密云北部，白河堡、千家店、新城子、四海—凤驼梁等地，以及门头沟妙峰山	分布于辽西、冀北地区平行不整合于髫髻山组之上，由紫红色粉砂质页岩、粉砂岩、灰紫色或黄褐色复成分砾岩夹砂岩、灰绿色砂岩、沸石岩、凝灰岩偶夹紫红色砾岩组成的一套沉积序列，与其上覆地层为不整合接触
			髫髻山组（Jt）	西起门头沟百花山，向北延至怀柔长哨营和密云新城子地区均有分布	为一套以中性粗安质熔岩、角砾凝灰岩等火山喷出岩为主，夹有凝灰质砂岩、凝灰质砾岩等的火山岩地层。与下伏九龙山组火山碎屑沉积岩为不整合接触，与上覆土城子组为整合接触
		中统	九龙山组（Jj）	分布于西山地区，出露于百花山、髫髻山向斜的两翼和九龙山向斜、北岭向斜的轴部，昌平十三陵和怀柔范各庄也有小面积出露	为一套灰紫色和灰绿色陆相火山碎屑岩。岩石类型包括砾岩、砂岩、粉砂岩及黏土岩，以及含有大量火山碎屑物质的凝灰质砾岩、凝灰质砂岩和凝灰质粉砂岩。与下伏龙门组为平行不整合接触，与上覆髫髻山组为不整合接触
			龙门组（Jl）	西起门头沟青龙涧至房山秋林铺一带，东至石景山、碧云寺以东，北至门头沟牛站、青白口一线，南到房山猫耳山南麓均有分布	为一套深灰色至灰黑色复成分砾岩、砂砾岩，夹有岩屑砂岩、粉砂岩和煤线。与下伏窑坡组含煤地层和上覆九龙山组灰绿色至紫红色火山碎屑沉积岩均为平行不整合接触

界	系代号	统	组（群）代号	主要分布地区	岩性特征
中生界Mz	侏罗系J	下统	窑坡组（Jy）	西起门头沟清水村和房山宝水村一带，东至石景山、碧云寺以东，北至门头沟牛站、青白口一线，南到房山猫耳山南麓均有分布	为一套以灰绿色、灰黑色砂岩、粉砂岩、泥岩等细碎屑岩为主的含煤地层，岩层中含有丰富的门头沟植物群化石。与下伏南大岭组火山岩和上覆龙门组砂砾岩均为平行不整合接触
			南大岭组（Jn）	北东东向分布于北京西山地区，西起门头沟清水村和房山宝水村一带，东到颐和园和八宝山附近。怀柔年丰、顺义东北地区和东南二十里长山地区，新生代沉积物之下亦有分布	为一套基性火山岩地层。岩性以灰绿色基性变玄武岩为主，夹少量凝灰质砂岩、页岩。与下伏杏石口组砂岩、砾岩和上覆窑坡组含煤细碎屑岩均为平行不整合接触
	三叠系T	上统	杏石口组（Tx）	石景山八大处宝珠洞、门头沟大峪南山、冯村西山一带、百花山东南的莲花庵一带均有分布	为一套灰色、灰黑色砾岩、砂岩、粉砂岩及黏土岩组成的山间河流相沉积地层，局部夹煤线，含有丰富的植物化石。与下伏双泉组灰绿色砂岩为不整合接触，与上覆南大岭组玄武岩为平行不整合接触
		下统	双泉组（PTŝ）	在北京地区较局限，出露在海淀、石景山、门头沟和房山等地，在北岭向斜，九龙山—香峪大梁向斜的两翼分布	为一套岩屑砂岩、粉砂岩及页岩夹砾岩的岩石组合。分两段，下部一段以紫红色的粉砂岩、细砂岩为主，夹灰绿色、黄绿色及灰白色粗砂岩；上部二段主要为灰绿色、灰白色岩屑碎屑岩，凝灰质火山碎屑物质增多。与下伏石盒子组为整合接触，以一层紫色黏土岩做底界；与上覆杏石口组为平行不整合接触

续表

界	系代号	统	组(群)代号	主要分布地区	岩性特征
古生界 Pz	二叠系 P	上统	石盒子组 (Pŝ)	分布于门头沟区、海淀区、石景山区和房山区等地。分布严格受九龙山向斜、鬐髻山向斜、北岭向斜等构造所控制,鬐髻山—百花山向斜的北翼变薄或缺失	华北地层区上古生界上部由灰绿色、灰白色砂岩,黄绿色、杏黄色、巧克力色、灰紫色、暗紫红色粉砂质泥岩、页岩等组成,夹黑色页岩、煤(层)线的岩石组合
		下统	山西组 (CPŝ)	分布于门头沟区、房山区、海淀区、顺义区和通州区等地。分布严格受九龙山向斜、鬐髻山向斜、北岭向斜、大孙各庄向斜等构造所控制,在各向斜的翼部呈带状延伸。鬐髻山—百花山向斜的北翼变薄或缺失	华北地区平行不整合于奥陶系之上的月门沟群(煤系)上部地层,由陆相砂岩、页岩、煤构成的多个旋回层组成,夹层数不等的含舌形贝及双壳类化石的非正常海相层。其下界为太原组最上一层石灰岩顶面,其上界为石盒子组最底部灰绿色长石石英砂岩的底面
	石炭系 C	上统	太原组 (Ct)	分布于门头沟区、房山区、海淀区、顺义区和通州区等地。分布严格受九龙山向斜、鬐髻山向斜、北岭向斜、大孙各庄向斜等构造所控制,在各向斜的翼部呈带状延伸	华北地区不整合于奥陶系地层之上的月门沟群(煤系)下部地层。由海陆交互相的页岩夹砂岩、煤、石灰岩构成的旋回层组成。其底界一般划在湖田铁铝岩段底面;其上以最上部一层灰岩的顶面与山西组为界,为整合接触
	奥陶系 O	中统	马家沟组 (Om)	主要分布于西山。在齐家庄—青白口—淤白一线,呈北东向带状展布;在丁家滩—寨口一带以及周口店—龙宝峪—南窖—磁家务等地均有分布;京东二十里长山也有零星出露	亮甲山组或沙子组之上,本溪组之下的灰色厚层—巨厚层灰岩夹白云岩、角砾状灰岩、角砾状白云岩的岩性组合。顶部与本溪组底部、亮甲山组均为平行不整合接触

界	系代号	统	组（群）代号	主要分布地区	岩性特征
古生界 Pz	奥陶系 O	下统	亮甲山组（Ol）	主要分布在西山地区，京东二十里长山也有出露	冶里组之上、马家沟组之下的灰色厚层燧石结核灰岩、中厚层灰岩夹薄板状灰岩及少量竹叶状灰岩的岩性组合。底界以页岩出现划为冶里组，为整合接触；顶部与马家沟组呈平行不整合接触
			冶里组（Oy）	主要分布在西山，典型剖面位于门头沟丁家滩，青白口也有分布。京东二十里长山少量出露	整合于炒米店组与亮甲山组间，以灰色巨厚层豹皮状灰岩及灰色厚层泥纹灰岩为主，上部夹灰色薄层泥纹灰岩、灰色竹叶状灰岩及少量黄绿色页岩的岩性组合。底界以灰色巨厚层豹皮状灰岩与炒米店组灰色薄层泥质条带灰岩分界；顶界以页岩消失于亮甲山组浅灰色巨厚层含燧石结核灰岩分界
	寒武系 ∈	上统	炒米店组（∈$\tilde{c}m$）	分布于门头沟齐家庄—柏峪—青白口—田庄一带以及九山和下苇甸等地，房山蒲洼—黄土台—班各庄—龙宝峪一带，北山仅出露于怀柔东口楼和河防口一带	以灰色中厚层微晶灰岩、含生物碎屑藻球粒灰岩、鲕粒灰岩、中薄层竹叶状灰岩为主，夹云斑叠层石藻礁灰岩等以灰岩为特征岩石地层单位
		中统	张夏组（∈$\tilde{z}$）	分布于门头沟齐家庄—柏峪—青白口—大村一带以及九山和下苇甸等地，房山蒲洼—黄土台—班各庄—龙宝峪一带，北山零星分布于昌平文殊峪、十三陵，怀柔河防口、九渡河、二道关和密云西智	馒头组之上、崮山组之下的以厚层鲕粒灰岩和藻灰岩为主的夹钙质页岩岩石地层单位。底以页岩或砂岩结束、大套鲕粒灰岩出现划界，与馒头组为整合接触；顶以厚层藻屑鲕粒灰岩结束、薄层粒屑灰岩夹页岩出现划界，与崮山组为整合接触

续表

界	系代号	统	组（群）代号	主要分布地区	岩性特征
古生界 Pz	寒武系 ∈	下统	馒头组（∈m）	在西山，出露于门头沟齐家庄—青白口—大村和九山、下苇甸等地，房山地区分布在蒲洼—黄土台—班各庄—龙宝峪一带，北山地区零星分布于昌平文殊峪、十三陵、龙山，怀柔地区分布在河防口、九渡河、二道关和密云西智	寒武系下部以紫（砖）红色页岩为主，夹云泥岩、泥云岩、白云岩、灰岩和砂岩岩石地层单位。底以灰岩或白云岩组合结束，杂色页岩或云泥岩出现划界，与朱砂洞组为整合接触；顶以页岩或砂岩结束，大套灰岩出现划界，与张夏组为整合接触
		下统	昌平组（∈ĉ）	分布于西山门头沟齐家庄—青白口—大村和下苇甸，房山龙门台—柳林水—鲁家滩—黄山店，北山零星出露于昌平十三陵、怀柔河防口、九渡河、二道关、延庆秤钩湾和密云西智等地	为一套灰色、灰黑色厚层—块状豹斑状粉晶—泥晶白云质灰岩、厚层细粉晶—泥晶灰岩及灰质白云岩，出产三叶虫、腕足类、棘皮类和软舌螺等动物化石。与下伏景儿峪组杂色薄层含泥灰岩和上覆馒头组紫红色页岩均为平行不整合接触
上元古界 Pt₃	青白口系 Qn		景儿峪组（Qnj）	分布于门头沟寺台子、青白口、大村和下苇甸等地，房山长流水—龙门台—柳林水—黄土台以及班各庄—龙宝峪一带，昌平—怀柔地区的十三陵、二道关和河北村等地，以及密云东智、西智	为一套紫红色、紫灰色、灰绿色和蛋青色薄—中厚层含泥白云质灰岩，最底部常有一层含海绿石粗粒长石砂岩或细砾岩。与下伏龙山组整合接触。顶部以白云质角砾岩始现与上覆昌平组分界，为平行不整合或微角度不整合
			龙山组（Qnl）	分布于门头沟寺台子、青白口和下苇甸一带，昌平龙山和怀柔吹风坨，密云东智和西智一带，房山长流水—龙门台—黄土台以及滴水岩—龙宝峪一带	为一套砂岩、砾岩和页岩组合，下部为砾岩、含砾含长石石英不等粒砂岩和粉砂岩，砂岩内普遍含海绿石。上部为紫红色、黄绿色页岩夹薄层海绿石细砂岩。与下伏下马岭组为平行不整合接触，与上覆景儿峪组杂色薄层含泥灰岩为整合接触

界	系代号	统	组（群）代号	主要分布地区	岩性特征
上元古界 Pt₃	青白口系 Qn	青白口系	下马岭组（Qnx）	分布于门头沟沿河城—青白口一带，如沿河城西寺台子、黄土贵、青白口、十三陵—怀柔吹风坨一带，密云地区主要分布在东智、西智，房山西部西台子—长操—岳各庄一带也有分布	由灰色、灰绿色、灰黑色页岩和粉砂岩组成的一套岩石地层，底部见有赤（褐）铁矿扁豆体、铁质粉砂岩及底砾岩，中部夹有饼状泥灰岩，上部为黑色硅质页岩。与下伏铁岭组白云岩及上覆龙山组石英砂岩均为平行不整合接触
中元古界 Pt₂	蓟县系 Jx		铁岭组（Jxt）	分布于门头沟沿河城—十三陵一带，如沿河城西寺台子、雁翅黄土贵、十三陵苏子山。怀柔—延庆地区主要分布在黄坎、吹风坨、柏木井和转山子一带。密云地区主要分布在东智和西智，房山西部西台子—霞云岭—长操—黄山店一带也有分布	洪水庄组之上、下马岭组之下的一套含盆屑、含锰白云岩，紫色、翠绿色页岩，叠层石灰岩及白云质灰岩。其底部以灰白色中厚层中粒石英砂岩与下伏洪水庄组分界，为整合接触；顶以铁矿层及含铁粗砂岩或砾岩始现与上覆下马岭组分界，为平行不整合接触
			洪水庄组（Jxh）	分布于西山、昌平、延庆、怀柔和密云地区，分布面积小。在密云西智一带较厚，西山雁翅黄土贵一带有分布。十三陵德陵北沟、延庆三岔口、怀柔旧水坑、房山两峪口—霞云岭—北直河一带也有分布	雾迷山组之上、铁岭组之下的一套灰黑色、灰绿色、褐灰色、棕黄色含石英粉砂伊利石页岩，上部夹薄层石英砂岩，下部夹板岩含泥砂质白云岩的岩石地层。其底部以黑色粉砂质页岩与下伏雾迷山组分界；顶以灰白色中厚层中粒石英砂岩始现与上覆铁岭组分界，与下伏及上覆地层均为整合接触
			雾迷山组（Jxw）	分布非常广泛，军都山、平谷北山和西山都有出露，尤其在西山地区，约占山区面积的1/3。十三陵一带、密云溪翁庄一带均有分布。平谷南山甘营—夏各庄一带，怀柔丁香沟—杨树底下一带，延庆胡平沟—大观头一带，西山沿河城一带，房山附近均有分布	杨庄组之上、洪水庄组之下的一套富镁碳酸盐岩，夹少量碎屑岩和黏土岩的岩石地层。主要由燧石条带白云岩、叠层石白云岩、沥青质白云岩及少量泥状含粉砂内碎屑白云岩、硅质岩组成。其底部以一层块层藻白云岩与下伏杨庄组分界；顶以黑色粉砂质页岩始现与上覆洪水庄组分界。与下伏及上覆地层均为整合接触

界	系代号	统	组（群）代号	主要分布地区	岩性特征
中元古界 Pt₂	蓟县系 Jx		杨庄组（Jxy）	分布于西山地区马刨泉—了思台一带，南口—十三陵一带，密云水库金叵罗一带，平谷北山地区江水泉—茅山一带，延庆东北部干沟、大荒地一带	高于庄组之上、雾迷山组之下的一套具特殊的红色或红、白相间颜色的含粉砂泥状白云岩，夹燧石白云岩、白云质灰岩及沥青质白云岩的岩石地层。其底部以灰白色泥状含砾砂屑白云岩与下伏地层分界；顶以大套红色岩消失后始现的块层藻白云岩与上覆雾迷山组分界。与下伏及上覆地层均为整合接触
	长城系 Ch		高于庄组（Chg）	分布于南口—十三陵一带、密云水库周边地区、平谷北山、延庆地区营门一带，西山地区主要出露在沿河城北和十渡西南靠近河北省边界地区	大红峪组之上、杨庄组之下的以碳酸盐岩占绝对优势的一套岩石地层，岩性主要为厚至薄层白云岩和白云质灰岩。其底部为含砾粗砂岩和含长石石英岩状砂岩；下部多含陆源碎屑，并含多层叠层石；中下部有"蓟县式"锰硼矿；中上部含碳质和沥青质；顶部多燧石结核并夹硅质岩；与下伏大红峪组为平行不整合接触，与上覆杨庄组为整合接触
			大红峪组（Chd）	分布于南口—十三陵一带，密云水库周边的怀柔孙胡沟、大龙门一带，延庆地区营门一带，房山磁家务等地，平谷北山地区为火山岩发育地区	团山子组之上、高于庄组之下的一套火山—沉积岩系。下部为石英岩状砂岩、长石石英砂岩、白云岩夹富钾粗面岩、火山角砾岩、凝灰质砂岩；上部为白云岩、燧石白云岩，含大量叠层石。其底部以石英岩状砂岩（"大白石英岩"）与团山子组白云岩分界；顶界与高于庄组最底部含砾粗砂岩和含长石石英岩状砂岩呈平行不整合接触
			团山子组（Cht）	南口—十三陵一带以德胜口剖面为代表，密云水库周边地区以大龙门剖面和崎峰茶剖面为代表，分布于平谷北山一带，延庆营门、红旗甸一带和房山磁家务等地区	串岭沟组之上、大红峪组之下的一套厚层含铁白云岩（风化面褐色）、淡红色薄层白云岩夹砂岩、石英岩状砂岩、粉砂质页岩的岩石地层。其底部以铁白云岩和砂质含菱铁矿白云岩与下伏地层分界，顶以板层夹中厚层石英岩状砂岩（"大白石英岩"）始现与上覆大红峪组分界。与下伏及上覆地层均为整合接触

界	系代号	统	组（群）代号	主要分布地区	岩性特征
中元古界 Pt₂	长城系 Ch		串岭沟组（Chčl）	分布于南口—十三陵一带，密云水库周边地区，平谷北山一带，延庆营门、红旗甸一带和房山磁家务等地区	常州沟组之上、团山子组之下的一套以粉砂岩伊利石页岩为主，夹少量碎屑岩和碳酸盐岩的岩石地层。其底部与常州沟组渐变过渡，顶以铁白云岩和砂质含菱铁矿白云岩始现与上覆团山子组分界，为整合接触
			常州沟组（Chč）	分布于南口—十三陵一带，密云水库周边地区，平谷万庄子—熊耳寨一带，延庆营门、红旗甸一带和房山磁家务—南观等地区	常州沟组为不整合于太古界变质岩之上，中元古界底部的一套碎屑岩。下部为砾岩、含砾粗砂岩、长石石英砂岩、石英砂岩；上部为石英岩状砂岩夹砂岩和砂质页岩。其底部以紫红色砾岩与下伏地层分界；顶为细砂岩和砂质页岩互层，与上覆串岭沟组为连续过渡关系
太古界 Ar			密云群（ArMY）	密云区和怀柔区北部地区，平谷区镇罗营、昌平区王家元至十三陵下口村西、房山城关附近、延庆区红石湾和下板泉村西、门头沟区碾台西等地区	由一套经受麻粒岩相区域变质作用和混合岩化作用的变质岩组成，岩性主要有麻粒岩、片麻岩、变粒岩、浅粒岩、斜长辉石岩、磁铁石英岩和斜长角闪岩等。岩石结晶程度高，岩性较均一、坚硬，除其中矿物结晶粗粒的岩体抗风化能力稍弱外，岩石总体抗风化能力强。发育于密云四合堂至怀柔琉璃庙地区，岩石类型主要以黑云角闪片岩、黑云角闪片麻岩及黑云片岩为特征的四合堂群，实际上是受燕山期角闪岩韧性变形作用强烈改造而成的构造岩，恢复其原岩为英云闪长岩，不具备建群条件

资料来源：1. 鲍亦冈. 北京市岩石地层[M]. 武汉：中国地质大学出版社，1996.

2. 北京市地质矿产局. 北京市区域地质志[M]. 北京：地质出版社，1991.

3. 郭旭东. 北京第四纪地质导论[M]. 重庆：重庆出版社，2007.

(二)地质构造

1. 构造单元的划分

地质构造单元是地质历史长期发展演化的结果，不同地质构造单元在地壳结构、沉积建造、岩浆活动、构造变动、变质作用等方面常表现出明显的差异。按照构造单元可划分原则，根据地质构造特征，北京地区 Ⅰ 级构造单元属中朝准地台，Ⅱ 级构造单元有燕山台褶带($Ⅱ_1$)和华北断坳($Ⅱ_2$)2 个，Ⅲ 级构造单元可划分为 9 个，Ⅳ 级构造单元可划分为 19 个(见表 2.2、图 2-1)。

表 2.2　北京地区构造单元划分简表

Ⅰ级	Ⅱ级	Ⅲ级	Ⅳ级
中朝准地台（Ⅰ）	燕山台褶带（$Ⅱ_1$）	承德迭隆断（$Ⅲ_1$）	三岔口—丰宁穹断（$Ⅳ_1$）
			密云迭穹断（$Ⅳ_2$）
			花盆—四海迭陷褶（$Ⅳ_3$）
		密(云)怀(来)中隆断（$Ⅲ_2$）	大海坨中穹断（$Ⅳ_4$）
			昌(平)怀(柔)中穹断（$Ⅳ_5$）
			八达岭中穹断（$Ⅳ_6$）
			延庆新断陷（$Ⅳ_7$）
		兴隆迭坳褶（$Ⅲ_3$）	新城子中陷褶（$Ⅳ_8$）
		蓟县中坳褶（$Ⅲ_4$）	平谷中穹断（$Ⅳ_9$）
			青白口中穹褶（$Ⅳ_{10}$）
		西山迭坳褶（$Ⅲ_5$）	门头沟迭陷褶（$Ⅳ_{11}$）
			十渡—房山中穹褶（$Ⅳ_{12}$）
	华北断坳（$Ⅱ_2$）	北京迭断陷（$Ⅲ_6$）	顺义迭凹陷（$Ⅳ_{13}$）
			坨里—丰台迭凹陷（$Ⅳ_{14}$）
			琉璃河—涿县迭凹陷（$Ⅳ_{15}$）
		大兴迭隆起（$Ⅲ_7$）	黄村迭凸起（$Ⅳ_{16}$）
			牛堡屯—大孙各庄迭凹陷（$Ⅳ_{17}$）
		大厂新断陷（$Ⅲ_8$）	觅子店新凹陷（$Ⅳ_{18}$）
		固安—武清新断陷（$Ⅲ_9$）	固安新凹陷（$Ⅳ_{19}$）

资料来源：北京市地质矿产局. 北京市区域地质志[M]. 北京：地质出版社，1991.

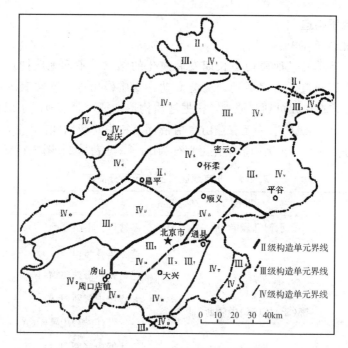

图 2-1　北京地区构造单元划分略图

资料来源：北京市地质矿产局. 北京市区域地质志[M]. 北京：地质出版社，1991.

　　Ⅱ级构造单元燕山台褶带和华北断坳之间大致以山区和平原分界线为界，其间也有断裂分割。燕山台褶带位于中朝准地台北部，总体走向为北东东至近东西向。北京山区处于台褶带中段，为元古代时期强烈裂陷沉降，中、新生代强烈活动的Ⅱ级构造单元。根据其内部发育的不均匀性，可划分为5个Ⅲ级构造单元和12个Ⅳ级构造单元。华北断坳系中朝准地台东部新生代以来的下陷区，其范围与华北平原基本一致。北京平原处于华北断坳的西北隅，周边常以断裂与邻区为界，根据其内部结构的不均一性，可进一步划分为4个Ⅲ级构造单元和7个Ⅳ级构造单元。

　　2. 褶皱与断裂构造

　　北京地区经历了多旋回、多阶段的构造运动，形成了不同的构造形迹，因而地质构造相当复杂，有东西向、近东西向、北东向、北北东向、近南北向、北西向等多组、多方向构造发育，其中以东西向(包括近东西向)和北东向两组规模最大。

　　(1)褶皱构造

　　根据褶皱构造地层时代的新老，褶皱构造可分为前长城纪基底褶皱和其后形成的盖层褶皱。前长城纪基底褶皱发育时代早，由太古界密云群(ArMY)

地层构成，褶皱的延伸方向有近东西向、近南北向和北东向三组，主要分布于密云区、怀柔区和平谷区内，延庆区、昌平区、门头沟区和房山区仅有零星出露。褶皱形式主要有小型平卧式、等斜紧密式、平行斜列式等，由于其形成时代早，经历了多期构造变动的叠加复合和后期构造破坏，其空间展布有的呈"W"形叠加形态褶皱，有的呈"S"形摆动褶皱。

盖层褶皱主要由印支期和燕山期褶皱、喜马拉雅期断陷盆地等组成。褶皱的走向主要有东西向、北东向、北北东—近南北向几组，其中东西向主要为印支期褶皱，包括长哨营—古北口褶皱构造带、张山营—四干顶褶皱构造带、梯子峪—太阳山—墙子路褶皱构造带、小汤山—靠山集褶皱构造带、斜河涧—颐和园褶皱构造带等；北东向的燕山期早期的褶皱主要有燕家台复式背斜、百花山—髫髻山复式向斜、门头沟复式背斜、北岭向斜等，中期的褶皱主要有百花山向斜、髫髻山向斜、青白口半穹隆、花盆向斜、红果寺背斜、四海向斜等；北北东—近南北向的褶皱构造主要为燕山期晚期形成的镇厂—杜家庄向斜、下苇甸穹隆、坨里向斜、夏庄向斜、云蒙山背斜等（见表2.3）；喜马拉雅期断陷盆地呈北东向，发育有2个，一个是北京东南巨型断陷盆地（见图2-2），另一个是延庆断陷盆地。

表 2.3 北京地区主要盖层褶皱构造

褶皱名称	分布位置	主要构造特征	形成时代	褶皱方向	与其他构造的关系
大白石尖背斜	房山区西部长操、北直河一带	褶皱主要由蓟县系及青白口系构成，翼部发育次级褶皱。枢纽近水平，轴面近直立，两翼产状40°～70°	印支期	E—W	东南部被霞云岭推覆构造切割，北邻百花山向斜，南部地层产状渐变舒缓
谷积山背斜	门头沟区中部鲁家滩以南	褶皱主要由青白口系及下古生界构成，褶皱面为深度置换原生层理的流劈理。发育扇形轴面劈理，轴面直立，枢纽近于水平，两翼产状中等	印支期	E—W	东南部被南大寨推覆构造切割，北翼与九龙山向斜相邻

褶皱名称	分布位置	主要构造特征	形成时代	褶皱方向	与其他构造的关系
髫髻山向斜	髫髻山—阳坊一带	主要由土城子组、髫髻山组及下伏的九龙山组、龙门组、窑坡组、南大岭组构成。其西南端具侏罗山式褶皱特征，永定河以东则为单斜构造。西南段的翼部伴生褶皱和顺层滑覆构造较为发育	燕山期	NE	西南与百花山向斜相衔接，两翼与青白口半穹隆和下苇甸穹隆相接，并被北东向黄土贵推覆断裂切割
北岭向斜	房山以西	褶皱由九龙山组、龙门组、窑坡组及南大岭组构成，由于中段略向北西突出，平面上为月牙形，受房山岩体的拱托，向斜的南东翼产状较陡	燕山期	NE	向斜不整合叠覆在由古生界构成的印支期向斜构造之上，在东南端二者呈共轴不共面状态
九龙山向斜	门头沟—香山一带	褶皱由九龙山组、龙门组、窑坡组及南大岭组构成。其枢纽水平，轴面直立，为侏罗山式褶皱	燕山期	NEE	向斜不整合叠覆在下苇甸穹隆和谷积山背斜的翼部上，中部被北西向永定河隐伏断裂左行切割
居庸关背斜	居庸关一带	背斜核部为太古宙变质岩，两翼为长城系及蓟县系。其北西翼产状中等，而南东翼稍陡。褶皱轴面略向南东倒，枢纽近于水平。在其翼部及核部发育伴生的纵向断裂构造	燕山期	NEE	背斜的北西翼、南东翼及北东端均被中生代火山—沉积岩系不整合覆盖；其核部及北西翼大量发育燕山期的侵入岩——八达岭花岗杂岩。褶皱两翼被北东向断裂构造切割

续表

褶皱名称	分布位置	主要构造特征	形成时代	褶皱方向	与其他构造的关系
四海向斜	延庆、怀柔地区的四海—汤河口一带	向斜主要由髫髻山组及土城子组构成，褶皱枢纽为北东向，略呈"S"形扭曲，且在汤河口—宝山寺一带呈明显的复式褶皱	燕山期	NE	该向斜的东西两侧均被北北东向断裂切割，北端被东西向断裂破坏，南端被岩体侵位，汤河口以南一带组成向斜的火山—沉积岩系被自东而来的元古宙飞来峰压盖
百花山向斜	京西百花山一带	其核部为髫髻山组，翼部为九龙山组、龙门组、窑坡组及南大岭组。褶皱为侏罗山式，其轴向为北东向，近水平，两翼产状较缓。翼部的次级褶皱和纵向伴生断裂较为发育	燕山期	NE	该向斜受控于北东向的基底断裂活动，实际上是上叠式复合褶皱；髫髻山组不整合覆盖在早—中侏罗世地层之上
千家店向斜	延庆区石槽—千家店—花盆一带	向斜由土城子组构成。枢纽为北北东向，近于水平，轴面倒向南东；南东翼产状较缓，北西翼陡，褶皱形态较为简单	燕山期	NNE	其北西翼被北北东向断裂切割，北端被东西向断裂截断，南端与燕羽山向斜遥相呼应
燕羽山向斜	延庆区中部玉皇山—燕羽山一带	褶皱由髫髻山组构成。轴向北东向，枢纽近水平，轴面近于直立	燕山期	NE	向斜的两翼均被NE向断裂切割，两端则被北西向断裂破坏
红旗甸背斜	延庆区红旗甸一带	褶皱由长城系和蓟县系构成，核部出露太古宙变质岩。枢纽呈北东东向，轴面近于直立，翼部产状较缓，伴生构造不发育	燕山期	NEE	背斜的东端被北北东向断裂切割，同时由于断裂的左行扭动使本近东西向的枢纽偏转成北北东向

褶皱名称	分布位置	主要构造特征	形成时代	褶皱方向	与其他构造的关系
石槽向斜	延庆区石槽一带	褶皱主要由雾迷山组构成。由东部的大滩向斜和西部的桃蹄沟向斜构成。二者之间被中生代火山沉积岩系隔断。褶皱的总体形态较为开阔，略呈箱形，枢纽水平，轴面近于直立	印支期	EW	褶皱的中段及东段都被北北东向断裂破坏，东部在褶皱的核部发育燕山期中酸性侵入体
苍术会向斜	密云水库以东一带	其核部为雾迷山组，翼部为杨庄组及高于庄组。其枢纽呈弧形，西端略为翘起	印支期	NEE	向斜的翼部及东端均被后期断裂破坏，尤其受东端的断裂活动造成向斜枢纽弯曲
宝金山背斜	周口店以西	背斜由雾迷山组、洪水庄组及铁岭组构成。标志褶皱形态的面理为置换了原生层理的早期流劈理，其形态较为舒缓，顶部开阔而略呈穹状	印支期	EW	褶皱夹在霞云岭推覆构造和黄山店推覆构造之间
太平山向斜	周口店一带	向斜核部为石炭系和二叠系，翼部为奥陶系。面理为置换原生层理的流劈理。枢纽近于水平，轴面直立。翼部产状较陡，并发育顺层断裂	印支期	EW	向斜的北翼被房山岩体侵位，南翼及东端被第四系覆盖
墙子路背斜	密云区东部	背斜核部为太古宇，翼部为长城系及蓟县系	印支期	EW	背斜遭受北北东向及近东西向断裂的破坏，枢纽沿北北东向断裂左行错开约 3 km
大华山背斜	平谷区东北部	背斜核部为太古宇，两翼主要为长城系。褶皱的形态较为宽缓，枢纽近于水平但已发生弯曲，轴面近于直立并呈波状弯曲	燕山期	NE	背斜发育区内断裂构造极为发育，尤其是北北东向断裂将背斜切割成三段，枢纽的左行位移总量可达 5 km

续表

褶皱名称	分布位置	主要构造特征	形成时代	褶皱方向	与其他构造的关系
燕家台复式背斜	门头沟区西部	其轴部是燕家台背斜，北翼发育一个向斜，南翼发育两个向斜一个背斜。背斜核部为中—新元古界，向斜核部为寒武系及奥陶系，翼部倾角一般 40°±。轴面近于直立，枢纽水平	燕山期	NEE	南翼被髫髻山组不整合覆盖，北西翼则被北东向断裂破坏
坨里向斜	房山区东北部	向斜由白垩纪的碎屑岩组成。其枢纽近南北向，轴面直立，两翼产状舒缓，倾角一般小于 20°，形态宽缓	燕山期	NNE	褶皱的主体被第四系和第三系覆盖，西翼和北端被黄庄—高丽营断裂切割

资料来源：鲍亦冈，刘振锋，王世发，等．北京地质百年研究——北京地区基础地质研究的历史与最新成果[M]．北京：地质出版社，2001．

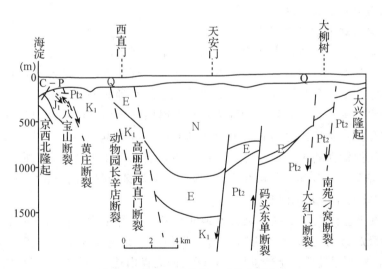

图 2-2　北京凹陷海淀—大柳树剖面

Q—第四系；N—上第三系；E—下第三系；K₁—下白垩系；J₁—下侏罗系；

C-P—石炭二叠系；Pt₂—中元古界

资料来源：北京市地质矿产局．北京市区域地质志[M]．北京：地质出版社，1991．

（2）断裂构造

北京地区断裂构造可以划分为深断裂、大断裂和一般断裂三级。

深断裂指那些规模大、切割深的断裂。沿深断裂带有较强烈的动力变质现象，形成动力变质带，在区域性地球物理场特征上常有较为明显的体现。黄汲清等认为深断裂按切割深度可分为超岩石圈断裂、岩石圈断裂和壳断裂三类。同时，按力学性质可分为压性、张性、剪性三大类。北京的深断裂有赤城—长哨营—古北口—承德深断裂、南口—平谷—山海关深断裂、紫荆关—大海坨深断裂、涿县—丰台—怀柔—白马关深断裂、黑峪口—居庸关—良乡西深断裂、丰宁—怀柔—采育深断裂等。

大断裂实际上也属于深断裂的范畴，只是规模略小，在地质构造演化历史上的作用不及深断裂显著。大断裂切割深度可达硅铝层及硅镁层，通常是更次一级构造单元的分界，更具区域性特征，属深断裂与一般断裂的过渡类型。北京地区重要的区域性大断裂有两条，分别是沙厂—墙子路大断裂和沿河城—南口—琉璃庙大断裂。

一般断裂指的是规模较小，延伸多短于 100 km，切割深度较浅的盖层断裂。北京地区一般断裂数量不少，可分为东西向、北东向、北北东向、北西向、北北西向、北西西向和近南北向七组，前三组较为发育，其次为第四组，最后三组不同地域发育的疏密程度不尽一致。

3. 北京地区主要活动断裂

北京地区受区域强烈新构造运动的影响，活动断裂相当发育。其中，盆地边缘和基岩山区的断裂地表出露好，地貌表现清晰；盆地和平原区内部的断裂被第四纪沉积物覆盖，多呈隐伏状态。北京地区断裂的分布、活动时代和活动强度等具有明显的分区特征，其中第四纪特别是晚第四纪活动断裂主要集中分布在延怀盆地和北京平原及其北部边缘的燕山山前地带。根据展布方向，区内活动断裂主要划分为两组，即北北东—北东向和北西向，它们在第四纪甚至晚更新世以来有明显的活动，控制着区内强震的分布（见图 2-3）。

（1）北北东—北东向断裂

①延庆盆地北缘断裂。延庆盆地北缘断裂又称狼山—黄柏寺断裂，是大海坨山隆起区与延庆盆地断陷区的分界断裂，走向北东，倾向南东，长约 80 km，正断层性质。上新世以来，断层的北盘山地强烈抬升，南盘延庆盆地强烈下沉，新生代松散沉积物堆积厚达 2 300 m，第四系厚度可达 700 m。第四纪该断裂的活动表现为中—晚更新世沉积物的普遍断裂变形，在某些地段有全新世断层运动的地质和地貌证据。

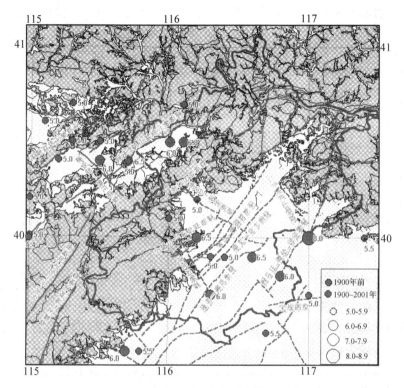

图 2-3　北京及邻区活动断裂与震中分布

资料来源：北京市地方志编纂委员会．北京志·自然灾害卷·地震志[M]．
北京：北京出版社，2014．

　　②大古城—康庄断裂。大古城—康庄断裂位于延庆盆地南侧，走向北东，倾向北西，为物探资料推测的第四纪隐伏断裂。断裂两侧第四系厚度相差较大，沿断层向北基底呈箕状，第四系厚度由南向北逐渐加深至 600～700 m，而断层南侧第四系厚度仅 100～200 m，并形成山前洪积台地。

　　③乌龙沟断裂。乌龙沟断裂沿涞源乌龙沟、涿鹿大河南、赤城和上黄旗一线展布，走向北北东，倾向南东。该断裂切过延庆—怀来盆地，第四纪时期仅个别地段有微弱活动。

　　④紫荆关断裂带。紫荆关断裂带位于太行山—军都山断隆内的北部，走向北北东，倾向南东，长约 160 km，向北与南口山前断裂相接，从展布方位上看，二者可能属于同一条断裂带。该断裂在侏罗—白垩纪活动强烈；在第四纪活动微弱，此期较强烈的活动发生在南口山前断裂上。

　　⑤南口山前断裂。南口山前断裂总体走向北东 40°～60°，倾向南东，倾角 50°～80°，全长约 61 km，第四纪活动强烈，控制了现代山缘地貌及沙河凹

陷的发育，并具有明显的分段活动性。根据几何展布、地貌表现和活动时代等特征，可将该断裂由北东向南西划分为三段，即铁矿峪—上口段、上口—南口段和南口—马刨泉段，其最新活动时代依次为前中更新世、中更新世和晚更新世晚期。

⑥太行山山前断裂。太行山山前断裂构成太行山隆起与华北平原断陷区的分界，地貌特征十分明显，但大部地段仍以隐伏断裂的形式，从华北平原西侧的冲洪积层下通过，其南北两端受阻于秦岭和燕山东西向构造带。该断裂带由一系列断裂组成，除八宝山断裂外，其他各断裂均以正断活动为主，总体呈北北东向斜列。东出太行山的河流在跨过该断裂带后几乎都不同程度地呈现右旋弯曲的现象表明，该断裂带在第四纪还伴有一定的水平走滑活动。该断裂带中绝大部分断裂的强烈活动时期为早第三纪，晚第三纪—第四纪活动性明显减弱。区内主要包括其北段的八宝山断裂、黄庄—高丽营断裂和小汤山—东北旺断裂。

八宝山断裂：八宝山断裂位于北京西山山麓与山前平原的接触地带，南起河北涞水，北至北京东三旗附近，为总体走向北北东、倾向南东、倾角较缓的逆断裂。第四纪以来，八宝山断裂总体上活动很弱或不明显，仅一些局部地段在早—中更新世有过活动。

黄庄—高丽营断裂：该断裂南起涞水，北至怀柔以北，全长约为140 km，总体走向北北东，倾向南东，为高角度正断层。根据断层活动时代、几何展布和地貌表现，从北到南可将该断裂分成以下五段。

怀柔—北七家段：为顺义凹陷盆地的西界，第四纪活动强烈，断裂两侧的上第三系底垂直落差达 800 m，第四系约为 400 m；据地质、地貌分析，该断裂段在全新世仍有活动。

黄庄—洼里段：为第四纪冲洪积物所覆盖，浅层物探和钻孔资料证实为中更新世活动断层。

芦井—晓幼营段：走向北东—北东东，倾向南东，最新活动时间在晚更新世晚期，表现为走滑—正断层活动。

郭家坟—房山段：走向近南北，倾向东，断层的最新活动时代为中更新世晚期。

北拒马河—涞水段：走向北东东，倾向南东，其最新活动时代为晚更新世。

小汤山—东北旺断裂：小汤山—东北旺断裂是根据地形、第四系厚度、全新世断层和现代小震资料推测的隐伏活动断裂，北起小汤山以北，南至颐和园附近，总体走向北北东，全长 24 km 左右。此断裂以南口—孙河断裂为界，分为两段。北段倾向南东，是控制小汤山东边第四纪沉积凹陷的西边界，断裂西侧(下盘)第四系厚150~200 m，小汤山、大汤山等残丘突出于平原上；而东侧第四系厚度剧增至300~400 m。小汤山有温泉分布，沿断裂常有现代小震发生。南段为北西向的马池口—沙河第四纪深断陷盆地的东边界，长约16 km，倾向北西，在其东北部断裂两侧的第四系厚度相差50多米。

⑦顺义—良乡断裂。顺义—良乡断裂是北京断陷内一条规模较大的隐伏断裂，走向北东东，倾向北西，倾角60°~80°，长约110 km，属正断层性质。根据断裂活动性差异可分为南北两段，南段晚更新世以来不活动；北段属晚更新世—全新世活动断层，对顺义凹陷第四系具有控制作用。

顺义—孙河段：该段为一高角度的正断层。野外考察发现，沿该断裂段地表建筑物的基础及墙体出现了不同规模的裂缝，这些有裂缝的建筑物明显地呈北东向带状分布。该断裂段在晚更新世以来是有活动的，并且现今可能正在进行着一种缓慢的蠕滑活动。

前门—良乡段：该段北起孙河镇南侧，向南西方向通过北京城区后到达良乡，再向南经西辛村后归并至通县—南苑断裂。断裂最新活动时代为早第三纪。在狼垡一带，断裂在化探剖面上显示清楚，但浅层人工地震探测表明，在地下40 m以内未见地层层面断错现象，推测该断裂至少自晚第四纪以来没有明显活动。

⑧通县—南苑断裂。通县—南苑断裂走向北东，倾向北西，倾角80°左右，长约130 km，是北京凹陷与大兴隆起间的分界断裂。根据断裂活动性差异可分为三段，南段在晚第三纪—早更新世活动，中段第四纪以来没有明显活动，北段属第四纪早中期活动断层。

⑨程各庄—夏垫—固安断裂带。程各庄—夏垫—固安断裂带走向北北东，倾向南东东，倾角75°左右，长约140 km，属正断层性质。根据断裂活动特征，该断裂带可分为北、中、南三段，依次为前人所称程各庄断裂、固安北缘断裂等。其中，北段已延入燕山南麓断隆区内，在山区基岩中长34 km，最新活动时代为晚更新世早期；中段为全新世活动断裂，构成大兴隆起和大厂凹陷的分界线，1679年三河—平谷8级地震即发生在该断裂上，并形成了地表破裂带；南段为大兴隆起和固安凹陷的分界线，全长约80 km，断裂对两侧第四系厚度有一定的控制作用，并沿带出现三个深300~500 km的第四纪局部凹陷，表明其从第四纪以来有较强的活动性，推测其最新活动期可能已延续至晚更新世。

(2)北西向断裂

①新保安—施庄断裂带。新保安—施庄断裂带横切延怀盆地展布，至少

由5条北西向的次级断裂组成，其中规模较大、较重要的有两条——新保安—大古城断裂和施庄断裂。前者构成怀来—涿鹿次级盆地的分界线，控制强烈下陷的涿鹿盆地的第四纪沉积，其东、西两侧第四系厚度相差很大，分别为80 m和500 m；沿断裂发育断层陡坎，并保存有多次古地震遗迹，最新一次距今9 000年。后者在卫星影像上十分明显，从地面资料也得到了证实，水系山脊均被断错，性质为左旋，断裂切割中更新世地层。

②南口—孙河断裂。南口—孙河断裂总体走向310°，总长约60 km。在几何结构上，该断裂由一系列北西西向小型正断裂作右阶斜列组成，阶区宽几百米到两三千米不等。该断裂是以正断裂为主的第四纪活动断裂，断裂西北段控制马池口—沙河凹陷发育，第四系厚约600 m；东南段控制顺义凹陷发育，第四系厚700～800 m。东南段属更新世活动断层，西北段活动一直延续到全新世早期。

③永定河断裂。永定河断裂沿永定河河谷延伸，为物探推测的隐伏断裂，北起军庄，南至立垡村，总体走向320°，全长26 km。以与黄庄—高丽营断裂交切处为界，可分两段，北西段倾向南西，南东段倾向北东。沿北西段断层，在三家店北铁路桥东侧的侏罗系中统安山岩中见左旋正走滑断裂破碎带，走向北西，倾向南西，倾角85°。断裂南东段均为第四系覆盖，据物探和钻孔资料，断裂两侧老第三系顶面落差达500 m以上，为倾向北东的正断层，未错动第四系底界。

④二十里长山断裂。二十里长山断裂地貌上表现为一排串珠状孤山，它作为北部燕山山脉与北京平原的过渡带，由三条近于平行的断裂组成。断裂主要发育于古生代和前古生代地层中，南端对侏罗纪盆地形成一定控制作用。断裂两侧第四系厚度仅差约100 m，横穿断裂北端的晚更新世黄土台面高差分布无差异变化，说明自晚更新世以来，二十里长山断裂北界的垂直差异运动不明显。

4. 地震

北京地区处于欧亚板块东缘，东部和太平洋板块碰撞、挤压，为华北地震带和张家口—渤海地震带交会处。因此，北京的地壳运动比较剧烈、复杂，地震活动频繁并且具有发生强震的构造背景。无论历史上还是现代，北京地区都是中国地震比较活跃的地区之一。北京地区的强震主要与晚更新世以来活动的北北东—北东向的走滑正断层、北东东向的正断层、北西向的走滑断层以及这些断层相交会的构造部位密切相关。

(1)北京地区的古地震

延怀盆地位于山西断陷带的北东端，为该断陷带内重要的活动断陷盆地之一,盆地内活动断层发育,主要有延庆—矾山次级盆地北缘断裂、怀来—涿鹿次级盆地北缘断裂、新保安—沙城断裂、黄土窑—土木断裂、施庄断裂和桑干河断裂等。通过大比例尺活动断层地质填图、大量的横跨断层的探槽开挖和地质地貌分析,迄今为止在前三条活动断裂上揭露出大量的古地震事件。

在延庆—矾山次级盆地北缘断裂上,共计揭露 17 次古地震事件。这些古地震分布在该断裂的 7 个断层破裂段上。在单个破裂段上,古地震服从准周期复发模式,复发的时间间隔较长,一般达数千年量级。但在整个延矾次级盆地北缘断裂上,古地震整体上表现出长周期与短周期交替的丛状群集复发模式,其中短周期为 150~300 年,长周期为 1 300~3 700 年。

怀来—涿鹿次级盆地北缘断裂由 5 个基本破裂段组成,在其中 3 个破裂段(小水峪—黄土窑段、鸡鸣驿—黄土港段和沈庄—长疃段)上共计揭露 14 次古地震事件。单个段落的古地震服从准周期复发模式或长短间隔相间复发模式,而整条断裂的复发特征倾向于丛状群集模式。自晚更新世以来,小水峪—黄土窑段古地震的平均复发间隔为(9 400±1 892)年;鸡鸣驿—黄土港段为(11 273±5 785)年;沈庄—长疃段为(6 980±4 487)年;整个断裂为(2 967±1 653)年。

新保安—沙城断裂是一条横切北东向延怀盆地的北西向断裂。该断裂全新世活动明显,自距今 2.2 万年以来,共计发生过至少 4 次古地震事件,其复发特征服从准周期模式,平均重复间隔约为(7 640±400)年。

北京平原地带主要在南口—孙河断裂、黄庄—高丽营断裂和夏垫新断裂上发现了多期古地震事件。南口—孙河断裂属全新世断裂,全新世时期曾发生 3 次地表破裂型古地震事件,分别发生在距今(12 240±250)年、(7 894±150)年和 3 987~3 670 年之间;3 次古地震事件之间的复发间隔分别为(4 700±97)年和(4 500±146)年。黄庄—高丽营断裂在距今 8 万~2 万年以来,至少发生过 6 次古地震错动事件,平均重复间隔约为 4 600年,断层最新一次错动发生在距今(3 510±100)年。夏垫新断裂是北京平原区一条非常重要的发震断裂,该断裂自全新世以来共发生过 4 次地表断错事件,复发间隔为 3 100~4 600 年,其中新近的一次地震事件发生在清康熙十八年(1679 年),即三河—平谷地震。

(2)北京地区的历史地震

北京地区历史上是个多震地区,据目前收集到的资料分析,北京地区的历史地震从晋元康四年(294 年)开始有记载,到 19 世纪末共记载有 4.7 级以上地震 22 次,其中,4.7~4.9 级 4 次,5.0~5.9 级 10 次,6.0~6.9 级 7 次,7.0~

7.9级0次，8.0~8.9级1次。北京城区内有两次5.0级地震，分别发生在辽大康二年(1076年)十一月和明万历十四年(1586年)四月(见图2-4、表2.4)。

北京地区地震活动具有空间不均匀性，6级以上地震主要集中在延怀地区和京东南地区。历史地震主要沿北西向、北东—北北东向分布，与主要活动断裂分布相一致。如清雍正八年(1730年)北京西北郊地震可能发生在北西向的清河断裂上，辽清宁三年(1057年)、明嘉靖十五年(1536年)和清康熙四年(1665年)通县(今通州区)附近地震可能与北东—北北东向的通县—南苑断裂有关，康熙十八年(1679年)三河—平谷8级地震的发震断裂是夏垫断裂。元(后)至元三年(1337年)和清康熙五十九年(1720年)怀来附近的地震可能与怀来—涿鹿盆地北缘断裂有关，明成化二十年(1484年)居庸关地震可能与延庆—矾山盆地北缘断裂有关。总体上讲，北京地区历史上的地震多发生在北北东向构造带与北西向张家口—北京—渤海地震带的交会部位。

15世纪前共记载有4次地震，反映出15世纪以前的地震记载可能缺失比较严重，另一方面表明17世纪与18世纪该区的活动水平较高，特别是17世纪的发震概率最高，三河—平谷8级地震前的64年间共发生9次地震，具有区域应力场增强的特征。

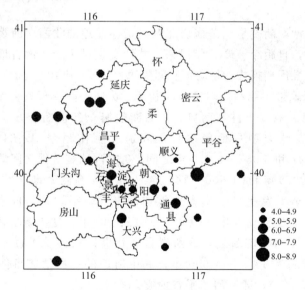

图 2-4 北京地区历史地震分布

资料来源：北京市地方志编纂委员会．北京志·自然灾害卷·地震志[M].
北京：北京出版社，2014.

表 2.4　北京地区历史地震一览表

序号	时间	震级	震中	烈度
1	晋元康四年(294−09)	6.0	北京延庆东	Ⅷ
2	辽清宁三年(1057−03)	6.7	北京南	Ⅸ
3	辽大康二年(1076−12)	5.0	北京	Ⅵ
4	元(后)至元三年(1337−09−08)	5.0	河北怀来东北	Ⅷ
5	明景泰七年(1456−07−12)	5.0	河北怀来一带	Ⅵ
6	明成化二十年(1484−02−07)	6.8	北京居庸关一带	Ⅷ−Ⅸ
7	明成化二十一年(1485−07−03)	4.7	北京居庸关西北	—
8	明嘉靖十五年(1536−11−01)	6.0	北京通县(今通州区)附近	Ⅶ−Ⅷ
9	明万历十四年(1586−05−26)	5.0	北京	Ⅵ
10	明万历四十三年(1615−12−08)	4.7	北京密云南	—
11	明万历四十四年(1616−10−10)	5.0	河北赤城东南	Ⅵ
12	明万历四十六年(1618−08−15)	4.7	河北香河北	—
13	明天启元年(1621−03)	5.0	河北永清东北	Ⅶ
14	明天启六年(1626−05−30)	5.5	天津蓟县(今蓟州区)	Ⅶ
15	明崇祯五年(1632−09−04)	5.0	北京通县(今通州区)东南	—
16	清康熙三年(1664−04−01)	4.7	北京通县(今通州区)	Ⅵ
17	清康熙四年(1665−04−16)	6.5	北京通县(今通州区)西	Ⅷ
18	清康熙十八年(1679−09−02)	8.0	河北三河—平谷	Ⅺ
19	清康熙五十九年(1720−07−12)	6.7	河北沙城	Ⅸ
20	清雍正八年(1730−09−30)	6.5	北京西北郊	Ⅷ
21	清乾隆十一年(1746−07−29)	5.0	北京昌平	Ⅵ
22	清乾隆三十年(1765−07−04)	5.0	北京昌平西南	—

注：①北京地区历史上的强震，根据《中国历史强震目录》(1995年)编辑而成，强震指震级4.75级以上，时间上最早一次可以追溯到294年，截至1911年。1911年以后发生的地震称为现代地震。

②对地震发生时间记载明确的标明了年、月、日。只有年、月的依据史料标出。

资料来源：北京市地方志编纂委员会．北京志·自然灾害卷·地震志[M].北京：北京出版社，2014.

（3）北京地区的现代地震及周边强震活动影响

20世纪，北京地区地震活动的总体水平不高，最大地震为1967年7月28日延庆西发生的5.4级地震，震中烈度Ⅵ度。1900年，中国开始出现仪器记录地震。1900—1956年北京地区没有记录到4.7级以上地震，北京行政区内发生的最大地震为1972年3月25日怀柔4.5级地震。

1960—2000年，北京周边地区发生的7级以上强震有1966年3月22日邢台7.2级地震、1969年7月18日渤海7.4级地震、1976年7月28日唐山7.8级地震。1966年邢台地震破坏范围很大，北京地区有明显震感，因距离较远，没有造成损失。1969年渤海7.4级地震北京地区烈度达Ⅴ度，居民有强烈震感。1976年唐山地震是1949年以来对北京地区造成破坏最为严重的地震，此次地震北京地区最大影响烈度为Ⅷ度。地震台网多年观测数据显示，北京地区在活动断裂交会地区沿北东方向小震活动较为强烈，主要集中在北京地区的中部，南部和北部活动相对较弱。1990年9月22日昌平沙河东发生地震，有感范围波及全市，震中烈度为Ⅴ度，一些老旧房屋出现裂缝，旧裂缝有增大现象。1996年12月16日顺义区高丽营发生地震，北京各区县普遍有感，震中烈度为Ⅴ度。

（三）地质发展简史

就已知的地质记录而言，北京地区的地史发展可由第四纪上溯到太古代，历时约30亿年。在这漫长而复杂的地质历史时期中，地壳发生过多次激烈的变动，在区内形成了一系列不同类型的沉积建造、变质建造、构造型相、火山活动和岩浆侵入构造等。这些地质遗迹的总和，反映出北京地区在地壳演化的过程中曾经历了五次重要的地质事件、两个重大的转折时期、三个大地构造发展阶段，充分显示了本区多旋回地史发展的特点。

五次重要的地质事件是指阜平运动、吕梁运动、印支运动、燕山运动和喜马拉雅运动，两个重大的转折时期是吕梁期和印支期，三个大地构造发展阶段分别为地台基底形成阶段、地台盖层发育阶段和大陆边缘活动带发展阶段。

太古代末的阜平运动是一次重要的地质事件，它结束了本区优地槽的发展，是中朝准地台的一个重要的形成时期。地壳构造变动伴随岩浆活动，使海底隆起抬升为陆地，经受长期的风化剥蚀和夷平作用，造成本区缺失下元古界。在太古界与上覆岩层之间的不整合面上，普遍发育有红色变质泥岩组成的风化壳。

发生在早元古代末的吕梁运动是又一次重要的地质事件，也是本区地质发展史中的第一个重大转折。这一运动规模浩大，影响很广。在南北向挤压应力的作用下，本区和中朝准地台的大部分地区一样，基底固化。经过吕梁运动，褶皱变质固结，形成较大规模的稳定地区——华北原地台。吕梁运动以后，本区经历了裂陷槽的发展与消亡阶段，并跨入了一个崭新的大地构造发展阶段——地台盖层发育阶段。

中三叠世晚期到晚三叠世中晚期杏石口组形成之前的印支运动是区内中生代的一次重要地质事件。这次运动不仅是本区内最后一次大规模的南北向挤压运动，而且还是本区地史发展中的第二个重大转折。它宣布了本区稳定地台盖层发育阶段的结束和中朝准地台解体的开始，并从此同中国东部广大地区一起进入了另一个新的大地构造发展阶段——大陆边缘活动带发展阶段。双泉组形成以后，本区内有过一次明显的褶皱运动，这就是印支运动。这次运动使长城系到双泉组（也包括了长城纪前的变质岩系）发生了显著的褶皱，形成了区内以北京西山的谷积山背斜、灰峪向斜以及与北京临近的兴隆—承德地区的柳河向斜、关门背斜、鹰手营子倒转向斜等东西向褶皱为代表的纬向褶皱群。本区内有名的万全寺—汤河口—古北口等东西向断裂构造带就是由这一褶皱运动最后完成的。从此，本区内东西方向构造的大规模活动基本结束，而代之以新生的北东方向构造的活动。

发生在侏罗纪和白垩纪期间的燕山运动是本区内中生代的又一次重要地质事件。燕山运动在本区内有三幕，分三期。运动的规模相当巨大，伴有强烈的火山活动和岩浆侵入，其影响波及整个燕山地区及中国东部。此时，地壳在南北方向反时针扭动的作用下，沿北东方向发生了强烈的褶皱和断裂，形成了三套很有规律的以反时针扭动为特征的燕山期北东向构造体系，从根本上打破了本区内原有的呈东西展布的构造格局，奠定了本区内现今构造的基本骨架。

晚白垩世往后的喜马拉雅运动是本区新生代的一次重要地质事件。这一运动的方向和燕山运动的方向恰好相反，地壳在南北方向上做顺时针扭动。它促成了晚白垩世以前形成的北东向的压性和压剪性断裂转化为具有右旋特征的张性断裂，造成了华北平原和延庆盆地沿着基本垂直的北东构造方向发生引张断陷，从而彻底改变了晚白垩世以前沉积作用在空间上的分布格局，最终完成了现今构造地貌景观。

北京的地质构造决定了其地热资源较为丰富。2003 年已查明延庆、沙河、小汤山、北京城区、良乡、天竺、后沙峪、李遂、双桥、凤河营 10 个大地热田，面积达 2 372 km^2，占北京市平原区面积的 37％。2002 年已开凿地热井 250 余眼，出水温度在 40℃～88℃，单眼井的出水量达到 1 000 m^3/d，开凿深度超过 4 000 m。地热已被广泛应用于供暖、洗浴、医疗康复、温室种植、水产养殖等。

二、北京的地貌

北京地貌呈明显的层状结构，东、西、北三面环山，东南为北京平原。东北部山地统称军都山，属燕山山脉；西部山地统称西山，属太行山山脉。燕山山脉和太行山山脉在南口附近形成一个向东南展开的半圆形，环拱于北京平原。平原由许多冲积扇组成，北京城就位于永定河冲积扇上。山地边缘有一系列山前断陷盆地，这些盆地主要分布在军都山的南缘。

(一)北京的地貌特征

1. 地势西北高、东南低，山区面积广大

北京地区地势总的特征是西北高、东南低。西北部为峰峦起伏的山地，东南部是一片倾斜度和缓的平原。高度≥100 m 山区面积约为 10 418 km²，约占全市面积的 62%。浅山区多是低山，高度一般在 800 m 以下；深山区的主要山岭多在 1 000～1 500 m；最高峰为位于市域西北边界的东灵山，海拔高度 2 303 m。平原面积约为 6 390 km²，约占全市面积的 38%。平原是由各大河出山口后形成的一系列冲积洪积扇联合堆积而成的，其中以永定河和潮白河堆积为主，占整个平原面积的 70% 以上。山地与平原之间大都受断层控制，差异性升降显著，过渡急剧，山边线平直而清晰，市内最大高差达 2 295 m。

2. 地质构造控制山地地貌的骨架，岩性导致地貌形态各异

北京山地分别属于燕山山脉和太行山山脉。以昌平区南口镇关沟为界，以西的山地总称西山，属太行山山脉；以东的山地总称北山，属燕山山脉。山地的骨架和外貌深受地质构造的控制。在地质构造单元上，北山和西山均属于燕山沉降带。在燕山运动时期，由于褶皱、断裂和抬升等地质作用，形成凸起的山地。但西山和北山所受地质作用方式有所不同：地质历史时期西山以褶皱作用为主，而北山则以断裂作用为主；燕山运动期间岩浆侵入活动的规模及范围上，北山大于西山。由此导致山体在地貌上有明显差别。北山山体呈块状的特征显著，西山山体以条带状为主。

北部山地刚性的突起部分褶皱比较缓和，但断裂较为发育。山地走向与区域构造线方向一致，以北东东向为主，构造上表现的是若干宽阔的背向斜、穹隆构造和两组近于直交的断层。北部山地在外形上呈断块状，少有绵长的连脉，而且有大大小小的山间盆地，山麓线平直，山地与平原的分界线明显而规则。由于各断块在抬升幅度方面略有差异，各地山地的剥蚀面也有起伏变化。北部山地的河流，往往有沿上述两组断层发育的现象，如妫水河、潮河、潮白河干流都是北东—南西流向，而怀河、汤河则是北西—南东流向，这些河流都显著受构造线的控制。

西部山地是较为柔性的古生界、中生界凹陷部分，遭受褶皱的影响大。特别是门头沟地区，沉积了深厚的古生界、中生界岩层，因为造山运动的影响，使岩层褶皱成为许多条状排列的背向斜。现在的山脉就是沿着这些北东—南西向的构造线发育而成的，这些褶皱构造一般具有向斜较宽、背斜较窄的型式。向斜中由于沉积了中生界坚硬的火山岩，在后期山地的抬升和接受剥蚀的过程中抵抗力比较强，发育的结果是在地表反而凸出成为高峰。西山最突出的两条向斜是九龙山向斜和髻髻山—庙安岭向斜，向西延至百花山向斜。现在西山很多著名的高峰就是分布在这两条向斜构造轴线上。西部山地中的一些河流顺着北东—南西方向的构造线发育成较宽阔的河谷如永定河在官厅以下的最大支流清水河，自西南向东北流，发育在髻髻山—庙安岭向斜轴线以北，沿河的宽谷为山区主要农耕和居民点。而另一些河流，如永定河、拒马河干流的流向与构造不符，也就是发育成横谷，常成为峡谷。

不同性质的岩石在外营力的作用下，常表现为不同的形态。北京地区的岩石性质不仅多种多样，而且西山和北山还不相同，颇有差异。在西部山地，分布着广泛的上元古界和奥陶系石灰岩，中生界的砂页岩也占了很大的面积，但花岗岩出露零星。在北部山地，出露在地表的主要是元古界的片麻岩、元古界和下寒武系坚硬的石英岩和硅质灰岩。因为北山断裂发育，沿着断层线在中生代有大规模的花岗岩侵入，经过长期剥蚀后，花岗岩体广泛出露于地表。岩性不同令地貌形态各异，如在西山石灰岩地区可以见到一些地表和地下岩溶地貌。

西山和北山均属燕山构造运动隆起，但隆升时间、幅度以及在隆升过程中遭受的断裂、剥蚀等强度的差异造成了地貌形态的千差万别。即使是在同一片山区，由于地质构造的不同，也会出现迥然相异的地貌景观。

3. 山地地貌具有明显的成层性

北京山地地貌多层的外貌特征，反映了新生代以来地壳活动是间歇性上升的，这一特征以西山更为明显，是地壳活动与外力作用相互配合的典型产物。现在所见到的西部山地，早已不是燕山期形成的原生褶皱为主的山地，而是以后多次内力隆起和宁静时期的外力夷平相互作用的产物。

第一级夷平面是第三纪早、中期的北台期夷平面，它形成了西部山地的主体顶峰，根据其表面高度又可以划分为三个层次：最高层海拔 2 000 m 左右，如东灵山、白草畔、百花山平台；第二层海拔 1 400～1 600 m，主要分布在黄草梁、南山鞍一线和老龙窝、庙安岭—髻髻山一线的山顶台面；第三层海拔 1 000～1 200 m，如柏峪西、梁家山、妙峰山、张家山、九龙山、猫耳山、上寺岭、大洼尖等山顶面。

第二级夷平面是第三纪中晚期唐县期夷平面。它们海拔较低，多分布于河谷两侧的低山一带，其台顶可见有河流遗存的砾石层和黄土层等。根据其地貌部位，划分为两个层次：海拔 260～300 m 的高层次夷平面和海拔 150～200 m 的低层次夷平面。前者如太平山和上平山的山顶平台，后者如周口店龙骨山顶的砾石顶面。在西山山地内，河谷两侧唐县期的标准区域以清水河谷地最为典型，该谷地两侧是波状起伏的低山，丘陵夷平面脉络清晰，海拔 500～700 m，与河谷相对高差 100～250 m，可划分为高、低两个层次，高层局部地带有强风化砾石层，黄土广泛分布。

北山夷平面不像西山那样完整和明显，这是由于受断裂盆地和断块山差异升降运动的影响，夷平面较为破碎，许多夷平面或阶地存在着不同的高度，但某些地区仍可见到两个层次的夷平面。如密云水库北边海拔 800～1 000 m 的山顶面（北台面）和海拔 400～600 m 的低层次的山顶面（唐县面）清晰可见。

(二)北京的地貌类型

根据地貌形态，北京地貌主要可分为中山、低山、丘陵与台地、平原四种类型。

1. 中山

中山区面积约 2 303 km²，约占山区面积的 22.1%，约占全市面积的 13.7%，主要分布在北部和西部边缘地带。中山区山高、坡陡、谷深，山坡坡度一般大于 25°，相对高度多在 500 m 以上，有的地方达 1 000 m 以上，山脊多呈陡峭的锯齿状。

西部的中山区，其地层主要由中生界、古生界和元古界组成，岩性以喷出岩（侏罗系）和碳酸盐岩为主；北部的中山区，主要由中生界侵入岩构成，其次为喷出岩。

2. 低山

低山区面积约 3 482 km²，约占山区面积的 33.4%，约占全市面积的 20.7%，呈断续的环带状分布在北部、西部及东部山区。

西山区的低山主要由上元古界和奥陶系的碳酸盐岩、中生界的砂页岩组成，在清水河河谷地带，喷出岩和火山碎屑岩出露面积较大；山坡坡度较陡，多为 25°～35°。大石河和永定河一带受地质构造作用控制明显，山体多呈单面山地形；拒马河一带受岩性控制明显，塔状峰丛峰林发育。

北山区的低山带主要由太古界片麻岩和燕山期花岗岩构成。片麻岩分布区为古老的隆起带，长期遭受风化剥蚀，地势较低缓；花岗岩分布区球状风化与剥落较明显，因而风化壳较厚，地势较缓和，但延庆的北部和东北部的低山区主要由火山碎屑岩、硅质灰岩及石英砂岩等岩石构成，平谷的低山区主要由石英砂岩和白云质灰岩构成，这些区域由于岩石坚硬，山体地势较为陡峻，沟谷窄深，山坡坡度较大。

低山区河流阶地发育，一般发育有 3～5 级，其中Ⅰ、Ⅱ、Ⅲ级阶地和河漫滩多数已开发利用，为主要的农垦区。低山区受人类垦殖影响较大，天然林地分布稀少，水土流失严重，泥石流活跃。

3. 丘陵与台地

丘陵与台地为山地与平原的过渡交接地带，除少数孤丘外，呈连续环状分布在北京平原的东北部、北部和西部边缘地带。其面积约 4 631.8 km²，约占山区面积的 44.5%，约占全市面积的 27.6%。

北山区的丘陵主要由花岗岩、片麻岩、火山碎屑岩等组成，西山的丘陵则主要由碳酸盐岩组成。受岩性影响，西山区的丘陵较陡，北山区的丘陵较缓。

台地一般为隆升的基岩地块，表面起伏和缓，切割轻微，与平原转折接触清楚，常呈台阶状。

4. 平原

北京地区海拔低于 100 m 的平原区约占全市面积的 38.0%。北京平原地区坦荡，大部分地区海拔在 30～50 m，按其成因可分为山麓洪积平原和冲积平原。山麓洪积平原分布在北山和西山边缘地带，由一系列洪积扇连接而成的山前倾斜洪积平原组成，平原的宽度不一。冲积平原是北京平原的主体部分，面积约 4 299.5 km²，约占全市面积的 25.6%，约占平原面积的 67.3%，也是北京市土地利用程度最高的地貌区。

第二节　北京的气候与水文

北京市地处中纬度暖温带，虽然位于内陆地区，但距海并不远，气候属于典型的暖温带半湿润大陆性季风气候，夏季炎热多雨，冬季寒冷干燥，春、秋短促，一年四季分明。年平均气温为 10℃～12℃，年降水量为 500～700 mm。降水季节分配很不均匀，全年 75% 的降水集中在夏季，7～8 月经常有暴雨，春旱、夏涝常威胁农业生产。从地势上看，北京市西北高、东南低，河流大都受地势的影响，流向东南注入渤海。

一、北京的气候概况

北京地区地处暖温带半湿润地区，气候受蒙古高压的影响，属大陆性季风气候。北京四季分明，春季多风，夏季多雨，秋季凉爽，冬季干燥，年平均气温10℃～12℃。冬季经由西北部吹来的冷空气受高山阻挡，下沉时又受增温作用影响，因此北京冬季比同纬度其他地区温暖，无霜期180～200天。夏季因东南暖温气流受海洋调节作用，并不十分炎热，这使北京形成了夏无酷暑、冬无严寒的优越气候条件。每年9～10月，天高气爽，天气宜人，空气质量为1～2级，是一年中最美的时节。

(一)北京气候基本特征

北京气候类型为暖温带半湿润大陆性季风气候，主要特点是四季分明。春季气温回升快，昼夜温差大。月平均气温可升高6℃～9℃，气温日较差一般在12℃～14℃。冷空气活动较为频繁，干旱多风，降水量约为年降水量的11％。

夏季炎热，降水集中，雨热同季。除山区外，各月平均温都在24℃以上；6月虽不是最热月，但极端最高气温多出现在6月；7月是全年最热月份，平均气温达26℃。夏季降水量占全年降水量的74％，并多以暴雨形式出现，局地暴雨多发。

秋季天高气爽，晴朗少雨，冷暖适宜，光照充足。降水量占全年的13％左右，由于气候的大陆性强，秋季降温迅速。

冬季寒冷干燥，多风少雪，各月平均气温均在0℃以下。1月平原地区平均气温为−4℃左右，山区低于−8℃。冬季降水量少，仅占全年降水量的2％，常出现连续一个月以上无降水记录(见表2.5)。

表2.5　北京主要气候要素(1981—2010 年)

月份	气压 (hPa)	气温 (℃)	极端最 高气温(℃)	极端最 低气温(℃)	相对湿度 (％)	降水量 (mm)	最大降水 量(mm)
1	1 024.2	−3.0	14.3	−17.0	45	2.8	12.2
2	1 021.0	0.7	16.1	−14.7	44	4.4	26.3
3	1 015.4	7.1	29.5	−8.0	42	9.9	43.4
4	1 009.9	14.8	31.9	−0.1	46	23.7	63.6
5	1 005.1	21.0	38.1	7.7	51	37.6	68.4
6	1 001.2	25.1	39.6	9.8	59	70.5	142.9

续表

月份	气压 （hPa）	气温 （℃）	极端最 高气温（℃）	极端最 低气温（℃）	相对湿度 （％）	降水量 （mm）	最大降水 量（mm）
7	999.8	27.3	41.9	16.0	69	159.6	247.9
8	1 003.9	25.9	37.3	14.6	71	139.4	177.8
9	1 010.8	21.2	35.0	7.5	65	48.7	118.9
10	1 016.3	13.9	31.0	−3.4	58	23.9	69.9
11	1 020.2	5.1	21.6	−9.5	55	9.6	42.9
12	1 023.8	−1.1	13.4	−13.5	47	2.0	8.8
年平均	1 012.6	13.2	—	—	54	44.3	—

资料来源：中国气象数据网. http://data.cma.cn/data/weatherBk.html. 2020-11-20.

由于北京山地与平原之间相对高度相差悬殊，最高点与最低点的相对高差为 2 295 m，造成山区气候垂直变化显著。一般以海拔 700～800 m 为界，以下至平原为暖温带半湿润季风气候，以上至海拔 1 600 m 左右则为温带半湿润、半干旱季风气候；海拔 1 600 m 以上为寒温带半湿润、湿润季风气候。

（二）气候的形成因素

1. 太阳辐射

太阳辐射是气候形成的基本因子。不同地区气候的差异和季节交替，主要是太阳辐射在各地分布不均和随季节变化的结果，而影响各地接受太阳辐射量的主要因素是地理纬度、太阳高度和日照时数等。

北京位于 40°N 附近，一年中太阳高度角变化为 47°。夏至太阳高度角最大（73°29′），白昼最长，可达 15 小时 1 分；冬至太阳高度角最小（26°36′），白昼最短，为 9 小时 20 分。年平均太阳辐射量为 112～136 千卡/平方厘米，年日照时数为 2 000～2 800 小时。

2. 大气环流

北京地处西风带，高低气压系统活动频繁，同时又受东亚季风环流控制。

冬季北京受蒙古高压（西伯利亚高压）控制，位于高压中心的东南，是极地冷空气频繁南下的必经之地，形成偏北的冬季风，使北京出现寒冷、大风、干燥的天气。

春季是冬季环流向夏季环流形势过渡季节。冷空气活动仍频繁，但势力减弱，路径偏北。此时大陆逐渐变暖，形成低压，使北京多西南风。一旦冷空气南下势力增强，北京的风向立刻转变为偏北，并往往形成大风天气。

夏季受副热带高压和西风带天气系统交错影响。北太平洋副热带高压北上，形成偏南的夏季风，在它的控制下，带来热带海洋气团的丰沛水汽，是造成北京降水集中在夏季的主要原因。但在发源于内陆的副热带高压(华北高压)控制时，又形成晴热干燥的天气。此外，夏季地面增温强烈，对流旺盛，如有高空槽配合，形成积雨云，会出现雷阵雨和冰雹天气。

秋季是夏季环流向冬季环流过渡的季节。进入9月，副热带高压南移，蒙古高压得以发展南侵，偏南气流日渐衰退，转变为偏北气流(冬季风)，形成天高气爽的天气。9月末10月初，冷空气骤然增强南下，气温显著下降，预兆冬季的来临。

3. 自然地理环境

北京位于欧亚大陆东岸，面对渤海。冬季气温低，夏季气温高，为典型的大陆性季风气候。北京西面、北面为山地，来自西面、北面的冷空气越山后的焚风效应使北京平原地区气温偏高。由于山脉走向多为东北—西南，利于东南暖湿气流沿山坡爬升，因此在山前迎风坡往往形成多雨中心。

(三)主要气候要素

1. 气温

(1)气温随时间的变化

北京地区最高气温一般出现在15～16时，最低气温出现在日出前后。最低气温出现的时间随季节的不同而稍有不同，夏季为5时左右，春秋季为6时左右，冬季为7时左右。气温日变化的程度，一般以少雨、少云、干燥、昼夜近于等长的春季为最大，晴朗少云的秋季次之，多云、潮湿的夏季最小，而晴朗、干燥、昼短夜长的冬季介于秋夏之间。年平均日较差为11℃～12℃。

1月为北京全年最冷月，以观象台资料为例，平均气温为－3.0℃。1～7月气温逐月递增。7月为北京全年最热月，平均气温达27.3℃，此后气温又逐月下降。最热月平均气温与最冷月平均气温之差称为气温年较差，气温年较差反映了气温的年变化程度，其值大表示该地冷热悬殊、气候大陆性强。北京地区属大陆性季风气候，气温年较差大，达30.3℃。

北京地区气温存在明显的年际变化。对1940年以来北京气温变化的研究表明，平均气温具有明显的上升趋势，最高气温和最低气温存在非对称变化的趋势。冬季最低气温的增加幅度比最高气温大得多；夏季最低气温略有上升，最高气温有所下降，最终导致日较差变小，年较差也变小。

(2)气温的空间分布

北京平原地区的年平均气温在 11℃～12℃，海拔在 100～600 m 的低山区的年平均气温为 8℃～11℃，600 m 以上的山区的年平均气温在 7℃以下，2 000 m 以上的东灵山、大海坨山的年平均气温只有 2℃左右。年平均气温分布与山脉等高线走向趋势一致，大体由东南向西北降低，平原和山区交界地区等温线密集，昌平和延庆两区城区相距不到 30 km，高差为 400 m，年平均气温相差 3.4℃。西部和西北部山前平原各有一个年平均气温 12℃左右的暖区，这主要是山前地带背风向阳以及冬季西北高寒气流越过山脉后下沉增温造成的，这一区域成为北京传统的果树种植地带。

北京平原地区 1 月平均气温为－4℃左右，受城市热岛作用的影响，城区有一个暖中心。海拔在 100～600 m 的低山区在－9℃～－6℃，600 m 以上的山区则在－10℃以下，东灵山、百花山、大海坨山等地可达－15℃。平原地区极端最低气温一般在－20℃～－14℃，大兴区黑堡 1966 年 2 月 22日雪后曾出现－27.4℃的最低气温。南郊观象台建站以来的极端最低气温为－18.3℃，出现在 1972 年 1 月 27 日。2010 年 1 月 6 日，南郊观象台监测到的最低气温为－16.7℃，达到近 40 多年来的最低值。西部和北部山区可达－22℃以下，高山区可达－33℃以下，延庆区佛爷顶 1980 年 1 月 30日曾观测到－33.2℃的极值纪录。极端最低气温一般出现在 12 月下旬至次年 1 月下旬。

北京平原地区 7 月平均气温在 25℃～26℃，山区则在 24℃以下。极端最高气气温，平原地区常年在 35℃～40℃，有些年份可达 42℃～43℃，房山区山前炒米店 1961 年 6 月 10 日曾出现 43.5℃的高温纪录；西部和北部山区均在40℃以下。极端最高气温一般出现在雨季前的 6 月或 7 月上旬。2010 年 7 月 5日，南郊观象台监测到的最高气温为 40.6℃，是北京有史以来同期最高气温。2014 年 5 月 29 日，南郊观象台最高气温达到 41.1℃，这是自 1951 年有气象记录以来北京地区最早迎来 41℃，城六区以及昌平、顺义、通州、大兴和房山部分地区达 40℃～42℃，紫竹院、官园、天坛、奥体中心、车道沟等地都超过了 42℃。

北京地区 1 月、7 月的平均气温分布情况可参见图 2-5、图 2-6。

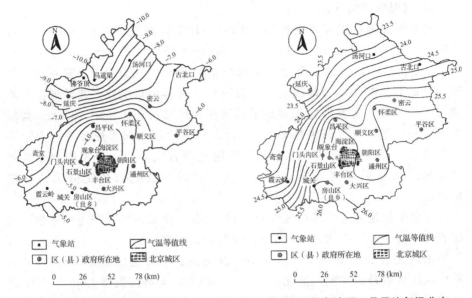

图 2-5　北京地区 1 月平均气温分布　　图 2-6　北京地区 7 月平均气温分布
资料来源：钟敦伦，谢洪，王士革，等．北京山区泥石流[M]．北京：商务印书馆，2004．

(3)城市热岛效应

中华人民共和国成立以来，北京经历了极大发展，城市功能、综合实力以及城市形态与环境面貌等都发生了巨大变化。特别是 20 世纪 80 年代以来，北京的城市建设和发展取得了重大进展。城市的繁荣和经济的发展促使城区面积迅速扩张，城市下垫面状况发生了极大的改变，造成了地面长波辐射状况的变化，并影响了城市气候。此外，城市人口的增加、工业的发展、人为热排放的增多等因素也使得城市热力状况远较郊区复杂，进而导致城区温度普遍高于郊区，形成城市热岛。在城市热岛形成的诸多因素中，以下垫面性质改变最为重要，其从三方面影响着城市热岛效应。

首先是城区下垫面的不透水性。城区下垫面除了少量的绿地外，大部分被混凝土建筑和柏油路所覆盖，下垫面的不透水性远比郊区大，阻断了地面水分的蒸发。城区排水系统通畅，雨水渗入地面少，使城区可供蒸发的水分远比郊区少，因此城区下垫面所获得的净辐射用于蒸发耗热的部分比郊区少，而用于加热城区下垫面变为贮存热的部分和向大气的显热输送的部分则比郊区多，导致城区近地层气温比郊区高。

其次是城区下垫面的热性质。城区下垫面的导热率和总的热容量都比郊区农村大，下垫面的热性质的城郊差异，导致城区下垫面的储热量显著高于郊区。

最后是城区下垫面的立体性。城区中建筑物参差错落，100 m 以上的超高层建筑在北京城区随处可见，形成了许多高宽比不同的城区街谷。这种复杂的立体下垫面在白天能比郊区获得更多的太阳辐射，在夜晚热量比空旷的郊区不易外散。

北京城市热岛强度的变化表现为冬季强、夏季弱，夜间最强、中午最弱。热岛强度一般在22～24时左右达到最高值，冬季在15～16时最弱，夏季则在13～14时最弱。北京地区20个常规气象台站1971—2012年的单站逐年年平均气温资料的研究也表明，1971—1980年，城区、近郊区和远郊区的年平均气温差异很小；1980年之后，城区的气温高于近郊区和远郊区，且随着年份的推移，增温趋势明显加快，城区与近郊区和远郊区的温差不断加大。20世纪70年代初至2012年，以年平均气温计算，北京城市热岛强度年增温率为0.33 ℃/10 a，其中2006—2010年平均热岛强度为0.972 ℃，而2008—2012年平均热岛强度为1.12 ℃。随着北京城市建设的发展，北京城市热岛强度呈增加趋势。

1987—2001年北京地区的热岛范围逐年扩大，出现了向北、东和南三面扩展的趋势。2001年之后，借助申奥成功的契机，北京进行了大面积的旧城改造和绿化措施，使得城市热岛强度和范围在2004年和2008年较2001年有所降低和缩小。2008年之后，城市继续向北和南扩展，出现了中心城区热岛与通州、顺义、大兴、昌平等区热岛连成片的趋势。到2012年，城六区城市热岛面积已占到77％，五环内一半以上的区域需要采取措施进行热岛缓解，主要集中于老旧建筑区、新建大型密集居民区、大型建材城及快速发展的郊区等，水体或大片绿地所在区域则没有热岛现象。

2. 降水

(1)降水量的空间分布

北京地区年平均降水量为500～700 mm，降水量的空间分布与地形关系密切。多雨中心沿燕山、西山迎风坡分布，在北山和西山前山区及山前平原一带形成以枣树林、霞云岭和北京城区西北部为中心的几个多雨区，其中枣树林一带年平均降水量可达750 mm以上，其余2个次中心可达625 mm以上；降水量由北山、西山向西北、东南不断减少，延庆区康庄是全市降水量最少的地区，通州、大兴平原地区年降水量不足600 mm。

降水形成这种分布的原因，主要是北京三面环山的地形开口正对夏季盛行风的来向。当夏季偏南风到来时，受山地阻挡爬高而成云致雨，致使前山和山前平原地带降水剧增。当气流爬升到一定高度(区内为1 000 m等高线及以上)时，由于降水已导致空气中水汽含量减少，致使降水量又由东南向西北减少。

北京受台风影响很少，但历史上也有数次台风形成的暴雨(见表2.6)。

表 2.6　历史上台风引起的北京地区的暴雨

台风影响时间	暴雨中心	24 小时最大降水量(mm)
1956 年 8 月 2 日 12 号台风	永定河官厅山峡区间王平口	434.8
1972 年 7 月 27 日 3 号台风	黑坨山、云蒙山一带迎风坡	479.2
1989 年 7 月 21 日 9 号台风	番字牌乡、冯家峪乡	362.1
1994 年 7 月 12 日 6 号台风	大孙各庄、马昌营	391.0

资料来源：今秋台风为何"三旋共舞"[N].北京日报.2010-09-08.

(2)降水量的时间分布

受季风气候的影响，北京地区降水的季节分配极不均匀。全年降水量的70%～75%集中在夏季(6～8月)。冬季(12～2月)降水量仅占全年降水量的2%左右。秋季(9～11月)降水量比春季(3～5月)稍多，两者分别占全年降水量的13%～16%和8%～10%。

6～9月为北京的多雨季节，降水量为325～650 mm，占全年降水量的75%～86%，其中平原地区和大部分山区都在80%以上，只有北山西北部的部分中山地区在75%～80%(见表2.7)。和年降水量的分布一样，6～9月降水量也多分布在西山东部和北山南部一带，形成以枣树林和霞云岭为中心的高值区和次高值区。以两高值区的连线为轴线，在轴线西北部，其值由约600 mm逐渐减少到350 mm及以下；在轴线东南部，其值由北向南由约600 mm逐渐减少到450 mm及以下(见图2-7)。

表 2.7　北京地区 6～9 月降水量占年平均降水量比例(%)

站名	观象台	丰台	朝阳	顺义	通州	大兴	房山	昌平	延庆	门头沟	怀柔
比例	83.5	83.3	83.2	83.4	84.2	83.2	83.1	84.2	82.1	83.3	84.1

站名	密云	平谷	霞云岭	蒲洼	史家营	斋堂	燕家台	响潭	黄花城	四海	马道梁
比例	85.0	83.2	82.6	83.3	83.1	80.1	81.6	83.1	85.0	83.7	77.8

站名	佛爷顶	千家店	喇叭沟门	汤河口	番字牌	张家坟	古北口	下会	镇罗营	枣树林
比例	79.3	76.6	81.8	81.5	82.3	84.3	84.0	81.1	85.3	84.4

资料来源：钟敦伦，谢洪，王士革，等.北京山区泥石流[M].北京：商务印书馆，2004.

　　由于季风环流的进退有早有晚，持续时间有长有短，影响程度有强有弱，致使北京地区各年的降水量很不稳定。据观象台1724—1995年降水资料统计，最多年降水量为1 406 mm(1959年)，最少年降水量为242 mm(1955年)，二者相差1 164 mm，前者是后者的5.8倍，最少年降水量甚至不足多年平均降水量的一半。

　　为了表明降水量的年际变化特征，常用年降水变率作为衡量降水量变化大小的指标。北京地区年降水绝对变率为116.2~214.0 mm；年降水相对变率绝大部分地区大于20%，房山相对变率最大(32%)，密云相对变率最小(18%)。从气候角度看，年降水相对变率大于25%的地区旱涝灾害频繁。可见北京地区的旱涝灾害是较频繁的，并且平原比山区严重。

图 2-7　北京地区 6~9 月平均降水量分布

资料来源：钟敦伦，谢洪，王士革，等．北京山区泥石流[M]．北京：商务印书馆，2004．

(3)降水强度

　　在气候上统计各级降水日数，实际上也是一种以日为单位时间的降水强度。日降水0.1~9.9 mm之间为小雨，日降水10.0~24.9 mm为中雨，日降水25.0~49.9 mm为大雨，日降水≥50.0 mm为暴雨。按此标准，北京地区全年小雨出现的日数为52~61 d，中雨为7~12 d，大雨为3~5 d，暴雨不足3 d(见表2.8)，且主要集中于7~8月，此时是西南气流在全年的最活跃期；北京地区年平均降水强度约为7~9 mm/d。

表 2.8　北京地区各级雨量的多年平均降水日数与平均强度

气象站	小雨日数 (d)	中雨日数 (d)	大雨日数 (d)	暴雨日数 (d)	合计 (d)	年平均降水 强度(mm/d)
观象台	58.0	8.4	5.2	1.8	73.9	8.7
延　庆	61.4	9.4	3.2	0.9	75.0	6.4
密　云	55.8	12.4	4.6	2.2	75.2	8.8
古北口	58.6	11.6	5.4	1.7	77.5	8.4
怀　柔	58.8	9.8	4.4	2.2	75.6	8.6
昌　平	57.5	7.6	4.8	1.5	71.8	7.9
顺　义	53.7	9.3	4.8	2.2	70.2	8.9
平　谷	53.8	10.0	5.3	1.9	71.3	9.0
朝　阳	52.8	8.4	4.3	2.6	68.4	9.1
通　州	53.0	9.3	4.9	2.1	69.7	9.2
门头沟	55.7	8.9	4.5	2.3	71.9	9.0
丰　台	54.9	8.3	4.4	2.1	70.1	8.4
大　兴	57.2	7.8	5.1	1.8	72.1	8.1
房　山	56.0	7.7	4.1	2.5	70.7	8.5
霞云岭	55.8	10.0	5.0	1.8	73.0	8.8

资料来源：北京市气象局气候资料室. 北京气候志[M]. 北京：北京出版社，1987.

　　北京地区一日最大降水量可达 100～500 mm，主要出现在 7 月和 8 月。在北部和西部的前山地区和山前平原地带形成了一个以枣树林(479.2 mm)、八道河(426.7 mm)和沙峪(441.2 mm)为中心的高值区和一个以沙河(407.9 mm)、酒仙桥(400.7 mm)为中心的次高值区。在平原南部房山的天开(145.5 mm)、琉璃河(157.2 mm)和通州的马驹桥(191.6 mm)一带形成两个低值区。在平原东部顺义的杨镇、苏宅和通州的西集一带，一日最大降水量在 300 mm 以上。中低山区分布更为复杂，形成了以平谷将军关、密云番字牌、昌平王家园、门头沟青白口和延庆香村营等地为中心的多个高值区，一日最大降水量可达 200～360 mm 及以上(见图 2-8)。研究结果表明，随着北京城区的扩张，北部城区外侧的昌平、顺义和西部城区的海淀、石景山、门头沟一线形成两个新雨带。

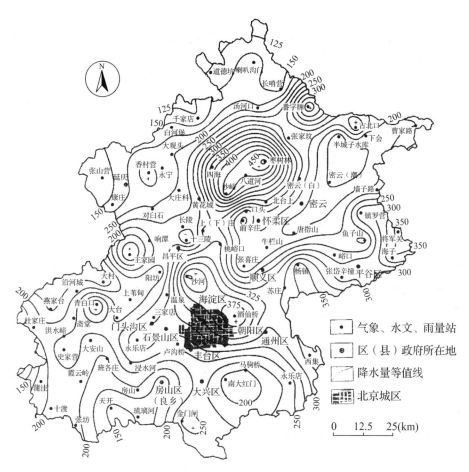

图 2-8　北京地区 24 小时最大降水量分布

资料来源：钟敦伦，谢洪，王士革，等. 北京山区泥石流[M]. 北京：商务印书馆，2004.

(4)降雪和积雪

北京地区平均初雪日期，西部、北部山区在 11 月 25 日以前，平原地区及东部、东北部山区在 11 月 25 日至 12 月上旬之间，西部深山区和延庆盆地的降雪平均始于 11 月中旬，佛爷顶降雪平均始于 10 月 24 日。

北京平原地区的初雪日期可出现于 10 月下旬，初雪日期会随海拔高度递增提前，500 m 以上的山区在 10 月上、中旬即可出现初雪。终雪日期会随海拔高度递增推迟，北京的平原地区在 3 月中下旬，西部深山区及北部山区为 4 月中旬，马道梁在 4 月 27 日，佛爷顶为 5 月 12 日。

平原地区平均每年降雪日数只有 6～8 d，山区则有 9～19 d；平原地区平均每年积雪日数有 12～16 d，山区则可达 17～48 d。

3. 湿度

大气湿度，是指空气的干湿程度，通常用水汽压和相对湿度表示。水汽压，是指空气中实际所含有的水汽所产生的压力，以百帕(hPa)为单位。相对湿度，是指在空气中的实际水汽压与相同温度条件下饱和水汽压的百分比。

从空间分布来看，北京地区年平均水汽压与相对湿度都是平原大于山区，尤其是中部至东南部平原地区最大。

北京地区年内相对湿度、水汽压均以冬季(1月)为最小，春季较大，秋季更大，夏季最大。以观象台为例，水汽压以1月最低，7月最高，1～7月逐月递增，尤其是入夏后，水汽压急增，7月以后逐月下降。相对湿度则是1月、2月最低(44%)，3月、4月次低(46%)。这是由于冬季空气中水汽含量极少，虽然气温较低，相对湿度仍为全年最小。春季气温回升快，风速大，虽然蒸发加强，水汽压增大一些，但因饱和水汽压增大得更快，相对湿度仍然较小。到了夏季，暖湿的东南季风盛行，空气中所含水汽丰沛，相对湿度急增。入秋后，空气中水汽含量逐渐减少，尽管气温下降，饱和水汽压亦下降，但水汽压的减小比饱和水汽压的减小更甚，因而相对湿度逐月减小。

4. 气压与风

(1)气压

北京地区地面气压的年变化表现为冬季高、夏季低，气压年较差达24.5 hPa。地面气压的月际变化值冬夏小、春秋大，12月至次年1月气压仅升高0.4 hPa，6～7月气压也仅下降1.5 hPa；而8～9月和9～10月陡升6.8 hPa和6.2 hPa，3～4月和4～5月气压则骤降7.4 hPa和4.3 hPa。这种变化反映出大气环流季节转换的迅速。

北京地区气压日变化曲线呈双峰型，高峰、低谷出现时间各季略有差异。总的来说，两个高峰分别出现在10时和24时左右，两个低谷分别出现在4时和17时左右。当有强的气压系统过境时，这种日变化就被破坏了。

(2)风向与风速

北京属于季风气候区，冬季盛行偏北风，夏季盛行偏南风，春季、秋季为南北风向转换季节。不同的地形条件有不同的盛行风向。河谷地带盛行风向多与山谷、河流的走向一致。

在没有较大天气系统影响的情况下，北京地区风向日变化显著，白天多偏南风，夜间多偏北风。形成这种日变化的原因主要是地形造成的山谷风。风向转换的时间，四季也略有差异。一般春季、夏季在11时左右，秋季在13时左右，冬季在15时左右开始转为偏南风频率占优势；春季、夏季在1～3时，秋季在22时左右，冬季在19时左右开始转为偏北风频率占优势。

北京地区的平均风速在1.0～5.3 m/s之间，平原地区约为1.5～3.0 m/s。其中，昌平、朝阳、通州形成一个高值区，年平均风速达2.5～3.0 m/s；怀柔一带形成一个低值区，年平均风速在1.9 m/s左右。山区风速变化较大，西山地区年平均风速由东向西从2.0～2.5 m/s递减到1.0 m/s左右，北山地区以怀柔、汤河口的连线为轴线，向西北年平均风速急剧增大，从2.0 m/s增大到5.3 m/s，向东北增大到3.3 m/s左右（见图2-9）。

北京地区风速季节变化明显（见表2.9），除昌平、延庆、佛爷顶等地以及高山地区冬季风速最大外，春季平均风速最大（其中又以4月为最大），冬季次之，秋季较小，夏季最小。除了夏季，各季均以西北风的风速为最大，西南偏南风次之。

表2.9　北京地区四季平均风速　　　　　　　　　　　　单位：m/s

气象站	冬季(1月)	春季(4月)	夏季(7月)	秋季(10月)	年平均
观象台	2.9	3.4	1.8	2.1	2.5
延庆	4.0	3.8	2.1	2.5	3.0
佛爷顶	8.1	6.9	3.6	5.2	5.7
密云	2.9	3.3	1.7	2.1	2.5
古北口	3.0	3.9	2.5	2.8	3.0
怀柔	2.3	3.5	1.6	1.7	2.1
汤河口	2.0	3.5	2.1	2.2	2.4
昌平	3.8	3.0	1.6	2.1	2.6
顺义	3.2	3.5	2.0	2.3	2.7
平谷	2.8	3.1	1.7	2.0	2.3
海淀	3.1	3.5	1.9	2.1	2.6
朝阳	3.4	3.6	2.0	2.3	2.7
通州	3.4	3.6	2.0	2.3	2.8
门头沟	3.1	3.6	1.6	2.2	2.6
斋堂	1.3	2.8	1.6	1.5	1.8
丰台	2.9	3.5	1.9	2.1	2.6
大兴	2.7	3.5	1.9	2.1	2.6
房山	2.2	3.4	1.9	2.0	2.3

资料来源：北京市气象局气候资料室.北京气候志[M].北京：北京出版社，1987.

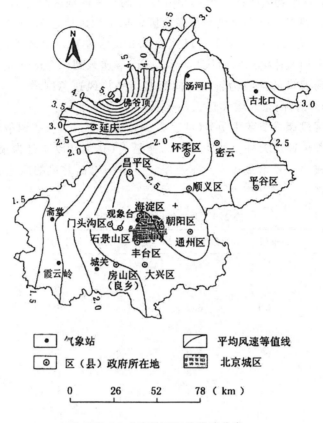

图 2-9　北京地区平均风速分布

资料来源：钟敦伦，谢洪，王士革，等．北京山区泥石流[M]．北京：商务印书馆，2004.

地形对北京地区风速的影响较大，当冷空气自坝上下沉时，西经永定河河谷、西北经昌平南口、东北经古北口沿河谷顺流而下至顺义天竺一带汇合后，向东南部平原进发，形成"Y"字形风廊。风廊内风速较大，尤其是朝阳、通州、大兴东部等地最为明显。

二、北京的水文概况

北京市内分布着属于海河流域的大小河流 200 多条，分属于大清河、永定河、温榆河—北运河、潮白河和蓟运河五大水系，这些河流总的流向是自西北向东南。山前迎风坡为本市多雨地区，山区坡陡流急，蕴藏着比较丰富的水资源。中华人民共和国成立后，在这些河流上先后修建了大、中、小型水库 80 多座，开挖了 4 条大型引水渠，建设了 44 处大、中型灌区，使河湖连成一体，已初步建立起比较完善的河湖水网。

(一)水系及其特征

1. 五大水系的基本情况

北京地区没有大型江河，水资源主要依靠境内和上游流域的自然降水。境内分布着大小河流 200 余条，分属于海河流域的大清河、永定河、温榆—北运河、潮白河和蓟运河五大水系(见图 2-10)。

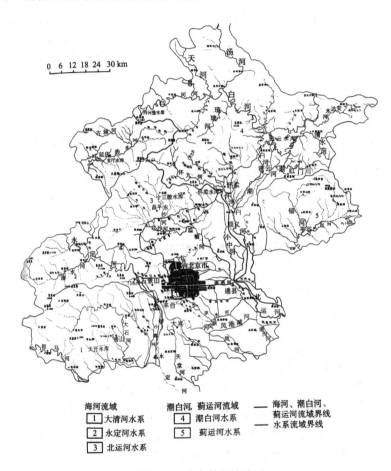

图 2-10　北京的河流水系

资料来源：高善明，张义丰．北京自然环境与都城变迁[M]．北京：气象出版社，2007.

2. 水文特征

(1)多为过境河流，流量受上游制约

北京五大水系均属海河流域，在北京市范围内的流域面积约占海河流域总面积的13%。除温榆河—北运河水系发源于燕山南麓，其他水系均为过境河流，水量大小和变化幅度受上游水文状况制约，丰水年来水多，枯水年来水少。

(2)径流量年内分配不均，年际变化大

大气降水是北京河流的主要补给源，受季风气候影响，北京地区河流径流量的年内和年际变化大。

从年内变化看，夏季径流量占全年的1/2以上，秋季约占1/4，冬春之和约占1/4。全年最多水月为8月，占全年径流量的30%以上；最少水月一般是5月，占全年径流量的3%以下。最多水月与最少水月径流量相差10~25倍。河流的汛期为6月至9月，非汛期为10月至次年5月。汛期径流量占全年径流量的60%~75%；非汛期长达8个月之久，而径流量仅占全年径流量的25%~40%。如果是丰水年，就更为集中。

北京地区河流多年平均径流量为26亿立方米，但年际变化悬殊，表2.10反映了白河张家坟水文站和拒马河张坊水文站丰、枯水年水文要素的变化。

表2.10　张家坟和张坊水文站丰水年和枯水年水文要素的对比

站名	项目	最大流量 (m³/s)	最小流量 (m³/s)	平均流量 (m³/s)	径流量 (亿 m³)	径流深度 (mm)
张家坟	丰水年(1998年)	2600	0.65	22.2	6.999	82.3
	枯水年(1999年)	19.9	0.5	4.53	1.428	16.8
	倍数	130.7	1.3	4.9	4.9	4.9
张坊	丰水年(1963年)	9920	5.18	39.9	12.58	261.7
	枯水年(1984年)	9.57	0.68	2.61	0.826	17.2
	倍数	1 036.6	7.6	15.3	15.2	15.2

资料来源：钟敦伦，谢洪，王士革，等．北京山区泥石流[M]．北京：商务印书馆，2004.

将上述两个水文站与其他站相比可知，永定河官厅站、三家店站年际变化幅度最小，年径流量最大值约为年径流量最小值的5倍；潮白河和大清河各站年际变化幅度较大，年径流量最大值为年径流量最小值的20~34倍；北运河通州站年际变化幅度最大，年径流量最大值为年径流量最小值的81倍以上。河流径流的年际变化除极值相差悬殊外，还有连丰水年、连枯水年的交替现象。

(3)山区径流系数大，汇流速度快

北京地区山区面积大，河流支流多，河网密度高、坡度陡，有利于径流的汇集，因而产流量大于平原，地表水比较丰富。

由于区内降水十分集中，雨季时土体总处于饱和状态。山坡上土层薄，基岩坚硬、致密，植被条件差甚至裸露，地表的截留能力和土壤的渗透能力都很小，加之沟坡陡峻，因此，径流系数大，汇流速度快，能很快形成地表径流，并迅速向沟谷汇集，在很短时间内形成沟谷洪流或河流洪水。

平原区堆积很厚的第四系松散砂砾石、砂夹黏性土层，地层孔隙度高，地表水容易下渗。因此，山前平原上的河流多是冬、春季水少或无水，汛期行洪，多为季节性河流。

(4)河流的泥沙含量高，冬季结冰期较长

河流中泥沙含量主要受流域内地质、地貌、气候、植被等自然因素以及人类活动等诸条件的控制。北京地区正处于黄土高原以东和内蒙古高原以南，是由高原向平原过渡的地带，由于物理风化强烈，土质疏松，植被破坏严重、覆盖率低，在季风作用下，降水集中在夏季，且多以暴雨形式出现。因此，北京地区河流含沙量和侵蚀模数大于我国东部其他地区，侵蚀模数最大的是永定河，其次是白河和拒马河。如永定河官厅和三家店的多年平均含沙量都超过 40 kg/m^3，最大含沙量达到 450 kg/m^3，永定河侵蚀模数为 $537.5 \text{ t/(km}^2 \cdot \text{a)}$。

北京冬季寒冷干燥，气温低于 0℃ 时，河水存在结冰现象，可分为初冰、封冻、解冻和终冰四种情况。一般北京河流初冰起始时间在 11 月底或 12 月初，终冰时间由 2 月中旬到 3 月下旬。冰期一般在 80～100 天，最少是 74 天，最多是 122 天。

(二)湖泊、水库与引水渠

1. 湖泊

北京的湖泊主要是利用洪积扇前缘洼地地下水溢出带和废弃的古河道，经人工改造而成，或利用城市建筑取土洼地、沙坑扩建而成。目前，城区有湖泊 30 多处。

北京城区湖水的来源，目前主要通过京密引水渠由密云水库补给，经昆明湖、长河、北护城河入圆明园湖、紫竹院湖、动物园湖、北展后湖、后海、西海、前海、北海、中南海、筒子河、青年湖、工人体育场湖和团结湖等；通过京密引水渠和永定河引水渠，引密云和官厅两大水库的水进入玉渊潭，经南护城河，补给陶然亭湖、龙潭湖等湖泊。北京的湖泊基本与以护城河为主的河道相通，能起到削洪、排洪作用。北京的护城河远溯于金中都和元大都时期，正式形成于明代。1949 年，北京的护城河总长度约为 41.19 km，各护城河河水汇集于东便门。1963 年 8 月 8 日至 9 日，北京遭遇百年不遇的暴雨，中心雨量 24 小时达 420 mm，但北京城区安然无恙，护城河发挥了重要的排泄洪水的作用。

2. 水库

1949 年以后，北京先后建成官厅、密云、十三陵和白河堡等大、中、小型水库86座(见表2.11、图2-11)，其中大型水库4座，中型水库16座，小型水库66座。大中型水库总库容约92.875 3亿立方米，使北京75%山区面积的径流量得到了控制。这些水库不仅在防洪、灌溉、发电、供水等方面发挥了巨大作用，而且在美化环境、调节周围小气候等方面有着重要功能，成为郊区水文旅游资源。

表2.11 北京地区的大中型水库

水系	库型	水库名称	总库容(亿立方米)	建库地点	建成年份
蓟运河水系	大型	海子	1.210 0	平谷海子村	1960年
	中型	西峪	0.143 0	平谷错河支流镇罗营石河	1968年
	中型	黄松峪	0.104 0	平谷沟河支流黄松峪沟	1971年
潮白河水系	大型	密云	43.750 0	密云潮白河	1960年
	大型	怀柔	1.440 0	怀柔潮白河支流怀河	1958年
	中型	白河堡	0.906 0	延庆白河	1983年
	中型	北台上	0.383 0	怀柔雁栖河	1962年
	中型	沙厂	0.212 0	密云潮河支流红门川	1973年
	中型	大水峪	0.146 0	怀柔雁栖河支流沙河	1972年
	中型	半城子	0.102 0	密云库北支流牤牛河	1977年
	中型	遥桥峪	0.194 0	密云潮河支流安达木河	1984年
北运河水系	中型	十三陵	0.810 0	昌平东沙河	1958年
	中型	桃峪口	0.100 8	昌平桃峪口沟	1960年
永定河水系	大型	官厅	41.600 0	河北怀来永定河	1954年
	中型	斋堂	0.542 0	门头沟清水河	1974年
	中型	珠窝	0.143 0	门头沟永定河	1961年
拒马河水系	中型	天开	0.147 5	房山大石河支流夹括河	1960年
	中型	崇青	0.290 0	房山刺猬河	1960年
	中型	牛口峪	0.100 0	房山大石河支流马跑泉河	1972年
	中型	大宁	0.360 0	丰台长辛店	1987年

资料来源：1. 北京市计划委员会国土环保处. 北京国土资源[M]. 北京：北京科学技术出版社，1988.

2. 北京市地方志编纂委员会. 北京志·地质矿产水利气象卷·水利志[M]. 北京：北京出版社，2000.

图 2-11 北京市水库和引水渠分布图

资料来源：高善明，张义丰. 北京自然环境与都城变迁[M]. 北京：气象出版社，2007.

3. 引水渠

为了充分利用水资源，北京先后修建了永定河引水渠、京密引水渠、白河引水工程和潮河总干渠等一系列配套设施。

永定河引水渠兴建于 1956 年，1957 年建成投入使用。引水渠首在三家店拦河闸上游左岸，经模式口、十王坟与南旱河故道相接，在罗道庄与京密引水渠汇合入玉渊潭。

京密引水渠分两段修建。第一段从密云水库宫庄子闸至昌平区西崔村，主要借用原白河灌渠，1961 年建成。第二段从西崔村至城区，1967 年 10 月动工，1968 年全线通水。引水渠从密云水库白河电站调节池引水，经怀柔水库调节，而后通过山前洼地、地下水溢出带，由东北向西南方向穿过东沙河、北沙河和南沙河入昆明湖，向南到罗道庄与永定河引水渠汇合入玉渊潭。从渠首至玉渊潭全长约 109.3 km，经过密云、怀柔、顺义、昌平和海淀五个区,沟通了北台上、怀柔、桃峪山、南庄、十三陵五座水库,是北京市(北郊)东水西导再向南引的输水大动脉。

京密引水渠和永定河引水渠与城区河流、湖泊相连,构成了完整的首都河网水系,成为水上游览北京的风景区。

白河引水工程是将白河堡水库的水穿过老爷岭长约 7.1 km 的隧道引到山南,在香营附近分成北干渠、补水渠、南干渠三支,总长约 79 km。北干渠沿北部山麓向西连接古城水库,到佛峪口水库,主要灌溉延庆区约 130 km² 的农田。补水渠从白河隧洞南端引水入妫水河,补水给官厅水库。南干渠从白河隧洞南端引水向东、向南、向西南,沿南部山麓在西二道河入德胜口沟,穿过军都山对白石隧洞,补水给十三陵水库。可见,白河引水工程是将白河水系的水调到永定河水系和温榆河水系,这个跨流域的引水工程提高了水资源利用效率和效益。

潮河总干渠建于 1963 年,将密云水库水经 20 km 潮河河套区域,引到提辖庄,流入顺义区的唐指山水库,干渠全长 11.6 km。此外,南水北调工程引长江水入北京城,从而缓解了北京的水资源短缺问题。2008 年、2010 年,北京曾两次通过南水北调京石段工程实现应急调水。

(三)湿地

历史上北京湿地资源丰富,湿地面积曾占到全市总面积的约 15%。20 世纪 50 年代初期,北京郊区有众多坑塘和湖泊,这些坑塘和湖泊长年有水,水生动植物丰富;20 世纪 60 年代湿地面积约 1 200 km²。到 20 世纪 80 年代初期,全市湿地面积还有约 750 km²。2009 年,北京湿地面积约 514 km²,约占全市总面积的 3.13%。

湿地主要分布在潮白河、永定河、大清河、蓟运河、北运河五大流域,形成潮白河上游湿地、永定河湿地、大清河湿地、蓟运河湿地、北运河湿地 5 个湿地区域,有河流、沼泽、蓄水区、排水渠、景观水面、采掘区、水产池塘、水塘、灌溉沟渠、水田等湿地类型。其中,湿地高等植物 626 种,约占全市植物种类的 1/3;湿地及其附近鸟类 276 种,约占全市鸟类的 72%。已建成的湿地公园有南海子麋鹿苑湿地公园、翠湖公园、汉石桥湿地公园和稻香湖湿地公园等。

(四)地下水

1. 水文地质条件

北京山区面积占全市总面积的 62%,由中山、低山和丘陵构成。由于构成山地的岩性、裂隙及岩溶的发育条件和发育程度的不同,其富水性也不一样,可分为 4 个含水岩组。第一,碳酸盐岩类和夹有碎屑岩的碳酸盐岩类含水岩组。这是北京山区主要含水岩层，一般在地势高的部位，地下水埋藏得很深，往往是缺水区；地势低的地段为富水区，经常有涌水量为 1 000 m³/d 以上的大泉出露，主要分布在西山地区。第二，碎屑岩类含水岩组。该含水岩组裂隙、节理均不甚发育，往往是缺水区。第三，岩浆岩类含水岩组。含水量不大，主要分布在北部山区。第四，变质岩类含水岩组。其中白云岩岩溶发育，富水性强；片麻岩裂隙不甚发育，主要分布在北部山区，富水性差。

北京平原由不同成因类型的第四系松散沉积物构成，根据沉积物的岩性、结构、富水性，可分为两大含水岩组。第一，黏砂碎石、砂卵石组。大致分布在100～250 m 高程之间，在山前几乎呈带状分布。该岩组岩性混杂，透水性差，地下水埋藏得深，多为缺水区。第二，砂卵石、砂砾石、砂层含水岩组。主要分布在 100 m 等高线以下，由五大水系的冲洪积物组成，冲洪积扇的前缘交错沉积，互相切割，使水平分带性比较复杂。沉积物厚度受平原区古地形的控制，总的规律是自山前向平原由薄变厚，颗粒逐渐由粗变细，由单一沙砾石层变为多层砂与黏土互层。地下水类型由潜水变为多层承压水，埋藏深度由深变浅，水质由好(矿化度低，以钙、镁离子为主的淡水)变坏(矿化度增高，钾、钠、氯离子增多)。含水岩性的分布规律基本符合冲洪积扇地区地下水埋藏特点。

2. 地下水的主要类型

地下水的类型受地貌、岩性和地层等多种因素的影响。根据含水岩层性质不同，可分为松散沉积物中的孔隙水和基岩裂隙水。松散沉积物中的孔隙水主要分布在北京平原地区，由于冲洪积扇地区含水层不同，埋藏深度不同，地下水特征也不同。基岩裂隙水主要分布在北京山区，由于岩性不同，又分岩溶裂隙水、裂隙孔隙水及裂隙水。

3. 地下水的变化

受多种因素的影响，地下水位经常发生变化，其中气候因素的影响最为明显，地下水位会随着降水变化有规律地变动。

每年 3～5 月，农业春灌用水量增加，降水补给量又少，地下水位明显下降，最低水位出现在 5 月或 6 月初。汛期以后，地下水得到补给，水位上升，9 月、10 月达到最高水位。不同地区地下水位的年变化幅度不尽相同，山前地区 5～10 m，平原地区 1～3 m，潜水溢出带小于 1 m。由河流补给的地下水的水位变幅受河流水文动态制约。此外，地下水位还存在年际变化，一般来说，丰水年地下水补给充足，水位上升；枯水年地下水补给少，水位相应下降。

由于多数年份地下水开采量大于补给量，使平原地区地下水位逐年降低，形成地下水漏斗。据北京市水义地质工程地质大队 2004 年调查，北京市平原区存在两个较大的漏斗，一个是牛栏山漏斗，另一个是天竺—通州漏斗。此外，有 3 个小漏斗零散分布于通州侉子店、大兴半壁店以及海淀山后辛力屯附近，漏斗总面积约 $1\ 100\ km^2$。

第三节　北京的生物与土壤

北京地区的生物与土壤是在北京地区地质、地貌、气候、水文等自然地理要素和人类活动等因素共同作用下演化形成的。生物与土壤是农业活动的基础，与人类农业生产活动密切相关。北京地带性植被类型为暖温带落叶阔叶林，并间有温性针叶林的分布。北京地区的动物区系有蒙新区东部草原、长白山地、松辽平原的区系成分，也有东洋界季风区、长江南北的区系成分，具有由古北界向东洋界过渡的动物区系特征。北京土壤形成因素复杂，土壤类型多种多样，地带性土壤为褐土。

一、北京市的植被

北京地带性植被类型为暖温带落叶阔叶林和温性针叶林。区内地貌类型多样，植物赖以生存的气候、土壤等生态环境条件各异，使北京植被种类组成丰富。西部和北部山区的植被具有明显的垂直分带特征。

(一)植被及其植物区系组成特征

北京植物区系整体上属泛北极植物区中国—日本森林植物亚区，少数来自中亚—西亚植物区和古热带植物区的东南亚植物亚区。在漫长的地史演化过程中，植物受环境条件变化影响和变异进化的共同作用，形成了较为复杂的区系成分。

1. 植物种类比较丰富，具有一定数量的重点保护植物

1992 年修订版《北京植物志》共收入维管植物 169 科、898 属、2 088 种、171 变种、亚种等，其中栽培植物约占 1/5。20 世纪 90 年代以来，通过调查，北京植物数量还在不断增加，目前已知植物物种包括高低等植物共有 3 292 种（含变种或亚种），其中维管植物 2 264 种，非维管植物（苔藓、藻类、真菌和地衣）1 028 种。

北京植物区系中有一定数量的种类已被列入国家重点保护。按 1999 年国务院正式发布的《国家重点保护野生植物名录（第一批）》，北京地区的野大豆、黄檗等被列入国家二级保护，15 属、18 种兰科植物也被列为国家二级保护。2008 年，北京市人民政府批准了《北京市重点保护野生植物名录》，兰科的全

部及 76 种不同科属的植物被列入名录。

2. 植物区系地理成分复杂，温带科属多，过渡性强

受自然地理条件的影响，北京植物物种或植物群落成分复杂，具有明显的过渡性。这里既是许多暖温带以及具热带亲缘的喜温暖的植物种分布的北界，也是中温带东北南部(长白山、小兴安岭地区)许多植物种分布的南界。

北京地区由于在第四纪没有受到冰川的覆盖，现有植物区系很多是第三纪区系的残遗。目前在低山平原地区仍可找到大量具热带、亚热带亲缘的植物，草本植物如鸭跖草科的竹叶子，禾本科的黄背草、白羊草；木本植物如桑科的构树，豆科的合欢，芸香科的臭檀，苦木科的臭椿、苦木，楝科的苦楝、香椿，漆树科的黄连木、漆树、盐肤木、黄栌，鼠李科的拐枣、酸枣，无患子科的栾树、文冠果，大戟科的雀儿舌头，椴树科的孩儿拳头，猕猴桃科的木枣子，柿树科的柿、黑枣，马鞭草科的荆条等。

北京植物区系和我国东北南部植物区系的关系最为密切，特别是在东北部的雾灵山、云蒙山一带有反映。例如，乔木中的紫椴、糠椴、蒙椴、胡桃楸、黄檗、辽杨、硕桦，灌木中的刺五加、锦带花、风箱果，藤本中的北五味子、穿山龙以及草本植物中的斑百合、羊耳蒜等。其中部分植物在百花山、东灵山一带也有分布。

北京植物区系和黄土高原植物区系也有紧密的联系，有些黄土高原或西北干旱地区的植物种类也常见于北京各地，如猪毛菜、碱蓬、怪柳等。

根据植物区系分析，北京地区被子植物中以菊科、禾本科、豆科和蔷薇科的种类最多，其次是百合科、莎草科、伞形科、毛茛科和十字花科，反映出区系成分以北温带成分为主。在植物总科、属数中，温带成分所占比例最大。

3. 植被类型多样，各类次生植物群落占优势

北京地区植被类型多样，地带性植被类型为暖温带落叶阔叶林和温性针叶林，主要有以栎属、椴属、桦木属、槭属和杨属等树种占优势的落叶阔叶林和以油松、侧柏占优势的温性针叶林。历史上北京地区曾具有良好的森林生态环境，但从金代以后，北京的森林遭到了大量砍伐。尤其是元代之后，历代王朝都将都城建在北京，人口剧增、大兴土木，加上战争等因素，林木被大肆砍伐和不断焚毁。到明清时期，除一些交通不便、边远偏僻的深山区以及皇家划定的封禁地还保留有一些原始森林外，山前及近山地带森林所剩无几。到 1949 年，原始植被几乎被破坏殆尽，仅在远离村镇的深山区还保留有少量残次生林，森林覆盖率仅为 1.3%。1949 年以后，加强了对森林的保护，使遭受严重破坏的森林资源逐步得到恢复。目前，北京地区山区以各类

次生植物群落或经过人工抚育的半自然林占优势；平原地区由于农业生产历史悠久，对植被破坏很大，目前绝大部分已成为农田和城镇。

海拔 800 m 以下的低山，代表性的植被类型是栓皮栎林、槲树林、油松林和侧柏林。由于受人为破坏严重，目前这些群落主要分布在寺庙等名胜古迹附近，为残存的次生林或经过人工抚育的半自然林。广大低山地区占优势的群落是次生落叶灌丛或灌草丛。海拔 400 m 以下的低山丘陵区，土层较深厚处多数已开辟为果园或果粮间作地；土壤侵蚀严重的阳坡以荆条、酸枣、白羊草灌草丛占优势，植被稀疏，生长矮小。海拔 400 m 以上的阳坡以荆条灌丛占优势，阴坡以蚂蚱腿子、大花溲疏等中生落叶灌木组成的杂灌丛占优势。

海拔 800 m 以上的中山，森林覆盖率增大，其下部以辽东栎林为主，林内常见有槭属、椴属、大叶白蜡、山杨等树种混生；海拔 1 000～1 800 m 处，桦树增多，常见有白桦、棘皮桦、红桦等组成的森林，林内常混生有山杨、黄花柳、辽东栎、蒙古栎、色木槭等。在森林群落屡遭破坏的地段，是二色胡枝子、榛属、绣线菊属占优势的灌丛。海拔 1 900 m 以上的山顶发育着山顶杂类草草甸。

4. 山地植被垂直分异显著

北京山地相对高差大，随着海拔高度的增加，植被表现出一定的垂直分布规律，这种垂直分布还因山地坡向引起的水热条件差异而有所不同。从植被现状看，山地植被可由下至上分为以下四个垂直带(见图 2-12)。

(1)低山落叶阔叶灌丛和灌草丛带

阳坡从山麓到海拔 800～1 000 m，阴坡海拔 600～800 m。该带以栓皮栎、槲树、油松等占优势的原生植被大部分已遭破坏，仅在局部地区有零星残留，目前以荆条灌丛、山杏灌丛、杂灌丛和灌草丛等次生落叶阔叶灌丛占优势。

(2)中山下部松栎林带

此带分布在落叶阔叶灌丛带以上，阴坡至海拔 1 600 m，阳坡可达海拔 1 800 m。该带以辽东栎林、油松林为主，北京地区的森林主要在此带，且大多分布在阴坡，破坏后有次生山杨林、桦树林及二色胡枝子灌丛、榛灌丛和绣线菊灌丛。

(3)中山上部桦树林带

此带下接松栎林，上与山顶草甸相连，分布在海拔 1 600 m(阴坡)、1 800 m(阳坡)至海拔 1 900～2 000 m 地区。该带原生植被是山地寒温性针叶林，以华北落叶松、云杉为优势种，目前仅在局部地区存在，现主要以桦属的几个种组成的次生林占优势，此外还可见到山柳灌丛、丁香灌丛等。

（4）山顶草甸带

位于海拔1 900 m以上的山顶，只见于东灵山、大海坨山、百花山和白草畔等地，主要是由于山地针叶林受破坏，山顶寒冷、风大，森林不易恢复，形成草甸。

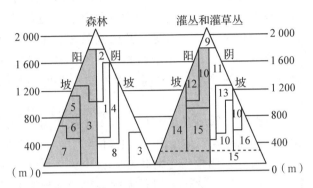

图 2-12　北京地区山地植被的垂直分布示意图

1. 辽东栎林，2. 桦树林，3. 侧柏林，4. 山杨林，5. 槲栎林，6. 槲树林，7. 栓皮栎林，8. 油松林，9. 山顶杂类草草甸，10. 绣线菊灌丛，11. 榛灌丛，12. 胡枝子灌丛，13. 北鹅耳枥萌生丛，14. 山杏灌丛，15. 荆条灌丛和灌草丛，16. 蚂蚱腿子灌丛

资料来源：1. 孟德政. 北京山区植被特点及绿化问题[M]. 北京：北京师范学院地理系内部资料，1983.

2. 高善明，张义丰. 北京自然环境与都城变迁[M]. 北京：气象出版社，2007.

（二）主要植被类型

以群落的优势种和建群种作为分类的主要标志，我们可以将北京地区的自然植被分为以下主要类型（见表2.12）。

1. 针叶林

北京山区的针叶林主要包括温性针叶林和寒温性针叶林。温性针叶林包括油松和侧柏的天然林和人工林，以人工林为主；海拔800 m以上的寒温性针叶林主要是人工落叶松林。针叶林的面积包括针阔叶混交林在内约380 km²，约占山区现有森林面积的35%，但分布较零散，多为小片林。

（1）华北落叶松林

华北落叶松林是属于高海拔地带的植被类型，在北京地区均为人工林。百花山、雾灵山、喇叭沟门、云蒙山等地均有栽培，其中云蒙山为北京地区华北落叶松分布的最低地区，海拔高度为750 m。

（2）油松林

油松林在北京山区分布较广，主要分布在海拔1 300 m以下的阴坡和半阴坡，大部分是人工林。油松林群落结构简单，可分为乔木层、灌木层和草本层。低山地区油松林伴生有大叶白蜡、槲树、大果榆等乔木。中山的油松林内常伴生辽东栎、蒙古栎等，构成油松、辽东栎混交林。海拔700～1 000 m处油松林内含有棘皮桦。灌木层常见的种类有荆条、多花胡枝子、三桠绣线菊、蚂蚱腿子、二色胡枝子、照山白等。其中荆条多见于半阳坡、半阴坡的油松林下，而三桠绣线菊、二色胡枝子则多出现在阴坡油松林下。草本植物以披针叶苔草为主，伴生的种类有铁杆蒿、隐子草、黄草、白草、大油芒等。

（3）侧柏林

侧柏林广泛分布在北京低山海拔800 m以下土层瘠薄、干燥的阳坡及半阳坡，有天然次生林，也有人工林。由于生长环境严酷，侧柏林的生长缓慢，林冠稀疏，经常构成疏林，侧柏占绝对优势，很少伴生其他树种，高度一般在5 m以下。林下灌木比较发达，以荆条为优势种，其他灌木还有山杏、小叶鼠李、蚂蚱腿子、绒毛绣线菊、三桠绣线菊、雀儿舌头、薄皮木和本氏木兰等。草本层比较稀疏，以矮丛苔草、隐子草、白羊草、远志分布较普遍。

2. 阔叶林

北京地区的阔叶林为落叶阔叶林，其类型较多，有栎林、沟谷杂木林、椴树林、杨桦林等群系和群系组。

（1）栎林

栎林是北京山区落叶阔叶林的典型代表类型，主要有辽东栎林、槲树林、槲栎林、栓皮栎林、麻栎林和蒙古栎林。其中，以辽东栎林、槲树林、槲栎林和栓皮栎林分布较广，麻栎林仅局部分布。辽东栎林在北京山区分布很广，怀柔、延庆、密云、门头沟、房山等区都有分布，为本市山区的原生植被类型，主要分布在海拔500～1 600 m的阴坡和海拔1 000～1 800 m的阳坡，以海拔800～1 200 m的阴坡数量最多。林内常见的伴生乔木有蒙古栎、色木槭、大叶白蜡、椴树、山杨、白桦、棘皮桦等。林下灌木主要有二色胡枝子、六道木、三桠绣线菊、大花溲疏、兰荆子、照山白、平榛、毛榛等，它们常因生长环境的不同而分别成为灌木层的优势种。例如，三桠绣线菊适应性较强，在低山阴坡和中山阳坡土层较薄的辽东栎林下常成为优势种。在海拔800 m以上土层较厚的阴坡，二色胡枝子在灌木层中占优势。在海拔较高处的阳坡，平榛、毛榛、六道木等常占优势。草本层主要种类有矮丛苔草、华北风毛菊、地榆、唐松草、北柴胡、苍术、歪头菜等。因长期遭受砍伐破坏，现有的辽东栎林都是砍伐后萌生的次生林。在土层瘠薄、干燥的坡地，砍伐后萌生的辽东栎林林木稀疏，成为辽东栎疏林。有些地段被白桦、棘皮桦、山杨等树种侵入，群落更具次生性质。

槲树林是北京低山分布较为普遍的栎林，主要分布在海拔200～500 m的阴坡和海拔600～1 000 m的阳坡及半阳坡。由于破坏严重，多数成为槲树疏林零星分布。林内常见其他乔木树种有大叶白蜡、蒙桑、大果榆等。灌木层以山杏、荆条为主，还有三桠绣线菊、孩儿拳头等。草本植物以矮丛苔草为主，还有北苍术、隐子草、北柴胡、白羊草和远志等。

槲栎林主要分布在海拔600～1 300 m的阳坡及半阳坡，栓皮栎林主要分布在海拔700 m以下的阳坡。它们的面积都较小，在栎林中不占主要地位。

（2）沟谷杂木林

沟谷杂木林主要沿沟谷呈条状分布。由于沟谷里水分条件较好，土层深厚，有机质含量较高，排水良好，生境比较湿润，故植物生长繁茂，常形成多种中生乔木占优势的杂木林。组成杂木林的乔木种类随着杂木林所处的海拔高度的不同而有一定的差别，分为低山沟谷杂木林和中山沟谷杂木林。低山沟谷杂木林主要树种有槲栎、槲树、山胡桃、大叶白蜡、蒙桑、接骨木和朴树等，此外还有一定数量的亚热带树种如漆树、省沽油等，表现了一定的喜温性。中山沟谷杂木林的乔木层主要树种是辽东栎、山杨、辽杨、山胡桃、小叶椴、色木槭、桦树等。林下灌木层比较稀疏，低山以三桠绣线菊、杭子梢、大花溲疏等为主，中山以六道木、山桃、忍冬、红丁香等为主。草本植物常见的有龙牙草、地榆、华北风毛菊、蕨、糙苏等。

（3）椴树林

椴树林见于海拔500～1 600 m的阴坡、半阴坡，面积不大，多数呈小片状分布。椴属的两个种大叶椴和小叶椴占优势，伴生乔木有色木槭、辽东栎、大叶白蜡、山杨等。椴树林中的灌木以平榛和二色胡枝子为主，此外较多的有六道木、三桠绣线菊、蚂蚱腿子等。草本层较稀疏，以苔草为主，常见的有唐松草、华北风毛菊、糙苏等。

（4）杨桦林

杨桦林是原生阔叶林、针阔叶混交林及寒温性针叶林被破坏后形成的次生林，包括有山杨林、桦树林和山杨、桦树混交林，主要分布在延庆、怀柔、门头沟、密云等区的深山区。北京山区的杨桦林中以山杨林分布最广，一般分布在海拔500～1 600m的阴坡、半阴坡。山杨林对土壤水分条件要求较高，大都沿沟谷和山坡下部呈条状分布。林下灌木以二色胡枝子、柔毛绣线菊、三桠绣线菊、毛榛等为主，草本植物以苔草为主，还有歪头菜、糙苏、华北耧斗菜、唐松草等。桦树林包括白桦林、棘皮桦林、红桦林等群落。与山杨林相比，桦树林分布在海拔较高的地区，主要分布在海拔 1 000～1 800 m 的阴坡、半阴坡，白桦、棘皮桦、红桦各自成为群落建群种，有时也以一个种或几个种与山杨、辽东栎混生，形成山杨、桦树林或辽东栎、山杨、桦树混交林。一般白桦林分布在海拔较低处(海拔 1 000～1 600 m)；红桦林分布在海拔 1 600 m 以上背风处；棘皮桦具有耐寒、耐旱、抗风的特点，故能分布在海拔较高的山脊及山顶风口附近，也能分布在相对比较干旱、海拔高度较低的阳坡、半阳坡和山脊上。海拔较高处(海拔 1 600 m 以上)的桦树林的林下灌木以黄花柳、美蔷薇、红丁香为主，草本植物有宽叶苔草、铃兰、舞鹤草、升麻、圆叶鹿蹄草等。其中，圆叶鹿蹄草、舞鹤草、铃兰等是针叶林下的标志种，它们的存在说明海拔较高处的桦树林是山地针叶林带原生的针叶林遭破坏后形成的次生林。海拔较低处的桦树林的林下灌木有六道木、兰荆子、照山白、忍冬、毛榛等。草本植物有乌头、宽叶苔草、华北风毛菊、藜芦、紫点杓兰等，林下植物种类与海拔 1 600 m 以上的桦树林林下植物种类有明显的不同，说明它们的起源是不相同的。海拔 1 600 m 以下的桦树林的原生植被是山地落叶阔叶林。

3. 灌丛和灌草丛

北京的灌丛为落叶阔叶灌丛。落叶阔叶灌丛是各类森林群落在人类长期不合理的开发利用下消退而形成的次生植物群落，它广泛分布在北京中山、低山和丘陵。在分布范围内，由于地形状况(海拔高度、坡度、坡向)，土壤特性，人为破坏的程度、方式及群落发育时间长短等因素的不同，使其组成非常复杂。

灌草丛是指以中生或旱中生多年生草本植物为主要建群种，但其中散生着灌木的植物群落。该群落在北京的低山、丘陵有广泛分布，是原生植被遭严重破坏、群落极度消退的表现。

北京山区的灌草丛主要有两个群系。一个是主要分布在阴坡的荆条、白羊草、苔草灌草丛，以白羊草或苔草为建群种，散生的主要灌木为荆条。另一个是主要分布在阳坡的荆条、酸枣、白羊草、菅草灌草丛，以白羊草为建群种，经常伴生菅草，散生的主要灌木为荆条、酸枣等。

现就北京地区主要落叶阔叶灌丛进行简单介绍。

(1)荆条灌丛

广泛分布在本市山区海拔 900 m 以下的阳坡、半阳坡，它的垂直分布最高可达海拔 1 200 m，在本市气候比较干燥的西南部海拔 600 m 以下的阴坡也有广泛分布。土壤为淋溶褐土、粗骨性褐土，土层薄，有机质含量低。荆条灌丛总盖度在 30%～80%，以荆条占优势，高度在 0.5～1.5 m，其他灌木种类随着分布地区海拔高度、土层厚度、土壤水分状况的不同有明显差异。在海拔 500～600 m 以下的阳坡，土层较厚、土壤水分状况较好的地方出现荆条、黄栌、山皂荚、荆条、黄栌灌丛。在水土流失较严重、土壤干燥瘠薄的地区，荆条生长稀疏、矮小，伴生灌木有酸枣、薄皮木、达呼里胡枝子等。在海拔较高的阳坡，荆条灌丛中柔毛绣线菊、山杏、多花胡枝子、小叶鼠李较多。低海拔的阴坡有蚂蚱腿子、溲疏等伴生。在石灰岩山地，荆条灌丛中常见有散生侧柏，偶尔也能看到北鹅耳枥、辽东栎生长。灌丛下的草本层主要种类有黄草、白羊草、隐子草、苔草等。荆条灌丛是山区分布面积最大的灌丛类型。它是森林植被遭受严重破坏后，在生长环境干旱化的情况下形成的次生群落，具有相当的稳定性，以致原生植被在这里很难恢复。

(2)蚂蚱腿子、溲疏、三桠绣线菊杂灌丛

该类灌丛分布于海拔 300～750 m 的阴坡、半阴坡，土壤为淋溶褐土。群落的种类组成较复杂，优势种不明显，生长茂密，总盖度达 70％～80％，分灌木层和草本层。灌木层高度在 1～1.5 m，常以蚂蚱腿子、大花溲疏、三桠绣线菊、荆条等为主，其他灌木还有圆叶鼠李、杭子梢、二色胡枝子等。在较湿润的沟谷地区，灌丛中混生有乔木树种如榆树、槲栎、大叶白蜡、小叶朴、蒙桑等。草本层以苔草为优势种，其他种类有大油芒、野青茅、北苍术、细叶远志、唐松草等。该类灌丛也是在森林植被遭受严重破坏后发育的次生类型，由于分布地区水热条件较好，灌木种类较多，但这些种类经济价值都不高。从群落分布的生境看，土层较厚、土壤水分状况较好的地域可作为宜林地加以利用。

(3)绣线菊灌丛

该类型包括两个群系，即三桠绣线菊灌丛和柔毛绣线菊灌丛。三桠绣线菊灌丛主要分布在海拔 1 100 m 以下的阴坡，也见于海拔 1 100～1 400 m 的阳坡，土壤为山地粗骨性棕壤或淋溶褐土。灌木层除三桠绣线菊外，尚有柔毛绣线菊、二色胡枝子、蚂蚱腿子、照山白、兰荆子等。草本植物有矮丛苔草、北苍术、铁杆蒿、石竹等。柔毛绣线菊灌丛分布在海拔 900～1 400 m 的阳坡、半阳坡，群落总盖度 70％～80％，以柔毛绣线菊占优势，其他灌木有三桠绣线菊、照山白、兰荆子、六道木、山桃、毛丁香等。草本层种类丰富，以矮丛苔草为主，还有野古草、铁杆蒿、紫花野菊、石竹、轮叶沙参等。

(4)北鹅耳枥灌丛

该类灌丛广泛分布于石灰岩山地海拔 650～1 200 m 的阴坡、半阴坡，土壤为山地棕壤或淋溶褐土。北鹅耳枥本是落叶阔叶林下的小乔木，由于上层林木遭到破坏而成为北鹅耳枥矮林，再遭破坏成北鹅耳枥灌丛。以北鹅耳枥占绝对优势,一般高度在 2~3 m,明显高于群落内其他灌木。其他灌木有柔毛绣线菊、兰荆子、照山白、二色胡枝子、六道木等,高度在 1 m 左右。草本层主要有苔草、铁杆蒿、歪头菜、北苍术、华北风毛菊、野青茅、大油芒等。北鹅耳枥是小乔木,但这类群落是原来的阔叶林遭反复砍伐后形成的。目前北鹅耳枥仍在群落中占优势,只要停止砍伐,经过较长时间,可以通过群落的复生演替恢复落叶阔叶林。

(5)山杏灌丛

山杏灌丛在山区分布较广,以延庆区和怀柔区最多,绝大多数分布在海拔 450~1 200 m 的阳坡半阳坡。以灌丛为主,局部地段形成矮疏林。群落种类组成较简单。灌木层中除山杏外主要是荆条,海拔 800 m 以上的灌丛中伴生有山榆、三桠绣线菊、北京锦鸡儿等。草本层以黄草、白羊草为主。

(6)平榛灌丛

该类型一般分布在海拔 500~1 300 m 的阴坡,生长茂密,一般高度在1.5~2 m。灌木层以平榛为主,此外还有二色胡枝子、毛榛、六道木、山梅花、三桠绣线菊等,有时也可见山杨、辽东栎等乔木幼树。草本层以苔草为主,还有乌头、地榆、野青茅、唐松草等。

4. 草甸

北京平原地区的草甸主要分布在永定河、潮白河两岸,目前多数已开辟为农田、苗圃或人工草场。现有的草甸主要为分布在海拔 1 900 m 以上的山顶杂类草草甸,以及分布在海拔 1 000~1 600 m 的林间杂类草草甸。

山顶杂类草草甸主要分布在大海坨山、东灵山、百花山、白草畔等海拔在1 900 m 以上的坡顶。这里气候温凉湿润,为中生草本植物繁茂生长创造了条件。植物种类丰富,以中生杂类草占优势,主要种类有苔草、山马兰、草地早熟禾、铁丝草、瓣蕊唐松草、地榆、拳参、金莲花、马先蒿等。个别地段生长有少量的山柳等灌木。原生针叶林遭到破坏后,因山顶风大,针叶树不易恢复生长,使山顶杂类草草甸得以发育,且具有一定的稳定性。

林间杂类草草甸主要分布在海拔 1 000~1 600 m 的林间空地,与周围森林呈复合式分布,多数出现在砍伐和火烧迹地上,也有一些发育在林间撂荒地,种类组成和相邻的桦树林林下草本层接近,这说明本群落可能是桦树林遭到破坏后发育的。

5. 水生植被

水生植被在湖泊生态系统中有着重要作用,为湖泊中其他生物提供隐蔽和栖息场所,是水生生物饵料,它的存在影响着其他生物和周围环境。

北京地区的水生植被主要种类有眼子菜科的菹草、眼子菜，水鳖科的黑藻、苦草、白萍，茨藻科的茨藻，金鱼藻科的金鱼藻，小二仙草科的狐尾藻，浮萍科的紫萍、浮萍，睡莲科的芡、莲（栽培）等。在岸边水陆交界处，常以水烛、芦苇、香蒲、藨草、水葱等挺水植物构成群落。

6. 栽培植被

栽培植被又称人工植被。栽培植物群落的种类组成取决于人们的经济目的，以及为它们创造的生长条件。在人工管理下，栽培植被的经济效益普遍高于在相同自然条件下的自然植被，但人们栽培植物时也必须考虑该种植物的生态习性与当地的自然条件是否相适宜，这反映了栽培植被的生长仍受到自然条件的制约。所以，栽培植被和自然植被一样反映植物与环境之间的相互关系，也表现出水平分布和垂直分布的规律性。

现存的栽培植被是人类长期利用自然和改造自然的结果。栽培植被的地理分布虽受地带性自然因素的影响，但与地区经济发展水平有密切关系。栽培植被可以同自然植被一样以群落的生态外貌特征来作为分类原则，但同时应将栽培植被的经济目的、地区的经济条件、栽培技术和耕作制度等方面作为分类的依据。

按作物的生活型，北京的栽培植被分为木本和草本两大类。木本类按经济目的分为经济林和果园。草本类情况比较复杂，以熟制作为分类主要依据较合适，因为熟制可以比较综合地反映草本作物群落的自然条件和经济因素，同时也能反映作物的地理分布。

北京东南部平原地区地势平坦，农业生产有悠久历史，粮食、蔬菜占主要地位。蔬菜栽培业是北京农业中发展最快的行业。明代时北京蔬菜生产已很发达，有御菜园、官菜园和民菜园之分。1978 年以前，海淀区四季青乡成为北京蔬菜生产基地。

经济林和果园集中分布在低山、丘陵地区。北京山区的果树品种较多，主要品种有板栗、核桃、苹果、梨、柿、枣、杏和红果等。其中门头沟山区是全国七个重点核桃产区之一，怀柔山区的燕山板栗是北京名产果品之一。北京还是全国六大红果产区之一。

表 2.12　北京主要植被类型

植被型组	植被型	群系
针 叶 林	寒温性针叶林	华北落叶松林
	温性针叶林	油松林 侧柏林

植被型组	植被型	群系
阔叶林	落叶阔叶林	辽东栎林
		槲树林
		槲栎林
		栓皮栎林
		沟谷杂木林
		椴树林
		白桦林
		棘皮桦林
		辽东栎、山杨、桦树混交林
灌丛和灌草丛	落叶阔叶灌丛	平榛灌丛
		绣线菊灌丛
		北鹅耳枥灌丛
		山杏灌丛
		荆条灌丛
		二色胡枝子灌丛
		蚂蚱腿子、溲疏、三桠绣线菊杂灌丛
	灌草丛	荆条、酸枣、白羊草、菅草灌草丛
		荆条、白羊草、苔草灌草丛
草甸	草甸	山顶杂类草草甸
		林间杂类草草甸

资料来源：霍亚贞. 北京自然地理[M]. 北京：北京师范学院出版社, 1989.

二、北京市的动物

(一)动物区系特征

北京地区属于全国动物地理区划中东北、蒙新及华北三个动物地理区域的交界地带，因而是许多南方、北方类型动物分布的北界与南限。许多南北类型动物相互混处，区系组成复杂。

北京山区面积广大、河湖水面较多，为野生动物提供了栖息、繁衍的条件，因而北京的野生动物资源较丰富。据统计，有鸟类 410 种、兽类 58 种、两栖类 10 种、爬行类 23 种、鱼类 84 种。鸟类中，鹰科、隼科等 41 种。国家一级保护野生动物有褐马鸡、黑鹳等 10 种(见表 2.13)，国家二级保护野生动物有 55 种。

表 2.13　北京地区分布的国家一级保护野生动物

名称	别名	科属
豹	金钱豹、豹子、文豹	猫科
麋鹿	四不像	鹿科
东方白鹳	老鹳	鹳科
黑鹳	乌鹳	鹳科
金雕	洁白雕、老雕	鹰科
白肩雕	御雕	鹰科
白尾海雕	黄嘴雕、芝麻雕	鹰科
褐马鸡	—	雉科
白头鹤	锅鹤、玄鹤、修女鹤	鹤科
大鸨	地鵏、老鸨、野雁、独豹、羊鸨、青鸨、鸡鸨、套道格	鸨科

资料来源：北京市园林绿化局网．http：//yllhj．beijing．gov．cn/ztxx/ysdw/zxdw/201510/t20151013＿120768．shtml．2020-11-20.

　　哺乳动物是动物界中最高等的类群，它的种类数量和分布最能够代表一个地区的动物区系。北京地区的 58 种兽类隶属 7 个目、19 个科、46 个属，属于兽类资源相对较贫乏的地区。在北京地区哺乳动物的区系组成中，啮齿目的动物所占比例最高，达 36.2％；其次为翼手目和食肉目的动物，分别占 27.6％和 18.98％，其中大部分为全国各地广布种类及季风区或华北区的常见种类，各类群所占比例与全国水平基本一致，只有翼手目的比例高于全国水平。从北京的兽类区系组成来看，以古北界兽类为主，其成分构成占全市兽类的 60.3％。其中，草兔、黄鼬、猪獾种群密度最大。过去感觉数量非常多的野猪，现探明在 50 只至 70 只之间，分布在昌平、门头沟和怀柔。延庆虽在调查中没有发现野猪，但通过痕迹可以认为延庆也有野猪存在。豺分布在延庆、怀柔、密云，数量在 20 只以内。狼分布在延庆、怀柔、平谷，数量在 20 只以内。调查队通过新鲜粪便、毛及卧痕，判断京郊确有金钱豹，数量应在 10 只以下。

　　两栖类、爬行类动物属变温动物，缺少保温结构和体温调节能力，而北京地区的气候具有冬季寒冷干燥的特点，因此北京的两栖类、爬行类动物并不丰富。北京的两栖类、爬行类动物主要属于季风型，华北、东北型和古北型，南中国型和东洋型所占比重较小。调查发现两栖类动物 10 种，有些品种数量有所减少。如中华大蟾蜍 20 世纪 80 年代为城郊常见品种，现在约有 50

万只。东方铃蟾过去北京市没有分布,1927年刘承钊先生由山东烟台采集了200余只放养在西山卧佛寺山溪内等处,现在其数量不超过5 000只。爬行类动物有23种,其中蛇类12种,数量最多的是赤峰锦蛇,全市将近4万条。体形粗大的王锦蛇在房山的上方山、大兴有发现,总数不超过500条。

北京地区分布的鸟种主要是北方种类(古北种),也有一些南方种类(东洋种)的渗透。北京地区既是古北界北方种类的分布区,又有蒙新区种类向东延伸的分布,也是东洋界种类向北渗透的北界,甚至还有某些喜马拉雅成分的渗透,因此北京地区鸟类相对较丰富,据《北京鸟类志》记载,共有340余种,近年又多有发现。在北京生存的鸟类有375种,大型猛禽如金雕、秃鹫等栖息在京郊山区;京城各个公园内有14种鸟,其中数量最多的是麻雀和灰喜鹊,还有秃鼻乌鸦、家燕等,在一些有宽阔水面的公园还有绿头鸭、白头鸭等水禽。天坛公园的物种最丰富,除了数量非常多的麻雀、灰喜鹊之外,还有斑啄木鸟、绿啄木鸟、金腰燕、燕雀、斑鸠等难得一见的鸟类。中国特有的珍稀物种褐马鸡,在北京从首次发现至今已经有8~20群,最大一群22只,总数约为200只。北京地区的鸟类并不同时都在北京出现,而是存在着明显的季节性特征。这些鸟类中有留鸟、夏候鸟、冬候鸟、旅鸟和迷鸟(本不该在北京生活,由于某种自然原因在北京偶然出现的野生鸟种)。因此,在每个季节中所能观察到的鸟类实际上仅仅是北京地区的留鸟和与季节相对应的居留成分。从全年看,常见鸟种在100余种。

受地形等自然因素的影响,鸟类分布还会表现出垂直变化的特征。在北京地区可粗略地分为平原鸟类(海拔100 m以下),低山鸟类(海拔100~750 m),中山、亚高山鸟类(海拔750 m以上)。夏季,山地鸟类相对丰富,平原鸟类较少;冬季,低山和平原鸟类相对丰富,中山、亚高山鸟类较少;春、秋两季从平原到中山地带鸟类均较丰富。在北京地区,平原常见的种类有麻雀、灰喜鹊、喜鹊、乌鸦类、燕、雨燕和短趾百灵等;低山常见的种类有麻雀、山雀、鸦雀、喜鹊、灰喜鹊、蓝鹊、雉鸡、红角鸮等;中山、亚高山常见的种类有山雀、柳莺、鸠鸽、雉鸡、鸦、松鸦、山鸦和鸦雀等;水域湿地常见的种类有翠鸟、鹬鸰、黑水鸡、鸳鸯、鸭、雁和鸊鷉类等。

(二)动物分区

根据地形及环境特点,北京地区的动物群落可分为以下几个区域。

1. 深山区

本区为海拔在750 m以上的深山及森林。深山区兽类中以啮齿类最多,其中以我国东北林区大林姬鼠为主,食肉动物中有狐、鼬类等,也有偶蹄类的野猪、狍子等。夏季在山地森林繁殖的鸟类达85种。

2. 浅山山麓沟谷和台地

本区一般位于海拔 200～750 m。灌丛中除鼠类以外，还有野兔、花鼠、狐、獾等。鸟类有麻雀、喜鹊、红尾伯劳、黑卷尾等。此外，近山区或耕地有岩鸽和山斑鸠。平原地区有家燕，在近山区及山区被金腰燕取代。

3. 平原干旱及农田地区

本区野生动物较少，除鼠类外，鸟类有秃鼻乌鸦、雨燕。在耕田地表营巢的小型鸟类有黄脚三趾鹑、凤头百灵、小沙百灵等。

4. 平原湿润农田及水域地区

本区以鸟类为主，主要有大鸨、白鹡鸰、绿头鸭和燕鸥、浮鸥等。

5. 居民点及城市公园地区

本区以树栖和在建筑物洞穴筑巢的鸟类居多。雨燕多在城市内高大建筑物洞穴内筑巢，在高空疾飞捕食昆虫，受人类干扰和污染较少。近年来家燕、金腰燕在北京市内急剧减少。居民区的优势种类以麻雀为数最多。城市公园鸟类的种类及数量均比较多，林内多红尾伯劳、灰喜鹊、黑枕黄鹂、灰椋鸟、珠颈斑鸠、喜鹊、啄木鸟等，时有少量红脚隼、山斑鸠、火斑鸠、翠鸟、三宝鸟、戴胜、白鹡鸰、黑卷尾、白颈鸦、寿带和金翅雀等。

随着城市日新月异的发展，野生动物的生存环境受到了较大影响，一些动物被迫迁徙，甚至灭绝。因此，保护野生动物及其生存环境显得尤为重要。

三、北京市的土壤

（一）土壤类型与分布

北京土壤性质、类型和分布的影响因素是多方面的。北京地区地貌类型多样，不同地貌类型区小气候不尽相同，成土母质随地质条件的变化而不同，植被的分布也有较大的差异，对土壤理化性质有明显影响，导致分布在不同海拔、不同地貌类型区的土壤类型也不一样（见图 2-13）。

以生物气候条件为主导因素对北京地区土壤进行分类，不受地下水作用的自然成土过程主要形成山地草甸土、山地棕壤和褐土，地带性土壤是褐土；受地下水及地表水影响主要形成潮土、沼泽土等隐域性土壤。据此将土壤划分为 7 个大类，分别为山地草甸土、山地棕壤、褐土、潮土、沼泽土、水稻土和风沙土（见表 2.14）。

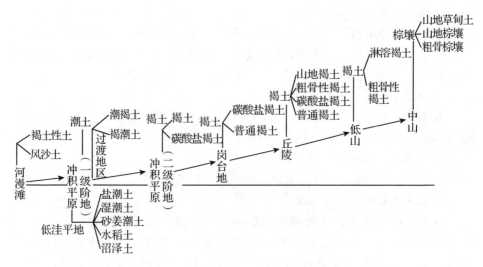

图 2-13　北京地区土壤水平与垂直地域分布规律示意图

资料来源：曲泽洲. 北京果树志[M]. 北京：北京出版社，1990.

表 2.14　北京市主要土壤类型

土壤类型	面积（km²）	占全市土壤总面积（%）
山地草甸土	5.26	0.038
山地棕壤	1 303.00	9.500
褐土	8 905.40	64.950
潮土	3 383.66	24.700
沼泽土	14.30	0.100
水稻土	52.46	0.382
风沙土	46.60	0.330
总计	13710.68	100.000

资料来源：北京市园林绿化局. 北京市湿地公园发展规划(2011—2020 年)[R]. 2012.

（二）主要土壤类型

1. 山地草甸土

山地草甸土呈带状分布于东灵山、大海坨山和百花山等海拔 1 900 m 以上中山山地顶部、林线以上的平台缓坡，坡度较小。母质以硅质岩类、碳酸盐岩类、酸性岩类等风化物为主。山地草甸土分布在北京地区气温最低、冻结期和积雪期最长、风力最大的地区。植被为中生杂类草草甸，其下线有灌丛草甸，优势种不明显。

由于气候冷凉，土体湿润，有机质累积迅速而分解缓慢，含量高达9％～16％。砾质轻壤质土仍较松软。土壤碳酸钙全部淋溶，呈弱酸性反应。山地草甸土一般无侵蚀，土层深厚，营养元素丰富，自然肥力高。

2. 山地棕壤

山地棕壤主要分布在700 m以上的中山山地，集中分布在房山和门头沟的百花山、白草畔、东灵山、老龙窝、妙峰山，平谷的四座楼山，密云东北部的雾灵山、北部的大洼尖山和西部的云蒙山、黄花顶等中山区。在怀柔区主要分布于北部喇叭沟门和碾子乡的中山区，在延庆区主要分布于大海坨山及东部山地。

山地棕壤的母质为石灰岩以外的各类岩石风化物的残坡积物，在凉湿气候条件及落叶阔叶林植被下进行腐殖质累积、黏化及碳酸盐的充分淋溶等成土过程。无碳酸盐反应，呈微酸性至中性反应。淋溶强度略强于褐土。二氧化硅在剖面的分布基本上下一致，呈现自上而下渐多的趋势，未见任何在表层聚积的现象，无灰化象征。

根据植被及水文状况的变异，可划分为山地棕壤、山地生草棕壤及山地粗骨棕壤三个亚类。

3. 褐土

褐土是北京地区面积最大、分布最广泛的土壤类型，分布在海拔40 m以上的山麓平原和海拔1 000 m以下的低山、丘陵。

褐土为本市的地带性土壤，自然植被在山区多为暖温带落叶阔叶林，山麓平原多为农田，以粮果为主。母质为各类岩石风化物的残坡积物、黄土性母质、洪积冲积物等，没有明显的钙积层，以淀积黏化为主，兼有残积黏化，有机质累积强度不大，弱于山地棕壤，表层多为2.5％～6.0％。褐土呈中性微碱性反应，阳离子交换量较低。

根据主要成土过程，可划分为淋溶褐土、普通褐土、碳酸盐褐土、粗骨褐土、褐性土及潮褐土等亚类。

4. 潮土

潮土是北京平原地区面积最大的土壤类型，分布区域是主要产粮区。潮土分布地区的地势低平开阔，微有起伏，地下水埋藏较浅。

潮土土壤潮化过程明显，有铁锰结核。全新世冲积母质的各类潮土多不形成砂姜，而晚更新世洪积冲积母质形成的砂姜潮土及褐潮土则常形成砂姜。除少数非碳酸盐母质外，一般通体都含有一定的碳酸钙，土壤都呈微碱性反应。受黄土性母质影响，矿物养分较丰富，但有机质、氮素及速效磷含量较低。

根据地形、水文条件及附加过程对土壤发育的影响，可划分为潮土、褐潮土、砂姜潮土、湿潮土、盐潮土五个亚类。

5. 沼泽土

沼泽土零星分布于各类积水洼地，如扇缘洼地、堤外洼地、芦苇塘为主的人工洼地及河流汇合处的积水区。

沼泽土分布地区水分常处于饱和状态，植被为湿生草类，多为芦苇地莎草科杂草。母质多为洪积冲积物，少部分为湖积物，封闭洼地土质多偏黏，堤外洼地土质多偏砂，但以壤质土为主。有蓝灰色潜育层。旱季则脱水氧化，形成锈斑。上层多有中强石灰反应，呈微碱性。底土有碳酸钙的聚积，可形成砂姜。有机质累积较多，多为 1.2%～2.3%。

6. 水稻土

水稻土零星分布于各类洼地，以京西、南苑和顺义等老稻区最为驰名，海淀区的功德寺、六郎庄、黑龙潭等地广泛分布。但由于城市建设用地的扩大和土地利用类型的调整，水稻土呈逐年减少的趋势。

水稻土所在地多为扇缘洼地、交接洼地及河间洼地。氧化还原交替强烈，形成大量锈纹锈斑。下层质地较黏，多为重壤土。水稻土碳酸钙含量和有机质含量均较高，其中有机质含量常在 2.0%～4.3%。土壤全氮和全磷亦较高，但速效磷增长显著。全钾略有降低，呈上少下多的缓增型特点。

根据土壤水分状况，可划分为潴育水稻土和潜育水稻土两个亚类。

7. 风沙土

风沙土分布在永定河及潮白河等大河及古河道两侧、河流决口的主流带区域，以及一些河漫滩砂地，系河流砂质沉积物被风力搬运堆积而成。

风沙土质地多为细砂质，部分为粗砂质及粉砂质，发育微弱。有机质含量极低，多在 0.2%～0.6%。风沙土质地全剖面均为砂土，各项营养元素的含量极为贫乏。水、肥、气和热因素极不协调，土壤肥力低。

第三章　北京人文地理特征

章前语

　　北京的城市定位明确了北京城市的发展方向，也反映了北京的人文地理特征。经过中华人民共和国成立后多年来的建设，北京已经成为一个经济繁荣、现代化程度较高的综合性特大城市。在产业发展方面，北京已形成以高新技术产业、现代服务业、现代制造业、现代农业为多点支撑的格局。北京市人口数量增长迅速，人口自然增长趋于平缓，迁移人口增加数量增大，流动人口成为目前人口规模扩大的主要原因。北京地区少数民族人口数量逐渐增加，人口文化素质高，第三产业从业人口比重增加迅速。北京作为中国的首善之区，拥有三千多年的建城史。得天独厚的地理位置，久负盛名的名胜古迹，海纳百川、兼容并包的文化底蕴和城市品位，铸就了北京国际历史文化名城的地位。北京地区帝都文化、品格文化、京味文化、民族文化交相辉映、相得益彰。

关键词

　　北京城市定位；主要产业部门；北京人口地理；北京文化地理

第一节　北京城市规划定位与发展

　　《北京城市总体规划（2016 年—2035 年）》（简称《规划》）将北京的城市性质定位为全国政治中心、文化中心、国际交往中心、科技创新中心。这一定位明确了北京城市的发展方向，也反映了北京的人文地理特征。

　　《规划》指出，预计到 2020 年，北京建设国际一流的和谐宜居之都实现阶段性目标，率先全面建成小康社会，疏解非首都功能取得明显成效，"大城市病"等突出问题得到缓解，优化提升首都核心功能，初步形成京津冀协同发展、互利共赢的新局面。进而到 2030 年，北京基本建成国际一流的和谐宜居之都，治理"大城市病"取得显著成效，首都核心功能更加优化，京津冀区域一体化格局基本形成。到 2050 年，北京全面建成国际一流的和谐宜居之都，京津冀区域实现高水平协同发展，建成以首都为核心、生态环境良好、经济文化发展、社会和谐稳定的世界级城市群。

一、北京城市规划发展历程

（一）封建王朝的统治中心

北京地区的开发历史悠久，特别是金中都的建立开启了北京作为封建王朝统治中心的历史。此后，元、明、清三代均在北京建都。在封建制度下，北京经济的繁荣主要体现在手工业和商业方面。

元至元四年（1267 年），元世祖忽必烈决定在旧中都城东北以琼华岛为中心修建新城，取名大都城。大都城不仅是元朝的政治中心，也是当时贸易发达、市场繁荣、商旅云集、中外闻名的商业都市。在大运河的终点，也就是现在积水潭北岸一带，商业十分繁荣。为解决城市水源问题，郭守敬建议兴修白浮堰工程，将昌平白浮泉水及西山其他大小流泉汇入人工渠道，引入大都城，再连接通惠河。该工程在一定程度上解决了大都用水和通惠河水源问题。大运河的通航和海上运输的发展，加强了我国北部与南部的经济联系，也促进了大都贸易的发展。

明建文元年（1399 年），燕王朱棣发动"靖难之役"。建文四年（1402 年），朱棣于南京称帝，成为明朝的第三位皇帝。为了巩固自己的统治地位，并且加强对北方的防御，明成祖决定由南京迁都到北京。永乐十九年（1421 年），明朝正式迁都北京。明朝对北京城市格局做了精心设计规划，在元大都的基础上进行了改建和扩建。到嘉靖年间，基本上形成了现在北京城的轮廓，分内城和外城，呈"凸"字形。内城中央为皇城，即紫禁城。内城中轴线明显，街道整齐地沿中轴线平行或垂直排列，井然有序。外城街巷则为自然形成，多为曲折的小巷和斜街。明代北京商业繁荣，正阳门内外、东四、西四地区和鼓楼一带，均为繁华的市场。隆福寺、护国寺、东岳庙和白云观等处定期举办庙会，也是物资交流中心。全国各地货物从水路、陆路源源不断地运到北京，大运河是沟通北京与江南经济发达地区的交通命脉，在北京城附近出现了河西务、张家湾等繁忙的水陆码头。

明代初期推行"休养生息"政策，洪武年间曾从山西向北京地区大批移民垦殖。永乐年间实施巩固边防、迁都北京的政策之后，北京接收了来自南直隶、浙江等地的大批移民。移民多在郊区屯田耕种，使北京周围地区普遍得到开发，农业经济有了较大的发展，村落成批涌现，奠定了现今北京郊区村落分布的基本格局。

清代沿用明北京城，内外城基本上变化不大。在城外西苑，清朝皇帝苦心经营了近一个半世纪，开辟了以"三山五园"为代表的规模空前的皇家园林风景区，建造了豪华美丽的皇宫建筑群。清代北京手工业和商业空前繁荣，流传至今的老字号大多形成于这一时期，正阳门、崇文门和宣武门外成为繁华的商业区。

（二）近代的衰落

19世纪末，随着封建王朝的腐朽没落和西方列强的入侵，北京传统经济的发展受到很大程度的制约。昔日水运干线通惠河日渐淤塞、废弃，通州因而失去了水埠地位并逐渐衰落。国民政府南迁后，"首善之区"地位的失去使北京的政治、经济地位下降，一度落后于南京、上海和广州等城市。这一时期，由于铁路的修通、铁路机车修理工厂的建立，长辛店等地发展成京郊的工业区；京西的煤矿开发和石景山钢铁厂的建设，使得石景山和门头沟成为近现代工业区。

此时的基础性工业主要是采取官督商办的形式，但它们很快被外国资本所控制。而由传统手工业发展起来的民族轻工业受洋商的压制和破坏严重，举步维艰。直到1949年，北京仍然停留在封建的消费性城市阶段，现代工业很不发达，城市公用设施水平很低。就电力供应而言，仅有公用发电厂1座，发电机组4台，总容量5.5万kW。

（三）中华人民共和国成立后的飞速发展

城市功能的实现，需要有经济实力和产业基础的支持。1949年以后，伴随着城市性质和功能的变化，北京城市发展和经济建设经历了不同的发展阶段。

1949年，北京市人民政府成立了都市计划委员会，开始着手研究北京的城市规划问题。1953年，中共北京市委规划小组出台了《改建与扩建北京市规划草案要点》，强调首都应该成为我国政治、经济和文化的中心，特别是把它建设成为我国强大的工业基地和技术科学的中心，确立了"大工业、大城市"的建设思路。

1957年，北京市正式提出《北京城市建设总体规划初步方案》，进一步明确把北京建设成为现代化工业基地。1959—1965年，北京建立了6个工业区，成为一个门类齐全的工业集聚地。

在改革开放之前，北京的产业结构朝着"由消费城市转变为工业化城市"和建设"以钢为纲、重化工业为基础的封闭式庞大工业体系"的方向演变，一些特大型企业如首钢和燕山石化都是在这一时期发展起来的。在这种指导思想下，1949—1979年，北京对重工业的投资约占工业总投资的87.6%，实现了从"消费城市"向"生产城市"的转变，并成长为中国的经济中心和重要的工业基地之一。

1980年，中共中央书记处做了关于首都建设方针的"四项指示"，首次提出北京不一定要成为经济中心，并鼓励着重发展旅游事业、服务行业、食品工业、高精尖的轻型工业和电子工业，下决心基本上不发展重工业。

1982年，根据"四项指示"的精神，北京正式提出《北京城市建设总体规划方案》，将北京定位为全国的政治和文化中心。1983年，中共中央、国务院在对该方案的批复中进一步明确，北京是全国的政治中心和文化中心，首都各项事业的发展必须服从和充分体现这一性质。工业规模要严加控制，工业发展应主要依靠科学技术进步，今后北京不要再发展重工业，而要发展适合首都特点的经济。然而，由于北京重化工业已形成规模经济，加之投资的惯性和滞后效应，要实现上述转变并非易事。此外，工业税收是北京地方财政收入的主要来源，并能提供充足的就业机会，这也使得经济调整在主观上受阻。但是在中央及北京市政府强力的政策指导下，经济调整仍得到了稳步的推进。

进入20世纪90年代后，有关经济调整的思路逐渐清晰，重点是针对产业调整：在产业结构上，积极发展第三产业，引进技术和增加科研投资，对传统工业进行改造和升级，淘汰能耗大、污染大的行业，压缩重工业的规模，以形成"三、二、一"的产业格局。在产业布局上，新建卫星城和开发区，将城中的工业企业逐步外迁，核心城区只保留金融、信息咨询、商业、教育、文化和科研等服务性行业。在产业政策上，鼓励和扶持高新技术产业的发展，促进和引导企业与高校、科研机构及跨国公司的合作。

经过中华人民共和国成立后多年来的建设，北京已经成为一个经济繁荣、现代化程度较高的综合性特大城市。改革开放后特别是20世纪90年代以来，北京经济保持了持续快速增长态势。1994年北京市人均地区生产总值首次突破1 000美元，2001年超过3 000美元，2005年超过5 000美元，2010年达10 000美元。2006年，北京步入后工业时代。2016年北京市人均地区生产总值为17 271美元，生产总值达到24 899.3亿元，比上年增长6.7%。

二、产业结构的调整与经济发展特点

(一)产业结构的调整

经过中华人民共和国成立后大规模的工业建设，到20世纪70年代末，北京已建立起一个门类齐全、基础雄厚的工业体系。1978年以后，伴随着经济快速发展、产业结构优化升级，第三产业得到较大发展(见图3-1)，并呈现出高端化趋势。随着20世纪80年代初期朝阳大北窑工业区的改造，产业结构调整步入新的发展阶段。

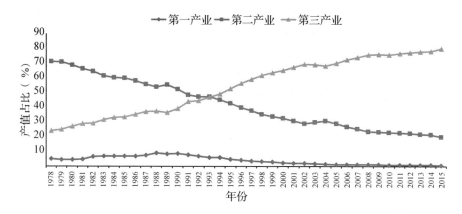

图 3-1 改革开放以来北京产业结构的变化

资料来源：北京市统计局，国家统计局北京调查总队. 北京统计年鉴—2016 [M]. 北京：中国统计出版社，2016.

北京提出了优化一产、做强二产、做大三产和坚持高、精、专、强的思路，发挥非公有制经济的重要作用，积极推进生产性服务业、文化创意产业、高新技术产业和现代制造业等高端产业的发展。依据《北京城市总体规划（2004 年—2020 年）》，北京三大产业的发展方向：第一产业以可持续发展为原则，以各类资源为基础，以农业七大体系建设为支撑，以市场为导向，重点发展符合首都生态要求的技术含量高、水资源消耗低的现代农业；第二产业走新型工业化道路，加快形成以高新技术产业和现代制造业为主体，以优化改造后的传统优势产业为基础，以都市型工业为重要补充的新型工业结构；第三产业提升产业质量，重点发展现代服务业与文化产业。在产业转型升级过程中，工业遗存作为重要的文化资源，是文化创意产业发展的载体。

（二）经济发展特点

在产业发展方面，北京已形成以高新技术产业、现代服务业、现代制造业、现代农业为多点支撑的格局。

1. 服务经济占主导

1978 年以后，北京市第三产业产值及其占地区生产总值的比重增长很快。自 1994 年第三产业占地区生产总值的比重（49.1%）首次超过第二产业（45.1%）起，北京开始了从生产制造型城市向服务型城市的转变。2017 年第一季度，北京市第三产业实现增加值 4 932.2 亿元，按可比价计算，比上年同期增长 6.6%，增速同比回落 1.6 个百分点，占地区生产总值的比重为 81.7%，较 2016 年第四季度上升 1.4 个百分点，对全市经济增长的贡献率达到 77.7%。在总体需求较弱、资本市场波动、基数较高等综合因素影响下，服务业整体呈现稳中趋缓的走势。第三产业 14 个行业门类增加值全部实现正增长，其中 9 个行业门类增加值增速高于第三产业平均水平。批发和零售业，交通运输、仓储和邮政业，水利、环境和公共设施管理业增加值同比分别增长 7.7%、11.1% 和 14.6%，三个行业拉动第三产业增加值增长 1.8 个百分点；信息传输、软件和信息技术服务业，科学研究和技术服务业，金融业增加值同比分别增长 7.6%、8.6% 和 7.5%，与上年同期相比，尽管三个行业增加值增速有所回落，但仍是拉动第三产业增长的重要力量，三个行业增加值合计占第三产业的比重为 46.8%，共拉动第三产业增加值增长 3.8 个百分点，对第三产业增长的贡献率达 57.1%。另有五个行业增加值增速低于第三产业平均水平。其中，租赁和商务服务业，居民服务、修理和其他服务业增加值增速虽然低于总体增速，但是对比该行业上年同期增速分别增长 1.0 个和 2.6 个百分点；文化、体育和娱乐业增加值增速明显放缓；房地产业受市场调控新政及上年同期基数较高的影响，增加值仅增长 0.4 个百分点。

随着北京文化中心、科技创新中心城市战略定位的进一步明确，文化创意产业、战略性新兴产业、高技术服务业引领带动和支撑作用不断增强。文化创意产业增加值占比逐年提高，由 2014 年的 13.1% 提升 2017 年第一季度的 14.6%。2017 年 1~2 月，北京市战略性新兴产业、高技术服务业规模以上法人单位收入分别增长 11.2% 和 9.8%，分别比 2016 年提高 3.6 个和 4.7 个百分点，且高于全市服务业收入平均增速。

北京地区禁限行业减员增效明显。2017 年 1~2 月，规模以上重点服务业法人单位中，禁限目录涉及单位共计 2 037 个，实现收入 949.3 亿元，同比增长 14.3%；实现企业利润总额 31.2 亿元，同比增长 28.2%；平均从业人员 51.3 万人，同比下降 0.8%，低于重点服务业从业人员增速 3.4 个百分点。从行业分布情况看，房地产业从业人员减少 1 640 人，交通运输、仓储和邮政业，信息传输、软件和信息技术服务业从业人员同比降幅均在 10.0% 以上。从区域来看，首都功能核心区、城市功能拓展区和城市发展新区从业人员同比分别下降 1.4%、0.2% 和 5.7%，生态涵养发展区从业人员同比增长 11.4%。上述数据显示，禁限政策的落实使相关行业内部质量得到优化，以业控人取得一定成效。

2. 科技主导特征明显

在科技进步和信息化的推动下，适合首都功能和资源特点的现代制造业迅速发展，以高新技术为主导的新型工业结构正在形成。汽车、电子信息、光机电和医药等新的支柱产业逐步确立。高消耗的传统重化工业逐步转移，依托信息技术和知识传播的现代服务业获得巨大发展，文化创意产业成为北京经济新引擎，总部经济成为带动北京经济发展的重要动力（见表 3.1）。北京的服务业正在完成从以传统服务业为主向以知识密集型服务业为主的历史转变，现代制造业和现代服务业共同构成支撑北京经济发展的主导力量。

表 3.1　北京市部分新兴优势产业增加值（2012—2015 年）　　　单位：亿元

项　目	2012 年	2013 年	2014 年	2015 年
文化创意产业	2 205.2	2 578.1	2 826.3	3 179.3
信息产业	2 560.7	2 855.2	3 172.2	3 449.3
高技术产业	1 240.3	4 291.5	4 738.5	5 175.8
现代制造业	1 396.1	1 657.7	1 744.6	1 681.3
现代服务业	9 435.3	10 751.5	11 820.0	13 303.0
生产性服务业	8 890.8	10 127.7	11 196.1	12 172.0
信息服务业	1 940.9	2 192.6	2 434.1	2 780.3
物流业	598.5	713.6	790.2	779.0

资料来源：北京市统计局，国家统计局北京调查总队，中国统计出版社．北京统计年鉴—2012、北京统计年鉴—2013、北京统计年鉴—2014、北京统计年鉴—2015．

3. 第三产业呈现从"服务生活"到"服务生产"的趋势特征

服务业发展水平是一个国家现代化程度的重要标志。北京大力发展的服务业已不再只是简单地满足人们住宿、吃饭的需求，以商务、信息、科技、金融和物流等为主的现代服务业正悄然兴起，"为生产服务"逐渐取代了"为生活服务"，成为第三产业新的支柱。生产性服务业不仅在北京第三产业中占据主导地位，在全国也占有很高的份额。"十二五"期间，北京市生产性服务业规模持续快速扩大，增加值年均现价增长 12.6%，占地区生产总值比重提高 5.4 个百分点，对首都经济发展的贡献稳步提升。2013 年，北京市成为全国首个生产性服务业规模破万亿元的城市。2015 年，北京市生产性服务业实现增加值占地产生产总值比重达 52.9%，并创造了 70% 左右的国、地税收入。其中，金融、科技、信息三大行业对地产生产总值现价贡献率达 62.1%，有效支撑了首都经济稳定增长。

三、城市职能与发展方向

北京城市战略定位是全国政治中心、文化中心、国际交往中心、科技创新中心。北京的一切工作必须坚持城市战略定位，履行为中央党政军领导机关的工作服务、为国家的国际交往服务、为科技和教育发展服务、为改善人民群众生活服务的基本职责。落实城市战略定位，必须有所为、有所不为，着力提升首都功能，有效疏解非首都功能，做到服务保障能力同城市战略定位相适应，人口资源环境同城市战略定位相协调，城市布局同城市战略定位相一致。服务和安全是对北京城市基本功能的基本要求。服务功能要求北京培育发达的政府服务业，建立良好的市政管理体系和完善的基础设施。不仅如此，北京还应该聚焦价值链高端环节，促进金融、科技、文化创意、信息、商务服务等现代服务业创新发展和高端发展，优化提升流通服务业，培育发展新兴业态。培育壮大与首都战略定位相匹配的总部经济，支持引导在京创新型总部企业发展。

北京城市空间发展战略是逐步形成"一核一主一副、两轴多点一区"的城市空间新结构，着力改变单中心集聚的发展模式，构建北京新的城市发展格局。北京将抓住京津冀协同发展战略契机，以疏解非首都功能为"牛鼻子"，统筹考虑疏解与整治、疏解与提升、疏解与承接、疏解与协同的关系，突出把握首都发展、减量集约、创新驱动、改善民生的要求，大力调整空间结构，明确核心区功能重组、中心城区疏解提升、北京城市副中心和雄安新区形成北京新的两翼、平原地区疏解承接、新城多点支撑、山区生态涵养的规划任务，从而优化提升首都功能，做到功能清晰、分工合理、主副结合，走出一条内涵集约发展的新路子，探索出人口经济密集地区优化开发的新模式，为实现首都长远可持续发展奠定坚实基础。

"一核"是指首都功能核心区，突出北京城市的政治服务功能，建设政务环境优良、文化魅力彰显和人居环境一流的首都功能核心区，在有序疏散非首都功能的基础上，加强精细化管理，创建一流的人居环境。"一主"是指中心城区，是全国政治中心、文化中心、国际交往中心、科技创新中心的集中承载地区，围绕核心区，在西北部地区、东北部地区、南部地区形成主体功能、混合用地的空间布局，保障和服务首都功能优化提升，疏解非首都功能与城市综合治理并举，坚决退出一般性产业，严禁再发展高端制造业的生产加工环节，重点推进基础科学、战略前沿技术和高端服务业创新发展。"一副"是指北京城市副中心，遵循中华营城理念、北京建城传统、通州地域文脉，构建蓝绿交织、清新明亮、水城共融、多组团集约紧凑发展的生态城市布局，形成"一带、一轴、多组团"的空间结构。一带是以大运河为骨架，构建城市水绿空间格局，形成一条蓝绿交织的生态文明带，沿运河布置运河商务区、北京城市副中心交通枢纽地区、城市绿心3个功能节点。一轴是沿六环路形成创新发展轴，向外纵向联系北京东部地区和北京首都国际机场、北京大兴国际机场，对内串联宋庄文化创意产业集聚区、行政办公区、城市绿心、北京环球主题公园及度假区 4 个功能节点。多组团是依托水网、绿网和路网形成 12 个民生共享组团，建设职住平衡、宜居宜业的城市社区。"两轴"是指中轴线及其延长线、长安街及其延长线，突出两轴政治、文化功能，加强老城整体保护，打造沿二环路的文化景观环线，推动二环路外多片地区优化发展，重塑首都独有的壮美空间秩序，再现世界古都城市规划建设的无比杰作。以两轴为统领，完善城市空间和功能组织秩序，继承发展传统城市中轴线和长安街形成的两轴格局，优化完善政治中心、文化中心功能，展现大国首都形象和中华文化魅力。"多点"是指 5 个新城，是京津冀协同发展的重要区域，要强化多点支撑，围绕首都功能，提高发展水平；严格控制城市开发边界，增加绿色空间，改善环境品质；提升城镇化水平，营造宜居宜业环境。"一区"是指生态涵养发展区，是首都重要的生态屏障和水源保护地，也是城乡一体化发展的敏感区域，应将保障首都生态安全作为主要任务，坚持绿色发展，建设宜居宜业宜游的生态发展示范区、展现北京历史文化和美丽自然山水的典范区。

第二节　北京主要产业部门

一、旅游业

改革开放以来，北京旅游业蓬勃发展，产业要素配套，产业体系完善，已经成为北京国民经济产业中的重要组成部分，是北京经济增长的亮点和拉动北京经济发展的重要动力。为了建设世界城市，北京要将旅游业打造为北京经济的支柱产业。发展具有首都特色的旅游业，充分体现古老北京优秀的传统文化，不仅是建设"人文北京"的重要保障和载体，也是展示现代北京无穷创造力和巨大吸引力的重要平台。

（一）旅游业发展的优势条件

1. 首都优势

北京拥有得天独厚的基础资源优势，发展旅游业既符合首都特点，又能集中反映城市功能与性质，充分展示首都风采。作为首都，北京吸引了多方面人才，智力和科技优势十分明显，旅游相关从业人员、规划者、管理者的层次和数量都为旅游业的发展提供了人才储备。

2. 资源优势

北京是具有三千多年建城史的历史文化名城，丰富的历史文化遗产和秀丽的自然风光并存。截至 2019 年，北京共有 A 级以上重点旅游景区(点)247处，其中 AAAAA 级景区 8 个，AAAA 级景区 72 个，许多景区(点)在国内外享有盛誉，如故宫博物院、天坛公园、恭王府、北京奥林匹克公园、颐和园、十三陵、慕田峪长城、八达岭长城等。经过中华人民共和国成立以来的建设发展，北京已成为历史古都与现代文明交相辉映的大都市，对国内外游客具有强烈的吸引力。

3. 交通优势

北京是我国的交通枢纽，是客流、物流、信息流的集散中心，从北京出发的国道通往全国各地。截至 2017 年，北京市共有 6.8 万多辆出租车、908条公交线路和 22 条轨道交通线路，这大大方便了出行。

北京是中国铁路网的中心之一，建有北京站、北京西站和北京南站等主要客运站，以北京为中心，通过京九、京广、京沪、京包、京哈等铁路线与全国相通。此外，北京还是国际铁路交通的重要枢纽，从这里发有多组国际列车。随着铁路提速和城际高速铁路的建设、动车组的开通，铁路运输为旅客往返提供了便捷的交通条件。2012 年，北京到绝大部分省会城市形成 8 小时以内的交通圈。

北京已建有北京首都国际机场、北京大兴国际机场两座民用机场。北京南苑机场为军民合用机场，于 2019 年 9 月 26 日正式结束民航运营。北京首都国际机场位于顺义区，归朝阳区管辖，1958 年投入使用，先后建成三个航站楼，2018 年，北京首都国际机场年旅客吞吐量 1.01 亿人次，居亚洲第 1位、全球第 2 位。北京首都国际机场拥有覆盖最广的国内航线网络和日益强大的国际航线网络，截至 2016 年年底，拥有基地航空 6 家，分别为中国国际航空、中国东方航空、中国南方航空、海南航空、首都航空、顺丰航空，有国内通航点 147 个、国际通航点 132 个；共开通国内航线 132 条、国际航线120 条。北京南苑机场建于 1910 年，位于北京市丰台区，是中国历史上第一个机场。2016 年，北京南苑机场完成运输起降 4.0 万架次，居全国第 58 位；旅客吞吐量 559 万人次，居全国第 41 位。北京大兴国际机场又称北京第二国际机场、北京新机场，是建设在大兴区礼贤镇、榆垡镇与河北省廊坊市广阳区之间的超大型国际航空综合交通枢纽，于 2019 年 9 月 25 日正式通航，远期(2040 年)按照旅客吞吐量 1 亿人次、飞机起降量 80 万架次的规模建设七条跑道和约 140 万 m^2 的航站楼，机场预留控制用地按照终端(2050 年)旅客吞吐量 1.3 亿人次、飞机起降量 103 万架次、九条跑道的规模预留。机场主体工程占地多在北京境内，一期建设包括四条跑道及一条军民两用跑道(即空军南苑新机场)、70 万 m² 航站楼、客机近机位 92 个。

4. 产业优势

北京旅游业已经具有很强的经济实力和相当的产业规模，形成了"吃、住、行、游、购、娱"的完整配套服务体系，具备了多元化、多层次的综合接待能力，构成了比较完善的旅游生产力体系。截至 2015 年，北京拥有星级饭店 528 家，其中五星级饭店 63 家，四星级饭店 127 家，三星级饭店 193 家，二星级饭店 135 家，一星级饭店 10 家，位居全球城市前列。同时，还有众多可出租的公寓和写字楼。2015 年共有旅行社 1 238 家，外联(组团)人数 655.5 万人次，接待人数 468.0 万人次，共有旅行社从业人员约 3.778 万人。随着一批高档商场的陆续建成，北京的旅游购物环境开始向国际水平迈进。北京有经营中国各种菜、风味小吃以及世界 20 多个国家和地区的餐饮业单位。近年来各种规模的国际会议在北京市的召开，标志着北京市特别是饭店业的整体接待水平已经大大提高，为旅游业的进一步发展奠定了产业基础。2019 年北京成功举办世界园艺博览会，促进了北京旅游业的发展。2022 年冬季奥运会还将会给北京旅游业带来新的发展契机。

(二)旅游业发展的成就

1978 年以来，北京旅游业社会职能不断扩大，从承担外事接待任务到吸纳外汇的重要产业，再到北京经济发展的支柱产业。北京旅游业的发展突飞猛进，取得了令人瞩目的成就，成为中国旅游产业的龙头。

1. 三大旅游市场共同发展，消费需求日趋多元化

北京旅游业已经形成了入境、国内和出境旅游三大市场相互促进、共同发展的格局(见表 3.2)。北京已成为国内最重要的旅游目的地、客源地和中转地。入境旅游市场稳定，旅游人数和旅游创汇保持平稳增长。以商务、会议为主要目的的游客比重不断增加，旅游目的日益呈现多元化趋向。国内旅游市场迅猛发展，外地来京人数和本地市民旅游人数快速增长，旅游效益增幅明显。旅游目的向名胜观光、商务会展、休闲度假等多元化方向发展。"黄金周"和"小长假"已经成为北京旅游高峰期，短途来京游客增长更为显著，旅游假日经济基本形成。随着中国公民出境旅游目的地国家数量的增加，北京出境旅游迅速发展，通过旅行社出境旅游的人数增长迅速。

表 3.2　北京市国内外旅游情况(1978—2015 年)

年份	入境旅游者人数(万人)	旅游外汇总额收入(亿美元)	国内旅游者人数(万人)	国内旅游收入(亿元)
1978	18.7	1.0	—	—
1994	203.0	20.1	6 710.0	298.0
1997	229.8	22.5	8 221.0	391.3
2000	282.1	27.7	10 186.0	683.0
2009	412.5	43.6	16 257.0	2 144.5
2015	420.0	46.1	26 859.0	4 320.0

资料来源：北京市统计局，国家统计局北京调查总队. 北京统计年鉴－2016[M]. 北京：中国统计出版社，2016.

2. 旅游相关法律完备，旅游市场秩序井然

1999 年，北京市十一届人大常委会第 9 次会议通过了《北京市旅游管理条例》，该条例于 2004 年 9 月 10 日修订，自 2004 年 12 月 1 日起施行。为旅游消费者和旅游经营者、促进旅游业发展提供法律保护。2006 年，北京市人民政府发布了《北京市星级饭店安全生产规定》，加强对星级饭店安全生产的监督管理。2007 年，北京市人民政府发布了《北京市人力客运三轮车胡同游特许经营若干规定》，规范胡同游的市场秩序。另外，北京地区旅行服务质量投诉情况公示制度的实施规范了旅游市场健康经营，保护了旅游消费者的合法权益。北京在全国范围内率先开展对"零负团费"的整顿，规范了旅行社经营行为；开通中国移动外地客户进京手机短信提示，帮助旅游消费者提高维护自身合法权益的意识，维护了旅游市场秩序。2013 年 10 月，我国首部旅游法《中华人民共和国旅游法》实施，有利于保障旅游消费者和旅游经营者的合法权益，规范旅游市场秩序，保护和合理利用旅游资源，促进旅游业持续健康发展。2017 年 8 月，根据《中华人民共和国旅游法》和其他有关法律、行政法规，结合北京市实际情况，制定并实施了《北京市旅游条例》。

3. 产业体系日趋完善，产品满足多样需求

随着北京旅游业全面快速发展，已形成"吃、住、行、游、购、娱"的完善产业体系。旅游业与工业、农业、教育、科技、文化等其他行业融合加速，产业规模不断壮大，对国民经济贡献率持续增长，已成为北京第三产业的重要支柱。

北京的旅游产品和接待服务体系趋于完善，多元化、多层次的综合接待能力进一步加强。旅游业开始从单纯的产业功能向经济、社会和文化等多功能转化，分工趋于专细化，旅游企业间合作、整合加强。目前，北京的旅游产品已由以观光为主向观光、商务会展、休闲度假、修学奖励、高科技体验等多元方向转变，开发模式已由散点式向网络化、品牌化和区域整合方向发展。

(三)旅游业的发展方向

1. 努力提高旅游业的文化内涵

文化是旅游业的灵魂，是吸引游客的着力点。丰富产品的文化内涵，既能体现北京乃至中国的特色，又能用有限的旅游资源创造无限的商业价值，把提升文化内涵贯穿到吃、住、行、游、购、娱各环节和旅游业发展全过程。旅游开发建设要加强自然文化遗产保护，深挖文化内涵，普及科学知识。旅游商品要提高文化创意水平，旅游餐饮要突出文化特色，旅游经营服务要体现人文特质。要发挥文化资源优势，推出具有地方特色和民族特色的演艺、节庆等文化旅游产品。充分利用博物馆、纪念馆、体育场馆等设施，开展多种形式的文体旅游活动。集中力量塑造中国国家旅游整体形象，提升文化软实力，建设国际会展之都和高端旅游目的地。

2. 扩大区域旅游合作，积极构建大北京旅游圈

随着"优化区域旅游环境，以区域合作促进旅游产业共同发展"的"9＋10"区域旅游合作项目的开展，北京、天津、河北、辽宁、山东5个环渤海省市，内蒙古、山西、陕西、河南4个北京周边省区，以及上海、西安、杭州等10个旅游热点城市，通过整合以北京为核心的区域旅游资源，扩展北京旅游的空间地域，构建大北京旅游圈。

3. 加强市场营销，不断开拓旅游市场

进一步整合城市旅游资源，增加新的旅游业态，发展大型现代旅游项目；大力发展乡村旅游，增加特色，提高品质。利用成功举办2010年第十届世界旅游旅行大会等契机，借助国际著名体育赛事、会展等活动，开展旅游推广营销，将北京建设成为亚洲的会展、商务之都和国际一流旅游城市。

4. 增强旅游企业的竞争力

旅游企业应注重提高人才素质、旅游服务质量和旅游服务意识，创造一流的旅游环境；以标准化为手段，健全旅游标准体系；全面提升旅游企业、景区和重点旅游城市的旅游信息化服务水平。目前，我国旅游市场已经对外资企业全面开放，国内企业在战略规划、管理方法、产品设计上应与国际接轨，增强企业竞争力。

5. 打造"北京礼物"，构建北京购物新品牌

营造"北京礼物"的主题品牌概念，把旅游纪念品、工艺品、特色食品和地方品牌工业品等能够吸引旅游消费者购买的旅游商品浓缩为"北京礼物"这

个概念，通过举办大赛征集产品、推出精品，建设"北京礼物"店，促成旅游商品研发设计、生产制造、市场流通的产业链的形成。

6.关爱游客生命，打造旅游安全屏障

为了保障广大游客尤其是探险旅游者的人身安全，北京市政府、北京市旅游相关部门已于2009年开始在重点景区周边非开放区设置太阳能灯杆、安全防护栏网、提示牌等。今后将继续完善旅游安全提示预警制度，重点旅游地区将建立旅游专业气象、地质灾害、生态环境等监测和预报预警系统；防止重大突发疫情通过旅行途径扩散；推动建立旅游紧急救援体系，完善应急处置机制，健全出境游客紧急救助机制，增强应急处置能力。

二、房地产业

《北京城市总体规划(2016年—2035年)》指出，房地产业是北京第三产业的重要组成部分，要加快完善房地产业发展政策，规范房地产市场，加强政府行业管理与服务，积极引导和调控房地产业健康、有序发展。在严格遵循节约土地、节约能源、节约原材料原则的前提下，不断提高住宅质量与水平，满足人民生活水平不断提高的需求；注重社会公平，积极为低收入居民提供必要的住宅保障。

(一)房地产市场的形成

北京的房地产市场是伴随着土地使用制度改革和住房制度改革逐渐形成的，1992年下半年，北京市土地使用制度改革，国有土地使用权进入市场流通。1993年，北京改革开放步伐加快，大批外商投资房地产。北京市相继出台了一系列房地产法规，注意加强房地产市场机构管理，建立商品房销售许可证制度，加强商品房市场管理，规范商品房预售行为，保障商品房预购人的合法权益，维护房地产交易秩序，深化房地产价格管理，建立健全房地产经纪机构的行业管理等，使北京房地产市场的形成有了规范的制度保障。

(二)房地产市场的发展

北京作为中国的首都，房地产发展的空间巨大。一方面，城市化进程不断加快，对房地产的发展起了巨大推动作用；另一方面，城市人口不断增加，人口流动趋势增强，对房屋的需求量加大。再者，经济全球化的发展使北京成为外国企业扩大市场的主要目的地，客观上促进了房地产的发展。城市化进程的不断加快以及城市人口的不断增加导致房地产的需求大于供给，使得房地产仍将维持较快发展。经济全球化和中国加入WTO等因素使住宅建设成为国民经济新的增长点，房地产平稳发展。

经历了1980—1983年、1987—1989年、1992—1994年三次房地产建设

的高潮后，北京房地产趋于理性发展。特别是在经过 1995 年年末至 1997 年年初的调整期后，1997 年北京房地产市场销售形势明显好转，普通住宅市场在消费需求和政策支持方面有较强的发展动力，在越来越多的个人购房的参与和推动下逐渐繁荣。

1998 年以来，在中央全面推动住房制度改革等一系列宏观经济政策的引导下，北京的房地产业发展加快，出现了产销两旺的良好态势。受政府房改政策的影响和市场需求拉动，1998 年北京市商品房销售成倍增长。资本经营、品牌经营在房地产市场的作用越来越大，房地产业呈现住宅市场全面上升、写字楼市场竞争激烈、商业用房相对平淡的态势。1999 年，北京房地产市场风起云涌，买房置业观念在老百姓心目中初步形成。普通住宅成为市场供应的主体，新项目区域分布特征明显，涉外商圈(朝阳区)、高科技产业区(海淀区)的房地产市场十分活跃。房价理性回归，价格竞争风潮大起，精品意识日益加强，会所式住宅成为时尚。

2005 年，国家加大了房地产业的调控力度，北京房地产业继续稳步发展，全年房地产业投资总额为 1 525 亿元，占全市固定资产投资总额的 53.9%；商品房施工面积为 10 748.5 万 m^2，比 2004 年增长 8.23%；竣工面积 3 770.9 万 m^2，比 2004 年增长 22.95%；全市房屋新开工面积为 2 965.9 万 m^2，占总施工面积的 27.6%。2006 年，房地产开发投资增速，住宅投资大幅增长；新开工面积增长较快，住宅竣工面积减少；住宅市场销售旺盛，空置面积减少；住宅价格指数持续走高，但涨幅稳定。同时也存在一些问题：金融风险值得关注、结构矛盾突出等。中国加入 WTO 与北京申奥成功客观上刺激了房地产的有效需求。购房群体也发生了很大改变：越来越年轻化；外地个人在京购房者也越来越多。2007 年，房地产市场被推到了宏观调控的风口浪尖，央行 6 次加息、土地增值税清算以及二套房首付和利率提高等一系列政策都对北京房地产市场产生巨大冲击。2008 年，在国内外宏观经济下行的背景下，北京房地产市场进入全面下调的深度调整期，开发投资量减少，建设步伐放缓，开发面积全面下降，市场相对停滞；价格虽然松动，但仍在高位运行。2009 年，房地产市场率先复苏，价格高涨。政府从加大保障性住房建设力度、调整住房市场结构、促进市场供需平衡、抑制投资投机性购房、加强房地产市场监管等方面入手，多管齐下确保房地产市场平稳健康发展。为保障中低收入人群的住房，政府加大了廉租房、经济适用房和限价房等保障性住房的建设力度。

2010 年，北京房地产行业在综合调控下保持高位运行，但缺少向上的驱动力，下半年开始缓慢回落。2011 年，房地产行业宏观数据开始走低，一手住宅成交量、成交均价涨幅均为 5 年来的最低点，二手房成交量也降至 3 年来的最低点。2012年，全年完成房地产开发投资3 153.4亿元，比上年增长3.9%。其中，住宅投资1 628亿元，下降8.5%；办公楼投资384.8亿元，增长5.8%；商业营业用房投资275.9亿元，下降7%。全年新开工建设、收购各类保障性住房18万套，基本建成10万套。2012年北京商品房成交量达3年新高，成交价与2010年的水平基本持平。

2013年3月，"国五条"北京细则出台，禁止京籍单身人士购买二套房；严格按个人转让住房所得的20%征收个人所得税，出售五年以上唯一住房免征个税；进一步提高二套房贷首付款比例。2013年，北京推出自住型商品房政策，此类住房价格比周边商品住房低30%左右，面向全市符合限购条件的家庭，购买后5年内不得上市，5年后上市收益的30%上缴财政。2014年，北京房地产调控政策主基调仍为"限购"，市场依然处于政策的"紧箍咒"之下；同时，自住型商品房政策开始走向台前，并对普通住宅市场产生了极大的冲击。2014年的北京楼市虽然也穿插了信贷放松、降息等定向宽松的房地产新政，但年度成交量仍然较小。

2015年，北京土地成交额创造了历史最高纪录，房价持续走高，创历史新高；住宅库存去化向好，住宅市场出现豪宅化、郊区化特征；二手房成交热度超过新房，但二手房价格涨幅却低于新建商品房。2016年，北京市完成房地产开发投资4 045.5亿元，同比下降4.3%。其中，住宅投资完成1 950.9亿元，下降0.6%；写字楼投资完成699.1亿元，下降22.9%；商业、非公益用房及其他投资完成1 395.5亿元，增长2.8%。截至2016年年末，北京市商品房施工面积为13 089.8万 m^2，与上年持平。其中，住宅施工面积为5 927.6万 m^2，下降6.1%；写字楼2 447.3万 m^2，增长0.8%；商业、非公益用房及其他施工面积为4 714.9万 m^2，增长8.3%。2016年，北京市保障性住房完成投资936.2亿元，同比增长13.6%。保障性住房施工面积为3 952.4万 m^2，增长2.1%，其中，新开工面积为1 051.9万 m^2，增长65.2%。保障性住房竣工面积为663.9万 m^2。自住型商品房完成投资212.6亿元，施工面积为682万 m^2，其中新开工面积为99.9万 m^2。

2017年8月，北京推出共有产权房，全面升级替代自住型商品房。共有产权房指地方政府让渡部分土地出让收益，然后低价配售给符合条件的保障对象家庭的房屋。这一政策支持夹心层核心家庭，明确向"新北京人"供应房源不低于30%；低于市价出售，但以销售价格占市价比重确定产权比例；产权确定方式灵活，更能保证公平。

（三）房地产市场的重要性

房地产业关系国计民生，与建筑业这一基础产业密不可分，在国民经济中占有十分重要的地位。1998 年，国家将住宅建设作为国民经济新的增长点，扩大固定资产投资规模，同时减少房地产开发政策性收费，简化土地开发审批程序，为房地产开发铺路架桥。另外，随着生活水平的逐步提高，人们对居住环境的要求也越来越高，已不再停留在"住"的基础上，而是要住得舒适、住得有文化、住得有品位。开发建设满足人们物质和精神双重需要的智能化、绿色化家居，成为北京房地产开发企业的使命。

（四）房地产市场的前景

北京房地产业的发展目标是以满足人们多层次的居住需要为使命，提高住房品质。在房地产开发建设中转变观念，创新技术，大力推行集团化、市场化、集约化经营战略，发挥房地产业的经济增长优势，开创北京房地产业发展的新局面，创造良好的经济和社会效益，搞好区域规划和环境布局，进一步完善北京的城市功能，建设适合人类居住的 21 世纪绿色化家居。

三、软件和信息服务业

软件和信息服务业是国家重点发展的战略性新兴产业，也是北京市在全国处于领先地位并具有全球化发展潜力的重要产业。以信息感知为特征的物联网是世界信息产业的第三次浪潮，做大做强软件和信息服务业，对于进一步提升北京市信息产业的国际竞争力、转变经济发展方式、实现信息化与工业化的有效融合具有重大意义。

（一）产业发展概况

2016 年，北京软件和信息服务业实现"十三五"良好开篇，产业功能由产业赋值、经济赋能向社会赋智升级演进，"数据引领、软件定义、应用带动"的融合型产业生态加速形成，以软件和信息技术服务创新信息社会建设的"大应用系统、大应用方案、大应用技术"格局初步打开。2016 年，在营企业 25 667 家，营业收入 7 287.6 亿元，从业人员 71.8 万人，软件业务收入 6 416 亿元，全行业实现增加值 2 697.9 亿元，同比增长 11.3%，占全市 GDP 的比重约为 10.8%，产业支柱地位更加巩固。软件和信息服务业的发展，最重要的是智力资源。北京地区高等院校、科研院所云集，拥有高水平的软件和信息服务业人才，具备良好的产业发展基础。北京市上下游配套的产业链集聚、龙头企业引领的生态集聚、专业基地为载体的空间集聚态势凸显。海淀区聚集了全市大部分软件和信息服务业企业，加快引进高端要素，并形成了智能制造"生态圈"；朝阳区强化科技服务能力，引进阿里巴巴等大型企业入驻，2016 年营收占比达 11.29%；东城区、西城区汇聚了移动、电信、联通等信息传输企业；石景山区重点发展文化创意、游戏动漫、虚拟现实产业；大兴区重点发展以云计算为代表的战略性新兴产业；丰台区重点发展嵌入式行业应用软件；顺义区充分发挥后发优势，引进金蝶、民航信息等公司，并大力发展地理信息科技产业；房山区将互联网金融作为新的着力点；昌平区积极构建创新创业生态系统，腾讯众创空间二期等创业载体不断落地。

（二）产业发展前景

2016年8月，北京市经济和信息化委员会发布了《北京市"十三五"时期软件和信息服务业发展规划》，进一步明确了软件和信息服务业的发展方向。

1. 发展目标

到2020年，进一步巩固并提升软件和信息服务业在全市经济发展中的支柱地位，基本形成与科技创新中心功能定位相适应的创新型产业发展格局，打造"数据引领、软件定义、应用带动"的融合型产业生态，基于互联网的数据服务、信息服务、内容服务走在全国前列，软件和信息服务业驱动产业转型升级、改进完善社会服务、提升政府治理能力的引擎作用显著发挥，使北京成为国家新一代信息技术创新中心、先行示范基地和应用辐射之源，成为具有世界影响力的软件创新名城。

产业发展规模和质量双提升。到2020年，软件和信息服务业收入突破1万亿元，年均增速达到10%以上；增加值占全市GDP比重超过11%；产业综合竞争优势进一步强化，围绕平台型企业形成各具特色的产业生态，在全国的引领地位进一步巩固。

产业内部结构更加优化。到2020年，互联网信息服务占全行业营业收入比重达到40%，数据信息服务等新兴业态快速发展；培育1家千亿级公司，10家百亿级公司；十亿元以上企业的营业收入所占比重达到60%；规模以上企业户均营业收入达到3亿元，企业综合竞争能力明显提升。

绿色集约水平显著提升。到2020年，全行业总能耗控制在210万吨煤以内，单位增加值能耗下降至0.08吨煤/万元；严格限制高能耗数据中心建设，必要的数据中心实现绿色化改造；全行业从业人员总量得到有效控制，人均营业收入超过百万元。

创新创业活力大幅增强。到2020年，软件著作权登记量达到8万件，有效发明专利数达到1.9万件，以企业为主体的自主创新体系更加完善；云计算、大数据在经济社会重要领域实现规模化应用，突破一批核心技术；北斗导航位置服务和自主可控的信息安全保障能力明显提高。

融合驱动作用充分显现。到2020年，软件和信息服务业在促进农业、制造业、服务业等产业转型升级方面取得积极成效，健康医疗、教育、交通等民生领域的互联网和大数据应用更加丰富，涌现一批改变世界的创新应用，切实驱动和支撑分享经济发展与新型智慧城市建设。

2. 战略任务

实施"云网端"一体化的大数据引领战略。顺应网络经济空间人人互联、物物互联、业业互联的发展趋势，立足"云网端"的信息基础设施架构，把数据作为塑造竞争优势的新生产要素，围绕政务及公共服务、产业发展、社交生活网络三大领域，开放数据资源、聚合数据资产，构建形成政、产、学、研、用多方联动、协调发展的大数据产业生态，以数据流引领技术流、物质流、资金流、人才流。

实施产业跨界融合升级的大软件驱动战略。突出软件在促进经济社会全面数字化升级、智慧化发展中的基础地位，强化软件由"定义世界"到"改变世界"的发展理念，深入推进软件向平台化、网络化、移动化延伸，着力推动"软件＋硬件""软件＋内容""软件＋服务"深度耦合，支撑"云网端"一体化大数据生态的建设，加快重构产业价值链体系，形成软件、网络与数据协同驱动创新发展的新格局。

实施服务信息社会建设的大应用带动战略。着眼信息社会建设战略全局和产业发展竞争格局，加快软件开发方式、展现形式、交互模式、交付价值和产业业态的全面创新，形成面向产业层面、经济层面和社会层面的战略性、系统性、基础性大应用，以软件和信息技术服务创新构建新型组织结构、生产方式、消费模式和资源配置方式。

四、文化创意产业

（一）文化创意产业的形成

北京文化创意产业紧密结合其作为国家首都、国际城市、文化名城、宜居城市、创新型城市的发展目标和功能定位，通过文化资本的转化与再生、智慧资本的创新与运作、优势产业的发展与建构、经济资本的集聚与重组，塑造具有首都优势、中国特色和国际竞争力的文化创意产业中心城市。

北京有着极为丰富的历史文化资源，作为文化古都和现代文化之都，有着多层面、多结构、多主题的物质形态文化资源和非物质形态文化资源。这些资源都是可以利用、开发和转换的文化资本，并且能够通过创造性、创新性的创意转变为经济资本，成为重要的生产力因素，创造出许多具有北京地域特色、民族特色和中国风格的文化创意精品，从而以文化内涵、文化风格和美学魅力体现北京文化创意产业的文化质感度，把北京建设成为具有高度文化质感度的中国文化创意产业城市。

(二)文化创意产业的定位

文化创意产业是北京的重要支柱性产业。发展文化创意产业对加快落实首都城市战略新定位,推进非首都功能疏解,构建"高精尖"经济结构,建设国际一流的和谐宜居之都具有重要意义。北京市统计局和国家统计局北京调查总队制定的《北京市文化创意产业分类标准》将文化创意产业分为9类,即文化艺术,新闻出版,广播、电视、电影,软件、网络及计算机服务,广告会展,艺术品交易,设计服务,旅游、休闲娱乐,其他辅助服务。

为了提高北京文化创意产业的竞争力,北京重点支持中关村创意产业先导基地、北京数字娱乐产业示范基地、国家新媒体产业基地、中关村科技园区雍和园、中国(怀柔)影视基地、北京798艺术区、北京DRC工业设计创意产业基地、北京潘家园古玩艺术品交易园区、宋庄原创艺术与卡通产业集聚区、中关村软件园等文化创意产业集聚区,做好集聚区基础设施和公共服务平台建设,充分调动各区积极性,积极引导各区建设一批各具特色的文化创意产业集聚区,使集聚区成为北京文化创意产业发展的重要载体。拥有20多年提琴制造历史的平谷,将传统乐器制造产业向文化创意产业升级,建设成集研发、生产、交易、创作、演出、展览于一体的中国音乐产业园区。

到2020年,文化创意产业增加值占全市GDP比重力争达到15%左右,产业支柱地位更加巩固,体系更加完善,布局更趋合理,市场竞争力、创新驱动力、文化影响力显著增强,成为支撑首都经济创新发展、构建"高精尖"经济结构的重要引擎,努力把北京建设成为具有国际影响力的文化创新、运营、交易、体验中心和最具活力的文化创意名城。

(三)文化创意产业的经济效益

北京已经成为全国最繁荣的演出市场,全国演艺中心的地位正在形成。2014年,北京市各类营业性演出场次共计24 595场,观众人数共计1 012.68万人次,演出票房共计14.95亿元。北京市演出场馆的利用率也明显提高,平均每个场馆年演出达到189场,其中演出超过300场的场馆达31个。

北京市新闻出版产业规模较大。2013年,全市新闻出版企业实现收入954.6亿元,同比增长8.11%;资产总计1 714.5亿元,同比增长13.20%。北京广播影视资源在全国最为丰富。2014年,北京市电影剧本备案1 806部,占全国的51%;生产电影270部,占全国的44%;票房过亿影片22部,占国产票房过亿影片的61%。截至2014年年底,北京市共有电影院线23条,城市影院169家,银幕963块,座位162 995个。平均2.2万人拥有一块银幕,人均银幕数居全国第1位,并接近世界电影发达国家水平。

北京是全球最大的中国文物艺术品交易中心,已成为继伦敦、纽约、香港之后的全球第四大艺术品市场。同时，北京是全国动漫游戏产业的重要研发中心和网络游戏的最大出口地。2014 年，北京市动漫游戏产业总产值约372 亿元，占全国动漫游戏产业总产值 1 144.8 亿元的近 1/3；出口金额约42.3 亿元，继续稳居全国第 1 位。

北京集聚了全国最多的设计院所，设计服务对象遍及全国，工业设计水平全国领先，入选世界"设计之都"。北京是全国广告资源最为密集、投放量最大、研发创新人才最多的城市，也是中国三大会展城市之一。2013 年，北京市广告会展业实现收入 1 388.9 亿元，从业人员 13.5 万人，资产总计 1 267.9 亿元。北京文化旅游产业已形成以国际旅游为中心、国内旅游为基础，二者并重发展的格局。2014 年，北京市国内旅游接待量和收入稳步增长，入境旅游降幅趋缓，出境游人数连续 5 年保持 20% 以上增速；商务旅游减少，高档住宿餐饮业收入下降；在线旅游业持续高增长，营业收入平均增长速度在 70% 以上。

(四)发展文化创意产业的意义

北京文化创意产业作为北京文化建设实力、文化经济实力和城市总体竞争实力的综合表现，在实现具有鲜明特色的现代国际城市的发展目标中发挥着极其重要的作用。北京文化创意产业的定位契合文化名城的发展目标，与文化名城相匹配，是高品位、高质量、高文化附加值的具有文化质感的文化创意产业。一方面，充分挖掘、整合、转移和利用北京的历史文化资源，通过创造性、创新性的创意把丰富深厚的历史文化资源转化为文化创意资本，扶持具有浓郁北京特色和中国特色的首都文化创意产业品牌；充分利用现代技术、设计、创意和工艺，开发和生产具有丰富文化意义内涵和审美形式的文化创意品牌。另一方面，在整合和利用北京的历史文化资源的同时，大力发展体现首都文化、中国现代文化、北京都市文化的文化创意产业。

五、汽车制造业

汽车制造业是北京市工业经济的主要支柱行业之一。《〈中国制造 2025〉北京行动纲要》提出，组织实施新能源智能汽车专项，坚持纯电驱动技术路线，依托龙头企业和产业技术创新联盟，转变传统汽车设计、研发、制造理念，创新产业发展和商业运营模式，培育全球领先的新能源汽车领军企业。以开发符合市场需求的智能网联新能源汽车产品为重点，集合电子科技、先进材料、传感器、车联网、智慧出行、辅助驾驶等技术，建立开放式协同创新平台，集中建设涵盖新能源汽车设计、试验试制及体验、示范等功能的科技创新资源聚集高地，打造全新产业生态。利用 10 年左右时间，将北京打造成为国内领先、世界一流的新能源汽车科技创新中心。

（一）汽车制造业的发展优势

1. 市场优势

2015 年，北京汽车及交通运输设备制造业工业总产值 4 084.7 亿元，同比增长 5.4%。汽车制造业实现产值 3 857.9 亿元，同比增长 6.5%。其中，整车产值 2 709.1 亿元，零部件产值 1 110.4 亿元；累计生产汽车 224.2 万辆，累计销售汽车 227.1 万辆。北汽集团公司市场占有率为 10.2%。截至 2016 年年末，北京全市机动车保有量 571.8 万辆，民用汽车 548.4 万辆，其中，私人汽车 452.8 万辆；私人汽车中，轿车 316.2 万辆。

2. 科技和人才优势

北京科研院所、高等院校众多，是国内培养汽车专业技术人才的重要基地之一，对国内外一流的汽车专业技术人才有极大的吸引力。科技和人才优势使北京的汽车制造业具备一定的产品开发能力。北京市在发展新能源汽车方面已经形成"一园两基地"的布局，分别为北京新能源汽车科技产业园、昌平新能源汽车设计制造产业基地和房山高端现代制造业产业基地。

（二）汽车制造业的发展历程

1949 年以后，北京汽车工业从零部件开始起步，发展形成产品种类齐全、配套完整的工业体系。20 世纪 60 年代成功研制开发北京 212 和北京 130 汽车，使北京成为中国轻型越野车和轻型载货车的发祥地，一举改变了我国汽车工业"缺重少轻"的局面，为其发展奠定了基础。

改革开放后，北京汽车工业在自主研发的基础上加强了对外合作，取得了显著成果。北京汽车制造厂是中国汽车工业发展的先驱之一，1984 年，其与美国汽车公司合资成立的北京吉普公司，是我国第一家汽车整车中外合资企业，开创了我国汽车工业对外开放的先河。2002 年，北京汽车投资有限公司与韩国现代合资成立了中国加入世贸组织后第一个轿车合资企业——北京现代汽车有限公司，并创造了业内瞩目的"现代速度"。2005 年，成立了北京奔驰汽车有限公司，抢占中国轿车产品的最高端市场。

目前，北京汽车工业已拥有国内少有的包括轿车、商用车、越野车全系列产品，高、中、低端档次齐全、结构合理的整车产品体系，形成了以北京奔驰为代表的高档型轿车、以北京现代为代表的经济型轿车和以北汽福田为代表的商用型汽车三足鼎立的局面。

（三）汽车制造业的发展目标

《北京市"十三五"时期加强全国科技创新中心建设规划》（简称《规划》）提出，将聚焦市场需求，推进以整车为龙头的新能源汽车产业链、创新链和资金链布局。到 2020 年，北京将建成国内最大的新能源汽车研发、应用中心，总体达到国际领先水平。此外，北京还将积极部署燃料电池汽车和智能汽车开发及示范，打造具有全球影响力的智能汽车创新中心。

在新能源汽车整车方面，《规划》提出，全面建成大兴、昌平、房山三大新能源汽车产业基地，重点支持北汽集团、长安汽车等整车企业，全市纯电动汽车产能达到 50 万辆。在燃料电池汽车方面，将完成燃料电池轿车工程化开发，车辆续驶里程达 500 km；实现商用车批量生产。努力使北京新能源汽车产业特别是电动汽车产业实现跨越，成为国际领先的电动汽车研发中心，为建成国内重要的新能源汽车研发制造基地之一打下基础。

六、都市型现代农业

(一)农业发展战略

1949 年以后，北京大力发展以提供农民口粮和城市副食品为目的的城郊型农业。为了适应全球经济一体化和国内市场的发展。"九五"期间，北京制定了调整农业经济结构的战略决策，提出大力推进体现首都市场特点、具有现代农业特色的郊区农业发展新思路。强调面向市场、突出特色、优质高效、龙头带动、加工增值、抓基地建设、科技支持，着力推进农业向产前、产后延伸，支持主导产业发展，形成生产、加工、销售纵向一体、有机结合、相互促进及利益相关联的体制，推动农村经济向区域化、专业化、商品化、一体化、有序化发展转变，实现系统资源的最佳组合，以提高农业经济的整体素质。农林牧渔业总产值平均每年递增 4％。

2002 年，北京市农村工作会议明确提出将都市型现代农业作为首都农业未来的发展方向。建立"生产、生活、生态"为主体的服务首都的都市型现代农业，突出农业的生态功能。启动和实施种子、种苗、种畜、种禽工程，生物技术和生化工程，农业生态工程，温室工程，现代农机工程，新型肥料工程，旱作农业和节水灌溉工程，绿色食品工程等。2016 年，北京市农村工作电视电话会议提出要着力调整农村产业结构，从聚集资源求增长向疏解功能谋发展转变，坚持都市型现代农业发展方向，深化供给侧结构性改革，让农民群众在绿色发展的道路上阔步奔小康。

(二)现代农业发展状况

北京市基本建立了以中央在京农业科研院所、国家工程技术研究中心、市级农业高新技术创新基地为基础的农业科技研发体系，以新型农业技术推广部门、高效农业示范园区、农业产业化龙头企业为基础的农业技术推广与产业化体系和以农村经济合作组织、农村远程教育网络为基础的农业科技服务体系。

经过农业经济结构调整，郊区农业产业结构不断优化，比较优势农业产业格局基本形成。种植业、养殖业结构调整的步伐较大，种养结构更趋合理。郊区农村种植业的结构调整以发展精品农业、设施农业、籽种农业、加工农业、观光农业和创汇农业"六种农业"为切入点，实现了郊区农业的高速增长。郊区养殖业发展良好，饲料饲草业应运而生。经过调整，粮经饲种植面积比例达到 3：6：1，以经济作物为主的三元农业种植结构初步形成。粮食生产则由过去单一追求产量的增加转换到增加经济效益上来，通过土地流转和机械化作业向集约化方向发展，并大力发展适合市场需求的籽种粮、优质粮、专用粮、饲料粮和小杂粮。

2008 年，以生产京西稻为主的上庄水稻基地正式被批准为上庄京西稻农业标准化示范区。京西稻米，主产于北京市海淀区上庄镇西马坊、东马坊等地。据史料记载，京西稻已有 300 多年的种植历史。当年乾隆帝下江南，携回紫金箍水稻良种，在京西试种，所产稻米供宫廷食用，因而被誉为"贡米"。

第二次全国农业普查结果显示，北京名优特色农产品达 146 个。相继建设了平谷大桃、房山磨盘柿、怀柔板栗、门头沟樱桃、京白梨、大兴西瓜等一批规模大，有特色的优质果品基地，以及辐射全国的种蛋、种猪企业；鲟鱼和虹鳟鱼良种繁育水平全国领先。名优特色农产品价格高出普通同类产品的几倍甚至几十倍，大大提高了农业的经济效益。

未来应大力发展无公害农产品、绿色食品、有机农产品和地理标志农产品，打造安全优质农产品公共品牌。

(三)发展现代农业的作用

首先，都市型现代农业对于保证农产品有效供给、保持首都民生稳定具有战略意义。进入 21 世纪以来，尽管北京农业生产空间逐步压缩，但北京农业仍然承担着本地大宗农产品适度供给和鲜活农产品稳定供应的任务(见表 3.3)。其次，都市型现代农业是首都宜居城市建设的重要基础，其生态服务价值对首都生态环境维护具有不可替代的作用。最后，都市型现代农业是适应首都经济社会发展、满足城乡居民日益增长的物质文化需求的必然取向，对服务业具有巨大的支持作用，对构建和谐社会具有现实意义。

表 3.3　北京主要农副产品产量(2015 年)

	粮食 (万吨)	蔬菜及食用菌 (万吨)	肉类 (万吨)	出栏生猪 (万头)	出栏家禽 (万只)	禽蛋 (万吨)	水产品 (万吨)	牛奶 (万吨)	干鲜果 (万吨)
产量	62.6	205.1	36.4	284.4	6 688.4	19.6	6.6	57.2	71.4

资料来源：北京市统计局，国家统计局北京调查总队．北京市 2015 年暨"十二五"时期国民经济和社会发展统计公报数据．北京市人民政府公报，2016(19)．

经济作物在北京农业中占有较为重要的地位，蔬菜、花卉、药材和苗木等广泛种植，扩大了设施面积，努力做到均衡上市，生产规模和效益有较大发展。利用山前果树带的传统优势，果品生产基地建设有了新的进展，培育了一批规模化、特色化的果品生产基地。平谷大桃、昌平苹果、房山磨盘柿、大兴西瓜和燕山板栗等特色产品被收入北京市地理标志保护产品名录。

在农业结构调整过程中，郊区按照龙头企业拉动、高效农业园示范辐射、专业合作经济组织带动的思路，面向市场、发挥优势、重点突破、扩张规模，着力培育各具特色的农业区域经济主导产业，初步形成了区域化布局、专业化生产、集约化经营、规模化发展的主导产业雏形，进一步提高了农民的组织化程度和抵御市场风险的能力。农业产业化经营方式日益成为拉动郊区农业结构调整的主导力量，已形成大发正大公司、三元集团、华都集团、金首蓿集团、绿富隆公司以及通州雨露润田、顺义汇源、怀柔红螺食品、大兴顺兴葡萄酒等农产品加工龙头企业 800 多家，其中三元集团、华都集团和大发畜产三家企业重组的"北京首都农业集团有限公司"在发展现代农业方面发挥着重要作用。郊区养殖业的大发展为农产品加工企业提供了良好的发展契机。

第三节　北京人口地理

一、人口数量及其变化

1949 年以后，随着首都政治、经济、文教和科技事业的发展，北京市人口数量增长迅速。按现行行政区划统计，全市常住人口由 1949 年年末的 414 万人增加到 2016 年年末的 2 172.9 万人，60 多年人口净增 1 758.9 万人，2016 年人口总量是 1949 年的 5.25 倍，平均每年增长 26 万人。北京人口迅速增长的原因很多，在不同时期表现各异。

(一)人口的自然增长趋于平缓

从人口的自然增长来看，1949 年到 20 世纪 70 年代初，随着人民生活水平的提高、医疗卫生条件的改善，人口的死亡率降低。但是，由于当时对人口与资源、环境、经济和社会发展的关系认识不到位，致使北京和全国其他地区一样，人口的出生率未能得到有效控制。1950—1970 年人口自然增长率多年平均在 2% 以上，这一时期成为北京人口自然增长最快、生育数量最多的时期。20 世纪 70 年代后，北京市认真贯彻计划生育政策，采取切实措施控制人口的增长，使北京的人口自然增长率迅速从高位下降，人口的再生产进入较为理想的低出生、低死亡、低增长的状态。据统计，1981 年北京人口的出生率是 16.93‰，死亡率是 6.02‰，自然增长率是 10.91‰。1989 年北京人口的出生率是 12.84‰，死亡率是 5.35‰，自然增长率为 7.49‰。1999 年北京人口的出生率、死亡率和自然增长率分别只有 6.50‰、6.56‰ 和 6.90‰。2008 年北京人口的出生率是 7.89‰，死亡率是 4.59‰，自然增长率是 3.30‰。可见，在计划生育政策的影响下，北京人口的自然增长得到了有效控制。2015 年 10 月，党的十八届五中全会闭幕当天发布的公报宣布全面实施一对夫妇可生育两个孩子政策，我国开始全面放开二孩。据《北京市 2019 年国民经济和社会发展统计公报》，截至 2019 年年末，北京常住人口出生率是 8.12‰，死亡率是 5.49‰，自然增长率是 2.63‰。

(二)迁移人口增加数量大

迁移和流动人口一向是北京人口增长的重要原因。1949 年以后，由于北京的城市定位，为了首都的经济建设和社会发展的需要，迁入人口的增长进入高峰期。由表 3.4 可知，1950—2008 年北京净迁入人口数量增加近 320 万人。进入 21 世纪以来，这种因迁移引起的人口机械增长已经成为北京户籍人口增长的主要原因。2001—2008 年，北京净迁入人口数量达 104 万人，为同期人口自然增长数量的 6 倍。

根据《北京统计年鉴—2016》和《北京市 2016 年国民经济和社会发展统计公报》的数据，2016 年北京市常住人口 2 172.9 万人，比上年末增加 2.4 万人。其中，全市户籍人口 1 362.9 万人，比上年末增加 17.7 万人；常住外来人口 807.5 万人，占常住人口的 37.2%，比上年末减少 15.1 万人。北京市统计局数据显示，自 2000 年以来，北京市常住外来人口连年增加，但在 2016 年，首次出现较大幅度下降。与此同时，自 2010 年以来，北京市常住人口增量和增速逐年递减，尤其是 2015 年和 2016 年，人口增速进一步下探。2016 年，新增人口仅有 2.4 万人，增加近乎停滞。报告称，这表明过去几年非首都功能疏解工作的人口调控效果逐渐显现。报告由此预测，2017 年北京市有可能首次出现人口减少的转折点，人口增长势头将可能扭转。北京市统计局数据还显示，1978 年以来，北京市仅有 1997 年常住人口减少，这是北京 20 年以来首次出现该情况。

表 3.4 1950 年以来北京人口的净迁入数量

年代	1950—1984 年	1985—1990 年	1991—2000 年	2001—2008 年
人口数量(万人)	129.8	30.8	55	104

数据来源：1. 邬翊光，况鸿璋. 北京市经济地理[M]. 北京：新华出版社，1988.

2. 北京市地方志编纂委员会北京志·综合卷·人口志[M]. 北京：北京出版社，2004.

3. 朱谐汉. 北京人口特点及其对城市发展的影响[J]. 北京工业大学学报(社会科学版)，2003(1).

（三）流动人口增加成为目前人口规模扩大的主要原因

在京流动人口是指在北京市行政辖区内，从事各种经济和社会活动而不具有北京市常住户口的人口，包括外地来京的暂住人口和过京短暂逗留的外来人口，也就是指在人口普查登记中"居住在本乡、镇、街道半年以上，户口在外乡、镇、街道"或者"在本乡、镇、街道居住不满半年，离开户口登记地半年以上"，且户口登记地在"外省"的人口。北京作为首都和快速发展的特大城市，吸引了大量的流动人口，和上海、广东一并成为全国流动人口三大聚集区。流动人口的增加已经成为目前北京人口规模扩大的主要原因之一。

1. 流动人口发展的几个阶段

1949 年以来，北京市流动人口发展变化大体经历了自发增长、严格控制和快速增长三个阶段。

1949—1959 年为自发增长阶段。1949 年，北京市的流动人口很少，仅在 10 万人以内。随着政治局势的稳定和社会经济的发展，城市对劳动力的需求不断增加，流动人口也不断增长，其规模在 1956 年、1958 年和 1959 年分别达到 19 万人、27 万人和 28 万人。

1960—1978 年为严格控制阶段。1958 年，中国开始实施现行户籍管理体制。进入 20 世纪 60 年代后，北京市在精减城市职工的同时采取了强化城市户籍管理、限制农村人口进京等政策，使 20 世纪 60 年代初期流动人口数量降至低谷，只有 8 万人左右。"文化大革命"期间，流动人口一直较少。直到 1976 年，全市流动人口仅 17 万人。这一时期北京市流动人口数量少的一个根本原因是全国都采取较为严格的措施，限制人口流动。

1979 年至今为快速增长阶段。改革开放以来，北京市流动人口开始急剧增多。1988 年，全市流动人口突破 100 万人。2003 年，全市流动人口增加到 300 万人以上。2006 年北京卫生局统计显示，1995—2005 年，流动人口的新生儿从 0.8 万人增加到 5.6 万人，每年流动人口的新生儿已经与北京户籍人口出生数基本相当。2008 年，北京流动人口达到 465.1 万人，占常住人口的比重达到 27.4%。2015 年，北京流动人口达到 822.6 万人。

2. 流动人口的基本特点

北京的经济优势是吸引流动人口来京的最主要的"拉力"。北京市流动人口以务工经商为主，学习培训特点也比较突出。北京作为一个经济发达的特大城市所具有的较多的就业机会、较高的收入水平等优势吸引了大量农村剩余劳动力来京。流动人口以农业人口、青壮年劳动力为主，男性多于女性。由于目前流动人口以家庭迁移为主，儿童比例明显提高。北京市流动人口来源地多样，但主要还是邻近省份。流动人口中教育程度高于全国平均水平。

北京市流动人口的职业、行业构成仍然以生产性为主，从事商业、服务业的流动人口比例最高，为43%。从事生产、运输和设备操作以及农林牧渔业的流动人口比例次之，为41%。高技术流动人才也占了相当大的比例，约9%。流动人口在北京的居住时间相对稳定，平均长达4.8年。

二、人口构成

年龄构成和性别构成是人口的两个基本自然属性，也是人口的最基本构成，与人口再生产密切相关，对人口发展速度和规模产生深刻影响。人口的民族构成、文化构成和职业构成是人口社会属性的重要特征，是制定国民经济和社会发展计划的重要依据。

(一)年龄构成和性别构成

1. 人口老龄化程度日益加深

由表3.5可知，北京市人口的年龄构成以15～64岁劳动力年龄组为最多。20世纪80年代以来，这一年龄组人口所占比例稳定在70%以上，反映出北京地区劳动力资源丰富的特点，这与改革开放以来流动人口增多且以青壮年为主有关。北京地区0～14岁少年组人口所占比例减少趋势明显，65岁以上老年组人口所占比例增加趋势明显，这反映了北京面临着劳动力后备资源不足和人口老龄化等问题。

按照统计标准，当一个地区65岁以上人口达到或超过总人口数的7%时，其人口即称为"老年型人口"，这样的社会即称为"老龄化社会"。人口老龄化是老年人口在总人口中的比重不断加大的动态过程，是社会经济发展到一定阶段的产物，从根本上说也是社会经济发展的结果。随着经济的迅速发展，卫生条件改善，北京在全国率先实现了养老保障制度的全覆盖，人口死亡率逐年下降，人均预期寿命稳步提高。特别是计划生育政策实施以来，北京人口自然增长率下降明显，导致目前0～14岁年龄组在总人口中的比重大幅度下降，使得人口年龄金字塔底部收缩、人口老龄化发展迅速。据统计，北京在20世纪90年代就已经步入老龄化社会，且人口老龄化的进程发展较快(见表3.5)。2016年北京市居民期望寿命达到82.03岁，比2015年上升0.08岁。北京城市总体规划指出，要适应北京人口年龄结构变化的趋势，满足不同年龄段人口的工作、生活需要；重点关注进入老龄化社会带来的城市问题和服务需求，在公共服务设施保障等方面提供必要的政策支持。

表 3.5 北京人口的年龄和性别构成

年份	不同年龄人口占总人口百分比			性别构成百分比		性别比例 (女=100)
	0～14 岁	15～64 岁	65 岁以上	男性	女性	
1953	30.1	66.6	3.3	57.7	42.3	136.5
1964	41.5	54.4	4.1	51.5	48.5	106.1
1982	22.4	72.0	5.6	50.6	49.4	102.4
1990	20.2	73.4	6.4	51.7	48.3	107.0
2000	13.6	78.0	8.4	52.1	47.8	108.9
2005	10.2	79.0	10.8	50.6	49.4	102.6
2008	9.7	77.1	13.2	50.8	49.2	103.4
2013	9.5	81.3	9.2	50.2	49.8	100.7
2015	11.2	72.9	15.9	50.1	49.9	100.2

资料来源：《北京统计年鉴—2016》，2005 年、2008 年为统计抽查数据，其余年份为人口普查数据.

2. 性别比例大体平衡

从人口性别构成来看，1953 年男性比例明显高于女性，1990 年和 2000 年男性比例稍高于女性，其余年份性别比例大体维持在 103 左右，保持基本平衡。近年来，北京人口性别比例保持在 100 左右(见表 3.5)。

(二)人口的民族构成、文化构成和职业构成

1. 民族成分齐全，少数民族人口数量逐渐增多

作为中华人民共和国的首都，在中华人民共和国成立后，北京市少数民族人口数量逐渐增多。1949 年，能确定民族成分的有 5 个少数民族，共 9.25 万人；1953 年第一次人口普查时，北京市有 38 个少数民族，人口为 16.8 万人；1964 年第二次人口普查时，少数民族增至 52 个，人口达 28.5 万人；1982 年第三次人口普查时，民族成分增至 55 个，除普米族外，全市 54 个少数民族共有 32.3 万人；1990 年第四次人口普查时，少数民族人口已发展到 41.4 万人，全国 55 个少数民族均有人在北京市生活、工作和学习；2000 年第五次人口普查时，少数民族人口已增至 58.5 万人。在北京市的少数民族中，目前满、回、蒙古、朝鲜等民族的人口均已超过万人。

2. 人口文化素质高

北京是一座具有悠久历史的文化名城，近 800 年来，一直是全国的政治、文化教育中心。中华人民共和国成立后，各种专业人才云集北京，北京已成为全国知识和人才的宝库，人口文化素质也显著提高。

　　受教育程度是反映人口素质的一项重要指标，一个城市人口的受教育程度对经济社会的发展、产业结构的调整和城市现代化建设都有着重要的影响。人口平均受教育年限是度量一个国家或地区教育发展水平的重要指标，据统计，从 1982 年至 2013 年，北京市人口平均受教育年限从 7.8 年提高到 11.6 年。据 2000 年第五次人口普查统计，在全市总人口中具有大专以上文化程度的共有 228.5 万人，占 16.8%。2015 年，大专以上人口占 6 岁以上人口比例已经达到 35.7%。人口平均受教育年限的增加和接受高等教育的人口数量的增多，为北京的经济社会发展打下了坚实的基础。

　　3. 第三产业从业人口比重增加迅速

　　改革开放以来，随着产业结构的调整，北京从事第一、第二产业的人口减少趋势明显，第三产业从业人口所占比例迅速提高（见图 3-2）。

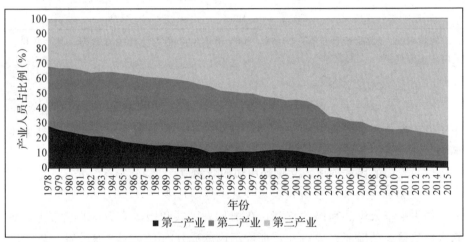

图 3-2　北京三次产业人员构成比例变化（1978—2015 年）

资料来源：北京市统计局，国家统计局北京调查总队 . 北京统计年鉴—2016［M］.北京：中国统计出版社，2016.

三、民族构成

　　中国 56 个民族都有人在北京生活居住和工作学习。其中汉族人口最多，其他超过万人的民族还有满族、回族、蒙古族、朝鲜族等。根据 2010 年第六次人口普查数据，少数民族人口 80.1 万人，占 4.1%，与 2000 年第五次人口普查数据相比增加了 21.6 万人。在北京居住的少数民族人口数量较多的有满族（33.6 万人）、回族（24.9 万人）、蒙古族（7.7 万人）、朝鲜族（3.7 万人）、土家族（2.4 万人）、壮族（1.5 万人）、苗族（1.3 万人）。少数民族人口分布呈现大分散、小聚居的特点。北京市各区都有少数民族居住和生活，每个区都有 30 个以上的少数民族。其中,朝阳区和海淀区有 55 个少数民族,西城区、丰台区和昌平区的少数民族超过 50 个,东城区、石景山区、房山区、通州区、顺义区和大兴有 40 个以上的少数民族。与 2000 年第五次人口普查数据相比,各区少数民族个数普遍上升,各民族分布范围较广。从功能区分布看,首都功能核心区少数民族人口为 12.3 万人,占全市少数民族人口的 15.4%;城市功能拓展区为 36.8 万人,占 45.9%;城市发展新区为 22.3 万人,占 27.8%;生态涵养发展区为 8.7 万人,占 10.9%。

从各少数民族的分布看,54.2% 的满族人口集中在海淀、朝阳、丰台、密云、怀柔 5 个区,67.2% 的回族人口集中在朝阳、西城、海淀、丰台、通州 5 个区,51.5% 的蒙古族人口集中在海淀、朝阳、昌平 3 个区,58.1% 的朝鲜族人口集中在朝阳、海淀 2 个区。

四、人口分布

为了认识北京人口分布的特点,在地域概念上将北京市划分为中心城区、近郊区和远郊区 3 个圈层,其中中心城区包括东城区(含原崇文区)、西城区(含原宣武区),近郊区包括石景山区、海淀区、朝阳区、丰台区,远郊区包括房山区、门头沟区、通州区、昌平区、顺义区、大兴区、平谷区、怀柔区、密云区、延庆区。根据上述分区,北京人口分布具有大体上以城区为中心向四周扩散的特点。

1998—2008 年,北京市不同圈层的人口数量分布发生了很大变化。表 3.6 反映了 1998—2015 年北京各区人口数量的变化。1998—2015 年,全市人口总量从 1 224 万人增长到 2 170.5 万人。作为第一圈层的中心城区,其人口数量总体呈下降趋势,但也有一定起伏:1998—2002 年,人口数量从 265 万人上升至 286 万人,增长率为 7.92%;自此之后,人口数量开始逐步减少,2006 年降为 206 万人;2008 年略有升高,为 208.3 万人;到 2015 年又再次升高,达 220.3 万人。具体而言,1998—2015 年,人口负增长率相对较高的是东城区(含原崇文区),达 22.0%,从 116 万人减至 90.5 万人;西城区(含原宣武区)人口负增长率相对较低,为 12.9%。人口数量的变化,体现了北京城市总体规划制订的严格控制中心城人口规模、进一步疏解旧城人口、合理调整中心城人口分布的规划目标。

作为第二圈层的近郊区,人口数量一直快速增长,从 1998 年的 494 万人增至 2015 年的 1 062.5 万人。其中丰台区增幅最大,由 101 万人增至 232.4 万人,增长率达 130.1%。1998—2015 年,朝阳区、海淀区人口数量也保持着大幅度的增长,分别由 175 万人、178 万人增至 395.5 万人、369.4 万人。

石景山区人口数量增长稍缓，人口总量由 40 万人增至 65.2 万人。

  作为第三圈层的远郊区，人口数量也保持着绝对的增长，虽然其增幅相对近郊区稍小，但 1998—2015 年，已由 465 万人增至 887.7 万人，增长率达到 90.9%。其中，作为城市发展新区的昌平区、大兴区、通州区的增幅尤为明显。昌平区增长率高达 326.7%，人口数量由 46 万人增至 196.3 万人。大兴区、通州区增长率则分别达到 174.0%、118.7%。房山区虽然增幅并不显著，但因人口基数较大，2015 年人口总量也达到 104.6 万人。作为生态涵养发展区的门头沟区、平谷区、怀柔区、密云区、延庆区，除怀柔区增长率达37.1%以外，其余各区增长率均在 20% 以下。

表 3.6 北京各区人口数量的变化(1998—2015 年)

区名称	1998 年总人口(万人)	2002 年总人口(万人)	2006 年总人口(万人)	2008 年总人口(万人)	2015 年总人口(万人)	1998—2015 年增长率(%)
中心城区	265	286	206	208.3	220.3	−16.9
东城区(含原崇文区)	116	126	85	85	90.5	−22.0
西城区(含原宣武区)	149	160	121	123.3	129.8	−12.9
近郊区	494	659	774	835.6	1 062.5	115.5
朝阳区	175	255	291	308.3	395.5	126.0
丰台区	101	121	162	175.3	232.4	130.1
石景山区	40	47	52	59	65.2	63.0
海淀区	178	236	269	293	369.4	107.5
远郊区	465	551	603	651.1	887.7	90.9
房山区	78	85	89	90.5	104.6	34.1
通州区	63	75	90	103.9	137.8	118.7
昌平区	46	71	83	94.2	196.3	326.7
顺义区	57	70	72	72.5	102.0	78.9
大兴区	57	77	92	109.7	156.2	174.0
门头沟区	26	28	28	27.5	30.8	18.5
平谷区	40	41	42	42.6	42.3	5.8
怀柔区	28	31	33	35.8	38.4	37.1

区名称	1998 年总人口（万人）	2002 年总人口（万人）	2006 年总人口（万人）	2008 年总人口（万人）	2015 年总人口（万人）	1998－2015 年增长率（%）
密云区	43	44	45	45.7	47.9	11.4
延庆区	27	29	29	28.7	31.4	16.3
全市	1 224	1 496	1 583	1 695	2 170.5	77.5

资料来源：1. 王静文，毛其智. 北京城市近 10 年人口分布演变态势分析[J]. 北京规划建设，2010(1).

2. 北京市统计局，国家统计局北京调查总队. 北京统计年鉴—2016[M]. 北京：中国统计出版社，2016.

随着人口数量的增加，北京地区的人口密度也在不断地增加。2008 年，全市平均人口密度已经超过 1 300 人/km^2，但不同地域人口密度的差异较大。随着人口的外迁，1998 年以来，中心城区人口密度虽有起伏，但总体来看呈下降趋势。近郊区人口密度的增加最为明显，始终呈上升趋势。远郊区人口密度有较大差异，大兴区、通州区、昌平区、顺义区和房山区作为城市发展新区，人口密度增幅较大，其中昌平区、通州区、大兴区和顺义区的人口密度已经超过了 1 000 人/km^2；其他远郊区增幅不太明显。

第四节　北京文化地理

北京作为中国的首善之区，拥有得天独厚的地理位置，海纳百川、兼容并包的文化底蕴和城市品位，铸就了北京国际历史文化名城的地位。

一、帝都文化

中国古代都城既是各个朝代的政治和军事中心，又是当时的文化教育和宗教中心，是中华民族悠久历史和灿烂文化的集中体现和最高象征。

从公元前 1045 年的蓟城开始，北京经历了辽代陪都、金代中都、元代大都、明代和清代京师的沿革变迁。经历了辽、金、元、明、清五个朝代，北京的政治地位发生了重大变化，逐步取代了西安、洛阳等古都的地位，从地域政治中心上升为全国政治中心。各个历史时期的都城建设，为北京留下了世界上最为复杂、最为壮观、保存最为完好的皇家文化体系。有学者认为，北京皇家文化体系主要体现在皇城、皇宫、皇陵、皇苑和皇龙五个方面。

北京是万里长城和京杭大运河唯一的交会点，长城和运河文化在北京得到了充分的体现，成为北京最为独特的人文景观。

二、品格文化

城市的品格文化，是指城市在长期的历史积淀中凝结而成的，反映其理想目标、精神信念、文化底蕴、审美情趣、行为准则和思维方式的价值观念体系和群体意识。北京是一座历史悠久的文化名城，在其漫长的城市文化发展史中，有两个"三分之一"尤其值得关注。其一，北京三千多年的建城史中，有近三分之一即近九百年时间是作为中国的"首善之区"存在的。从世界文化的发展规律来看，首都的文化虽然不可避免地受到政治需要的影响，但首都作为政治中心的地位却是以文化为根基的。其二，中国自太学创立以来两千余年的正统文化教育史中，亦有三分之一即约七百年是以北京为中心的。而从教育文化的发展规律来看，"教化之行也，建首善自京师始"，"首善之区"至高无上的文化地位，恰恰是以其在教育方面的先导性和辐射性为前提的。可见，"首善之区"的建设和发展，必须以先进的"首善文化"为基础；而先进的"首善文化"的建设和发展，又必须以先进的教育尤其是居于教育链顶端的高等教育的进步为前提。因此，所谓北京的文化品格，就是一种以发达的高等教育为首要标志的"首善文化"品格。

北京的"首善文化"品格，具体表现出以下特征。其一，经世性。北京文化被赋予了一种以天下兴亡为己任，从国家民族利益着眼，不拘眼前小利，雍容大度，志向高远，以强烈的政治责任感和社会参与意识为特征的经世性，这也正是北京文化显著区别于其他城市文化的独特之处。其二，先导性。就梁启超所提出的文化三层次即器物—制度—伦理而言，北京在衣食住行等器物的层面上算不上是一个"时髦"的城市。它对文化的引领更多地表现为在制度和伦理等更深层面上的思考和变革。其三，包容性。北京自古以来便是多民族的多元文化荟萃的中心，近代以来更成为中外文化对话、融合的重要平台。随着2008年奥运会的成功申办与举行，以发展文化创意产业为主导的经济增长方式转型的开始，构建和谐社会首善之区各项工作的全面展开，以及"国家首都、历史名城、世界城市、宜居城市"发展定位的确立，学界对于北京"首善文化"的讨论日趋热烈。这是因为，在北京的"首善文化"品格的形成过程中，大学的出现和发展不仅是不可缺少的一个重要环节，而且是促使其内涵不断变化、丰富、发展的内在动力和主导性因素。

北京作为都城，也是精英荟萃的现代科技文化中心，现代大学云集已经成为其不可缺少的城市名片。北京有着全国最高级的管理人才，最多的博士、硕士、大学本专科学生，最高的义务教育普及率。率先在全国普及九年制义务教育的基础上，北京又率先进入高等教育普及化阶段，高考升学率达70%以上。截至2015年年末，全市共有普通高等院校90所，其中包括北京大学、清华大学、中国人民大学、北京师范大学等全国最著名的学府。全年本专科在校生达到59.3万人。全市共有58所高等院校和80个科研机构培养研究生，在学研究生达到26.6万人。北京地区共有756名中国科学院和中国工程院院士，约占全国总数的50%。

三、京味文化

"京味儿"常被用来概括北京文化的特点。"京味儿"是一种北京独有的气质，一种代表着京城文化态度和审美趣味的精神风貌。北京三千余年的建城史，积淀了深厚而又独具魅力的传统文化。京味文化的精神气质和品格包含了很多历史性的审美因素。北京社会和文化生态围绕政治权力、官场生活而建构，直接造就了政治中心与文化中心的高度重合。北京因而拥有了不同于中国任何城市的庞大的文化创造和文化消费群体。

（一）引人入胜的胡同与四合院

北京城市文化的魅力之一，表现为胡同文化和四合院文化。

北京的大小胡同星罗棋布，每条都有一段掌故传说。胡同的名称五花八门，有的以人物命名，如文丞相胡同；有的以市场、商品命名，如金鱼胡同；有的以北京土语命名，如闷葫芦罐胡同。经调查，北京最古老的胡同是老墙根街，至今已有近千年的历史；最长的胡同是东西交民巷，长3 250 m；最短的胡同不过十几米；最窄的胡同要数前门大栅栏地区的钱市胡同，仅0.7 m宽。

北京的胡同作为北京古老文化的载体，保留着历史和地理的遗痕，保存着京师文化的记忆，具有一种永恒的魅力。北京四合院源于辽南京的大四合院。史载，圣宗之女秦越大长公主住在今西便门大街以西的棠阴坊，她舍宅建大昊天寺。元代建有院落式民居。元建大都城时，街巷横平竖直，大街阔24步，小街阔12步，以皇城内宫殿、园囿为核心，排列着一条条小巷，这些小巷就是胡同。北京的胡同多是东西走向，这也是元代开始奠基的。为鼓励在大都城内建造民房，元世祖忽必烈颁诏，让金中都旧址居民特别是有钱的商人和有官职的贵族到大都城内建房，同时还规定建房者可以占地8亩。这一政策使元朝统治者及贵族大批迁入大都城内，并出现成规模建造院落式住宅的现象，使院落式住宅独特的营造方式得以完善。到了明清两代，终于形成北京特有的四合院，而且清代比明代更加讲究。目前，东单到雍和宫大街两侧、南北锣鼓巷、西四到新街口大街两侧还保留有一些比较讲究的四合院建筑群，已被列入北京旧城历史文化保护区。

四合院大门种类较多，常见的有屋宇式门和墙垣式门。其中，屋宇式门又分王府大门、广亮大门、金柱大门、如意门等；如意门又分大型、中型、小型。气派的王府大门在北京还可以见到，最具代表性的是什刹海北岸的国家宗教事务局大门，是昔日较为讲究的王府大门。大门宽敞，一般占一开间的空间，门扉开在门厅中柱间，门前有石台阶，从外表一看就大气，表明主人有一定的身份或地位。如意门就显得朴素多了，门扉开在外檐柱间，门楣上方有砖花图案和如意形状花饰，如意门也由此得名。墙垣式门比较普遍，多建在中、小型四合院，最多的形式是骑墙而建的小门楼。

比较标准的四合院分外院和内宅两部分。外院由南房（也称客房）、院门、影壁、内宅南墙组成。南房主要是客房、书房。内宅南墙正中建有垂花门，只有进了垂花门，才能看清内宅房屋。内宅由北房、东房、西房组成，中间是院子。北房为正房，高大而豁亮，面阔三间，东西两侧建有耳房。一般而言，北房由宅主人居住，西房由儿女居住，东房由孙子、孙女及奶妈居住。厨房在东房最南面；厕所在院内旮旯，讲究的是男女分开、男外女内，男厕在外院南房西角，女厕在内宅东房北角。大的四合院还建有后罩房。后罩房在北房后面，有一层的，也有两层的，均坐北朝南，与北房后山墙之间又形成一个院子，一般称后院，由宅主人的内眷或老人居住。

内宅是四合院的中心，北房前出廊，东西两端建有游廊。游廊将东房、垂花门、西房、北房连成一体，既可躲风、避雨、防日晒，又可乘凉、休憩和观赏院内景色。四合院内可以种树、花，有的还置有金鱼缸、搭有葡萄架。在四合院内种枣树、石榴树，寓意早生贵子、多子多孙；种丁香、海棠，表示主人有身份和一定的文化修养。

四合院是封闭式住宅。从外面看，它四面都是墙，只有一个院门通向外界，两扇大门平时还关闭着，一对门铍仿佛告诫人们不可擅自闯入。四合院内，一大家人可以安安静静、和和美美、与世无争地生活。院内的房子既各自独立，又相互联系，面向院子中间开放和集中。高大宽敞的北房冬暖夏凉，由长辈居住。长辈一旦有什么不适，哪怕刮风、下雨、下雪，儿孙们也可以沿着游廊到正房去问安。这种房屋布局，充分体现了中国传统民居中的家庭观念和东方的伦理道德。

（二）天桥市井文化

天桥地处永定门和正阳门之间，是从城南进入北京内城的主要交通大道，又是城东漕运商品货物的主要集散地。早在明朝修建外城之前，在崇文门外、正阳门外就有自发的商品交易市场。到明嘉靖年间修建外城后，崇文门外、正阳门外的集市进一步发展，陆续形成固定门类的商业街。

清朝统治者定都北京城后，由于人口增多，进一步促进了外城商业的发展，其中包括天桥东、西两侧的商品经济发展。据文献记载，在清代道光、咸丰年间，天坛的西坛根和北坛根、先农坛的东坛根和北坛根不断有人居住，逐渐形成了贩卖日用百货和食品的自由市场。由于市场是自发形成的，很难进行管理，基本上不征税，这促进了市场的发育，一些茶馆酒楼也相继开业，在天桥东形成了鸟市、果子市、鱼市、牲口市等；在天桥西形成了以游艺、表演、百货、小吃等为主的集市。崇文门、正阳门、宣武门外多庙宇，定期举行的庙会也对天桥附近的市场发展产生了影响，庙会中的舞狮、中幡、武术表演、摔跤比赛等民间竞技受到老百姓的欢迎，逐渐进入天桥市场。

民国初年，由于封建政权的瓦解，天桥市场进入发展的黄金时期。例如，在1912年，一批原来聚居在东龙须沟的商贩经与民国政府协商，被允许回到天桥以南大街（永定门大街）两侧居住和经商；然后是正阳门瓮城改造，聚居在瓮城内的商户又被迁移到天桥附近居住和经商。另外，宣武门外香厂改造、和平门外马路拓展也促进了天桥市场的红火。天桥第一家戏园子系大席棚，名歌舞台，建于1910年。京剧发源地在前门外韩家潭、百顺胡同一带。俞振庭住在百顺胡同，1907年集股在珠市口建"文明茶园"，曾组建斌庆社等戏班，培养了一批知名演员。随后在香厂路西口修建的大型游艺场"新世界"是仿照上海"大世界"设计的，又吸引了一批现代戏剧、曲艺表演者，同时也带动了饮食、日用百货的消费。在和平门外是厂甸，每年春节有庙会。和平门外修建马路，又促使厂甸庙会与天桥市场连成一片，一些商贩和艺人来回奔波在庙会和天桥市场之间，使民国初年的天桥市场逐渐形成了以百样杂耍、小食品和低档日用消费品为主的综合市场。由于在天桥市场出售的日用百货和小食品价格非常便宜，受到市民的欢迎。以前北京人购物、游乐往往直奔天桥市场。同时，摆地摊的艺术与竞技表演又造就了一批民间艺术家，其中比较著名的被称为"天桥八大怪"。

历史上的天桥是北京市民生活中的重要场所，是北京百姓日常生活的缩影，是整个北京文化底蕴中最生动活泼的部分，也是非常值得开发的旅游文化资源。现在，北京市已经开发了老北京天桥市场的文化资源，修复了湖广会馆、天桥乐茶园等一大批文化场所，提出大力发展"天坛文化圈"，其中有"一坛四楼"的传统文化修复设想，即以天坛为核心，外围包括正阳门、永定门、左安门、东南角楼及明城墙遗迹。借前门大街改造为步行商业街的契机，将正阳门、五牌楼、天桥、天坛这一传统街道连成一线。在北京市《促进城市南部地区加快发展行动计划(2018—2020 年)》中，这里将建成重点打造京味文化游的前门—天桥历史文化风貌集聚区，集聚民俗演艺等文化资源，通过发展规划引导、基础设施提升、地下空间开发和经营模式创新，推进传统文化要素的提升和新兴文化业态的发展。

(三)京剧

京剧是目前流传全国的最大剧种，被称为中国的国剧。

清乾隆五十五年(1790 年)，乾隆皇帝八十寿辰，扬州盐商江鹤亭邀请高朗亭率领的徽戏戏班"三庆班"进京为皇帝祝寿表演。"三庆班"进京演出成为中国京剧史上"徽班进京"的开始。随后，四喜、和春、春台等徽班相继进京。徽戏主要唱腔是二黄，兼有昆腔、秦腔、空腔、吹腔、四平调等。由于徽戏具有声腔曲调丰富优美，剧本内容生动易懂，行当齐全、武打精悍及重于做工、讲究表情四大特点，很快在北京引起轰动，成为最受人们欢迎的剧种。"四大徽班"进京被视为京剧诞生的前奏。

1845—1894 年是京剧从诞生到完善的提高时期，出现了许多深受群众欢迎的京剧名角。光绪年间，画家沈蓉圃画了一幅彩色剧装的写真画《同光名伶十三绝》，十三名伶代表了当时剧中的老生、武老生、武生、小生、青衣、花旦、老旦、丑角等各种角色，他们是京剧艺术的奠基人。

京剧吸收了多种戏曲艺术，因而其生命力极强，特别是在被清朝统治者接受以后，开始向其他城市迅速传播。清末，京剧被更多的人所喜爱，并成为国粹艺术。

在京剧艺术发展过程中，先后涌现出程长庚、余三胜、张二奎、谭鑫培、杨小楼、马连良、梅兰芳、程砚秋等一大批优秀表演艺术家。1927 年与 1931年曾先后两次评选"四大名旦"，梅兰芳、程砚秋、尚小云、荀慧生两次当选。

四、民族交融与民俗文化

(一)民族交融

北京地处华北，与东北和西北地理单元有联系。多个民族在北京这个地方相邻杂处，在民族交流中互相吸收各民族优秀的文化，不断集中，形成了丰富多样和博大精深的北京文化，也形成了独具地方特色的风土人情。

生活在北京的许多民族在建设和发展北京方面发挥过重要作用。历史上，燕国疆土北接东胡、山戎，东有孤竹、秽貊、肃慎，西北与匈奴为邻。燕国还与东北地区的其他民族有十分频繁的贸易往来。燕国地处南北交通要道，又是多民族杂居地区，这里的习俗文化既受北方游牧文化的影响，又受中原农耕文化的影响，有着很强的地方特色。

　　秦始皇统一全国以后,燕地、蓟城成为军事重地、交通贸易枢纽和北方少数民族南下中原的前进基地。到隋唐时幽州发展成为北方多民族杂居的大城市。这段历史时期自前 221 年至 938 年,共有 1 100 多年。在这一时期,羯族人石勒率众占据幽州,自称赵王,史称后赵,羯族成为首个在北京地区建立地方行政机构的少数民族。东晋永和五年(349 年),鲜卑慕容氏起兵攻占幽州城,并迁都于蓟,史称前燕,使北京首次成为少数民族所建政权的都城。继前燕后,慕容氏所建的后燕、氐族所建的前秦、拓跋氏所建的北魏,以及安禄山、史思明自称的大燕都曾在北京地区建立过行政机构。

　　从后晋天福三年(938 年)契丹人所建的辽朝占据幽州到 1949 年北平和平解放经历了辽、金、元、明、清五个封建王朝政权,其中除了明代是汉族建立的政权,其他几个朝代全是由少数民族建立的政权。北京在建都的历史中,一直是多民族杂居散居地区。辽代的南京近一百万人口,民族成分以汉族为主,契丹人占相当大比例,此外还有奚人、渤海人、室韦人、女真人等。金朝中都的人口比辽朝南京增加 1.5 倍,民族成分仍以汉族为主,女真人占相当大比例,还有契丹人、奚人、渤海人、室韦人等。元朝在北京地区建大都,大批漠北及西域等地的民族随蒙古军队进驻中原,世代在此定居,如回民营(在今顺义区)、高丽营(在今通州区、顺义区)等即是其定居点。明代随朱棣迁都来京的也有不少回族人口,今日北京回族中,姓任、沙、刘、李、马、金、霍、陈等者,祖籍多为南京。清代北京内城居民的主体是八旗军民,满族、蒙古族、汉族占绝大多数,另外还有少量的朝鲜族、达斡尔族和俄罗斯族等。

　　1949 年以后,作为中华人民共和国的首都,北京成为全国各族人民向往的地方。目前全国 55 个少数民族在京均有分布,北京成为中国民族成分最全的城市。

　　在日常生活中,北京无处不体现着这种多民族文化的交融。服饰具有很强的时代性、地域性、民族性和社会性,历史上北京人的服饰多效仿北方民族,辽金时期,北方服饰大量在燕京地区流行。明清以来北方民族喜穿的袍褂、喜戴的毡帽,直到 20 世纪初还能在北京街头看到。西南、西北和东北的少数民族,在北京始终可以保持他们自己的传统服饰。多民族的服饰在北京并存,少数民族可以在北京充分展示自己的服饰文化以显示本民族的存在,这是服饰文化反映政治生活的一大特色。

　　民以食为天,北京人的正餐多以热食为主,肉食烧烤非常受欢迎,再加上涮肉,形成了北京饮食的基本特色。北京的饮食文化是历代各族人民共同创造的,它由发达的烹饪文化、灿烂的酒文化、清雅的茶文化和浓郁的乳文化组成,在中国的食文化中独树一帜,又吸收了各地食文化的精华。与其说北京人注重"吃",倒不如说北京人注重因"吃"而加深的人际关系。五方杂处必然带来各种特色饮食,相互品尝饮食既交流了感情,又加深了相互了解,其结果是丰富了北京的饮食文化。

北京无论是皇宫还是民居,均属院落式建筑,只不过房门大小不同、院落进数不同、房屋装修不同。院落式建筑以北方汉族传统建筑为主体,但也包含了北方少数民族的风格。如辽代的契丹人崇尚太阳,所建房屋均坐西朝东。明代的建筑露梁、露檩,清代的民居上面有天花板、下面有火炕,这是北方少数民族为保暖而形成的习惯。

北京地区居民民族构成复杂多样,这使得北京地区的宗教活动体现出多元性的特点。北京居民信仰的宗教主要有佛教、道教、伊斯兰教、天主教和基督教等,其中佛教、道教和伊斯兰教对北京的历史、文化、艺术产生过较大的影响。

(二)民俗文化

北京的传统民俗文化是汉族、满族、蒙古族、回族、藏族等多民族文化交汇交融、兼容并蓄的综合体,这种多元一体性特征又构成了其独特性、丰富性和高品位的极致性。这种多元文化的接触与碰撞、交汇与整合,是一个全方位、多层次和长期相互吸纳、相互影响的过程,是北京的"客位文化"——少数民族文化对"主位文化"——汉文化冲击或渗透的过程,也是汉文化对少数民族文化的文化特质进行选择、吸纳和自我重组的过程。

1. 市肆庙会

庙会俗称庙市,既是一种集市形式,又往往结合宗教活动进行。北京的庙会相传起源于辽代,称为"上巳春游",元、明、清代进一步兴起。北京的庙会大体可分为三类:一是每月定期轮流举行的庙会。这些庙会在后期逐渐演变成具有商业性、娱乐性的集市,如隆福寺、护国寺、白塔寺、土地庙、花市等处的集市。二是传统节日或结合佛、道两教宗教活动按惯例举行的庙会,如前门关帝庙、五显财神庙、大钟寺、黄寺、黑寺、雍和宫、蟠桃宫、妙峰山、卧佛寺等处的庙会。这种庙会的特点是以宗教活动为主,兼有集市活动,出售日用百货、儿童玩具,民间艺人亦会到此演出。三是行业庙会,过去多个行业都有祭祀祖师的定例,每年一次。一般都是结合本行业祖师诞辰举行善会。例如,八月初一至初三崇文门外花市都灶君庙(厨行)、五月初五安定门外极乐林(瓦木行)和三月廿九丰台花神庙(花农),都有善会。此外,有些著名寺庙,也有定期开放接待香客的惯例,但没有集市贸易和演艺活动,不算是庙会。近年来,不同形式的庙会活动逐渐恢复,并成为民间表演团体献艺的舞台。

2. 传统节日

中国是一个统一的多民族国家,以岁时节日来说,几千年来的相互影响已形成了一系列被绝大多数人认同的传统节日。这些传统节日由于各民族相互融合的结果,又形成了北京地区固有的特色。北京人过节,什么都可以淡化,但是什么节日吃什么的传统传承性最强,如除夕晚上吃饺子、正月十五吃元宵、端午节吃粽子、中秋节吃月饼、冬至吃饺子、腊月初八喝腊八粥等。在北京,传统节日既保持了汉族鲜明的农业文化特色,又体现了少数民族游猎文化的遗存;既保持了汉族浓厚的伦理观念与人情味,又反映了少数民族崇尚自然的岁时观念;既保持了节日"敬天避邪"的传统,又不断丰富了过节的娱乐内容,使节日成为展现"人神共欢"、民族团结、时代祥和的日子。

第四章　区域功能定位与发展差异

章前语

　　人文地理学研究地表各种人文现象与地理环境的关系——人地关系的空间分布或地域系统，其目的是阐明各地区人文现象的空间结构和地域特征及其分布规律，或者说是从区域的观点去研究人文现象的空间分异规律，探讨其形成过程，揭示其与地理环境的关系，并预测其发展变化的趋势。本章着重说明北京地区的区域功能定位与发展差异，以及影响这种人文活动区域差异的主要因素。

关键词

　　自然环境整体性；地理区划；区域差异；协调发展

第一节　区域功能定位的影响因素

一、自然环境与资源的整体性和互补性

　　影响北京不同地区人文地理状况差异的背景区域包括相互联系、功能有别的四个圈层。从地势的变化来看，北京地区依次呈中山－低山－丘陵－台岗地－山前洪积扇－平原的带状分布。山地－平原的这种阶梯分带式自然环境结构，不仅决定了全市地势的总趋势以及水利、土壤、生物等自然条件的许多特征和地表物质迁移的总方向，而且使山区与平原、郊区与市区形成一个地域整体。所以，在资源的开发与利用上必须格外关注自然环境的整体性，以及由此决定的各地域单元之间在功能上的互补性和关联性。

（一）土地资源持续高效利用与区域发展

　　北京人均土地资源不足全国人均土地资源的1/5。从土地资源的组成状况和地区分布来看，与平原相比，山区土地资源的优势在于非耕地资源。另外，

仅有的耕地资源大部分与气候资源在时空组合上存在明显的缺陷。北部山区以军都山一线为界，此线东南部耕地资源与水热条件空间配合较理想，但数量有限，而且分布零散；此线西北部较适宜发展种植业的地域主要分布于延庆盆地，然而，此地热量条件的限制又成为发展种植业的障碍。因此，山区土地资源持续高效利用的重点应是以园地、林地和牧草地等再生资源为发展条件的林果业和畜牧业。

土地资源的有效利用是农业持续发展的前提，而商品农业的发展历来是农村集镇兴起的主要动力。随着商品农业的出现和发展、物质集散和交换功能的扩大，中心地方型的集镇或小城镇也开始不断涌现和发展。与农业发展密切相关的小城镇的发展前景很大程度上取决于集镇服务范围的大小，以及服务范围内的经济发展水平和城镇本身的发展条件。

京郊山区在市域整体功能中担负供应肉、蛋、禽、鱼、奶、菜、果等鲜活食品及其制成品的职能，其中干鲜果品生产占有主导地位。因此，农业的影响绝对不仅仅局限于促进中心地方型的小城镇的形成，还在于其为大城市这一特殊地域范围内的工业化和城镇化的发展提供原料、劳动力、资金上的保障。随着山区林果业和畜牧业的发展以及农村购买力的提高，所需生产资料和生活资料不断增加，这也促进了城市工业的发展。同时，随着农业商品生产的逐步提高，农村不断地为城市输送大批剩余劳动力。因而，就整个社会来说，农村向城镇提供林果产品和副食品的数量、经济作物的种类和规模、剩余劳动力的数量和质量，以及农村对城镇在提供生产、生活资料和科学、文化、行政服务等方面的需求是各类城镇（包括市中心区、平原郊区和山地郊区的乡镇、集镇）发展的基础。

（二）矿产资源与城镇化进程

北京山区蕴藏着丰富的矿产资源。《北京市矿产资源总体规划（2016—2020年）》数据显示，截至2015年年底，北京市共发现矿产127种，其中固体矿产121种，其他矿产6种。固体矿产（如煤、铁、石灰石、大理石等）主要分布在西部、北部地区，其他矿产（如地热、矿泉水等）主要分布在平原。有固体矿产67种354处矿产地已编入《北京市矿产资源储量表》，包括：能源矿产1种29处矿产地，金属矿产19种116处矿产地，非金属矿产47种209处矿产地。煤、铁、熔剂用灰岩、熔剂用白云岩、冶金用石英岩、水泥用灰岩、制灰用石灰岩、饰面用花岗岩、饰面用大理岩9种矿产储量比较丰富，汉白玉、叶蜡石、地热等为地方特色矿产。

从地域整体上讲，北部山区处于京城水源的上游地带，不少地区从局地流域关系来看亦属上游汇水区乃至密云水库上游汇水区；西南部山区尽管从流域范围来看对北京山区用水质量影响相对较小，但是不加限制地开采矿产资源对区域环境造成破坏的可能性仍然是很大的。因此，从环保角度着眼，以及从北京以往经济发展战略层次的选取及整体经济实力的状况考虑，对位于密云水库和官厅水库附近的山区采取严格限制矿产资源开采的策略，无疑是一项正确的选择。

二、城乡经济联系及产业结构

北京地域系统整体经济结构的各组成部分之间存在着种种经济联系，这些经济联系包括市场模式、原材料和半成品物流、资本流、生产关联、消费和购买方式、收入流、部门和地区间商品流等。

在讨论北京各地区产业结构时，需要有全局观念，加强城乡之间经济联系。京郊山区第一产业在地区生产总值中的比例虽然已从20世纪70年代末的80％下降到近几年的30％左右，但它对山区城镇乃至市中心非农业人口的服务并没有削弱，反而得到了进一步的加强。20世纪80年代以来，城郊工业的迅速发展以及产值比重不断增长的光环，并不能掩盖其布局上的缺陷。此期间的乡镇工业往往被山区限制，缺乏与其他地域的经济沟通，表现为重复布局、结构趋同。从北京市地域结构整体性以及追求规模经济和聚集经济的角度出发，山区工业化道路应存在两种可选择的模式：一是在山区与平原交错地带建立工业小区，这一方面可以缓解城市土地利用的紧张及环境污染的加剧，另一方面也可以融发展乡镇企业与小城镇建设于一体，开拓农业劳动力转移的新空间；二是在山区内部选择交通、土地条件较好且有资源保障的地点，通过适度扩大生产规模而由乡镇主办、发展农副产品加工企业。延庆区、怀柔区等郊区的工业发展实践证明，这两类工业化的实施模式可有效地加速山区城镇化进程。

在原料地—消费地之间以及地貌序列山地—平原之间尽可能加长产业链，进行同一原料和相关技术的多方位系列开发，通过产业间的前后向联系和旁侧联系，将市区—近郊平原—远郊平原连成一体，而且在不同地貌单元（地段）形成不同类型和不同规模的集镇或小城镇，从而构成一个独特的在特大城市地域结构下的城市等级体系（见表4.1）。

表 4.1　地貌序列、主体功能区、产业链、企业区位及城镇类别的对应关系

地貌序列		深山区、浅山区	半山区、山前平原	远郊平原、近郊平原	市区
主体功能区		保护区、限制开发区	限制开发区	开发区	开发区
产业链	产业链1	矿产资源	选矿、原料加工	简单零部件加工	组装生产线
	产业链2	农业作物	猪、禽等养殖业	猪、禽等屠宰加工	熟食及深加工
	产业链3	山地草场	畜牧业(食草动物)	牛、羊等屠宰加工	牛羊肉等深加工
企业区位		接近原料地	接近原料地和半成品转运地	接近半成品转运地	接近消费地
城镇类别		专门化集镇	地方型集镇	卫星城镇	市区

　　在良好的产业关联作用下，北京各地区的经济联系渠道将渐趋通畅。然而，地域经济发展运作的起点是巨额启动资金的投入，在资金渠道不畅的情况下，事先构想出地域关联形成的产业链过于理想化。在转型期的金融体系下，京郊山区项目开发启动资金的筹措因融资过程中某些环节的缺失而显得混乱无序，隶属关系不同的项目缺少成熟的、相互有别的贷款倾斜政策；项目放贷与否缺乏权威性的项目效益评估机构及适宜的取保机制；农业用款一方面有贷还有(包括低息和无息)，另一方面又有扶贫性政策特点。资金问题的困扰在很大程度上也制约和减缓了山区经济的发展。

三、人口的空间移动

　　人口分布状况是自然条件和区域经济发展水平差异的反映，而人口的空间移动则是在经济因素的驱动下人口在空间上的重新组合。近 20 年来，山区人口迁移在不同的地域组成之间表现为单向流动的空间非均衡趋势，其一般迁移线路为：山区－半山区－远郊平原－近郊平原－市新建区。如从聚落规模序列的变化来看，此迁移过程表现出的人口流向和流量情况如图 4-1 所示。因此，聚落规模越大，人口净流入量也就越大，即平原、盆地的县城、集镇人口规模大于山区的集镇。处在聚落规模序列两端的小村落和中心城市分别呈净减和净增状况；而位于中间的大村落、集镇、县城的人口流动处在相对静态平衡之中(排除人口自然增长造成的人口数量的机械增长)。

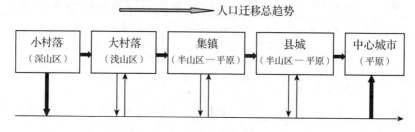

图 4-1　大城市地域范围内人口迁移模式

　　此外，还有两种非户籍变更性的人口流动趋势也对区域经济建设产生影响。其一，山区的人口中，有较大比例的当地群众流动在外打工，此现象在小村落较大村落更为明显，一些人口规模在百人左右的村落常常只留下寥寥无几的壮劳力。其二，在山区已有相当数量的外地来京流动人口参与当地经济活动（见图 4-2）。这些因素都成为区域经济的推动力量。

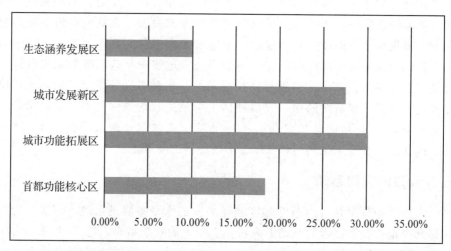

图 4-2　北京各功能区外来人口占常住人口的比重

四、基础设施的建设与完善

　　以基础设施的建设与完善为前提的城乡服务传递联系推动不同功能区的协调互动。城乡空间发展的服务传递联系包括能源流及其网络、信贷和金融网、教育培训及其附属设施的联系、健康服务体系、商业和技术服务模式以及运输服务系统等，这些服务传递联系依靠一定的电网系统、通信系统、文教卫生网络、路网系统等加以实施。

在上述服务传递联系中，最主要的当属靠路网系统实现的运输服务系统的联系。目前，北京市所有的山区行政村都已通汽车，而且所有公路均为硬化路面。山区乡村公路的修建大大促进了山区同平原和市区的联系，使得山区的闭塞状况有了明显的改善。尽管如此，由于公路主要集中在山前平原过渡带和山间盆地，真正的山区公路网密度低于远郊平原地区与近郊平原地区的同类值。有些资源丰富的小流域内，路网分布与资源分布的不一致致使资源难以充分开发利用。公路等级低是制约山区资源开发的又一障碍。如东北—西南走向的军都山系，以其山高谷深、坡度变化剧烈而成为两侧地域经济沟通联系的屏障。处于西山和太行山系的门头沟和房山两区虽然交通便捷性有较大改观，但深山区的村落在资源开发中同样受到交通成本的制约。

众多区域发展的实践表明，交通网的分布密度与集镇和小城镇的分布密度是相互关联的。在平谷区、密云区、怀柔区的山前地带和水库周边地区，以及门头沟区、房山的大清河和拒马河谷的山前地区，交通条件较好，这些地域的集镇规模和密度都较交通条件较差的延庆区东北部、怀柔区北部、门头沟区和房山区西部要大。从区域持续发展的角度看，未来山区的重点开发地区也应是上述交通相对便捷的地区。

与道路交通相似，电力、供水、通信、教育、医疗卫生等社会性基础设施均会对一个地区的经济发展产生重大影响。不仅如此，这些因素的作用以聚落体系的形式表现出来，显示出规模经济和聚集经济的特征，不同规模的服务设施具有各自的门槛人口。目前，纯山区内村落居民点规模多数偏小，布局分散且"极化"发展薄弱，缺乏具有一定吸引力的城镇化居民点以带动周围山区的经济发展。

五、行政和组织联系

行政和组织联系，包括组织结构联系、政府预算流、组织间的相互依赖、权威—批准—监督模式、相互管辖范围内的交易模式、非正式的政治决策链，等等。影响上述各种空间联系发生作用的主导因素是行政隶属关系，它在很大程度上决定了城乡经济空间发展的方式和方向。以往行政体系上的种种原因，使经济政策的贯彻落实通常表现为"条条"的下达方式。然而，具体到京郊山区各行政地域的经济功能的实现，往往必须顾及"块块"的动态平衡特点。因此，行政隶属关系的影响往往能超脱空间经济潜力场的约束，强行介入空间上相邻区域的经济联系。北京山区的延庆、怀柔、密云、平谷等区在20世纪50年代是河北省辖区，当它们成为北京市行政范围内最年轻的组成部分之后，行政隶属关系的变更便对它们的经济发展的特征产生了深刻的影响。例如，在四区划归北京市之前，其经济发展均以普通农业区为主要特征，产业结构与紧邻的怀来、丰宁、滦平等自然条件相似的冀北山地普通农业区具有鲜明的同构化现象；同时，从其与当时的行政地域经济中心的空间关系（如延庆之于张家口、平谷之于承德等的关系）来看，四区已处于张家口和承德经济影响梯度力衰减的末梢边缘带，因而整体经济水平甚至还不如相邻的冀北山地县城。但是，自四区划归北京后，北京北部山区与中心城市隶属关系的变更导致了经济影响梯度方向在本地域的急剧反转，由原来的经济中心城市吸引范围的末梢带一跃成为我国最大城市之一——北京市的影响扩散相邻带。在自然环境与条件基本保持原样的情况下，四区的经济类型由此迅速转化为"农区郊区混合型"。这种经济类型的变更实际也是城镇体系归属关系的变更，不同类型的城镇体系支撑着不同性质区域的发展，类型相异的城镇体系在不同的区域背景下必须遵循不同的发展策略和发展方向。

除了其经济中心（县城）与中心城市（市区）因行政隶属关系产生的经济联系外，县以下的乡镇（中心镇）与村落（小集镇）由于其行政隶属或行政地位、行政职能的独特性（如汤河口镇），不仅本身可以设置建制镇，而且它对周围地区的集市和集镇的形成和发展也会产生不可忽视的影响。

第二节　地理区域划分与区域功能定位

地理区划包括单要素区划和综合地理区划。综合地理区划以可持续发展为目标，涉及自然因素和人文因素，其划分原则包括自然和人文地域分异规律相结合原则、综合分析和主导因素相结合原则、发生统一性原则、宏观区域框架与地域类型相结合原则等。

综合地理区划的指标体系涵盖环境、资源、经济、社会与人口等方面，须选择有代表性的指标，要求简洁实用，避免繁杂。所选指标应有区域可比性，能反映动态，可以量化，便于操作。由此得出的结果可作为划分区域发展状态地域类型的依据，进而提出综合地理区划的初步方案。

本节着重讨论北京地区综合功能区划的目的和划分方案。

一、综合功能区划

综合功能区划依据其目的和性质的不同，基本上可以分为自然区划、经济区划和生态地理区划三大类。

自然区划在各个特定历史时期所表现出来的区划目的、区划原则、区划指标、区划方法与区划方案，都是与各个时期自然地理学科发展水平和时代需要息息相关的。自然区划在国内已有几十年的发展史，形成了一套较成熟的方法和技术。从20世纪50年代末至90年代初，我国开展了多次全国范围的自然区划，基本上遵循着"自然大区→自然区→自然小区"的方法，以地带性与非地带性统一、综合因素与主导因素统一、发生学等为指导原则。20世纪80年代以前，自然区划主要使用"自上而下"的方法；80年代以后，由于土地类型研究的开展，逐渐重视使用"自下而上"的方法。

经济区划是组织区际合理分工，有计划地建立与加强区内各部门间、各子区域间经济联系，指导区域经济朝着最有利的方向发展的有力工具。它只是经济发展的手段，而不是目的。依据经济发展的目的，可以划分出不同的经济区。

生态地理区划是根据一定区域内生态系统结构、功能和动态的空间分异性将其划分为具有相对一致生态因素综合特征与潜在生产力的地块，从而作为自然资源合理开发、利用与保护以及综合农业规划布局与可持续发展的基础，它是对生态单元的划分与合并研究。目前的生态地理区划越来越关注人类社会的经济行为对生态系统健康和人类福利的影响，逐渐把生态与经济系统之间的相互作用和反馈关系纳入研究视野，研究内容也由纯自然因素逐渐扩展到自然与社会经济因素相结合。

北京综合功能区划的基本目的在于强化土地的空间约束功能，确定各地区建设项目需要达到的生态环境标准，促进北京各功能区内部和区际土地资源生态功能和生产功能的合理配置，防范土地资源利用过程中的生态风险，为北京市土地资源的合理配置和建设项目的管理提供科学依据，以保障北京的生态环境安全，落实科学发展观，促进北京地区的可持续发展。

二、地理分区(北京综合功能区划)

(一)20世纪八九十年代北京地区的区划工作

20世纪八九十年代北京地区代表性的区划工作主要是霍亚贞和杨树珍进行的研究。霍亚贞主编的《北京自然地理》中有系统的北京市农业气候区划(见表4.2)。

表 4.2　北京市农业气候区划系统表

分布名称（代号）	亚区名称（代号）	海拔（m）	年平均气温（℃）	0℃积温（℃）	负积温（℃）	年干燥度	年降水量（mm）	农业气象灾害	熟制
暖温带半湿润平原农业区（Ⅰ）	平原、山前暖区，一年两熟和两年三熟过渡区（Ⅰ₁）	大部分 20~50	11.5~12.3	4 550~4 650	-330~-370	1.10~1.49	650~700	春旱、夏涝、麦收连阴雨、低温冷害、大风	一年两熟 两年三熟
	低平原两年三熟区（Ⅰ₂）	10~40	11.2~11.5	4 500~4 580	-360~-380	1.20~1.49	600	大风、低温冷害、内涝	两年三熟
暖温带半湿润缓坡、丘陵、盆地粮果区（Ⅱ）	缓坡、丘陵粮果区（Ⅱ₁）	100~400	10~11	4 000~4 500	-400~-600	1.00~1.49	600~700 个别 750~800	春旱、暴雨、大风、冰雹、霜冻	一年一熟
	延庆盆地粮果区（Ⅱ₂）	500~600	8~9	3 600~3 800	-600~-700	1.15~1.70	500	冰雹、干旱、大风、霜冻	两年三熟
	汤河口盆地粮果区（Ⅱ₃）	400~600	9~10	3 800~4 000	-500~-600	1.20~1.50	500~550	春旱、暴雨、霜冻、大风、冰雹	一年一熟
温带半干旱半湿润山地果、林、牧区（Ⅲ）	低山丘陵粮果区（Ⅲ₁）	600	8~10	3 600~3 800	-700~-800	>1.50	600	冰雹、大风、干旱、暴雨	一年一熟
	低山果林区（Ⅲ₂）	600~800	7~8	3 100~3 600	-800~-900	>1.50	550~600	冰雹、大风、干旱、暴雨、霜冻	两年三熟
	中山林牧区（Ⅲ₃）	>800	<7	<3 300	-900~-1 100	>1.50	450~500	大风、霜冻、干旱	一年一熟

资料来源：霍亚贞. 北京自然地理[M]. 北京：北京师范学院出版社，1989.

1990 年，杨树珍在《中国经济区划研究》中对北京经济区划进行研究。根据北京的自然条件和经济开发的不同水平，杨树珍将北京地区划分为两个一级经济区和四个二级经济区。按照经济区划的原则，考虑到城市经济结构的长远变化和产业布局的调整，杨树珍将北京地区划分为城近郊产业聚集区和远郊经济区。根据各区县在远郊经济区中所起的作用，又进一步将远郊经济区划分为四个二级经济区（见表 4.3）。II$_1$区为大兴、通县、顺义、昌平平原综合经济区，II$_2$区为门头沟、房山工农经济区，II$_3$区为密云、怀柔、延庆山区经济区，II$_4$区为平谷农工经济区。

表 4.3　北京二级经济区土地、人口、地貌概况（1990 年）

二级经济区	土地面积		人口		地貌特征
	绝对量（km²）	占远郊比例（%）	绝对量（万人）	占远郊比例（%）	
大兴、通县、顺义、昌平平原综合经济区	4 292	28	187.8	46	绝大部分为平原
门头沟、房山工农经济区	3 198	20.7	95.4	23.38	山区占78%平原占22%
密云、怀柔、延庆山区经济区	6 873	44.5	89.5	22	山区占85%
平谷农工经济区	1 075	6.96	25.3	8.65	平原占42%山区占58%

资料来源：杨树珍. 中国经济区划研究[M]. 北京：中国展望出版社，1990.

（二）北京综合生态区划

北京综合生态区划以"生态城市"为基本理念，以人为本，人与自然和谐、全面协调发展，结合北京市生态环境现状与建设目标，协调经济发展与生态安全建设的关系，力图减轻经济发展用地与生态安全保障用地在空间上的冲突，为区域的可持续发展服务。

首先，在"自上而下"的宏观自然地理背景下，运用土地覆盖/利用数据，照顾区域的完整连片性，将北京市划分为四个一级生态功能区，即"山区生态保育区""山前生态保育区""平原生态协调区"和"中心城区生态建设区"（见表 4.4 和表 4.5）。

表4.4 北京市一级生态功能区区划依据

一级生态功能区	区划依据
山区生态保育区	海拔高于250 m的地区。为加强水源地的保护,将密云水库及其周边地区划入该区
山前生态保育区	在海拔高于50 m、低于250 m的地区中除去属于"中心城区生态建设区"的部分
平原生态协调区	海拔低于50 m的平原地区
中心城区生态建设区	位于城市中心的高密度城镇用地和中低密度城镇用地中生态质量较差的地区

表4.5 北京市一级生态功能区区划方案

一级生态功能区	基本特征	建设方略
山区生态保育区	总面积9 738.7 km²。年平均气温8℃左右;年降水量山前区700 mm左右,背山区400~600 mm。平均海拔594 m;平均坡度18.55°	在保护水源、创造良好的生态环境的前提下,加强经济林、水源涵养林等的建设。限制非绿色产业的开发
山前生态保育区	总面积1 844.4 km²。年平均气温10℃左右。年降水量650 mm左右。平均海拔100m;平均坡度5.16°	对生态环境质量进行监控,减少水土流失等生态环境问题的发生。经济开发须进行严格的生态环境影响评价
平原生态协调区	总面积4 284.0 km²。年平均气温11℃~13℃。年降水量600 mm左右。平均海拔33 m;平均坡度1.66°	现有的生态质量较好,适宜城市发展。发展过程中要注意生态环境的保护,使经济发展与生态环境维护相促进
中心城区生态建设区	总面积940.7 km²。年平均气温比郊区高0.6℃左右。年降水量650 mm左右。平均海拔50 m;平均坡度1.89°	加强城市绿化带建设,控制各种有害物质的排放量,改善人居环境质量

然后,进一步考察北京各生态系统结构和功能特征,同时从生态系统现状特征、服务价值、人类干扰的角度考察各地块生态价值和社会经济需求之间的供求关系,"自下而上"地完成二级生态区划。二级生态区划具体包括"现状区""无限制区""轻度限制区""中度限制区""严格限制区""特别限制区""耕

地保护区""风景名胜区""生态红线区"9种用地类型。

(三)北京市经济区划

1.三种分区方案

(1)《北京市土地利用总体规划(1997—2010年)》土地利用规划分区方案

《北京市土地利用总体规划(1997—2010年)》对北京市土地利用进行分区,所采用的原则主要有两个:其一,根据土地利用的自然条件和社会经济条件及经济布局;其二,根据各区域的实际情况和要求。

按照此原则划分:①城、近郊区。包括城区的东城、西城、崇文(今并入东城)、宣武(今并入西城)四个区和近郊区的朝阳、海淀、丰台、石景山四个区。本区可进一步分为城市中心地区和城市边缘集团地区。②远郊平原区。包括通州区、大兴县(今大兴区)的全部和顺义区、房山区、昌平区、怀柔县(今怀柔区)、密云县(今密云区)、平谷县(今平谷区)的平原部分,区内地形平坦,土层深厚,水热等自然条件较优越,耕地集中连片,是首都的主要农副产品基地。③远郊山区。包括门头沟区、延庆县(今延庆区)的全部和顺义、房山、昌平、怀柔、密云、平谷等区县的山区,是首都重要的生态屏障和水源涵养地。

《北京市土地利用总体规划(1997—2010年)》对当时的北京市土地利用现状进行了很好的总结,为相关工作的开展提供了科学的依据,在实践中也取得了良好的效果。但是,随着时间的推移,近年来北京市经济社会发展迅速,各种用地需求都十分旺盛,北京市的土地利用面临更加复杂的形势,原有的分区已不能完全适应这些新变化。

(2)《北京城市总体规划纲要(2004年—2020年)》分区方案

根据各区县不同的发展环境、资源禀赋、人口及经济发展基础等比较优势和承担的不同功能,《北京城市总体规划纲要(2004年—2020年)》将北京市划分为六个次区域:①中心城次区域,包括城八区和昌平回龙观、北苑北地区,该区域以功能疏解为主;②东部平原次区域,包括顺义、通州和亦庄地区(大兴区的亦庄镇、瀛海镇、青云店镇、长子营镇等,以及通州区的永乐镇、马驹桥镇等),该区域以整体联动、协调发展为主;③南部平原次区域,包括大兴(除亦庄地区以外地区)、房山区山前平原和丰台河西地区,该区域以优化、整合、完善现有的发展空间,提升建设质量和水平为主;④西部山区次区域,包括房山西部山区和门头沟区,该区域以生态维护和适度旅游开发为主;⑤北部平原次区域,包括昌平(不含回龙观、北苑北地区)的山前平原和海淀山后地区,该区域以引导高品质、组团式发展为主;⑥北部山区次区域,包括延庆、怀柔、密云、平谷四区(县)和昌平北部山区,该区域以水源保护和生态维护为主。

(3)《北京城市总体规划(2004—2020年)》分区方案

《北京市总体规划(2004年—2020年)》采用如下原则:第一,考虑已有的资源禀赋条件、生态环境承载能力和经济社会联系程度;第二,考虑同一地理单元,自然资源和自然条件相似;第三,考虑经济活动和城市建设的客观情况,统筹安排。

据此原则在北京市域范围内划分四个次区域。①中心城次区域,包括中心城的规划范围(不含石景山五环路以西地区),该区域以调整优化和提高为主;②东部次区域,包括通州、顺义、亦庄以及怀柔、密云、平谷等的平原地区,该区域是城市未来发展的重点地区;③西部次区域,包括大兴(除亦庄地区以外地区)、房山山前平原、丰台河西地区、门头沟山前平原、海淀山后地区和昌平(不包括回龙观、北苑北地区)的山前平原、延庆平原以及石景山五环路以西地区,该区域是城市未来发展的重要地区;④山区次区域,包括怀柔北部山区、密云北部山区、昌平北部山区、门头沟西部山区、房山西部山区、延庆山区,该区域是北京市水土保持的重点地区,也是北京市重要的生态屏障。

北京城市总体规划纲要及其成果分区方案有利于"两轴—两带—多中心"在空间上的落实,较好地考虑了北京市的特殊自然地理条件和环境保护的要求。但是,由于本方案没有考虑到区级行政界线,与土地利用总体规划的实施要求存在差别。因此,综合功能分区应借鉴其充分考虑自然本底、经济社会现状联系程度、未来发展方向和以服务于首都功能为中心等思想,并尽可能在区级行政界线允许的范围内参考其分区思路,从而最大限度地实现北京城市总体规划和土地利用总体规划在空间上的有机衔接。

2. 三种分区方案的比较

上述三种分区方案都是从北京市各地区的自然、经济、社会现状出发,在充分考虑规划目标要求的基础上,依据内部相似性和外部差异性原则来进行分区的。但由于各自的侧重点不同,在分区范围、分区界线、分区原则、分区标准、管制措施几方面存在着明显的差异(见表4.6)。

表 4.6　三种分区方案比较

内容		土地利用总体规划	城市总体规划纲要方案	城市总体规划方案
分区范围		城、近郊区：东城、西城、崇文（今并入东城）、宣武（今并入西城）、朝阳、海淀、丰台、石景山 远郊平原区：通州区、大兴县（今大兴区）的全部和顺义区、房山区、昌平区、怀柔县（今怀柔区）、密云县（今密云区）和平谷县（今平谷区）的平原部分 远郊山区：门头沟区、延庆县（今延庆区）的全部和顺义、房山、昌平、怀柔、密云、平谷等区县的山区	中心城次区域：城八区和昌平回龙观、北苑北地区 东部平原次区域：顺义、通州和亦庄地区 南部平原次区域：大兴（除亦庄地区以外地区）、房山区山前平原和丰台河西地区 西部山区次区域：房山西部山区和门头沟区 北部平原次区域：昌平（不含回龙观、北苑北地区）的山前平原和海淀山后地区 北部山区次区域：延庆、怀柔、密云、平谷四区（县）和昌平北部山区	中心城次区域：中心城的规划范围（不含石景山五环路以西地区） 东部次区域：通州、顺义、亦庄以及怀柔、密云、平谷等的平原地区 西部次区域：大兴（除亦庄地区以外地区）、房山山前平原、丰台河西地区、门头沟山前平原、海淀山后地区和昌平（不包括回龙观、北苑北地区）的山前平原、延庆平原以及石景山五环路以西地区 山区次区域：怀柔北部山区、密云北部山区、昌平北部山区、门头沟西部山区、房山西部山区、延庆山区
分区界线		打破区县行政界线	打破部分区县行政界线	打破区县行政界线
分区原则		问题导向型，强调各分区内部土地利用的现状与问题	目标导向型，强调城市建设的需要和各分区对城市整体发展的职能和作用	目标导向型，强调城市建设的需要和各分区对城市整体发展的职能和作用
分区标准		自然生态条件、社会经济条件	自然生态条件、未来城市发展要求	自然生态条件、未来城市发展要求
管制措施		重点在于各分区的土地利用方向和管理措施	重点在于城市发展的生态、景观要求	重点在于城市发展的生态、景观要求

(四)四大功能区域划分

　　《北京市"十一五"时期功能区域发展规划》是北京市在中长期规划中第一次打破行政区划编制的市域经济规划。该规划体现国家和首都经济社会发展的总体要求，以全面、协调、可持续的科学发展观为指导，以"强化重点功能区、统筹区域协调发展"为原则,以充分履行首都城市功能为核心,以落实区县功能定位、调整产业布局为重点,明确各功能区域在北京城市总体发展中的思路、方向与主要任务,充分利用资源禀赋和比较优势形成各区县特色发展的格局,实现经济均衡发展,实现城市整体功能的最优化和整体效能的最大化(见表4.7、表4.8)。

该规划依照北京城市总体规划关于"两轴—两带—多中心"和城市次区域划分的设想,遵循"优化城区、强化郊区"的原则,制定了区县功能定位及评价指标体系,将北京市从总体上划分为首都功能核心区、城市功能拓展区、城市发展新区和生态涵养发展区四大功能区域(见图4-3)。

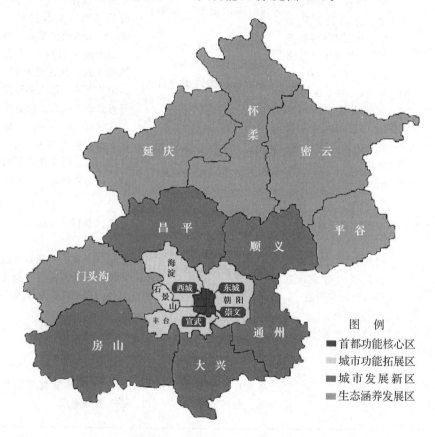

图4-3 北京四大功能区域分布图

表 4.7 北京四大功能区域概况

	首都功能核心区	城市功能拓展区	城市发展新区	生态涵养发展区
范围	东城、西城	朝阳、海淀、丰台、石景山	通州、顺义、大兴、昌平、房山五区和亦庄开发区	门头沟、平谷、怀柔、密云、延庆
土地面积（km²）	92.39(0.56%)	1 275.93 (7.78%)	6 295.57 (38.36%)	8 746.65 (53.30%)
常住人口（万人）	213.7(9.83%)	1 033.8 (47.58%)	730.3 (33.61%)	195.1 (8.98%)
常住人口密度(人/km²)	23 845	8 327	1 107	218
地区生产总值(亿元)	5 543.33 (23.55%)	11 766.58 (50.00%)	5 246.80 (22.29%)	979.37 (4.16%)
主要功能	承担国家政治文化中心、金融管理中心和国际交往中心的职能，同时具有服务全国的会展、体育、医疗、商业和旅游等功能。该区域是全市城市化水平最高的地区，集中了大部分的市级和一些重要的区级商业中心	是国家高新技术产业基地，国内外知名的高等教育和科研机构聚集区，著名的旅游、文化、体育活动区，也是中国与世界联系的重要节点。该区总部经济、现代服务业、高新技术产业、科教文化产业等发展迅速，文化旅游产业发达	是北京发展高新技术产业、现代制造业和现代农业的主要载体，是北京疏散城市中心区产业与人口的重要区域，也是未来北京城市发展的重心所在。该区涵盖多个规划新城、国家级和市级开发区，同时是全市重要的农副食品生产基地	是北京的生态屏障和水源保护地，是环境友好型产业基地，是保证北京可持续发展的支撑区域，也是北京市民休闲游憩的理想空间。该区域生态质量良好，自然资源丰富，但工业基础薄弱，产业发展空间相对较小

表 4.8 北京四大功能区域的经济总量指标(2015 年)

	规模以上法人单位数(万个)	从业人员(万人)	资产总计(亿元)	主营业务收入(亿元)	利润总额(亿元)
首都功能核心区	0.72	162.38	16 330.56	4 424.26	559.67
东城区	0.32	65.67	231.60	214.80	20.49

续表

	规模以上法人单位数(万个)	从业人员(万人)	资产总计(亿元)	主营业务收入(亿元)	利润总额(亿元)
西城区	0.40	96.71	16 098.96	4 209.46	539.18
城市功能拓展区	2.11	405.25	9 723.82	4 374.30	314.49
朝阳区	0.91	151.82	2 071.33	807.09	86.53
丰台区	0.26	63.54	875.97	507.37	35.93
石景山区	0.10	19.84	2 876.57	380.60	57.58
海淀区	0.84	170.05	3 899.95	2 679.24	134.45
城市发展新区	0.85	164.55	10 696.02	8 761.37	654.75
房山区	0.12	15.29	801.00	865.44	28.85
通州区	0.14	22.64	850.43	755.56	51.44
顺义区	0.18	46.71	3 094.62	2 915.92	223.66
昌平区	0.18	29.40	1 708.12	881.42	63.44
大兴区	0.23	50.51	4 241.85	3 343.03	287.36
生态涵养发展区	0.31	45.15	1 859.36	1 304.96	68.80
门头沟区	0.05	5.62	253.36	86.17	12.09
怀柔区	0.08	9.60	580.98	542.01	19.88
平谷区	0.07	12.45	272.25	283.53	8.06
延庆区	0.04	7.07	364.97	83.97	15.68
密云区	0.07	10.41	387.80	309.28	13.09
合计	3.99	777.33	38 609.76	18 864.89	1 597.71

资料来源：北京市统计局，国家统计局北京调查总队. 北京区域统计年鉴 2016[M]. 北京：中国统计出版社，2016.

第三节　各功能区域的发展差异

从可持续发展的角度看，区域发展不单是区域经济的发展，而应是社会、经济与资源环境三方面的协调发展。区域经济差异的概念主要有三种：第一，认为区域经济差异是各区域之间经济增长总量上的差异；第二，把区域经济差异视为各区域之间在经济增长总量及增长速度方面的差异，不仅研究了各区域之间某一时间的经济差异状态，还研究了其变化的过程；第三，认为区域经济差异应包括各区域之间在经济增长总量、增长速度、相关人均经济指标、经济结构乃至经济发展条件方面所存在的差异，这种观点试图全面反映各区域之间在经济发展中所存在的各方面的不相同的现象。目前较为一致的看法是，区域经济差异是指一定时期内各区域之间人均意义上的经济发展总体水平非均等化现象。

区域经济差异的形成有以下几个方面的原因：第一，是资源的差异，资源包含丰富的内容，包括自然资源和社会资源，自然资源又包括地理位置、土地资源、水资源、矿产资源、气候资源等，社会资源又包括劳动力、科学技术发展水平等；第二，是制度的差异，包括经济制度、政治制度、法律制度等；第三，是历史和文化的差异。事实上，区域经济差异理论多是从这些方面来分析差异形成的原因，分析和总结差异变化的趋势和规律，从而提出如何缩小差异的建议。

一、首都功能核心区

（一）区域概况

首都功能核心区包括东城区和西城区，总面积约 92.54 km²，是首都功能和"四个服务"的最主要的载体，承担国家政治文化中心、金融管理中心和国际交往中心的职能，同时具有服务全国的会展、体育、医疗、商业和旅游等功能。该区域是全市城市化水平最高的地区，集中了大部分的市级和一些重要的区级商业中心。

（二）存在的问题

该区发展中存在的主要问题包括：相对过大的工业生产规模与功能定位差距较大；地域相对狭小，发展空间有限，对未来发展形成一定制约；南北城发展极不平衡，社会经济差距加大；古都风貌保护与城市现代化建设、危旧房改造之间存在着突出矛盾；多种功能高度集聚，造成严重的"城市病"，经济社会发展和交通之间的矛盾日益加深；住房紧张，生活服务设施缺乏，水资源利用程度低，城市人居环境质量较差。

（三）发展方向

首都功能核心区需要利用该区城市形象资源和历史文化资源，突出政治、文化、对外交往中心功能；分散次级功能，为强化国际功能提供发展空间；实现城市发展与旧城保护的双赢模式，创造良好的政务、商务和宜居环境。努力建设成为具有较强综合竞争力、深厚传统文化底蕴和古都风貌的现代国际城市的中心城区，成为政务环境、商务环境、宜居环境建设和管理的典范。

调整内容：强化全国政治中心、文化中心功能；强化以国家对外事务、国际旅游为特色的对外交往中心功能，建设国际交往功能密集区；与老城区保护相结合，打造荟萃世界级时尚精品店的大街；部分居住中心从中心城区迁出；属于优化开发区域，占地多、技术含量低及劳动密集型的产业需要向外转移。

重点领域和主要任务：①创造三个环境，落实"四个服务"。一是积极为中央行政机关创造良好的政务环境。二是集中精力搞好综合调控，创造良好的商务环境。三是为居民创造良好的宜居环境，不断改善市政基础设施，加速危旧房的改造、修缮、更新，同时要加强社区建设和管理。

②优化产业结构，完善空间布局。一是要牢牢把握首都经济发展的新趋势，以经济效益为中心，突出产业特色，促进产业结构优化升级，增强市场适应性和竞争力，形成以金融保险、信息咨询、文化旅游、体育休闲为主，生产性服务业、生活性服务业和公共服务业三业并举的现代服务业发展新格局。二是积极鼓励和支持总部经济的发展，加快产业结构优化升级。三是依托金融街，大力发展金融保险业、信息咨询业；依托天坛、地坛、雍和宫、国子监、大栅栏、琉璃厂等地区，大力发展文化、旅游以及广告创意产业；依托龙潭湖体育产业园区，大力发展体育休闲产业；依托东城区与西城区的教育和医疗资源，积极发展基础教育和医疗卫生产业；依托王府井、西单、前门等著名商业街区，进一步改造提升传统商贸流通业。

③注重古都保护，实现双赢发展。贯彻旧城风貌整体保护方针，大力发展与旧城保护相适应的文化旅游业，使南部的经济规模有较大扩张，形成与旧城保护相协调的经济功能和主导产业。在进一步完善拆迁制度设计的前提下，积极稳妥地引导人口向外疏散转移，调整旧城功能，推动老城区的可持续发展，实现古都保护和城市发展的双赢。

④优化完善城区建设，提高现代化水平。一是要充分发挥城市规划、交通规划、土地利用规划的指导作用，重点做好道路交通、产业功能区、现代居住区和历史文化保护区的规划设计，引导城市建设由粗放扩张向调整改造转变。二是继续以危旧房改造、基础设施完善、旧城环境整治为重点，加大对南城地区的倾斜力度，全面推进城市规划现代化、城市建设现代化和城市管理现代化，增强城市服务功能。

⑤加强资源保护与集约利用，促进可持续发展。一是要以防治环境污染、建设良好生态环境为重点，大力实施可持续发展战略，加强资源保护与集约利用。深入开展城市环境综合整治，加强公共设施建设与管理。要严格控制人口增长、提高人口素质，努力实现经济、社会与人口、资源、环境的良性

循环。二是要做好城区绿化、美化和亮化工作，打造精品中心城区，塑造高品位城市景观。

二、城市功能拓展区

(一)区域概况

城市功能拓展区，包括朝阳、海淀、丰台、石景山四个区，总面积约 1 275.93 km²，是国家高新技术产业基地，是国内外知名的高等教育和科研机构聚集区，是著名的旅游、文化、体育活动区，也是中国与世界联系的重要节点。该区总部经济、现代服务业、高新技术产业、科教文化产业等发展迅速，文化旅游产业发达。

(二)存在的问题

该区发展中存在的主要问题包括：内部发展不平衡，城乡之间、城区之间发展水平不一，功能区分布集中于北部和东部，南部发展落后，西部缺乏功能导向和发展活力；经济发展存在增长放缓的可能性，并且存在发展后劲不足的风险；人才供求紧张，劳动力成本、土地成本上升，生态环境的压力加大，交通问题日益突出。

(三)发展方向

调整思路：具体包括强化国际性知识中心、金融及商务服务中心、科技中心、文化中心功能，流通与交易功能和生态功能；弱化人口主要居住区功能和制造业生产功能；通过注入新的功能活力，推动该区域南部和西部地区的发展。

调整内容：发展和完善中关村高科技园区、北京商务中心区和奥林匹克中心区的相应功能；在西部地区发展首都文化娱乐休闲区；建成区基本属于优化开发区域，鼓励人口和工业向新区迁移。使该区域形成世界一流的商务区、科技园区、国家科技创新中心区、教育和体育中心区以及文化"首善之区"，形成与现代城市功能相适应的产业体系和发展格局，形成城乡统筹、布局合理、功能完善的城市形态，形成以人为本、以秀美山水园林为标志、人与自然和谐融合的宜居区域。

重点领域和主要任务：①推进高新技术产业的"二次创业"。一是加快北京商务中心区、奥林匹克中心区、中关村科技园区等城市重点功能区建设，加快专业园区、产业基地、创业园以及孵化器的建设，形成设施完善、环境优良、充满活力的产业园区体系。二是完善产业规划和政策，促进以电子信息产业为主体，生物医药、新材料、航空航天、环保等产业的共同发展，并且注重高新技术产业的错位发展。三是重点发展以集成电路、网络计算机、移动通信、生物医药等为代表的高新技术产品。四是强化产业配套和要素协作，形成特色产业链和主导产业群，并注重与现代服务业的互动融合。

②加快发展现代服务业。坚持"以服务求发展，以服务促开放"的原则，大力完善城市服务功能。一是发展现代流通业、现代旅游业以及文化、体育、教育、保健等服务业。二是发展金融保险、知识服务业，搭建"金融走廊""中介大道"等硬件平台和公共信息网络等软件平台。三是继续推进北京国际商务中心区及首都文化娱乐休闲区建设，促进国际金融、中介服务、文化传媒、数字娱乐、旅游会展、总部经济等高端服务业发展。四是规划建造低密度、高品质、个性化、绿色环保、形象独立的新型生态办公区，力争生态办公、生态旅游、生态商业"3E"合一，推进总部战略的实施。五是进一步加强住房、通信等产品营销服务，建成一批特色产业街和服务功能区。

③构建以知识创新为主动力的区域发展模式。一是实现以知识生产、传播和应用为驱动的区域发展模式，创建国际一流园区，加强知识产权保护，实施技术标准战略，加强科技资源共享建设，形成以知识生产、传播和应用为驱动的知识中心型地区。二是进一步优化自主创新环境、创业环境和金融环境，积极倡导创新文化，完善产学研相结合的区域创新体系，充分调动和发挥驻区高校、科研院所的智力技术优势，广泛吸引国内外企业来区设立研发中心，支持科研院所转制、发展和壮大，支持留学人员和各类人才创业。三是将教育摆在优先发展的战略地位，形成以终身教育和全民教育为重要标志的现代国民教育体系，创建国内一流的教育综合改革试验区和学习型社会示范区。四是采取"点面结合、以点带面"的发展模式，以海淀区为主体，将中央信息区建设成为首都信息化的先导性示范区和中国向世界展示信息化水平的窗口。

④提高城市建设与管理水平。一是以举办2022年冬奥会为契机，大力普及冬季体育运动；不断完善冬季运动基础设施建设，筹建海淀区冬季运动中心，充分利用海淀区内各类公园及河流、湖泊、水库等公开水域建立公共冰场或临时性可拆装冰场；广泛开展冬季运动和群众喜闻乐见的冬季体育竞赛、冰雪趣味性体育活动。二是构筑布局合理、结构优化、功能先进的基础设施体系。按照"中部打开通道、内层加密路网、外围建设新路"的思路进行道路建设，推进地铁16号线、12号线、19号线一期、3号线、17号线等轨道交通建设，搞好供水、供电、供热、供气、电信等基础设施建设。三是推进生态环境建设，以城乡接合部地区为重点，推进城乡一体化发展，加强城市综合开发，拆除违法建筑，消灭城中村以及治理环境脏乱差等问题。在城乡一体化过程中，将建设征地、土地储备或腾退、整建制农转非、山区搬迁、绿

化隔离等农村地区的劳动力纳入城镇就业体系。四是深化城市管理体制综合改革，提高城市管理的法治化、人性化和现代化水平。

⑤统筹城乡经济社会协调发展。将城市化作为解决"三农"问题的根本途径，努力加快城市功能拓展区农村地区的建设，推进城市化进程。一是走改革创新的道路，坚决革除城乡二元体制弊端，深化农村行政管理和经济管理体制改革。二是下大力气解决农民的社会保障和农村劳动力就业问题，努力推进农村社会保障制度的建立完善。三是高起点地规划建设社会事业项目和公共、社区服务设施，大力加强精神文明和民主法制建设，促进社会全面进步和农民素质全面提高。

⑥营建环境友好的和谐区域。一是营建良好的生态环境。扩大城市绿化面积，加快旧村改造和新型村镇建设步伐，全面建设"绿色生态宜居区"。二是在营建良好舒适的宜居环境的同时，建设一批园林绿地景观，加大城市整治力度，改善交通和城市环境，提高人们生活、办公的舒适度。三是建设和谐的人文环境。保护皇家园林、历史文化遗迹，弘扬地区特色文化，注重城市文化积淀和文化产业发展；完善社会服务设施，提高公共服务水平；加强市民道德素质教育，提高文明程度，全面构建和谐区域。

三、城市发展新区

(一)区域概况

城市发展新区包括通州、顺义、大兴、昌平、房山五个区和亦庄开发区，总面积约 6 295.57 km²，是北京发展高新技术产业、现代制造业和现代农业的主要载体，是北京疏散城市中心区产业与人口的重要区域，也是未来北京城市发展的重心所在。该区涵盖多个规划新城、国家级和市级开发区，同时是全市重要的农副食品生产基地。

(二)存在的问题

该区发展中存在的主要问题包括：经济社会发展水平总体上仍较低且不平衡，布局过于分散，规模效应较差；城镇发育滞后，不能有效发挥市区疏散功能承接地的作用；基础设施与城镇化进程不协调，表现为城乡基础设施建设滞后于城镇建设步伐；区域差距与城乡统筹不协调，城乡差距较大；水资源短缺，后备土地资源相对匮乏。

(三)发展方向

城市发展新区将启动顺义、通州和亦庄三个重点新城建设，初步形成经济结构合理、城镇功能基本完备、城乡社会保障体系基本健全、生态环境明显改善、人民生活水平显著提高的发展新区；营造良好的发展环境，吸引国内外投资，吸引产业的转移和集中，扩充经济总量，培育城市新的增长极；以各级产业园区为依托，大力发展高新技术产业、现代制造业，成为重要的高新技术产业和现代制造业基地；大力发展现代农业和生态农业，成为都市型现代农业基地；加快城市化进程，大力发展教育、文化、体育、医疗等社会事业，建设功能完备、环境优美、交通便捷的新城，承接中心城区人口和功能转移的任务。

重点领域和主要任务：①调整经济结构，促进产业融合。一是重点发展高效益、高科技含量、强关联度、低消耗、低污染的电子信息、汽车、装备制造、石化新材料、都市型工业、生物医药等产业，形成一批规模大、竞争力强、带动作用明显的高新技术产业和现代制造业产业群，进一步促进传统产业的改造升级和都市型工业的发展。二是积极培育和发展物流业、旅游业、会展业、文化产业以及房地产业等现代服务业，促进大型连锁超市、大卖场等商业新型业态繁荣，营造"宜居、宜商"的良好发展环境。三是实现第二、第三产业联动，构建"强二兴三优一"的产业发展格局，注意技术密集型产业与劳动密集型产业的互补性，并以重点功能区为依托，引导和推动空间组织形态上的产业集聚，加大产业扶持力度，完善产业支撑体系，形成产业之间相互促进、区域之间相互协调、资源效能充分发挥的局面。

②启动新城建设，构建反磁力系统。一是增强新城人口与产业承载功能，缓解中心城区的负担，推进顺义、通州和亦庄三个重点新城建设，辐射和带动整个区域的发展。其中，顺义做好临空经济和新城建设的文章；通州以建设"区域服务中心、文化产业基地、滨水宜居新城"为核心，大力发展以文化产业为主体的现代综合服务业；亦庄则继续优化调整产业结构，进一步发展高新技术产业。二是加快一批重点城镇建设，形成城市发展新区的重要节点，积极发展其他小城镇，实现区域协同发展。三是选择具有一定产业基础和市政基础条件的地区规划建设中心村，促进农村人口的集中，形成以新城为核心，重点镇带动一般镇，小城镇带动广大农村的空间发展新格局。

③建立健全服务网络体系。一是要整合和提升城市发展新区生产性、生活性以及公共服务产业，优先发展服务业特别是公共服务业中的薄弱环节，谋求生产性服务业、生活性服务业和公共服务业的全面协调发展，形成以顺义、通州、亦庄等新城为核心，服务于周边地区的区域高等级服务中心。二是形成以新城主城区为核心，中心城镇带动一般城镇，小城镇带动广大农村的服务网络体系。三是创新招商模式，重点引进知名品牌和投资规模大、科技含量高、带动作用强、环境污染少的项目及品牌产业，引领和带动综合服务业的全面发展。

④加快基础设施建设，完善发展支撑条件。一是加强新城与中心城区、

机场及周边地区间的联系，解决好新城之间的交通路网联系问题；巩固与京承、京哈、京开、京石、京津塘、京沈等周边主要交通干道的联系；加快城市发展新区内部区、镇、村三级路网建设。二是进一步完善供水、供电、供热、供气等基础设施，提高基础设施管理水平，努力形成适度超前、功能完善、结构合理、高效可靠的现代化基础设施服务体系，建立城市综合规划管理的长效机制。

⑤城乡统筹发展，构建和谐新区。一是提高人口素质，改善人口分布，提高城乡居民生活水平，建立起较为完善的社会保障体系，逐步完善人口综合调控机制。二是多形式、多渠道、多元化开发就业岗位，围绕商贸服务业、物流业、旅游业、会展业等区域经济新增长点创造更多的就业岗位。三是努力增加城乡居民收入，特别是低收入者和农村居民的收入，逐渐缩小城乡差距。四是进一步完善养老、医疗、失业、工伤、生育保险及社会福利等社会保障体系，切实保障城乡居民的基本生活。

⑥发展现代都市农业，加快新区农村建设。一是要突出重点，大力发展以籽种农业、加工农业、观光休闲等为代表的都市型现代农业。积极发展高附加值农产品，抢占农业高端市场，向农产品加工、储藏、流通等相关产业延伸与拓展，实现农业的产业化、集约化、规模化和生态化。北京地区保存的国家级种质资源达到 39 万份，居世界第 2 位，每年引育农作物新品种数量约占全国的 20%，祖代蛋种鸡全国市场占有率为 20%，良种奶牛冻精全国市场占有率为 40%，祖代肉种鸡全国市场占有率为 50%，虹鳟鱼苗种市场占有率为 40%，鲟鱼苗种全国市场占有率为 50%，不仅为全国主要农产品供给提供种业保障，而且是北京建设"农业硅谷，籽种之都"的重要基础。二是发挥政府宏观调控作用，积极推进新区新农村建设，全方位建立"三农"发展投入与分配机制，从根本上扭转农业劳动生产率及增加值过低的状况。在努力缩小新区农村与城区之间人均地区生产总值差距的同时，要缩小农村与城市之间居民享受的教育、医疗等基本公共福利水平的差距。

四、生态涵养发展区

(一)区域概况

生态涵养发展区包括门头沟、平谷、怀柔、密云和延庆五个区，总面积约 8 746.65 km²，是北京的生态屏障和水源保护地，是环境友好型产业基地，是保证北京可持续发展的支撑区域，也是北京市民游憩的理想空间。该区大多属于山区或浅山区，生态质量良好、自然资源丰富，但工业基础薄弱，产业发展空间相对较小。

（二）存在的问题

该区发展中存在的主要问题包括：社会经济整体上发展落后，自我积累能力相对薄弱，地方发展理念尚需转型；人力资本匮乏，人口受教育程度偏低，大量农村剩余劳动力难以向非农产业转移；要素和产品市场发育程度较低，适应性和竞争力不强；农村基础设施建设投入严重不足；资源环境问题依然突出，工业虽有较快增长，但与该区功能存在矛盾；良性生态系统尚未形成，生态治理任务非常繁重。

（三）发展方向

生态涵养发展区属于限制、禁止开发区域，关键要解决保护生态环境与经济发展之间的矛盾，建立生态建设利益补偿机制。要突出生态涵养职能，形成良性生态系统；探索生态、旅游、商务以及都市型工业良性互动的综合发展模式；强化基础设施建设和人力资源培养，强调生态产业发展。重点发展领域和内容包括生态涵养系统培育、新农村建设、环境保护和循环经济、城镇化建设等。

重点领域和主要任务：①培育良好的生态涵养系统。一是分层次、分阶段、分步骤地推进深山原始生态系统、浅山农村生态系统和城镇人工生态系统三个子系统的建设，并结合流域治理、矿区生态恢复等重点工程，继续建设首都生态屏障体系。二是加强涵养区水源生态建设。以保护区域内各种河流和水库为重点，全面启动对河流、湖泊、水库、湿地等水源及流域的综合治理，防止地表植被破坏，防止水土流失，防止污水流入河道和水库。开发节水设施，提高水利用率，发展节水产业。三是通过植树造林加强山区生态建设，扩大生态林规模。四是加强空间管制，特别是密云水库上游、官厅水库上游要禁止开发。五是加大禁牧力度，保护野生动物，防止违规采伐和非法开矿，形成全面的生态林资源的安全保障体系。六是以农田林网为主要内容加强浅山区生态建设。更替过熟林带，培育新生林带，健全农田林网。七是以公共绿地为基本内容加强城镇生态建设。继续以公园大型绿地为主体，以街道绿化为骨架，以单位庭院和居住小区为基础，植树种草，增加绿地，美化环境。

②积极创新生态与农村发展模式。一是建立若干个生态建设试验区，以点带面，整体推进和统筹安排生态建设。二是建立各个区之间的生态建设协调机制，促进生态链在该区以及更大的范围内良性循环。三是实现生态系统建设与经济社会的协调发展。把经济社会发展纳入生态系统建设规划统筹考虑，培育文明生活方式，构建节约型社会，实现人与自然和谐相处、经济社会与生态环境共赢。四是建设科学、完善的保障体系，进一步完善该区生态

补偿制度，加强水源建设补偿制度，制定扶植该区发展的经济援助政策，积极支持该区各项社会事业的全面发展。五是继续把该区新农村建设作为经济工作的重中之重，认真贯彻落实并不断完善各项农村经济政策，发挥政府宏观调控作用，建立"三农"发展的投入与分配机制和全面建立城乡接轨的各项保障制度。六是遵循"比较优势"和"市场需求"两大原则，通过全面提高农产品的质量和技术含量，从根本上促进农业增效、农民增收、农村发展。为山区农民转行增收，大力发展特色种植业、养殖业、旅游业、林果业等富民产业，引导山区农民由"靠山吃山"向"养山就业"转变。

③建设可持续的生态环境保护体系。一是继续加强生态保护和污染源治理，以提高生态保护和水源涵养功能，优化生态环境。二是提高生活垃圾处理率，提高再生资源比重，减少直接处理投资；建设垃圾填埋场以及粪便处理场，提高城镇垃圾、粪便无害化处理能力。三是提高城区和重点乡镇范围内的社会单位及居民楼房垃圾袋装率和城区内垃圾分类率；建立农村的生活垃圾处理机制，建设清洁农村、文明乡镇。四是限制或减少农业生产污染，实施有机农业工程。推广缓释肥，提倡农家肥和有机肥，改善施肥方式，推广测土平衡施肥技术，控制化肥施用量。扩大生物治虫农田范围，减少农药使用量。五是杜绝污水灌溉，推广可降解地膜，控制白色污染；实施绿色畜牧养殖工程，加强畜禽养殖场污水粪便处理监管；加大对农业生产的垃圾处理和环境保护力度，实施控制农业生产污染源示范工程。

④积极发展循环经济，实现资源利用效率和保护生态环境的双赢。一是制定促进该区循环经济发展的政策，积极推动"环境一票否决"制度，建立产业项目筛选评价指标体系，进行环境保护与资源利用的综合评价，严格限制不合指标的项目进入。二是把发展循环经济作为转变经济增长方式的重要途径，以制度创新和技术创新为保障，推进资源综合利用，减少废物排放，倡导绿色消费，逐步形成保护环境、节约资源的生产和生活方式。三是推广促进资源循环利用的工业生产方式。逐步降低资源依赖型工业比重，增加企业污水处理、废弃物利用的费用投入。研究制定有关政策法规，建立发展循环经济的长效机制。四是构建农业循环经济链。以加工企业及相关服务组织为纽带，链接种植业和养殖业以及农民家庭生活，构建农业循环经济链。五是倡导科学消费方式。通过宣传教育、政府绿色采购，引导全社会绿色消费，节约消费。鼓励使用绿色标志食品、环保标志产品和节能节水认证产品。六是倡导使用洁净能源和可再生能源。减少煤炭使用量，并实施"全程管理、清洁高效"的措施；在农村减少使用薪柴秸秆等燃料，发展生物质工程，提倡使用沼气等可再生能源，继续实施"绿色照明"工程，扩大太阳能杀虫灯的使用

范围。

⑤加快推进区域城镇化进程。一是建设与资源、环境承载力相适应的发展聚落,通过生态移民、生产移民、生活移民等方式调整人口布局,推进农村人口向新城集聚,建设新型农村社区,坚持以环境友好型工业和服务业的产业集聚带动人口的空间集聚,构筑科学合理的区域城镇体系。如为适应精神消费需求,怀柔区以文化创意产业为引擎,从传统经济向以影视为核心的文化经济转型。二是集约发展经济,坚持以内涵式发展为核心,充分发挥生态涵养发展区的比较优势,合理利用资源,优化第一产业,提升第二产业,大力发展第三产业,培育新型产业,壮大特色产业,促进经济集约增长。三是努力提高城乡基础设施承载能力,提高城市管理水平,基本形成覆盖城乡、比较完善的社会保障体系和社会救助体系。

第二篇　分　论

第五章　首都功能核心区

章前语

首都功能核心区，包括东城区和西城区，是全国政治中心、文化中心和国际交往中心的核心承载区，是历史文化名城保护的重点地区，是展示国家首都形象的重要窗口地区。首都功能核心区位于北京的老城区，是北京市人口最密集的区域。北京老城区的空间格局是以城市中轴线为对称轴空间对称的，当代北京的首都功能核心区继承了这一特点，并体现得尤为突出。北京是见证历史沧桑变迁的古都，也是不断展现国家发展新面貌的现代化城市，更是东西方文明相遇和交融的国际化大都市。北京的历史文化遗产集中分布在首都功能核心区，历史文化遗产的保护对于首都功能核心区而言显得尤为重要。同时，首都功能核心区作为北京商业和金融业繁荣、发达之地，其发展也面临着人口与资源环境矛盾越来越尖锐的问题。建设首都功能核心区，必须抓住京津冀协同发展的战略契机，疏解非首都功能，统筹考虑疏解与整治、疏解与提升、疏解与承接、疏解与协同的关系，优化提升首都功能，走出一条内涵集约发展的新路子，探索出人口经济密集地区优化开发的新模式，为实现首都长远可持续发展奠定坚实基础。

关键词

东城区；西城区；人口密度高；中轴对称；疏解非首都功能

第一节　概　　况

首都功能核心区，包括东城区和西城区。2010 年 6 月，国务院正式批复北京市政府关于调整首都功能核心区行政区划的请示，同意撤销北京市东城区、崇文区，设立新的北京市东城区，以原东城区、崇文区的行政区域为东城区的行政区域；撤销北京市西城区、宣武区，设立新的北京市西城区，以原西城区、宣武区的行政区域为西城区的行政区域。首都功能核心区是北京

"一核一主一副、两轴多点一区"城市空间结构的"一核"，是首都"四个服务"职能的主要承载区，是元明清三朝都城遗址主体所在地、历史文化遗产分布的核心地、古都历史文化风貌的集中展示区，是文化旅游和公共文化服务集中分布区，是金融机构、总部企业聚集地，是国家金融管理核心区，下辖 32 个街道，总面积约为 92.54 km²，首都功能核心区是北京市人口密度最大的区域，同时也是本市开发强度最高的完全城市化地区。

首都功能核心区是全国政治中心、文化中心和国际交往中心的核心承载区，是历史文化名城保护的重点地区，是展示国家首都形象的重要窗口地区。应充分体现城市战略定位，全力做好"四个服务"，维护安全稳定，保障领导机关高效开展工作；保护古都风貌，传承历史文脉；有序疏解非首都功能，加强环境整治，优化提升首都功能；改善人居环境，补充完善城市基本服务功能，加强精细化管理，创建国际一流的和谐宜居之都。

一、东城区

北京市东城区地处北京市中心城区的东部，地理坐标为 116°22′17″E～116°26′46″E，39°51′26″N～39°58′22″N，东、北与朝阳区接壤，南与丰台区相连，西与西城区毗邻，总面积约为 41.84 km²，下辖 17 个街道、187 个社区。东城区下辖街道包括东华门街道、景山街道、交道口街道、安定门街道、北新桥街道、东四街道、朝阳门街道、建国门街道、东直门街道、和平里街道、前门街道、崇文门外街道、东花市街道、龙潭街道、体育馆路街道、天坛街道、永定门外街道。截至 2019 年，常住人口数量为 79.4 万。

东城区是北京市中心城区的核心区之一，拥有得天独厚的区位优势，是首都功能最主要的载体之一，是国家和北京市行政、事业机构的主要集中地，集中体现北京作为国家首都的政治中心、文化中心和国际交往中心功能。东城区的范围大致位于明清时期北京内城和外城的东部，合并前的东城区主要在内城，而原崇文区则主要在外城。东城区历史文化资源十分丰富，以皇家文化、民俗文化为代表，是全市历史文化遗存、胡同四合院和非物质文化遗产最为密集的地区。旧城仅有的两处世界文化遗产——故宫、天坛均坐落在东城。一条南起永定门北至钟楼，全长 7.8 km 的城市传统中轴线汇集了北京古代城市建筑的精髓，见证了北京城的沧桑变迁。东城区拥有景山东街、五四大街、南池子、东华门、北池子、南锣鼓巷、北锣鼓巷等历史文化保护区18.5 片，区域融合了皇室文化、佛教文化、儒家文化、国学文化等传统文化，荟萃了奥运文化、演艺博览文化、出版文化、商业文化、体育文化等近现代文化。深厚的文化底蕴、丰富的文化资源是东城区未来发展最独特、最突出的优势。

东城区交通便捷，省际交通有全国重要的铁路枢纽北京站和永定门长途汽车站；区内公交线网密集，轨道交通有地铁 1 号线、2 号线、5 号线、6 号线、7 号线、8 号线、13 号线等多条线路。东城区在历史上就是富人聚集之地，《天咫偶闻》就有"东富"之说，清末粮仓多在东城，如禄米仓、海运仓、南新仓等。现今的东城区商业也十分发达，有著名的王府井步行商业街、前门大街和红桥市场等。东城区形成了以王府井、崇文门、东直门等为中心的商圈，商业聚集效应显著。

东城区总体发展定位是首都文化中心区和世界城市窗口区，主要承担首都政务服务重要承载区、历史文化传承发展示范区、世界著名文化旅游城区、国际知名商业中心、北京高端服务业重要集聚区、宜居宜业文明城区 6 项区域职能。按照作为首都功能核心区的定位，东城区超前规划、差异定位、特色发展，瞄准新定位，打造文化新引擎，拓展发展新空间，推进产业发展高端化、公共服务优质化、城市运行智能化、区域发展均衡化。"两新四化"成为东城区实现发展跨越的新战略。

二、西城区

北京市西城区地处北京市中心城区的西部，地理坐标为 116°18′54″E～116°23′59″E，39°52′02″N～39°58′23″N，东与东城区相连，西与海淀区、丰台区接壤，北与海淀区、朝阳区毗邻，南与丰台区相连，总面积约为 50.70 km²，下辖 15 个街道、261 个社区。西城区下辖街道包括西长安街街道、新街口街道、月坛街道、展览路街道、德胜街道、金融街街道、什刹海街道、大栅栏街道、天桥街道、椿树街道、陶然亭街道、广安门外街道、牛街街道、白纸坊街道和广安门内街道。截至 2019 年，常住人口为 113.7 万。

西城区是北京市中心城区的核心区之一，它与东城区共同构成了北京市的老城区。西城区是首都"四个服务"最直接、最集中的地区。辖区内有国家发展和改革委员会、教育部、财政部、水利部等中央部级单位及所属事业单位百余家。西城区的范围大致位于明清时期北京内城和外城的西部，合并前的西城区主要在内城，而合并前的宣武区则主要在外城。西城区经过元、明、清三代的积淀，加之都城核心区域特点和历史背景，在都城政治、经济的影响下，西城文化逐步形成人文精神、风俗习惯、风土人情、宗教哲学、文化艺术等特点的表现形态。历史上有着"西贵"之说，指西城住着达官显贵。西城区历史文化资源亦十分丰富，传统文化底蕴深厚。辖区内皇家宫苑、王府私邸、故居会馆、寺观坛庙星罗棋布，是皇城文化、民俗文化、宗教文化、缙绅文化等多类文化高度融合的区域。区内拥有南长街、北长街、西华门大街、文津街、什刹海、阜成门内大街、西四北头条至北八条等历史文化保护区18片。

西城区交通体系完善，省际交通有北京重要的火车站北京北站。北京北站前身是"京张铁路西直门车站"，于1906年8月竣工，是中国著名的铁路工程师詹天佑设计和建造的。詹天佑主持设计的京张铁路一直被认为是中国人自己设计建造的第一条铁路。北京北站是京包线（北京—包头）、京通线（北京—通辽）旅客列车的始发站和终点站，去往八达岭长城及内蒙古通辽、赤峰等地的旅客都要从北京北站出发。不仅如此，北京北站同时是北京市郊铁路S2线的始发站，也是京张城际铁路在北京的起点站。轨道交通有地铁1号线、2号线、4号线、6号线、13号线等多条线路。西城区的金融业十分发达，金融街是首都金融主中心区，目前已经发展成为金融机构总部最集中、金融产业最发达、区域功能最完善、最具发展潜力的地区之一。西城区商业繁荣，西单商业区是与王府井、前门大栅栏齐名的北京三大传统商业区之一，在国内外享有极高声誉。除此之外，西城区还形成了以西直门、西四、新街口、地安门、宣武门、阜成门、菜市口等为中心的多个商圈。

西城区的功能定位是国家政治中心的主要载体、具有国际影响力的金融中心、传统与现代融合发展的文化中心、国内外知名的商业中心和旅游地区、和谐宜居健康的首都功能核心区。针对这一战略定位，"十三五"期间，西城区将有序疏解非首都功能，到2020年，保障城市运行和服务民生的一般性市场升级改造基本完成，全区常住人口总量控制在110.7万人以内；高水平治理城市，持续开展"拆违、灭脏、治污、清障、治乱、撤市、缓堵"七大战役，同时深化城市治理体制改革，多措并举缓解交通拥堵；加快建设绿色宜居家园，着力构建"碧水绕古都、绿荫满西城"的生态格局，到2020年，绿化覆盖率达到31%，新增城市绿地175 000 m²，公园绿地500 m服务半径覆盖率达到95%；加强历史文化名城整体保护，在每个街道建立一个街区历史文化博物馆或展陈室，努力保护好城市古迹和历史记忆，让人民群众记得住乡愁；基本完成棚户区改造任务；继续提升教育、医疗、养老水平，不断增进民生福祉；激发区域创新发展动力，坚持把服务经济作为区域经济发展的主要支撑。

第二节 北京市人口最密集的地区

首都功能核心区地处北京市的核心地区，是北京市人口最密集的地区，是北京的老城区。历史上，这一地区的人口密度就远大于北京的其他地区。

人口地理分布亦称人口空间分布，一般指人口的数量一定时间内在空间上的集聚结果和存在形式，其和人口密度同属人口静态研究的重要指标。首都功能核心区的面积仅约占全市的 0.56%，人口数量却接近全市的 1/10，常住人口密度达每平方千米 23 000 多人。区域人口分布具有历史继承性和阶段差异性，是自然地理环境、社会经济发展水平、区域政治历史情况等因素综合决定的。揭示影响和制约区域人口分布的因素，对于制定人口政策、指导人口计划性迁移、优化区域人口分布具有重要意义。

一、古代北京人口集聚与分布

远古时代，北京西南周口店一带是先民繁衍生息的重要场所，得天独厚的气候和地貌条件为先民的生存发展提供了坚实的物质基础，茂密森林中的动植物成为他们的食物来源，天然洞穴成为他们的栖身之所。随着社会生产力的不断提高，严苛自然环境对人类的制约相对减弱，先民们开始从山地迁往平原、从台地迁往谷地。

(一)先秦至辽金元时期

先秦时期由于缺乏分区的人口资料，北京地区的人口分布无从考察，但是根据考古资料，可以认为北京地区人口分布范围不断扩展。战国时期，除一些不适合人类居住的湿地和山地外，人类的足迹已到达北京地区的绝大多数地方。唐代幽州城，又称蓟城，就位于现今的北京市，考古学者根据唐人墓志铭圈定了幽州城的范围：东城垣在今北京西城区烂缦胡同与法源寺之间的南北一线，西城垣在白云观西土城台至小红庙村之南北一线，南城垣在今北京西城区姚家井以北的里仁街东西一线，北城垣原在白云观西土城台至老墙根一线，后改至土城台至头发胡同一线。那时，北京人口分布就已经十分不均匀了，幽州人口密度大大高于檀州(今属密云区)，檀州又大大高于妫州(今属延庆区)；在幽州境内，蓟城附近的人口密度又大大高于其他地区。

辽代在唐幽州城的基础上修建南京城，辽南京城的人口分布具有历史继承性。辽天庆三年(1113 年)南京城总人口为 58.3 万人，平均人口密度为 35.5 人/km²，人口主要集中分布在平原、盆地和山间河谷阶地之中。其中，

以南京城（今西城区广安门一带）人口最为密集，每平方千米人口达 14 000
多人。

金泰和七年（1207 年）中都地区总人口为 161 万人，平均人口密度为
98 人/km²。但是，面积仅为 21.5 km² 的中都城，人口就达 40 万人，人口密
度高达每平方千米 18 000 多人。元代，为了解决城市用水问题，依托高梁河
水系在金中都旧城的东北郊营建新城，建立元大都。元大都城址位于今北京
市区，北至元大都土城遗址，南至长安街，东西至二环路。元大都街道的布
局，奠定了今日北京城的基本格局。元泰定四年（1327 年）大都地区总人口为
208 万人，平均人口密度为 127 人/km²。大都旧城（金中都城）人口分布最密
集，每平方千米达 18 837 人；新城次之，每平方千米达 10 940 人；其他地区
则人口密度相对较低（见表 5.1）。

表 5.1　元泰定四年（1327 年）大都人口分布

城州县	面积（km²）	人口（万人）	人口密度（人/km²）	城州县	面积（km²）	人口（万人）	人口密度（人/km²）
新城	50	54.7	10 940	房山	1 533	5.3	34
旧城	21.5	40.5	18 837	龙庆州	1 433.2	2.7	19
昌平	2 105	10.4	49	平谷	620.7	2.6	42
大兴	1 116.6	18.7	167	三河*	209.9	1.5	71
宛平	2 257.5	20.1	90	东安	136.8	1.2	88
良乡	419.8	5.8	138	固安	47.2	0.3	64
潞县	392.6	6.0	153	香河	72.6	0.7	96
顺州	986.2	15.8	160	宜兴	2 392	0.3	1.2
檀州	2 227.7	16.4	74				
漷州	383.5	5.0	130				

注：* 指该州县属于大都地区的部分区域。
资料来源：韩光辉. 北京历史人口地理[M]. 北京：北京大学出版社，1996.

（二）明清时期

明永乐元年（1403 年），明成祖朱棣改北平为北京。永乐四年（1406 年）
开始筹建北京宫殿城池，永乐十九年（1421 年）正月"告成"，历时 15 年。同
年，明朝正式定都北京。明代的北京城相对元大都，北墙南缩五里，南墙
向南展出二里，呈东西向的长方形。至此，北京城的基本轮廓已经形成。
万历六年（1578 年），北京地区人口数量超过 185 万，人口密度为

123 人/km²。其中，北京内城人口密度最大，达每平方千米 15 000 多人；外城人口密度次之，达每平方千米 11 400 余人。清代沿袭明代北京城的格局，但将明代皇城内的大量内廷供奉机构改为民居，同时将内城的大量衙署、府第、仓库、草厂也都改为民居。除此之外，还将内城改为八旗居住区，汉人则迁往外城居住。随着时间的推移，许多汉人进入内城生活，内城旗人也有少数徙居外城。清代内城、外城的人口密度随时间的推移存在一定的变化（见表 5.2）。清朝圈占内城后，严格限制汉民入居，清朝中期八旗生计问题使得向外疏散了不少人口，导致内城人口密度下降；外城始终相对开放，商业经济发达，对四方的人口有相当的吸引力，人口密度不断提高。到清朝末期，内外城界线难以维持，不少汉民进入内城居住，内城的人口密度又有明显的增加。清光绪八年（1882 年），北京地区总人口达 243 万余人，平均人口密度为 148 人/km²。其中，内城每平方千米人口为 12 350 人，外城每平方千米人口为 11 300 人（见表 5.3）。

表 5.2　清代北京城市人口密度的演变　　　　　　　　　　　单位：人/km²

区域	面积(km²)	顺治四年(1647 年)	顺治十四年(1657 年)	康熙二十年(1681 年)	康熙五十年(1711 年)	乾隆四十六年(1781 年)	宣统二年(1910 年)
内城	36.6	10 792	11 257	13 197	16 311	15 601	13 306
外城	25.4	6 535	6 693	7 087	7 598	8 898	13 189
城属	613.8	196	199	270	324	409	624

资料来源：高寿仙. 北京人口史[M]. 北京：中国人民大学出版社，2014.

表 5.3　清光绪八年（1882 年）北京地区人口分布

城州县	面积(km²)	人口(万人)	人口密度(人/km²)	城州县	面积(km²)	人口(万人)	人口密度(人/km²)
内城	36.6	45.2	12 350	怀柔	520.7	5.0	96
外城	25.4	28.7	11 300	密云	1 433.2	12.9	68
城属（四郊）	613.8	31.2	508	延庆	1 447	6.7	46
大兴	745.2	18.1	242	三河*	328	6.1	185
宛平	2 311.2	20.9	90	滦平	1 653.4	2.0	12
通州	995.5	26.8	269	独石口厅	735.9	0.7	9
良乡	330	3.5	106	固安	47	0.9	189
顺义	714	8.4	118	东安	44	1.1	244

城州县	面积 （km²）	人口 （万人）	人口密度 （人/km²）	城州县	面积 （km²）	人口 （万人）	人口密度 （人/km²）
房山	1 504	8.0	52	蓟州	171	0.7	40
昌平	1 929.8	12.2	63	涞水	45.5	0.3	66
平谷	333.5	4.0	120				

注：＊指包括八旗及驻军在内。

资料来源：韩光辉．北京历史人口地理［M］．北京：北京大学出版社，1996.

二、近代北京人口分布

近代，北京逐渐由封建性的都城向近代城市转化。随着城市经济的发展，北京城市人口始终保持增长态势（见表 5.4）。据统计，1935 年北平地区总人口将近 350 万人，平均人口密度为 213 人/km²。其中，内城人口为 69.3 万人，每平方千米人口为 18 937 人；外城人口为 42.2 万人，每平方千米人口为 16 608 人（见表 5.5）。内城人口最多，外城次之，城属（四郊）又次之，各县人口密度远低于上述 3 个地区。中心城市继承了古代各时期中心城市（辽南京、金中都、元大都、明清北京城）的人口分布密集的特征，是当时人口最密集的地区，在其周围形成了若干人口分布由密到疏、规则或不规则、封闭或不封闭的圈层。经济和交通因素是北京人口地理分布的决定性因素。

表 5.4　北京内外城人口总数（1908—1948 年）

年份	人口数（人）	年份	人口数（人）	年份	人口数（人）
1908	761 106	1923	847 107	1936	1 073 845
1910	764 657	1924	872 576	1937	1 067 152
1912	725 035	1925	841 661	1938	1 184 306
1913	727 803	1926	816 133	1939	1 234 984
1914	769 317	1927	878 811	1940	1 259 876
1915	789 127	1928	890 277	1941	1 298 782
1916	801 136	1929	934 320	1942	1 306 431
1917	811 556	1930	928 954	1943	1 197 532
1918	799 395	1931	955 665	1944	1 193 088
1919	826 531	1932	1 036 335	1945	1 200 484

续表

年份	人口数（人）	年份	人口数（人）	年份	人口数（人）
1920	849 554	1933	1 071 767	1946	1 231 714
1921	863 209	1934	—	1947	—
1922	841 945	1935	1 115 612	1948	1 513 529

资料来源：袁熹. 近代北京城市人口研究［J］. 人口研究，2003(5).

表 5.5　北京地区人口分布（1935 年）

城州县	面积（km²）	人口（万人）	人口密度（人/km²）	城州县	面积（km²）	人口（万人）	人口密度（人/km²）
内城	36.6	69.3	18 937	怀柔	521.0	6.1	116
外城	25.4	42.2	16 608	密云	1 874.0	14.6	78
城属（四郊）	613.8	43.8	710	延庆	1447	11.0	76
大兴	745.2	14.6	173	三河	328	7.8	239
宛平	2 311.2	26.9	123	滦平	1 653.4	3.2	19
通县	995.5	30.4	305	沽源	736.0	1.6	21
良乡	330	6.8	205	固安	47	1.1	227
顺义	714	17.1	240	东安	44	1.2	267
房山	1 504	18.6	123	蓟州	171	1.0	60
昌平	1 930	23.4	121	涞水	45.5	0.6	113
平谷	333.5	6.6	166				

资料来源：韩光辉. 北京历史人口地理［M］. 北京：北京大学出版社，1996.

三、现代北京人口分布

中华人民共和国成立后，北京市各区县户籍人口数量都在增加，但是人口增速差异显著。北京人口分布继承中华人民共和国成立前的格局。由于经济发展、城市建设等因素，北京辖区范围到 1958 年才固定下来。1950—1957 年的第一次城市总体规划提出以旧城为中心向市郊发展，主张把行政中心放在旧城，并将市区人口规模扩大为 600 万人。1958 年的第二次城市总体规划提出"分散集团式"布局，第一次提出在郊区发展工业的思想，还将市区人口规模从 600 万人压缩到 300 万人。不过，规划的实施受到"大跃进"运动和人民公社化运动的影响。截至 1959 年，北京城区人口数量达 214.2 万，约占总人口的 31.31%，近郊区（朝阳、海淀、丰台和石景山）和其他区县的人口占比分别约为 28.17% 和 40.52%；城区人口密度达每平方千米 23 000 多人。1949—1959 年，北京市中心区的骨架和城市布局初步形成，人口分布开始向郊区转移，但是城区面积小、人口基数大，人口密度仍然很高。20 世纪五六十年代北京又新建了不少工厂。"文化大革命"的开始使总体规划的执行暂停，北京城区和近郊区的人口规模和比重双双降低。20 世纪 70 年代，城区人口比例保持相对稳定，近郊区人口止跌回升，远郊区人口比例出现下降（见表5.6）。1982 年的《北京城市建设总体规划方案》要求在 20 年内将人口控制在 1 000 万左右，坚持"旧城逐步改建，近郊调整配套，远郊积极发展"的建设方针。1983 年，《北京城市建设总体规划方案》提出要从城区迁出严重污染扰民的工厂、仓库和其他不是必须留在中心区的单位，并继续在郊区新建居民区。在此方案的指导下，城区人口开始出现负增长（见表 5.7）。1993 年修订的《北京城市总体规划》坚持"分散集团式"布局，提出城市建设的重点逐步从市区向广大远郊区转移，市区建设从外延扩展向调整改造转移；强调市区不再扩大，在市区外围建设卫星城，疏散中心区过密的人口和产业。2004 年通过的《北京城市总体规划（2004 年—2020 年）》要求，到 2020 年北京旧城人口控制在 110 万人，平均每年疏解 4 万人。

表 5.6　北京地区人口分布变化（1949—1979 年）

年份	城区人口总量（万人）	占比（%）	近郊区人口总量（万人）	占比（%）	远郊区县人口总量（万人）	占比（%）
1949	140.7	34.06	56.2	13.60	217.1	52.44
1958	198.8	31.47	166.0	26.27	267.0	42.26
1959	214.2	31.31	192.7	28.17	277.2	40.52
1960	231.3	31.59	217.3	29.68	283.5	38.72
1964	232.98	30.66	215.52	28.37	311.23	40.97
1969	205.40	26.76	214.50	27.94	347.70	45.30
1970	203.3	26.36	211.5	27.42	356.4	46.21
1979	229.3	26.34	255.3	29.32	386.0	44.34

资料来源：马小红，胡玉萍，尹德挺. 当代北京人口[M]. 北京：中国人民大学出版社，2014.

表 5.7　北京地区人口分布变化(1980—2005 年)

类型	年份	城区人口总量(万人)	占比(%)	近郊区人口总量(万人)	占比(%)	远郊区县人口总量(万人)	占比(%)
户籍人口	1980	233.8	26.40	264.7	29.89	387.2	43.72
	2005	225.7	19.11	495.4	41.95	459.7	38.93
常住人口	1982	241.8	26.20	284.0	30.77	397.2	43.03
	1990	233.7	21.60	398.9	36.87	449.4	41.54
	2000	211.5	15.59	638.8	47.08	506.6	37.34
	2005	205.2	13.34	748.0	48.63	584.8	38.02

资料来源：马小红，胡玉萍，尹德挺. 当代北京人口[M]. 北京：中国人民大学出版社，2014.

　　2005 年，根据《北京城市总体规划(2004 年—2020 年)》提出的"两轴—两带—多中心"城市空间结构，北京实施多中心与新城发展战略。遵循"优化城区、强化郊区"的原则，北京市被划分为首都功能核心区、城市功能拓展区、城市发展新区和生态涵养发展区四类区域。经过规划的引导，北京市人口分布重心开始发生变化(见表 5.8)。常住人口密度最高的是首都功能核心区，特别是合并前的宣武区最高。人口密度存在由内向外依次递减的空间特征。从人口密度变化的历史来看，城区总体显示出稳中有降的趋势。其中，两次明显的下降分别是 20 世纪 60 年代中期至 70 年代初的大批知识青年上山下乡和北京城市总体规划要求疏散中心城区人口所致。城区人口密度极高的原因是多方面的：第一，历史继承性因素，沿袭古代、近代北京人口的空间分布特征；第二，北京的政治中心和文化中心的城市定位，尽管 20 世纪 80 年代以后，北京中心城区的土地利用情况进行了一定调整，但是城区并没有出现衰落和经济萧条，相反，城区的商业、服务业网点不断增多，规模不断扩大；第三，经济收入水平存在一定差异，城区比郊区高，近郊区比远郊区高，这也是吸引人口的重要因素之一；第四，教育资源和医疗资源等方面的优势，北京高等级学校、医院集中分布在城区，并且城区的医疗、养老等福利待遇依然具有显著优势。

表 5.8　北京地区人口分布变化(2006—2015 年)

类型	年份	首都功能核心区人口总量(万人)	占比(%)	城市功能拓展区人口总量(万人)	占比(%)	城市发展新区人口总量(万人)	占比(%)	生态涵养发展区人口总量(万人)	占比(%)
户籍人口	2006	225.3	18.81	508.2	42.44	302.4	25.25	161.7	13.50
	2010	230.1	18.29	550.7	43.78	314.6	25.01	162.4	12.91
	2015	242.6	18.04	598.8	44.52	339.0	25.20	164.7	12.24
常住人口	2006	206.1	13.04	773.6	48.93	424.7	26.89	176.6	11.17
	2010	216.2	11.02	955.4	48.72	603.2	30.76	186.4	9.50
	2015	220.3	10.15	1062.5	48.95	696.9	32.11	190.8	8.79

　　资料来源:马小红,胡玉萍,尹德挺.当代北京人口[M].北京:中国人民大学出版社,2014.

第三节　核心区空间对称性

一、古代北京城市基本建设格局

　　古代国都的城市规划和建设遵照《周礼·考工记》,基本原则是"匠人营国,方九里,旁三门。国中九经九纬,经涂九轨,左祖右社,面朝后市",元大都、明北京城基本就是依照《周礼·考工记》关于国都的规制进行规划设计的。元初刘秉忠在规划设计元大都时,根据积水潭的水泊确定大都城的中轴线及东西南北城垣的位置。大都城内街巷胡同根据一定规制设计建设,如元大都城内,自南至北谓之经,自东至西谓之纬,大街 24 步阔,小街 12 步阔(五尺①为一步)。全城共有 364 条大巷、2 900 条胡同,这些街巷胡同除少数沿河流或湖水走向成为斜街之外,大都为南北向或东西向,纵横交织,规整有序。这种建设格局具有鲜明的空间对称性。

　　明北京城是在元大都的基础上改扩建而成的,并被清代所沿用。明洪武元年(1368 年)八月,明朝将军徐达攻陷元大都,元顺帝不战而逃。当时城市未受到破坏,因而完整地保留了下来。但是,元大都城池范围过大,不利于防守。因此,徐达决定将北城墙南移 2.8 km。永乐十八年(1420 年)将大都的

────────

　　①　3 尺=1 米,1 尺≈0.33 米。

南城墙向南推移了 0.8 km，仍开三门。永乐十九年（1421 年）正式迁都北京。正统元年（1436 年）开始修建九门城楼，正统四年（1439 年）完工，并将原城门改名，如丽正门改称正阳门、文明门改称崇文门、顺承门改称宣武门等。九门名称保存至今，这就是通常所说的北京内城。九门，分别是正阳门、崇文门、宣武门、朝阳门、东直门、阜成门、西直门、德胜门、安定门。其中东西的城门关于城市中轴线对称，各有两门；南城墙开三门，北城墙开两门。现今的内城九门除正阳门（前门）和德胜门箭楼外，都已经拆除，但是九门的名称仍然是核心区重要的地名。北京老话儿"九门走九车"，九门的功能各不同：正阳门走"龙车"，是内城的正南门，供皇帝专用，皇帝每年冬季从正阳门出城到天坛祭天，惊蛰也从正阳门出城到先农坛去耕地；崇文门走"酒车"，北京的美酒佳酿主要运自河北涿州等地，运酒车需要到崇文门上税；宣武门走"囚车"，清代宣武门外的菜市口是刑场，犯人经刑部审核确定，就从宣武门出去在菜市口问斩；朝阳门走"粮车"，南方出产的粮食通过通惠河调往北京，粮食从通州进城，走的是朝阳门，这也是朝阳门内的地名多有"仓"的原因，如"禄米仓""海运仓""新太仓"等，这些地方都是当年存放粮食的仓库；东直门走"木车"，从南方运来的木材要从东直门进城，除了走运木材的车，也走运送其他各种各样东西的车，早年间东直门大街有 100 多家买卖铺子，柴米油盐酱醋茶等日常生活必需品都可以在这条街上找到；阜成门走"煤车"，京西门头沟一带是产煤之地，北京城所用的煤运自门头沟，离门头沟最近的城门就是阜成门；西直门走"水车"，过去皇帝喝玉泉山的水，进京的水车都是通过西直门进入内城的；德胜门走"兵车"，出兵打完仗一般从德胜门出城；安定门是士兵打完仗回城走的城门，但以前地坛附近多粪场，其实多走粪车。对称的城门和城内正东、正西、正南、正北的道路，构成内城的基本骨架。

明嘉靖年间修建北京外城，直到嘉靖四十三年（1564 年）筑成南面的外城城墙，原本计划修成四面外墙，但因物力所限，最终只修了南城墙。北京外城里有永乐年间就已建成的天坛和山川坛（先农坛），人口也相对稠密，特别是正阳门和宣武门外的关厢。至此，北京城特有的"凸"字形轮廓奠定了北京核心区的基本空间格局，这个"凸"字的左右两边是关于中轴线对称的。北京城以城墙来分，可以分为四层，最外层是外城，之后是内城，在内城的内部有皇城，皇城之中又有紫禁城。正所谓宫殿建筑"前朝后寝"，紫禁城的外朝三大殿（太和殿、中和殿、保和殿）和内廷后三宫（乾清宫、交泰殿、坤宁宫）都建造在北京城的城市中轴线（对称轴）上。

古代北京城是世界城市建设历史上最杰出的城市设计范例之一，以宫城为中心的向心式格局和自永定门到钟楼长 7.8 km 的城市中轴线是古代北京城市建设中最突出的成就。中国建筑大师梁思成曾这样赞美这条中轴线："一根长达八公里，全世界最长，也最伟大的南北中轴线穿过全城。北京独有的壮美秩序就由这条中轴的建立而产生；前后起伏、左右对称的体形或空间的分配都是以这中轴线为依据的；气魄之雄伟就在这个南北引伸、一贯到底的规模。"历史上，北京的城市中轴线南起外城永定门，经内城正阳门、中华门、天安门、端门、午门、太和门，穿过太和殿、中和殿、保和殿、乾清宫、坤宁宫、神武门，越过万岁山万春亭、寿皇殿、鼓楼，直抵钟楼的中心点。这条中轴线连着四重城，即外城、内城、皇城和紫禁城，好似北京城的脊梁，鲜明地突出了九重宫阙的位置，体现了封建帝王居天下之中的"唯我独尊"思想。

二、当代北京的城市空间对称

当代北京承继了古代北京的城市基本格局，保持原有的空间对称的城市建设特色。首都功能核心区主要位于北京老城区，其空间上的轴对称特征仍十分明显。在旧城的基础上，城市外围建设也遵循着"中轴对称"的原则。北京老城区的地名沿袭历史上的名称，具有鲜明的对称特色。如沿着长安街在地下横穿首都功能核心区的地铁1号线，在内城共设7站，其站名自西向东分别为复兴门、西单、天安门西、天安门东、王府井、东单、建国门。复兴门和建国门的位置对应于明清北京城内城的城门。西单、东单则得名于明代正统年间建造的三间四柱三楼冲天式木牌楼，东单牌楼额上书"就日"，西单牌楼额上书"瞻云"。西单和东单是北京城区内最为繁华的商业地段，西单有著名的西单商业区；东单邻近王府井商业街，有亚洲最大的商业建筑群之一东方广场。天安门东站和天安门西站分别在天安门东西两侧。

古代北京城建设依据《周礼·考工记》，有"左祖右社"之说：宫殿的东边（左边）是祖庙（太庙），是天子祭拜祖先的地方；宫殿的西边（右边）是社稷坛，明清皇帝在此祭祀土地神和五谷神，祈求神灵保佑丰收。这种"左祖右社"的建造制度至今仍有所体现。太庙建于明永乐十八年（1420年），明嘉靖、万历和清顺治、乾隆年间都曾重修、改建。中华人民共和国成立后，太庙被改为劳动人民文化宫，成为工人进行文化娱乐活动的场所，于1950年五一国际劳动节正式开放。社稷坛，建于永乐十九年（1421年），明成祖朱棣兴建北京宫殿时，将元万寿兴国寺改建为社稷坛。1914年，社稷坛辟为公园向社会开放，初称"中央公园"，是当时北京城内第一座公共园林，也是北京最早成为公园的皇家园林之一。1925年孙中山先生逝世后，曾在园内拜殿（今中山堂）停放灵柩，举行公祭。1928年，改名中山公园。1937年，日本占领北平后，改称北平公园，同年10月又改称中央公园。1945年抗战胜利后恢复中山公园的名称，沿用至今。

北京地铁 2 号线基本是沿着北京内城修建的，线路设站也具有一定的对称性。东西各设 4 站，其中各有 3 站在北京内城城门的位置，北面 4 站、南面 6 站，基本上是关于中轴线对称的。北京内城有两条东西方向的轴线，分别是长安街和平安大街。明永乐十九年（1421 年），明成祖朱棣迁都北京的时候，就在皇城的正南方安排了这样一条东西走向的横街。旧时的长安街是封建统治的中心，它是指从东单至西单的一段，长度为 3.8 km，也就是现今的东长安街和西长安街。东西长安街和东起东单北大街西至复兴门桥的复兴门内大街以及西起东单北大街东至建国门桥的建国门内大街构成了通常所说的“十里长街”。2000 年，长安街向东延至通州潞河广场，向西延至首都钢铁公司东门，总长度达 47 km，虚数称“百里”，故有“百里长街”之说。平安大街是北京城东西方向的第二条交通大动脉，东起东四十条桥，西至官园桥，全长 7 km，是继长安街后，保持老北京韵味及古色古香风姿、横贯京城东西的又一条康庄大道。在北京外城，广安门与广渠门之间也有一条横贯东西的主干道，它由广安门内大街、骡马市大街、珠市口西大街、珠市口东大街、广渠门内大街 5 条道路组成，全长 8 km，是南城很重要的一条道路。在南北方向上，有两条主干道平行于城市中轴线，连接着北京城的南城和北城。其中，一条是由新街口外大街、新街口北大街、新街口南大街、西四北大街、西四南大街、西单北大街、宣武门内大街、宣武门外大街、菜市口大街构成的，另一条是由和平里西街、雍和宫大街、东四北大街、东四南大街、东单北大街、崇文门内大街、崇文门外大街、天坛东路构成的。以上道路构成“三横两纵”的老城区道路交通体系，并且这些道路的下方大多已经建成地铁，沿途设有地铁站。旧城其他道路受限于老城区的湖泊水体、紫禁城、古文化街区、天坛等自然资源和文化景观的阻隔，无法形成横贯东西或连接南北的主干道。

北京旧城城市建设格局是棋盘状的，道路方向大多是正东、正西或是正南、正北，规范有序，体现出“中轴对称、平缓开阔、轮廓丰富、节律有序”的特征。北京至今仍完好保存着始建于明代的四个祭坛——天坛、地坛、日坛和月坛，除此之外，还有先农坛，这就是北京城的五坛。五坛的地理位置分处北京城的南北东西四方——天坛在南面偏东，位于前门外的天桥附近；先农坛在南面偏西，位于前门外的东经路附近；地坛在北面，位于安定门外；日坛在东面，位于朝阳门外；月坛在西面，位于阜成门外。其中，保存完好的四坛形成了“以故宫为中心、天南地北、日东月西”的分布格局。

天坛，始建于明永乐十八年（1420 年），当时是天地坛。嘉靖九年（1530 年）天地分祭，另在城北建立方泽坛祭地。后改圜丘坛为天坛，方泽坛为地坛。大祀殿废弃后，被改成祈谷坛。天坛在清代曾重修改建，是明清两代帝王祭祀皇天、祈求五谷丰登之所。天坛是圜丘坛和祈谷坛的总称，有两重坛墙，使之形成内外坛。坛墙"南方北圆"，象征着"天圆地方"。天坛的主要建筑建造在内坛，圜丘坛在南，祈谷坛在北，二坛同在一条南北轴线上，中间有墙相隔。圜丘坛内主要建筑有圜丘、皇穹宇等，祈谷坛内主要建筑则有祈年殿、皇乾殿、祈年门等。1900年，天坛惨遭八国联军破坏。中华人民共和国成立后，政府对天坛的文物古迹投入大量的资金进行保护和维修。1961年，国务院公布天坛为全国重点文物保护单位。1998年，联合国教科文组织世界遗产委员会将天坛列入世界遗产名录。2007年，天坛公园经国家旅游局正式批准为国家AAAAA级旅游景区。

地坛，是古都北京五坛中的第二大坛，始建于明嘉靖九年（1530年），位于安定门外东侧，与天坛遥相呼应，与雍和宫、孔庙、国子监隔河相望。地坛具有庄严肃穆、古朴幽雅的建筑风格，是明清两代帝王祭祀皇地祇神的场所，也是我国现存的最大的祭地之坛。地坛的形状为方形，它的设计建造体现着我国古代"天圆地方""天青地黄""天南地北""龙凤""乾坤"等传统和象征传说的设计思想。地坛现存有方泽坛、皇祇室、宰牲亭、斋宫、神库等古建筑。1923年地坛首次开放，1925年被辟为"京兆公园"，1957年恢复公园并称"地坛公园"。1981年以来，国家投资对公园的古建筑进行修复。1984年5月地坛公园正式对外开放，并被定为北京市文物保护单位。2006年，国务院公布地坛为全国重点文物保护单位。

日坛，又称朝日坛，始建于明嘉靖九年（1530年），是明清两代帝王春分之日祭祀大明之神（太阳）的场所。日坛是在明隆庆元年（1567年）才正式作为帝王祭祀太阳之所的，此前则是在天坛圜丘外从祭；此后，又分别有明崇祯，清乾隆、嘉庆和道光4位皇帝到日坛亲祭，最后一次是道光皇帝于道光二十三年（1843年）亲祭。中华人民共和国成立后，北京市日坛被辟为公园。2010年，日坛公园实施了祭祀古建筑的保护性修缮，工程涉及西天门、北天门、神库、神厨、宰牲亭、祭日拜台等7处古建筑，此次修缮工程是公园自建园以来最大规模的一次。日坛公园主要景观有园坛、西天门、北天门、神库、神厨、宰牲亭、具服殿、祭日壁画、西南景区、玉馨园、牡丹园、老年活动区，以及东南方的"清晖观日"和南侧的"曲池胜春"。2006年5月25日，日坛作为明清时期古建筑，被国务院批准列入第六批全国重点文物保护单位名单。

月坛，原名夕月坛，始建于明嘉靖九年（1530年），是明清两代帝王秋分之日祭祀夜明神（月亮）的场所。清末，夜明神祭祀被废弃，月坛成为驻兵场所。中华人民共和国成立后，月坛几经修缮，1955年被辟为公园，通过修建园路，安装电灯，植树、莳花、种草，设置厕所等形式的改建，形成了一处区域性公园。1983 年，月坛公园扩建，将南侧原果园改建为新园，新建天香庭、爽心亭、揽月亭、霁月风光亭、夕月亭、嫦娥奔月等景点，并栽种名优石榴树 20 余个品种，近 2 000 株。月坛由具有古建风格的北园和扣"月"主题的南园两部分组成，北园有月坛、北西两处大门，西大殿、南大殿、四角攒尖亭等建筑；南园中部有一组小园，由 5 开间油漆彩画北房和游廊、花墙组成，院中植桂花，以取"桂子月中落，天香云外飘"之意，命名为"天香院"。2006 年 5 月 25 日，月坛作为明清时期古建筑，被国务院批准列入第六批全国重点文物保护单位名单。

先农坛，始建于明永乐十八年（1420 年），嘉靖九年（1530 年）改建为天神、地祇二坛。其后，又曾有过修缮和新增建筑。1916 年，先农坛被辟为城南公园。1936 年，在原址东南角盖起北平公共体育场，后更名先农坛体育场。1949 年，华北育才小学（今北京市育才学校）迁入北京，进驻先农坛。先农坛太岁殿被育才学校占用，具服殿被中国医学科学院药物研究所占用。现今，先农坛建筑群设有北京古代建筑博物馆。先农坛包括庆成宫、太岁殿、神厨、神仓、具服殿五组建筑，是明清两代帝王祭祀先农诸神的场所。

当代北京仍然保持着古都北京中轴对称的空间格局，被誉为"对称之都"，其空间对称性在首都功能核心区表现得尤为突出，是北京老城区空间布局的显著地理特征。

第四节　历史文化保护区

北京是见证历史沧桑变迁的古都，也是不断展现国家发展新面貌的现代化城市，更是东西方文明相遇和交融的国际化大都市。北京历史文化遗产是中华文明源远流长的伟大见证，是北京建设世界文化名城的根基，我们要精心保护好这张金名片，凸显北京历史文化的整体价值。1990 年 11 月，北京市人民政府公布第一批历史文化保护区，共 25 片。1999 年 8 月，北京市人民政府公布《北京旧城历史文化保护区保护和控制范围规划》，重新划定了 25 片历史文化保护区，并划定保护和控制范围。2002 年 2 月，北京市人民政府批准了北京市规划委员会组织编制的《北京旧城 25 片历史文化保护区保护规划》。同年，确定了第二批历史文化保护区，共 15 片。2004 年，北京市编制《北京第二批 15 片历史文化保护区保护规划》。2005 年，北京市总体规划修编时，已提出第三批历史文化保护区，共 3 片。2012 年的《北京第三批 3 片历史文化保护区保护规划》不仅新增 3 片历史文化保护区，还扩大了此前确定的什刹海、国子监、皇城、北锣鼓巷 4 片历史文化保护区的范围。首都功能核心区是在继承明清北京城的前提下逐步发展而来的，具有历史文化保护区分布密度大的特点。

西城区共有历史文化保护区 18 片，其中 15 片为北京市首批公布，皇城和法源寺 2 片为北京市第二批公布，南闹市口 1 片为北京市第三批公布。全区历史文化保护区总面积约 10.2 km²，约占西城区行政辖区面积的 20.17%、北京旧城历史文化保护区总面积的 50.3%。东城区的历史文化保护区有 18.5 片，面积达 10.35 km²，约占全区总面积的 24.7%，是全市历史文化保护区最多的地区。除了故宫、天坛、大运河三处世界文化遗产，国家、市、区三级文物保护单位 164 处，其中国家级 35 处，市级 71 处，区级 58 处。北京的 7.8 km 长的城市中轴线都在东城区的辖区之内。西城区和东城区的历史文化保护区具有浓厚的"北京味"，集中体现着北京文化，是国内外游客来京的必游之地，不仅是北京重要的历史文化资源，也是北京老城区发展旅游业的资源依托。

一、北京城市中轴线

《北京城市总体规划（2016 年—2035 年）》提出完善北京城市中轴线及其延长线，北京城市中轴线被视为最具首都功能代表性的区域之一。这条中轴线既是历史轴线，也是发展轴线，从南往北可分为"未来轴线""历史轴线""时代轴线"三个部分，是北京建设全国文化中心的魅力所在、资源所在、优势所在。其中，传统中轴线（历史轴线）包括钟鼓楼、什刹海、皇城、天安门广场以及复建后的永定门城楼等，将形成一个以民俗展览馆、文化纪念中心、民俗大观园、皇家祭祀文化与民间艺术博物馆为中心的"复古区域"。传统中轴线纵贯北京老城区，其核心区和缓冲区几乎覆盖了北京城二环以内 65% 以上的地区。保护北京中轴线，最核心的是"三个恢复"——恢复中轴线的完整性，恢复中轴线的历史景观空间，恢复中轴线的历史环境。

（一）永定门—前门

北京传统中轴线的外城段南起永定门，北至前门与内城相切。中轴线南起点永定门是明清北京外城城墙的正门，位于左安门和右安门中间，是外城城门中最大的一座，也是从南部出入京城的通衢要道。永定门始建于明嘉靖三十二年（1553 年），"永定"取"永远安定"之意。永定门城楼为重檐歇山三滴水楼阁式建筑。永定门瓮城、城楼和箭楼于 20 世纪 50 年代相继被拆除。2004 年，永定门城楼复建，但其瓮城和箭楼尚未复建，永定门成为北京城第一座复建的城门。永定门城楼北侧是永定门公园。永定门公园建于 2004 年，南起永定门，北至南纬路，处于天坛与先农坛之间，属北京重要的历史文化保护区，占地约 0.285 km²，南北长 1 km。永定门公园东西两侧的天坛和先农坛是北京中轴线两侧的重要标志性建筑。

永定门公园的北边是天桥地区。清《光绪顺天府志》记载："永定门大街，北接正阳门大街，井三。有桥曰天桥。"天桥是供天子到天坛、先农坛祭祀时使用的，故称"天桥"。天桥在 1934 年已全部拆除，但是天桥作为一个地名保留了下来。历史上，天桥一带是一个有自身特色的区域，正所谓"酒旗戏鼓天桥市，多少游人不忆家"。北京天桥有 600 多年的历史，元代的天桥是一片水乡，游人可从丽正门（今正阳门）乘船游玩，明代筑了外城才被渐渐填平，清初至清中叶还残存有一些遗迹，桥南一带还是柳暗花明。在古代的天桥地区，朝廷并不对这里的摊贩征收捐税，促进了这一带商业及游艺业的发展。因此，各类艺人在此献艺，各类曲艺演出场所伴随酒楼茶肆、商摊店铺、武术杂技场地而起，成为北京人欣赏民间技艺及曲艺艺术的一个集中场地，后来逐渐形成有"京味"特色的天桥市场。中华人民共和国成立前，许多江湖艺人在这里"撂地"，所谓"撂地"是指在地上画个白圈儿作为演出的场子，行话叫"画锅"。锅是做饭用的，画了锅，有了一个场子，艺人就有碗饭吃了。天桥市场的杂耍表演是一大特色，不但项目繁多，而且技艺高超。天桥杂耍表演项目包括拉弓、举刀、抖空竹、舞叉、爬杆、耍中幡、硬气功等。北京文化是多元文化，有以皇城为中心的皇城文化，也有以天桥为代表的平民文化。逛天桥的人，有的是想买点日用百货，有的是想看看各种民间艺术，有的则是想到吃食摊上品尝一下物美价廉的风味食品。可以说，天桥文化是北京平民文化的缩影。当代的天桥也充满着文化气息，有天桥剧场、天桥艺术中心、德云社剧场等，是大众舞台娱乐的绝佳选择。

天桥的北边是前门大街。前门大街是北京著名的商业街，是北京三大传统商业街之一，南起天桥路口，北至前门月亮湾。前门大街原是皇帝赴天坛、山川坛祭祀的御路，明嘉靖二十九年（1550 年）建成外城后成为外城主要南北向街道，明清时期称正阳门大街，俗称前门大街。1965 年正式定名为前门大街。明朝中叶，前门大街两侧出现了鲜鱼口、猪（珠）市口等集市和街道，它才成为一条商业街，北京最著名的大栅栏就在这里。清代，前门大街两侧陆续形成了许多专业集市，如鲜鱼市、肉市、果子市、布市、草市、猪市、粮食市、珠宝市、瓜子市，等等。清末，前门大街已有夜市。清光绪二十七年（1901 年）后，在前门箭楼东、西两侧设立了前门火车站东站、西站，前门大街成为北京同外地联系的交通枢纽。前门大街是老北京传统风貌、史迹文物、非物质文化遗产保存最完整的地区之一，集中融汇了老北京的建筑文化、商贾文化、市井文化、会馆文化、梨园文化，底蕴深厚。据专家认定，前门大街及前门东路以西区域原生地老字号达 13 家，全聚德、都一处、月盛斋等全国闻名的老字号都起源于此。2008 年经改造重新开街后的前门大街不停地变换着模样。近几年，前门大街不断提升内在品质，着重展示自身文化内涵。2017 年，前门大街又有了新的变化，翠树青石的古朴御道，独具老北京特色的鸟笼、铜鼓、冰糖葫芦等造型的路灯焕然一新，五牌楼、阿里山广场等标志性建筑新装亮相，前门街区绿化工程、亮化工程、景观改造工程、配套设施升级工程、建筑翻新工程、市政设施改造工程陆续完工。前门大街正以新的面貌向国内外游客展示着古都北京特有的风貌。

(二)正阳门—神武门

正阳门是天安门广场最南侧的建筑，始建于明永乐十七年(1419 年)，俗称前门、前门楼子，原名丽正门，是明清两代北京内城的正南门，也是老北京"京师九门"之一。古代的正阳门集城楼、箭楼与瓮城为一体，是一个完整的防御性建筑体系。现仅存城楼和箭楼，是北京城内唯一保存较完整的城门。正阳门之北是毛主席纪念堂，它是为纪念开国领袖毛泽东而建造的，坐落在原中华门旧址。天安门广场的中央矗立着人民英雄纪念碑，它坐落在中轴线上，北距天安门 463 m、南距正阳门 440 m，是中华人民共和国政府为纪念中国近现代史上的革命烈士而修建的纪念碑。广场的东西两侧分别为中国国家博物馆和人民大会堂。中国国家博物馆是世界上建筑面积最大的博物馆，建筑高度为 42.5 m，地上 5 层，地下 2 层。这里收藏着 130 多万件先辈留下的宝贵文化遗产，是中华文化的祠堂和祖庙。中国国家博物馆是"中国梦"的发源地，2012 年 11 月，习近平总书记率领新一届中央政治局常委来这里参观"复兴之路"基本陈列并发表重要讲话，首次提出了实现中华民族伟大复兴的"中国梦"命题。"中国梦"凝聚了全球中华儿女的心。中国国家博物馆还是国家的文化客厅，每年有不少外国元首、首脑和政要来参观做客。人民大会堂是党和国家领导人以及人民群众举行政治、外交、文化活动的场所，每年举行的全国人民代表大会、中国人民政治协商会议以及 5 年一次的中国共产党全国代表大会也在此召开。人民大会堂、人民英雄纪念碑、中国国家博物馆、毛主席纪念堂等建筑均入选首批中国 20 世纪建筑遗产。

天安门广场与天安门城楼分立长安街两侧，跨过长安街就是天安门。天安门的东西两侧分别是北京市劳动人民文化宫和中山公园。天安门坐落在首都北京的中心、故宫的南端，是明清两代北京皇城的正门，始建于明永乐十五年(1417 年)，最初被命名为"承天门"。清顺治八年(1651 年)更名为天安门。天安门由城台和城楼两部分组成，总高 34.7 m。天安门城楼长 66 m、宽

37 m。城台下有券门五阙，中间的券门最大，位于北京皇城中轴线上。正中门洞上方悬挂着巨幅毛泽东画像，两边分别是"中华人民共和国万岁"和"世界人民大团结万岁"的大幅标语。1949 年 10 月 1 日，新中国举行盛大的开国大典，毛泽东在天安门城楼上向全世界宣告中华人民共和国成立。沿着中轴线往北，穿过端门、午门（紫禁城正门），就是北京故宫。北京故宫是明清两代的皇家宫殿，旧称紫禁城，是中国古代宫廷建筑的精华。北京故宫以三大殿为中心，占地面积 720 000 m²，建筑面积约 150 000 m²，有大小宫殿 70 多座，房屋 9 000 余间，是世界上现存规模最大、保存最为完整的帝王宫殿建筑群。故宫南北长约 960 m，东西宽约 750 m。它周围有高 10 m 的城墙，墙外有宽 52 m 的护城河。四面各有一座门，南为午门，北为神武门，东为东华门，西为西华门。紫禁城由外朝、内廷两大部分组成。外朝以太和殿、中和殿、保和殿为中心，东有文华殿，西有武英殿为两翼，是朝廷举行大典的地方。外朝的后面是内廷，有乾清宫、交泰殿、坤宁宫、御花园以及东、西六宫等，是皇帝处理日常政务和皇帝、后妃们居住的地方。此外，东侧还有宁寿宫区域，是清朝乾隆皇帝为做太上皇退位养老之所。

神武门是紫禁城北门，始建于明永乐十八年（1420 年），初名玄武门，代表北方之意，后因避康熙皇帝玄烨名讳改名神武门，1924 年逊帝溥仪被驱逐出宫时即此门离去。门外上方匾额"故宫博物院"为著名历史学家郭沫若于1971 年题写。

（三）景山—钟楼

景山与紫禁城隔河相望，元代称为"青山"；明代兴建紫禁城时曾在这里堆放煤炭，又称"煤山"；永乐年间将开挖护城河的泥土堆积在此，形成一座高大的土山，称为"万岁山"，也称"镇山"。清顺治十二年（1655 年），改名为景山。1928 年，景山被辟为景山公园。远古时期，景山地区曾是永定河故道，由于永定河改道，且景山当时所处的地势较高，于是逐渐成为土丘。辽代修建瑶屿行宫（今北海公园琼华岛）、金代凿西华潭（今北海）时，积余土成丘，形成了景山。景山内有修建于清乾隆十五年（1750 年）的山脊五亭，分别称为"辑芳亭""富览亭""万春亭""周赏亭""观妙亭"，五座亭子中间高两侧低，左右对称。在景山东麓原有一棵老槐树，是明朝末代皇帝崇祯的自缢之处。

景山地区的北边是地安门地区。地安门是明清皇城北门，始建于明永乐十八年（1420 年），明代称北安门，俗称厚载门，亦称后门，1954 年被拆除，但是该地区地名仍称"地安门"。天安门则是皇城的南门，南北互相对应，寓意"天地平安，风调雨顺"。地安门是北京皇城四门之一。皇城正门称天安门

（明称承天门），东称东安门，西称西安门，北称地安门。地安门为传统商业街区，自元代起即为著名的商业街，今有马凯餐厅、地安门新华书店等店铺数十家，有火德真君庙、旧式铺面房、后门桥、广福观（山门）等市、区级文物保护单位。

地安门外大街的最北端是鼓楼，现今的鼓楼是明永乐年间重新建造的，元代时的鼓楼在明清鼓楼以西（今旧鼓楼大街南口）。钟楼是北京城市中轴线最北端的建筑，建造于明永乐十八年（1420 年），后毁于火。清乾隆十年（1745 年）重建，乾隆十二年（1747 年）竣工。钟鼓楼作为明清两代都城的报时中心，是古都北京的标志性建筑，也是见证中国几百年来历史的重要建筑。

二、北京中心的"海"

（一）前三海

北海位于北京城内景山西侧，在故宫的西北面，与中海、南海合称前三海。金海陵王完颜亮天德二年（1150 年）扩建瑶屿行宫，增建了瑶光殿。金大定年间，金世宗建琼华岛，并运来大量太湖石砌成假山岩洞，在中都的东北郊以瑶屿（即北海）为中心，修建大宁离宫。自那时起，北海就基本形成了今天的皇家宫苑格局。元至元年间，忽必烈三次扩建琼华岛，重建广寒殿。元至元八年（1271 年），以琼华岛为中心，又在湖的东西两岸营建宫殿，将北海建成一个颇有气派的皇家御园。1925 年，正式开放为北海公园。这里原是辽、金、元离宫，明、清辟为帝王御苑，是中国现存最古老、最完整、最具综合性和代表性的皇家园林之一，是国家 AAAA 级旅游景区。北海公园分为北岸景区、东岸景区、琼岛景区和团城景区四大区块，有小西天、九龙壁、静心斋、五龙亭、濠濮间、永安寺、琼岛春阴碑等景观。

中海北连北海，南连南海，与南海并称"中南海"。中海开辟于金元时期，南海挖凿于明初，清代与北海合称"西海子"。中海主要建筑有水云榭，中有太液秋风碑，是"燕京八景"之一。南海有新华门、瀛台等建筑。

（二）后三海

后三海，指前海、后海和西海三个水域及临近地区，与前三海相呼应，又称"什刹海"。什刹海地区是北京市历史文化旅游风景区、北京市历史文化保护区，位于西城区，毗邻中轴线，水域面积为 336 000 m^2，是北京内城唯一一处具有开阔水面的开放型景区，也是北京城内面积最大、风貌保存最完整的一片历史文化保护区，在北京城规划建设史上占有独特的地位。在 1999 年重新制定的北京 25 片历史文化保护区中，什刹海地区面积是最大的。

历史上什刹海四周原有十座佛寺，故称"十刹"。清代，什刹海就已经成为游乐消夏之所。什刹海地区的不少古建筑在北京城市建设发展史及政治文化史上占有重要地位，主要代表有恭王府及花园、宋庆龄故居及醇王府、郭沫若纪念馆、钟鼓楼、德胜门箭楼、广化寺、汇通祠、会贤堂。什刹海风光秀丽，被誉为"北方的水乡"。随着游客的增多，这里逐渐出现了一些古文化商店、小吃街和酒吧等，因此也成为京城文化街之一。

三、胡同文化与南锣鼓巷

"胡同"意为小巷。胡同走向一般是正东正西，两旁的建筑则多为四合院。四合院是一种由东西南北四座房屋以四四方方的对称形式围在一起的建筑物。大大小小的四合院一个紧挨一个排列起来，它们之间的通道就是胡同。胡同内在特色各不相同，它不仅是城市的脉络，更是北京老百姓生活的场所。北京人对胡同有着一种特殊的感情，它不仅是出入家门的通道，更是民俗风情博物馆，烙下了许多社会生活的印记。胡同一般距离闹市很近，但没有车水马龙的喧闹，可谓闹中取静，而且对于促进邻里关系的发展发挥了有效的作用。胡同、四合院影响着北京人的生活，北京人的生活也造就了胡同、四合院这种特殊的文化形式。胡同文化是北京特有的一种市民文化。

南锣鼓巷是具有北京胡同代表性的特色街区之一，它始建于元朝，有着众多具有特色的胡同。胡同里分布着众多名人旧宅故居，如靳云鹏旧宅、齐白石故居、茅盾故居，等等。南锣鼓巷及周边区域曾是元大都的市中心，明清时期则更是一处大富大贵之地，这里的街巷挤满了达官显贵，王府豪庭数不胜数。清王朝覆灭后，南锣鼓巷的繁华也跟着慢慢落幕。现在南锣鼓巷已完全改造成步行街，特色店铺林立，吸引着来自世界各地的游客一睹胡同的风采。它是北京最古老的街区之一，是我国唯一完整保存着元代胡同院落肌理，规模最大、品级最高、资源最丰富的棋盘式传统居民区，也是最富有老北京风情的街巷。周边胡同里各种形制的府邸、宅院多姿多彩，厚重深邃。

第五节　商业、金融业繁荣发达

首都功能核心区商业、金融业十分发达，一方面是继承了老城区的商业格局，另一方面是密集的城市人口催生了大量的商业、金融业需求，进而形成商业街区和金融中心。西城区和东城区的商业街区基本沿着城市中轴线对称分布，西城区主要分布在西单地区，东城区主要分布在王府井地区；继承北京老城区商业的旅游服务街区分布在前门大街和地安门—鼓楼一线。同时，位于西城区的金融街是北京市第一个大规模整体定向开发的金融产业功能区。

一、商业街区

(一)西单商业区

西单商业区南起西绒线胡同,北至灵境胡同西口,以西单北大街为轴线,东西进深 200～300 m。西单商业区是具有悠久历史和深厚文化底蕴的商贾云集之地,与王府井大街、前门大栅栏并称北京的三大传统商业区,在广大消费者心目中是商业经营的黄金地段,更是首都经济繁荣的象征。西单商业区的产生和发展是城市规模西扩的自然产物,是自发形成的商业中心。北京城市西部的大规模建设,国务院和所属部委办公区和生活区的建设,形成了对商业、服务业的巨大需求,这是西单地区商业形成的天然基础。西单商业区的规模增速很快,仅用了 10～15 年的时间就成为市级商业中心,这种成长速度在国内外大城市中也并不多见。西单商业区有君太百货、西单大悦城、汉光百货、西单购物中心、西单商场、老佛爷百货等多家大型商场。

(二)王府井商业街

王府井商业街是具有百年历史的著名商业区,位于市中心的东长安街北侧。王府井地区在明代中期出现了最早的商业活动。清代,这里共建有 8 座王府和公主府,打有一口供王府饮用的甜水井,故称"王府井"。清光绪年间,东安市场形成,王府井开始向商业街发展,成为北京的商业区之一。中华人民共和国成立后,北京作为首都,要求有一个成规模、上档次,足以称为首都"窗口"的全新商业街。1955 年,北京市百货大楼在王府井大街落成,新中国妇女儿童用品商店、北京工艺美术服务部和王府井新华书店相继在王府井大街开业,东安市场进行翻修。与此同时,中国照相馆、四联理发馆等一批名店由上海迁至北京,在王府井大街落户。王府井大街自此成为一条足以展示首都形象的商业名街。当今的王府井商业街汇集了北京市百货大楼、apm购物中心、新燕莎金街购物广场等大型商场。

二、金融中心——金融街

金融街南起复兴门内大街,北至阜成门内大街,是北京市第一个大规模整体定向开发的金融产业功能区,也是全市六大高端产业功能区之一。金融街的位置在元代时称为"金城坊",坊内的金城坊街是元大都的"九经"之一。民国元年(1912 年),设在这里的"大清银行"改为"中国银行",此后各大银行纷纷设于此。目前,金融街已经发展成为中国的金融决策监管中心、资产管理中心、金融支付结算中心、金融信息中心,集中了中国人民银行、中国银监会、中国证监会、中国保监会等中国最高金融决策和监管机构,几乎所有有关中国金融的重大决策都是在这里酝酿、讨论和最终形成的。这里还聚集有中国工商银行、中国银行、中国建设银行等全国性商业银行总行，中国进出口银行、国家开发银行等国家政策性银行总部，中国光大银行、中国民生银行等股份制银行，以及渤海银行、天津银行等银行的分支机构。同时，还有中国人寿保险公司、太平洋保险公司、泰康保险公司等保险企业入驻，中国移动、中国联通、中国电信等电信集团总部也位于这里。现如今，金融街是西城区乃至全市资金、技术、知识密集度最高的区域，也是近年来北京市经济发展最快的地区之一，已经成为首都经济的亮丽名片。

第六节　疏解非首都功能

首都功能核心区是北京人口最为密集的地区。北京既有作为国家首都的政治中心、文化中心的功能，又要在经济、金融、产业发展、教育、科研、医疗等几乎所有方面"全面发展"，造成资源聚集和人口数量日益增长的问题，使得人口与资源环境的矛盾越来越尖锐。建设首都功能核心区，必须抓住京津冀协同发展战略契机，疏解非首都功能，统筹考虑疏解与整治、疏解与提升、疏解与承接、疏解与协同的关系，优化提升首都功能，走出一条内涵集约发展的新路子，探索出人口经济密集地区优化开发的新模式，为实现首都长远可持续发展奠定坚实基础。

一、保障政务环境

北京是全国政治中心，应充分立足城市战略定位，做好"四个服务"，维护安全稳定，保障中央党政军领导机关高效开展工作，使北京拥有安全、优良的政务环境。具体措施包括：第一，严格控制建筑高度，严格管控高层建筑审批，提升安全保障水平；第二，有序推动核心区内市级党政机关和市属行政事业单位疏解，并带动其他非首都功能疏解；第三，结合功能重组与传统平房区保护更新，完善工作生活配套设施，提高中央党政军领导机关服务保障水平；第四，加强综合整治，营造良好政务环境，完成重点片区疏解和环境整治，优化调整用地功能，提升景观质量，创造安全、整洁、有序的政务环境；第五，推动被占用文物的腾退和功能疏解，结合历史经典建筑及园林绿地腾退、修缮和综合整治，为国事外交活动提供更多具有优美环境和文化品位的场所。

二、优化布局，推动功能重组

北京既是全国政治中心，又是全国文化中心，应立足定位突出两轴政治、文化功能，加强老城整体保护，打造沿二环路的文化景观环线，推动二环路外多片地区优化发展，重塑首都独有的壮美空间秩序，再现世界古都城市规划建设的杰作。具体措施包括：第一，继承发展传统城市中轴线和长安街形成的两轴格局，优化完善政治中心、文化中心功能，展现大国首都形象和中华文化魅力；第二，推动老城整体保护与复兴，建设承载中华优秀传统文化的代表地区，在老城范围内以各类重点文物、文化设施、重要历史场所为带动点，以街道、水系、绿地和文化探访路为纽带，以历史文化保护区等成片资源为依托，打造文化魅力场所、文化精品线路、文化精华地区相结合的文化景观网络系统；第三，严守整体保护要求，处理好保护与利用、物质文化遗产与非物质文化遗产、传承与创新的关系，使老城成为保有古都风貌、弘扬传统文化、具有一流文明风尚的世界级文化典范地区；第四，调整功能区结构，提升发展效益与城市服务水平，调整北京站、东直门、西直门、永定门等交通枢纽地区功能定位，提高周边地区业态水平，加强地区环境治理，整顿交通秩序，建设环境优美、服务优质、秩序良好的城市门户；第五，加强二环路沿线区域空间管控，严控建筑规模和高度，保持老城平缓开阔的空间形态，依托德胜门箭楼、古观象台、内城东南角楼、外城东南角楼、明城墙遗址等若干重要节点，开展二环路沿线环境综合整治及景观提升，贯通步行和非机动车系统，完善绿地体系，建设城墙遗址公园环，形成展示历史人文遗迹和现代化首都风貌的文化景观环线；第六，引导二环路以外的德胜门外、西直门外、复兴门外、广安门外、永定门外、广渠门外、东直门外和安定门外8个片区有序疏解非首都功能，创造整洁、文明、有序的工作生活环境，严格管控疏解腾退空间，完善公共绿地、社区公共服务设施、交通市政基础设施、城市安全设施，提高宜居水平和服务能力。

三、有序疏解非首都功能

针对北京的"大城市病"，应有序疏解非首都功能，突出首都北京的政治中心、文化中心、国际交往中心、科技创新中心功能。具体措施包括：第一，关停、转移区域性批发类商品交易市场，对疏解腾退空间进行改造提升、业态转型和城市修补，补足为本地居民服务的菜市场等社区便民设施。如北京动物园批发市场自2013年启动疏解工作，2015年开始搬迁，至2017年11月底东鼎服装商品批发市场关闭，目前已经关闭了动物园地区全部的11个批发市场和1家物流公司。完成搬迁后，腾退出来的地方将通过改造发展金融、科技和公共服务等产业，都是和首都功能和产业定位相结合的新兴产业，引进的产业要符合用地少、从业人员少、产值高的原则，而且还要绿色环保。

第二，疏解大型医疗机构，严禁在核心区新设综合性医疗机构和增加床位数量，引导鼓励大型医院在外围地区建设新院区，压缩核心区内门诊量与床位数。第三，优化升级王府井、西单、前门等传统商业区业态，不再新增商业功能，促进其向高品质、综合化发展，突出文化特征与地方特色。加强管理，改善环境，提高公共空间品质。第四，按照整体保护、人口减量、密度降低的要求，推进历史文化保护区、风貌协调区及其他成片传统平房区的保护和有机更新，建立内外联动机制，促进人口有序疏解，改善居民工作生活条件。

四、加强精细化管理，创建一流人居环境

首都功能核心区人口密度高，应通过加强精细化管理，增强环境建设的力度，创建一流人居环境。具体措施包括：第一，改善背街小巷等公共空间面貌，营造宜居环境。深化完善核心区网格化服务管理，提升公共空间管理水平。落实街巷长制，建立长效管理机制，整治背街小巷，建设"十无五好"文明街巷。提高环卫保洁标准，开展绿化美化建设，完善公共服务设施，规范环境秩序。让街巷胡同成为有绿荫、有鸟鸣、有老北京味的清静、舒适的公共空间。第二，加强房屋管理，确保合理、合法、有序利用。治理直管公房违规转租及群租、私搭乱建等问题，提升房屋利用质量与效率。开展老旧小区综合整治和适老化改造，增加坡道、电梯等设施。第三，提升生活性服务业品质，提高生活便利度。制定准入名单与机制，规范提升小型服务业，做好网点布局规划，打造规范化、品牌化、连锁化、便利化的社区商业服务网络。第四，加强旅游治理，营造整洁、有序的游览环境。加强旅游路线引导，完善故宫等重点景区周边交通疏导方案，规范胡同游和旅游大巴停放管理。外迁现有旅游集散中心，引导游客通过公共交通进入。加强景点周边管理，统筹旅游配套服务设施建设。第五，加强交通治理，改善出行环境。提高智能交通管理水平，实现包括胡同在内的停车管理全覆盖，提高现有停车设施利用效率，因地制宜开展停车场建设。打通未实施次干路和支路，综合整治道路空间，改善步行和自行车出行环境。第六，完善基础设施，切实改善民生。采取低影响开发、雨污分流、截流和调蓄等综合措施改造老城排水系统，降低内涝风险，减少溢流污染。推广四合院厕所入院、入户。推进生活垃圾源头分类与再生资源回收有效衔接，实现垃圾分类全覆盖。全面推进架空线整治，实现主次干道架空线全部入地。第七，制定政策法规，鼓励存量更新。针对四合院、工业遗产、近现代建筑等特色存量资源，制定完善相应政策法规，鼓励发展符合核心区功能定位、适应老城整体保护要求、高品质的特色文化产业。

第六章　城市功能拓展区

章前语

　　北京市城市功能拓展区包括朝阳区、海淀区、丰台区、石景山区。城市功能拓展区是首都外事活动区域，是国家高新技术产业基地，国内外知名的高等教育和科研机构聚集于此，有明显的带动示范作用。该区还是著名的旅游、文化、体育活动区域，是中国与世界联系的重要节点。城市功能拓展区担负着推进高新技术产业的再次创新、加快发展现代服务业、构建以知识创新为主动力的区域发展模式、统筹城乡经济社会协调发展、营建环境友好的和谐区域的重任。建设该区的总体目标是形成与现代城市功能相适应的产业体系和发展格局，形成城乡统筹、布局合理、功能完善的城市形态，形成以人为本、以秀美山水园林为标志、人与自然和谐融合的宜居区域，最终建成世界一流的商务区、科技园区、国家科技创新中心区、教育和体育中心区以及文化"首善之区"。

关键词

　　国际外事交流；教育资源；创新产业；文化休闲；交通枢纽

第一节　概　况

一、朝阳区

　　朝阳区位于北京城区东部，地理坐标为 $116°21'E\sim116°42'E$，$39°48'N\sim40°09'N$，东与通州区接壤，西与东城区、丰台区、海淀区相毗邻，南与大兴区相邻，北接顺义、昌平两区。全区面积约为 470.8 km²，平均海拔 34 m，是北京市中心城区中面积最大的一个区。

　　朝阳区地貌复杂多样，可划分为山地、丘陵、台地、平原。多种多样的地貌类型为农、林、牧、副、渔综合发展，建立城郊农业结构，提供了有利的条件。区域轮廓呈南北略长、东西稍窄的多边形。气候属暖温带半湿润大陆性季风气候，四季分明，降水集中，风向有明显的季节变化。春季气温回升快，昼夜温差较大；夏季炎热多雨；秋季晴朗少雨，冷暖适宜，光照充足；冬季寒冷干燥，多风少雪。

朝阳区的人口特点是总量多、增长快、结构复杂。截至 2018 年年底，朝阳区的常住人口数量为 360.5 万。

朝阳区伴随着古都的发展，历经漫长岁月。1925 年首次设区，史称东郊区。1949 年以后，根据首都北京的政治、经济和社会发展需要，行政区划曾多次变更。1958 年 5 月，经国务院批准，东郊区更名为朝阳。截至 2018 年该区下辖 24 个街道、19 个地区，具体为建外街道、朝外街道、呼家楼街道、三里屯街道、左家庄街道、香河园街道、和平街街道、安贞街道、亚运村街道、小关街道、酒仙桥街道、麦子店街道、团结湖街道、六里屯街道、八里庄街道、双井街道、劲松街道、潘家园街道、堡头街道、大屯街道、望京街道、奥运村街道、东湖街道、首都机场街道、南磨房地区、高碑店地区、将台地区、太阳宫地区、小红门地区、十八里店地区、平房地区、东风地区、来广营地区、常营地区、三间房地区、管庄地区、金盏地区、孙河地区、崔各庄地区、东坝地区、黑庄户地区、豆各庄地区、王四营地区。

朝阳区市场繁荣，大型商场众多。全区共有商业网点 3 万多个，形成了十几个商业区。其中，朝外大街商业中心被列为北京市新建五大市级商业中心之一，建有相当规模的金融、商务用房及相应的文化娱乐中心。位于该中心东部的蓝岛大厦是一座精品购物中心。和蓝岛连成一体的区域内还分布着友谊商店、贵友大厦、燕莎友谊商城、赛特购物中心等十几家大型商场。

二、海淀区

海淀区位于北京城区西部和西北部，地理坐标为 116°03′E～116°23′E，39°53′N～40°09′N，东与西城区、朝阳区相邻，南与丰台区毗连，西与石景山区、门头沟区交界，北与昌平区接壤。全区面积约为 431 km²，南北长约 30 km，东西最宽处 29 km，约占北京市总面积的 2.6%。

元代初年，海淀镇附近是一片浅湖水淀，故称"海淀"。1952 年 6 月，海淀区正式命名，1963 年 1 月形成现辖区域。截至 2018 年，该区下辖 22 个街道、7 个地区。具体为万寿路街道、永定路街道、羊坊店街道、甘家口街道、八里庄街道、紫竹院街道、北下关街道、北太平庄街道、学院路街道、中关村街道、海淀街道、青龙桥街道、清华园街道、燕园街道、香山街道、清河街道、花园路街道、西三旗街道、马连洼街道、田村路街道、上地街道、曙光街道、四季青地区、东升地区、西北旺地区、温泉地区、苏家坨地区、上庄地区、万柳地区。截至2018年年底，常住总人口为335.8万人。

海淀区高校云集，有"大学城"之称。作为国家重点建设的文化教育科研基地，海淀区人口的文化程度较高，全区人口的36％拥有大专以上学历。区内汇集了全国著名的权威性的科研院所及大专院校，是全国首屈一指的"智力库"。著名的北京大学、清华大学、中国人民大学、北京师范大学等高校都位于该区。

因得天独厚的科技文化资源优势，高科技在中关村率先发展起来。1988年5月，经国务院批准，中关村科技园区海淀园的前身——北京市新技术产业开发试验区在海淀诞生。海淀园是中关村科技园区的中心地带，拥有1.81 km²的上地信息产业基地和3.87 km²的永丰高新技术产业基地。

此外，海淀区悠久的文化和秀丽的景色，成就了其独特的旅游资源，香山、颐和园、圆明园等名胜古迹让人流连忘返。

三、丰台区

丰台区位于北京城区西南部，地理坐标为116°04′E～116°28′E，39°46′N～39°54′N，东面与朝阳区接壤，北面与东城区、西城区、海淀区、石景山区接壤，西北面与门头沟区、西南面与房山区、东南面与大兴区接壤。全区东西长35.3 km，南北宽15 km，全区面积约为306 km²。

丰台区地势为西北高、东南低，呈阶梯下降，西部为山区，东部为平原，平原约占丰台区面积的3/4，按地形分为三个地貌区——低山、丘陵与台地。永定河由北至南贯穿丰台区，河东部临近北京市区部分，其两岸大多为平原地带，河西部则多丘陵。全区最高点是最西端的马鞍山，海拔654 m；最低点为东南部的分钟寺，海拔35 m。该区气候是典型的暖温带半湿润大陆性季风气候。冬季受高纬度内陆季风影响，寒冷干燥；夏季受海洋季风影响，高温多雨。

截至2018年年末，丰台区常住人口为210.5万人，其中常住外来人口有69.8万人，占常住人口的比重为33.2％。在全部常住人口中，城镇人口为210.1万人，占99.8％。

殷商时，丰台地区属古北京——蓟城的郊野。西周地属蓟，春秋战国地属燕。秦时置蓟县。西汉蓟县南置阴乡县，治所阴乡城在今葆台一带。东汉撤阴乡入蓟县。至唐建中二年（781年），析蓟县西界为幽都县，今丰台中部当时属幽都县，东部属蓟县。辽会同元年（938年），改蓟县为蓟北县。开泰元年（1012年），改幽都、蓟北为宛平和析津。元代，今丰台东部南苑乡属大兴县，西部的北宫以南属良乡县，中间大部分属宛平。明代，今右安门以东的南苑乡属大兴县，西部王佐乡北部及大灰厂一带属房山县，王庄—怪村以南属良乡县。清末丰台镇以东、大红门以北划为城属区。1928 年 6 月，丰台区东部属南郊区，中、西部分属宛平县、房山县和良乡县。1950 年 6 月，经北京市人民政府报中央人民政府政务院批准，撤销建制的北京市第十八区（长辛店）并入第十五区。同年 8 月，北京市人民政府决定郊区名称与城区衔接，原第十四区（南苑）改为第十一区，第十五区（丰台）改为第十二区。1952 年，撤销宛平县，成立丰台区、南苑区、石景山区，隶北京市。1958 年，南苑区、石景山区大都并入丰台区。1963 年从丰台区分出成立石景山办事处，1967 年更名为石景山区。

截至 2018 年，该区下辖 14 个街道、5 个地区、2 个镇。具体为右安门街道、太平桥街道、西罗园街道、大红门街道、南苑街道、东高地街道、东铁匠营街道、卢沟桥街道、丰台街道、新村街道、长辛店街道、云岗街道、马家堡街道、和义街道、方庄地区、宛平城地区、卢沟桥地区、花乡地区、南苑地区、长辛店镇、王佐镇。

四、石景山区

石景山区位于北京城区西部，地理坐标为 $116°07'E \sim 116°14'E$，$39°53'N \sim 39°59'N$。该区位于长安街西段，最东端距天安门 14 km，全区面积约为 84.38 km²。"东临帝阙，西濒浑河"的石景山区因燕都第一仙山——石景山而得名，区域内山地面积占 23%。

1948 年 12 月 21 日，中国人民解放军北平市军事管制委员会将石景山地区划为"北平市第二十七区"，是为独立建置之始。中华人民共和国成立后，北京市行政区划几经调整。1952 年，撤销宛平县，成立丰台区、南苑区、石景山区，隶北京市。1958 年，南苑区、石景山区大都并入丰台区。1963 年从丰台区分出成立石景山办事处，1967 年更名为石景山区。石景山区是海淀区、丰台区、门头沟区的重要连接点，是京西板块空间关键支撑点。

截至 2018 年，石景山区下辖 9 个街道。具体为八宝山街道、老山街道、八角街道、古城街道、苹果园街道、金顶街街道、广宁街道、五里坨街道、鲁谷街道。

第二节 国际交往中心——朝阳区

朝阳区是外国驻华机构的聚集地、空港的所在地，还是北京商务中心区

(Beijing Central Business District，简称北京 CBD）所在地，是国际交往的重要窗口。

一、外事活动中心

北京的外国使馆，除了东直门内的俄罗斯大使馆、内务部街的卢森堡大使馆在东城区外，其余都在朝阳区。目前北京有三个使馆区，建国门外日坛附近是第一使馆区，三里屯以北是第二使馆区，燕莎之外近年又新建第三使馆区。其中，三里屯使馆区是北京最大的使馆区，充满异国情调，使馆大都自成单元，多是 2～3 层的小楼，如同一个个大别墅。街道也基本按各国使馆布局设置，方方正正，呈井字形交叉，窄而密集。

一般而言，该区使馆四周是河流、草地、竹林，常种植银杏等高大植物，入秋时分，落叶飘零。使馆院里大都树木繁茂，透着一种安逸的气氛。这里也是北京鸟类最多的地区之一，麻雀、喜鹊纷纷落户，偶尔还可以见到啄木鸟。门前的国徽、国旗和守卫的武警战士则透露出威严。

全区涉外单位共计 1 300 余个，占全市的一半以上，并且区域内汇集了北京约 70%的涉外资源、约 60%的外国商社和约 90%的外国驻京新闻机构。

二、北京商务中心区

北京商务中心区地处北京市长安街、建国门、国贸和燕莎使馆区的中心交会区，即西起东大桥路、东至东四环、南起通惠河、北至朝阳北路的 7 km² 的区域。

北京商务中心区是惠普、三星、丰田、通用、北京现代、德意志银行等众多世界级企业中国总部所在地，也是中央电视台、凤凰卫视、北京电视台等媒体的新址，还是国内众多金融、保险、地产、网络等领域企业的所在地，拥有众多微型信贷服务机构，是金融工具的汇集之处，代表着时尚的前沿，同时又是无数中小企业创业和成长的摇篮。

截至 2014 年，北京商务中心区入驻企业达 19 000 家，规模以上企业 8 900 家，年均增长 27%；注册资本过亿元企业 180 余家，已形成国际金融为龙头、高端商务为主导、国际传媒聚集发展的产业格局。

区域内国际化资源聚集，集中了北京市约 90%的国际传媒机构，约 80%的国际组织、国际商会，约 80%的跨国公司地区总部，约 70%的世界 500 强企业，约 70%的国际金融机构，约 30%的五星级酒店。区内国际交流频繁、多元文化交融，登记外籍人口近 4.4 万人，约占北京市登记外籍人口的 50%。北京市 50%以上的国际性会议、约 90%的国际商务展览在这里举办。

从 330 m 的中国国际贸易中心第三期到世贸天阶的超大电子屏，从建外 SOHO 到万达广场，以及新建的 528 m 高的中国尊，众多创意文化、物流、服务企业在这里启航。

有专家预言，未来北京商务中心区全面成形后，将充分发挥管理、集散、服务与交往功能。它将强烈吸引跨国公司总部和地区总部来此落户，从而发展成以现代服务业为主导、国际金融产业为龙头的国际金融功能区和现代服务业聚集地。2020 年，北京商务中心区成为亚太地区经济运行控制中心之一，成为全球经济资源和各类生产要素的集散基地、现代服务业的集中发展基地和经济文化的国际交流基地。

三、国际交往中心

除了外交与商务，朝阳区还是国际交往的中心，区内建有北京首都国际机场、北京国际会议中心、北京国际展览中心等基础设施，为国家对外交往提供了交流、展示的平台。

(一)北京首都国际机场

北京首都国际机场，是中国最繁忙的国际空港，是中国的空中门户和对外交流的重要窗口。

北京首都国际机场建成于 1958 年，1980 年 1 月 1 日，T1 航站楼、停机坪、楼前停车场等配套工程建成并正式投入使用。北京首都国际机场年旅客吞吐量从 1978 年的 103 万人次增长到 2018 年的 1.01 亿人次，居亚洲第 1 位、全球第 2 位。

2019 年 1 月，民航局印发《北京大兴国际机场转场投运及"一市两场"航班时刻资源配置方案》和《北京"一市两场"转场投运期资源协调方案》。配置方案和协调方案规划了北京首都国际机场定位为大型国际航空枢纽、亚太地区重要复合枢纽，服务于首都核心功能，将在现有基础上缓解"拥堵"，提质增效，实现年旅客吞吐量 8 200 万人次的工作目标。

(二)北京国际会议中心

北京国际会议中心是一家五星级会议服务接待场所，以承办接待国际、国内会议展览、大型活动和出租写字间为主要经营项目。北京国际会议中心、北辰五洲大酒店是举办会议展览、文化交流、商贸活动的专业理想场所，2002 年，北京国际会议中心与北辰五洲大酒店进行战略整合。凭借集团综合优势，整合后企业运营能力得到有效提升，市场份额不断扩大，在国内外会展行业打造优质品牌。北京国际会议中心、北辰五洲大酒店隶属北辰集团，提供一流会议展览、办公居住、娱乐购物等一站式服务，坐拥亚奥商圈、北眺奥运场馆，南临四环主路，环境优美、交通便利。

北京国际会议中心获得北京市旅游局授予的"五星级最佳服务场所"称号。1996 年 4 月 15 日，北京国际会议中心加入国际大会与会议协会（ICCA），成为其会员。北京国际会议中心拥有各种类型的会议室 48 间，展览面积 5 000 m²。北辰五洲大酒店是四星级酒店，拥有风格迥异的客房 538 间，还有各式风格的餐厅，可提供不同菜系的美味佳肴。

（三）北京国际展览中心

北京国际展览中心隶属中国国际贸易促进委员会北京市分会，原机构名称为北京市贸促会展览部。为便于开展对外交流，1985 年起在保留北京市贸促会展览部名称和职能的基础上，对外称北京国际展览中心。

自成立以来，北京国际展览中心承办了北京市人民政府、北京市贸促会交办的各种国际交流、会议展览等大型活动，并参与有关行业规则的制定，为促进北京市对外经济贸易交流合作做出了巨大贡献。2008 年，北京市贸促会进行机构体制改革，市编办批准北京国际展览中心为事业单位法人。在完成北京市贸促会交办的各项公益服务工作的同时，北京国际展览中心积极利用市场配置资源，开展国际服务贸易所涉及的国际展览业务。

四、文化体育中心

位于朝阳区的国家奥林匹克体育中心，于 1990 年第十一届亚洲运动会前建成并正式投入使用，是集竞赛训练、全民健身、休闲娱乐为一体的体育基地、体育公园。作为中国体育发展的对外窗口，国家奥林匹克体育中心先后承办了第十一届亚洲运动会、第七届全国运动会、第二十一届世界大学生运动会、2008 年奥运会等一系列重大体育赛事和其他重要大型活动，深受人民群众喜爱。

第三节　高科技文化产业中心——海淀区

作为面向未来的新型城市化地区，海淀区以建设生态型、田园式、现代化的城市新区为发展目标，以高新技术产业和国际化为引领，立足"研发＋产业"定位，走新型城市化道路，主要发展高科技研发制造产业、文化教育产业等。

一、高科技研发制造产业

中关村科技园区是北京市高科技产业中心。北京市作为全国文化交流中心，其科技文化产业的发展备受瞩目。中关村科技园区致力于做中国"硅谷"，覆盖了北京市最重要的科技、智力、人才和信息等各类资源。

1988年5月，国务院批准成立中国第一个国家级高新技术产业开发区——北京高新技术产业开发试验区，它就是中关村科技园区海淀园的前身。1999年6月，国务院正式批复北京市人民政府和科学技术部《关于实施科教兴国战略，加快建设中关村科技园区的请示》，原则同意《请示》中关于加快建设中关村科技园区的意见和发展规划，批准北京创建有中国特色的中关村科技园区。园区用地分三个部分——中心区、发展区、辐射区。

中关村经过多年的发展建设，已经聚集以联想、百度为代表的高新技术企业近2万家，形成了下一代互联网、移动互联网和新一代移动通信、卫星应用、生物和健康、节能环保、轨道交通六大优势产业集群，集成电路、新材料、高端装备与通用航空、新能源和新能源汽车四大潜力产业集群和高端发展的现代服务业，构建了"一区多园"各具特色的发展格局，成为首都跨行政区的高端产业功能区。

中关村每年发生的创业投资案例和投资金额均占全国的1/3左右；截至2014年，上市公司总数达到254家，其中境内156家，境外98家，中关村上市公司总市值达到30 804亿元。

中关村科技园区管委会致力于园区的基础建设，在硬件环境建设方面加大规划和投资力度，在中心区通过多元化投融资方式加速建设中关村科技商务中心区、中科院科学城、北大科技园和清华科技园，在发展区重点规划建设中关村软件园、北大生物城、上地信息产业基地、永丰高新技术产业基地、北京航天城等多个专业化产业基地。

（一）中关村软件园

园区规划总占地面积1.39 km²，总建筑面积60多万平方米，容积率0.44，平均建筑层数3层。商务区设在园区东、南两侧，建筑平面布置以街区的形式排列，建筑之间以庭园绿地相互连接。软件研发区的研发中心以组团的形式在森林绿地中自由疏散分布，充分体现了"让科技融入自然"的宗旨。截至2018年年底，中关村软件园聚集企业近700家，其中上市公司67家、收入过亿企业71家，总收入突破2 500亿元，每平方千米产值969亿元。

园区内建有高速光纤网络系统和卫星广播电视接收系统，提供1 000 M的宽带网络和20 M以上的高速国际出口，已完成无线网络覆盖、视频会议系统、一卡通系统、监控系统以及通信系统等数字化园区建设。园区设有软件企业评估与认证中心、知识产权登记中心、软件产品质量评测中心、软件工程咨询中心等。其中，软件产品质量评测中心投资1.35亿元建设的全国最大的"三库四平台"（软件工具库、开放源码库、软件构件库、综合服务管理平台、软件质量管理平台、软件开发试验平台、软件测试平台），为软件企业的产品开发、质量管理等提供服务。园区为软件企业提供国际商务、会展、贸易等服务；成立软件出口联盟，为软件出口企业提供拓展市场、资源共享等服务。

(二)北大生物城

北大生物城是集生物技术研究、开发和产业化于一体的高尔夫球场式基地，占地 300 000 km²，它隶属北大未名集团并完全由集团负责开发建设。北大未名集团总部及集团控股企业——北京科兴生物制品有限公司、国家作物分子设计中心(北京未名凯拓农业生物技术有限公司)、北京凯拓迪恩生物技术研发中心有限公司、北京未名博思生物智能技术开发有限公司、北京时代里程生物经济研究中心有限公司、北京未名福源基因药物研究中心有限公司均位于北大生物城内。北大生物城已被科技部确定为"国家 863 计划科技成果产业化基地"，并被列入北京市中长期社会经济发展重点项目和中关村科技园区首批重点建设项目。

经过多年的努力，北大生物城的各项工作取得了重要进展，不仅成功研发和生产出中国第一个甲肝灭活疫苗、甲乙肝联合疫苗，还诞生了世界上第一个 SARS 病毒灭活疫苗。中国第一个人用禽流感疫苗的研究已完成 Ⅱ 期临床试验，农业生物技术也取得了一系列世界水平的突破性成果。世界上第一个生物经济研究中心也诞生在这里。

(三)上地信息产业基地

上地信息产业基地于 1991 年 10 月经国家科委和北京市人民政府批准建设，是我国第一个以电子信息产业为主导，集科研、开发、经营、培训和服务为一体的综合性高科技产业园区。上地南区占地 1.81 km²，总建筑面积 2 300 000 m²，绿化率 32%，2000 年基本建成。上地北区占地 0.51 km²，于 2000 年 6 月开始建设，总规划建筑面积 530 000 m²，北区绿化率达 53.33%，现已基本建成。园区的产业结构为电子信息占 70%，光机电一体化占 20%，新材料、新能源占 5%，生物工程、新医药占 5%。现已形成特色化、规模化、集群化的产业发展格局，实现了土地和产业的"聚集效应"和"钻石效益"。

(四)永丰高新技术产业基地

永丰高新技术产业基地按不同的用地性质规划为 4 个工业生产区、1 个公共服务中心和 1 个生活居住区。基地内科研、工业区用地 2.07 km²，重点吸纳新材料产业、信息产业、生物工程与新医药产业、环保及资源综合利用产业、光机电一体化产业、空间技术产业等经济效益好、科技附加值高、技术密集的绿色环保无污染的高新技术产业。

(五)北京航天城

北京航天城是中国空间技术研究院、北京航天飞行控制中心所在地,是中国第一个、世界第三个具有透明控制能力、可视化测控支持能力、高精度实时定轨能力、高速数据处理能力、自动化计划生成能力和清晰图像传输能力的现代化飞控中心。北京航天城承担着我国载人航天飞行任务的指挥调度、飞行控制、数据处理、信息交换,航天员的选拔和训练任务,航天服、航天仪器研制工作等,有航天飞行控制中心大厅、航天员体能训练馆等设施。

为加快推进高新区建设,产学研用协同创新、创新要素聚集、科技金融改革等取得重要成果。海淀区有近3 200家企业通过国家高新技术企业认定,占全市的60.2%,居全国同级城区之首。全区专利申请总数达到9.4万件(其中发明专利申请量占65%以上,约占北京市的60%)。技术交易总额、科技奖励数量均居全国之首,现中国技术交易所、中关村科技创新和产业化促进中心已挂牌成立。海淀区还被北京市人民政府批准建设中关村科技金融创新中心,汉卡、汉字激光照排、云计算、物联网、下一代互联网等领域核心技术在全国均保持领先,涌现了龙芯CPU、曙光超级计算机、甲型H1N1疫苗、神舟飞船、嫦娥探月工程等一大批国际领先的自主创新成果。

二、文化教育产业

海淀的文化资源居全国之首,中央电视台、中国国家图书馆等一大批国家级文化设施、场所坐落于此。中央电视台是国家电视台,成立于1958年5月1日,是中国的新闻舆论机构和思想文化阵地,具有传播新闻、社会教育、文化娱乐、信息服务等多种功能。

中国国家图书馆位于中关村南大街33号,与高梁河、紫竹院公园相邻。据2018年10月中国国家图书馆官网信息显示,该图书馆总馆总建筑面积0.28 km^2,分为总馆南馆、总馆北馆和古籍馆,馆藏文献3 768.62万册,其中古籍文献近200万册,是亚洲规模最大的图书馆,居世界国家图书馆第3位。

海淀区汇集了全国著名的、权威性的科研院所,高校林立,是全国首屈一指的"智力库"。著名的北京大学、清华大学、中国人民大学、北京师范大学、北京航空航天大学等60余所高等院校坐落在海淀区,该区有"大学城"之称。其中,最为著名的两所大学是北京大学和清华大学。

北京大学诞生于1898年,初名京师大学堂,是中国近代第一所综合性大学,也是最早以"大学"身份及名称建立的学校,其成立标志着中国近代高等教育的开端。北京大学是中国近代以来唯一以国家最高学府身份创立的学校,最初也是国家最高教育行政机关，行使教育部职能，统管全国教育。1911 年辛亥革命爆发，翌年京师大学堂改名为北京大学。1916 年，著名教育家蔡元培出任校长，"循思想自由原则，取兼容并包之义"，推行改革，把北京大学办成全国的学术和思想中心，使北京大学成为新文化运动的中心、五四运动的策源地。1937 年卢沟桥事变后，北京大学与清华大学、南开大学合并组建国立长沙临时大学，1938 年迁至昆明，更名为国立西南联合大学。1946 年回到北平复校。1952 年院系调整时，校园从北京内城迁至西北郊燕园。北京大学在学术方面有很多享誉中外的科学成就：曾参与完成世界上第一例人工合成牛胰岛素，产生了世界上直径最小的单壁碳纳米管，设计了中国第一台百万次集成电路电子计算机，锑、铕、铈原子量的国际标准在北大测定，等等。

清华大学诞生于 1911 年，因坐落于北京西北郊的清华园而得名，初称"清华学堂"，是清政府设立的留美预备学校，翌年更名为"清华学校"。1925 年设立大学部，1928 年更名为国立清华大学。1937 年抗日战争全面爆发后，学校南迁长沙，与北京大学、南开大学合并组建国立长沙临时大学，1938 年迁至昆明，更名为国立西南联合大学。1946 年迁回北京清华园原址。清华大学是中国乃至亚洲最著名的高等学府之一，2 位中华人民共和国主席、7 位中央政治局常委、14 位"两弹一星功勋奖章"获得者、600 余位院士从这里走出，王国维、梁启超、陈寅恪、赵元任等一大批学术巨匠曾在此执教。

作为国家重点建设的文化教育科研基地，海淀区人口的文化程度较高。清华大学、北京大学和中国人民大学荣膺 2018 中国八星级大学，雄踞 2018 中国最好大学排行榜前三强，跻身世界一流大学行列。

第四节　高端产业发展区——丰台区

丰台区是全国交通枢纽之一，土地资源丰富，有未开发建设用地约 40 km²，作为首都西南的生态屏障，有绿地约 5 500 km²，是国家航天、航空、冶金、军事科研的重要基地。区内高智力资源密集，具有区位、交通、资源、智力、生态等后发优势。

一、发达的交通枢纽

丰台区地处北京西南部、中心区边缘，具有丰富的铁路、公路运输资源，自古以来是北京南北交通的咽喉，素有"首都陆上码头"之美誉。

（一）铁路枢纽

京九、京广、京沪、京哈、丰沙、南环、京原 7 条铁路交会于此。北京南站不仅是京津城际铁路的节点，也是京沪高铁的节点。区内共有铁路专用线 53 条，占全市铁路专用线拥有量的 14%，构成了四通八达的铁路枢纽。

北京西站是国家以及北京市"八五"计划的一项重要城市基础设施。为缓解北京站的运行压力，铁道部及北京市决定在丰台区新建一座大型火车客运交通枢纽站，定名为北京西站，包括客运站房、铁路引入线、市政道路和立交桥、地铁、铁路自动化通信系统以及与其相配套的建筑群如邮政枢纽、公安局等工程，投资总额达 23.5 亿元。北京西站是一座现代化客运站，截至 2015 年 3 月，占地 0.51 km²，总建筑面积为 0.7 km²，其中站房约 0.5 km²，车场规模达 10 台 20 线。北京西站是京九铁路的龙头工程，从北京西站开出的列车通往全国各地。截至 2016 年，北京西站日均客流量达 180 000～200 000人次，高峰期日客流量达 400 000～600 000 人次，覆盖人群近 1.8 亿人次，是北京市客流量最大的火车站，也是世界最大的铁路客运站之一。

（二）公路枢纽

丰台区内高速公路发达，有京港澳、京开、京津塘 3 条高速公路和二环、三环、四环、五环、六环、丰北路、德贤路 7 条快速路，以及 104 国道、105 国道、106 国道、107 国道、108 国道 5 条国道。

（三）航空枢纽

位于丰台区的南苑机场是中国历史上第一座机场。该机场原来是军用机场，后对民航开放，但只限中国联合航空和中国东方航空两家航空公司。南苑机场距离南四环 3 km，距离天安门广场 13 km，拥有一座年处理 120 万人次的航站楼，机场飞行区等级为 4D，是北京地区第一座军民合用的大型机场。2019 年 9 月 25 日，大兴国际机场投运，南苑机场于次日关闭。

二、开放的科技园区

作为全国第一个自觉实践总部经济的区域，丰台科技园成立于 1991 年 11 月，是中关村最早的"一区三园"之一。截至 2016 年，在一片菜地上建成的丰台科技园，以不到丰台区 1% 的土地面积创造了丰台区 1/4 的地区财政收入。

经过 20 多年的发展，丰台科技园形成了以总部经济为特色、以科技创新为核心、以高新技术和高端制造为支撑的产业发展格局，在 8.18 km² 的土地上实现了总部基地和科技创新两大产业的飞速发展。

丰台科技园坚持"高端化、轻型化、智能化"的发展方向，瞄准前沿技术和产业发展趋势，充分发挥区内航天军工、卫星火箭、高铁等核心资源，以关键技术研发和装备研制带动重点领域突破，以重大工程建设与核心企业培育为重点，积极发展轨道交通、航空航天等高端产业。

(一)高端产业

丰台园发展形势良好，2019年1～11月实现收入4 792亿元，同比增长15.6%，总量和人均产出率、地均产出率均居示范区前列。丰台园已形成轨道交通、航空航天两大千亿级产业集群，成为丰台区经济发展的主引擎和科技创新的主战场、首都重要的产业功能区和高技术创新基地。2020年，丰台园以"打造大企业为引领的轨道交通产业集群生态系统"为目标，以"开发建设"和"运营服务"两大平台为抓手，集聚空间、政策、市场三类要素，着力推动园区高质量发展。园区进一步推动服务品质升级，完善企业服务体系，建设专业化服务平台，提升国际化水平，加大重点产业和外资企业引进力度，支持园区企业开展海外业务，优化园区国际化发展环境，构建产业开放发展格局。

(二)军事科研

丰台园内有近50家隶属于航天科技、航天科工、中船重工、中船工业、中国兵器、中国电科等军工集团的企业入驻，是北京国防和军队科研院所最集中的地区。

丰台园抓住军民融合发展这一重大历史机遇，支持军民融合产业快速、健康、聚集发展，力争成为具有全国影响力的军民融合科技创新、成果转化和产业化聚集区之一。

2017年4月，首届军民融合发展暨投融资高端论坛在北京举行，一大批优秀的军民融合成果亮相论坛和展会。除了民用，抗量子无线电保密通信技术在国防领域也大显身手，能将所有的非法用户隔绝于外。2017年9月，该技术一举获得"中国军民两用技术创新大赛"技术创新类银奖。

为了能够支持高精尖企业快速发展，丰台园提供"一企一策"企业管家全程化服务，了解企业发展现状以及遇到的问题，并制定有针对性的措施，及时主动上门服务，极大地鼓励了企业快速成长的信心。

截至目前，丰台园军民融合特色产业重点企业达到80余家，形成了一定的产业链条，经济和社会效益初步显现。

丰台科技园产业呈现"两主两辅多特色"的特点。"两主"即上述两大主导产业：轨道交通和军民融合产业；"两辅"即两大辅助产业：生物医药和工程服务产业；"多特色"指节能环保、应急救援、科技服务等多个特色产业。

三、丰富的旅游资源

截至2016年，丰台区共有国家AAAA级景区7处、AAA级景区3处、

AA级景区3处。卢沟桥横跨永定河，"卢沟晓月"是著名的"燕京八景"之一。宛平城屹立在永定河畔，莲花池水孕育古都北京。著名的景区景点还有北京园博园、南宫旅游景区、北宫国家森林公园、世界公园、世界花卉大观园、北京汽车博物馆、北京欢乐水魔方嬉水乐园、北京国际露营公园等。

除此之外，丰台区还重视永定河生态文化新区的建设。30多年前永定河三家店以下断流后，丰台10 km长、数百米宽的河道河床裸露，河道内处处可见大小沙坑。在城南行动计划的推动下，2010年2月，永定河绿色生态发展带建设启动。随着宛平湖、晓月湖的对外开放和园博湖的蓄水完成，永定河丰台段7.4 km河道恢复通流，三湖成一线，形成2 km²连续水面。园博园占地面积1.84 km²，总体布局为"一谷、二区、三带、六园"。园博园是通过新材料、新技术以及再生能源、低碳技术的运用，在垃圾填埋场上建成的一座绿色生态、景色优美的园区。园博园的建成使永定河生态文化新区成为节能环保、生态宜居、滨水休闲的首都文化旅游休闲新高地。丰台区成功举办园博会和种子大会，建成集会议展览、创意设计、文化演艺、旅游观光、商贸商务为一体的首都商务会展、休闲旅游品牌基地，走出了一条人与自然和谐、经济与社会和谐、历史文化与现代时尚和谐的发展之路。

第五节 首都文化娱乐休闲区——石景山区

石景山区以发展现代服务业、高新技术产业为先导，大力营造生态良好的城市环境和健康时尚的文化氛围，努力打造集文化创意、商务办公、高新技术、休闲娱乐、旅游会展等功能为一体的首都文化娱乐休闲区，逐步形成"一二三六"的产业发展格局，即一个科技园区、两个休闲旅游区、三个产业基地和六个商务功能区。

一、科技园区

2006年1月，国家发展和改革委员会批准石景山园加入中关村科技园区。石景山园由原来的0.8 km²扩充到3.45 km²，包括八大处高科技园区产业园、北方微电子基地生产园、研发园以及新扩充的北辛安园。

中关村科技园区石景山园将打造以数字娱乐为特色的创意产业核心区，以高新技术产业和总部经济为主的科技产业先导区，以新材料、节能环保、光机电为主的新兴产业发展区；成为增强自主创新能力的重要载体，成为带动区域经济结构调整和增长的引擎，成为特色鲜明、经济发达、配套完备、服务优良、生态环保的科技园。

二、休闲旅游区

两个休闲旅游区，即东部现代娱乐旅游区、西部生态休闲旅游区。东部主要以现代娱乐场所为主。截至 2015 年，北京国际雕塑公园内收藏来自 40 多个国家和地区的 180 余件优秀雕塑、壁画作品。石景山区建有以高新科技为支撑的 4D 影院、悬挂式过山车等；拥有多个奥运场馆。这些都为首都文化娱乐休闲区的建设提供了良好的文化产业基础。

西部有八大处，其中二处灵光寺中珍藏的佛牙舍利是世界上仅有的两枚佛牙舍利之一，曾多次远渡重洋进行展示；法海寺以明代壁画著称，其艺术价值可以与敦煌壁画相媲美，现在已经作为珍品被保护起来；天泰山也是区内非常优美的一处未开发的自然风景区，有慈善寺、万善桥、南马场水库等景点。

三、产业基地

（一）北京数字娱乐产业示范基地

北京数字娱乐产业示范基地是首批认定的"北京文化创意产业集聚区"之一，文化创意企业总量超过 2 500 家，形成了网络游戏、影视动漫和新媒体三大产业发展格局。

该基地是由科技部和原新闻出版总署分别批复的国家数字媒体技术产业化基地和国家网络游戏动漫产业发展基地的重要组成部分。目前，由体育总局批准的中国电子竞技运动发展中心也落户该基地。更重要的是，基地运营公司——北京数字娱乐发展有限公司的成立，使得一批基地建设重点项目的招商工作如火如荼地开展。其未来的发展规划是将文化创意和高新技术相结合作为产业特色，引领区域科技创新、高端产业发展，引导特色人才聚集，推进区域又好又快地发展。

（二）首钢新兴产业基地

根据《首钢工业区改造规划》，2010 年首钢涉钢产业搬迁调整后，首钢工业区的功能定位是城市西部综合服务中心和后工业文化创意产业区，将承载起行政办公商务区、工业文化遗产保护、工业主题游览、休闲旅游等特色服务功能。结合石景山区打造首都文化娱乐休闲区，首钢工业区内将重点发展现代服务业，特别是规划中为中央行政办公留出了一个区域。首钢工业区未来功能定位为工业主题园、文化创意产业园、行政中心、综合服务中心、总部经济区、综合配套。

(三)产业培育基地

石景山区产业培育基地以"巩固经济存量，引进经济增量"为原则，以发展楼宇经济为目标，注重财政的归属性和注册地的属地性，吸引不同类型企业入驻，积极扶持中小企业，实行席位式办公模式，帮助企业减少运营成本，提高载体资源使用率。

四、首都文化娱乐休闲区

随着首钢整体搬迁，石景山区规划打造了集休闲娱乐、数字动漫、会展购物和商务办公等功能为一体的首都文化娱乐休闲区，以打破京西以住宅为主、缺乏商务项目的市场定位。未来，石景山区预计投资 106 亿元建设一个建筑规模约 0.6 km² 的商务中心。值得一提的是，规划建设的北京国际雕塑公园地下商务区、银河商务区、京西会展商务区、京燕商务区、TSM 时代购物花园商务区、苹果园交通枢纽商务区等，将使未来的京西繁华堪比北京商务中心区。

北京国际雕塑公园地下商务区的规划用途是商业、文化娱乐，总用地面积为 0.035 km²，总建筑面积为 0.118 km²，其中地上 0.029 km²，地下 0.089 km²。配套雕塑公园，形成"以街带园、以园促街"的共同发展格局；突出城市风情主题特色，倡导人文特色商业理念，营造品位高雅的时尚文化氛围，建设成为具有文化特色的市级商业街；经营风味美食、服装、茶餐厅、酒吧、健身房、艺术画廊等。

银河商务区是石景山区重点打造的商务功能区之一，以发展商务金融产业和总部经济为重点，总用地面积约 0.196 km²，总建筑面积约 0.142 km²。京西会展商务区是集展览、会议、酒店、精品购物为一体的综合性的商务中心。京燕商务区位于八角地区，总用地面积约 0.066 2 km²，总建筑面积约 0.163 1 km²，规划用途为居住、商业、金融。TSM 时代购物花园商务区也位于八角地区，紧邻阜石路，总建筑面积约 0.530 8 km²，建设数码娱乐、体育休闲、特色餐饮、步行商业街区和酒店公寓、商务办公等设施，成为京西消费中心。苹果园交通枢纽商务区的主要用途是居住、商业、金融，总用地面积为 0.648 4 km²，总建筑面积为 0.625 87 km²。

第七章 城市发展新区

章前语

　　城市发展新区，包括房山区、通州区、顺义区、昌平区和大兴区，它们不仅是首都面向区域协同发展的重要战略门户，也是承接中心城区适宜功能、服务保障首都功能的重点地区。坚持集约高效发展，控制建设规模，提升城市发展水平和综合服务能力，建设高新技术和战略性新兴产业集聚区、城乡综合治理和新型城镇化发展示范区。本章将介绍城市发展新区的五个行政区的区域概况，主要包括自然地理特征、人文地理特征、区域行政沿革。重点介绍作为北京新两翼中一翼的北京城市副中心，并强调其对接中心城区功能和人口疏解，发挥对疏解非首都功能的示范带动作用。以昌平区的大型社区为例，说明城市发展新区在高密度承接城市人口中的作用。顺义、大兴、亦庄、昌平、房山等新城及地区承接中心城区的教育、文化功能和科技创新产业，具有集团化发展的空间条件。同时发展这些功能，有助于推动新城的快速城市化，迅速提升城市公共基础设施，整合区域内优势资源，形成区域发展新的增长极。顺义建有北京首都国际机场，大兴建有北京大兴国际机场，机场催生的临空经济将成为区域发展的重要方向。

关键词

　　区域概况；北京城市副中心；大型住宅区；高教园区；科技创新园区；临空经济区

第一节 概 况

　　城市发展新区，包括房山区、通州区、顺义区、昌平区和大兴区。城市发展新区是北京"一核一主一副、两轴多点一区"城市空间结构的"一副"和"多点"。"一副"指的是北京城市副中心，即原通州新城规划建设区，总面积约 155 km² ；"多点"指的是顺义、大兴、亦庄、昌平、房山 5 个新城。城市发展新区是承接中心城区适宜功能和人口疏解的重点地区，是推进京津冀协同发展的重要区域。城市发展新区的机构数量和新增组织机构占比均增长显著。截至 2016 年，机构数量约为 34 万，较 2015 年增长 23％；新增组织机构占比近 5 年由 18.9％提升至 24％，其中住宿和餐饮业，水利、环境和公共设施管理业等服务业增长速度最快。城市发展新区是首都战略发展的新空间和推进新型城市化的重要着力区，是首都经济发展新的增长极，是承接产业、人口和城市功能转移的重要区域，在全市的经济地位提升明显。

顺义、大兴、亦庄、昌平、房山的新城及地区，不仅是首都面向区域协同发展的重要战略门户，也是承接中心城区适宜功能、服务保障首都功能的重点地区。坚持集约高效发展，控制建设规模，提升城市发展水平和综合服务能力，建设高新技术和战略性新兴产业集聚区、城乡综合治理和新型城镇化发展示范区。

一、房山区

房山区地处北京市西南部，地理坐标为 115°25′E～116°15′E，39°30′N～39°55′N，北与门头沟区相邻，东隔永定河与大兴区相望，东北与丰台区相连，南部和西南部分别与河北省涿州市和涞水县接壤，全区面积约为 2 019 km²。截至 2018 年年底，人口数量为 118.8 万，人口密度为 597 人/km²，下辖 8 个街道、14 个镇、6 个乡。房山区下辖街道包括城关街道、新镇街道、向阳街道、东风街道、迎风街道、星城街道、西潞街道、拱辰街道，镇包括良乡镇、周口店镇、琉璃河镇、阎村镇、窦店镇、石楼镇、长阳镇、河北镇、长沟镇、大石窝镇、张坊镇、十渡镇、青龙湖镇、韩村河镇，乡包括霞云岭乡、南窖乡、佛子庄乡、大安山乡、史家营乡、蒲洼乡。

房山区自然地理环境优越，地势西北高、东南低，西北部为山区，东南部为冲积平原，山地、丘陵、平原各占 1/3。自西北向东南依次为中山、低山、丘陵、岗台地和冲积洪积平原、冲积平原、洼地、河漫滩，地貌类型复杂多样。区内有百花山、大房山、大安山、上方山等山脉，最高峰为百花山的主峰白草畔(北京第三高峰)，海拔 2 035 m，最低处在琉璃河镇的立教洼，海拔 26 m。房山区河流分属大清河水系和永定河水系，二级河流有永定河、拒马河，三级河流有小清河、大石河，四级河流有丁家洼河、城关东沙河、夹括河、哑叭河、刺猬河、牤牛河和周口店河。2017 年，房山平原地区平均气温为 12.3℃，西部山区平均气温为 11.3℃；平原地区年降水量为 672.4 mm，西部山区年降水量为 677.0 mm；平原地区年日照时数为 2 589.9 h，西部山区年日照时数为 2 145.1 h。

房山区是北京重要的西南门户，早在距今 70 多万年前，这里就有人类活动，自此揭开了北京历史的第一页。房山历史文化悠久，在"北京人"之后的数十万年岁月里相继出现"新洞人"和"山顶洞人"，他们都居住在现今周口店的龙骨山一带。距今七八千年前，生活在北京的古人类走出洞穴，步入山前平原，逐渐建立起氏族公社。西周时期，召公奭被封于燕，其国都就位于现今房山董家林村一带。中华人民共和国成立后，房山地区（原良乡县和房山县）属河北省通县专区。1958 年，原河北省房山县、良乡县合并为周口店区。1960 年，周口店区改名房山县，归属北京市。1980 年，将城关、周口店部分地区约 36 km² 划出成立燕山区。1986 年，撤销房山县和燕山区，设立房山区，其行政区划为原房山县和燕山区范围。1997 年 11 月，房山区人民政府驻地迁至良乡镇。

房山揭开了北京文明历史的新篇章，见证了我国古代悠久灿烂的历史文化。它是一片古老而神奇的土地，十多亿年的自然演化、千百万年的地质变迁，造就了奇特而丰富的地质地貌景观；七十多万年的人类史、五千年的文明史跌宕起伏、绵延不断，孕育了深厚而独特的历史文化。自然与人文的有机融合、时间与空间的交替穿梭，构成了"穿越之城"的厚重积淀，使房山成为探索地球演变史、追寻人类发展史的最佳场所，驰名中外的北京房山世界地质公园就坐落在这里。区境内共有文化古迹 302 处，其中，周口店北京猿人遗址被列为世界文化遗产，全国重点文物保护单位有周口店北京猿人遗址、云居寺塔及石经山、金陵遗址、琉璃河商周遗址、万佛堂、十字寺 6 处，市级文物保护单位有上方山诸寺及云水洞、窦店土城、良乡塔、琉璃河大桥、白水寺石佛、姚广孝塔等 15 处。全区共有唐、辽、金、元、明、清古塔 107 座，占北京市古塔总数的 1/2 以上。

房山区总体发展定位是"一区一城"——生态宜居示范区和中关村南部创新城。生态宜居示范区建设将突出生态建设，并疏解退出低端产业，高举生态文明建设大旗，将生态落实在全区城乡建设的每一个角落，把绿色贯穿产业发展的每一个环节，把低碳融入百姓生活的每一个细节，全面提升房山生态宜居水平，力争把房山打造成为彰显生态优势、突出宜居功能、天蓝地绿水清的国际一流和谐宜居之都的示范区。中关村南部创新城将突出新城的承接作用，重点依托中关村新兴产业前沿技术研究院、良乡高教园区等，积极承接各类高端创新资源和人才，进一步集聚优质科研、创新和高教资源，建设科教新城，努力成为首都建设国家科技创新中心的战略支点，带动高技术制造业和战略性新兴产业发展。以打造三大创新平台高地为重点，全力加快科技创新、金融创新、文化创新，推动房山产业结构大跨步迈向高精尖。房山区发展的目标是打造为京保石发展轴桥头堡,对内成为承接市区高端要素的主要承载地之一,对外成为面向大兴机场、辐射拉动周边地区发展的重要枢纽节点,在产业发展、基础设施、旅游生态等方面实现京冀协同发展,积极发挥引领作用。

二、通州区

通州区地处北京市东南部,地理坐标为 116°32′E～116°56′E,39°36′N～40°02′N,西临朝阳区、大兴区,北与顺义区接壤,东隔潮白河与河北省三河市、大厂回族自治县、香河县相连,南和天津市武清区、河北省廊坊市交界。通州区辖区面积为 906 km²,东西宽 36.5 km,南北长 48 km。截至 2018 年年底,常住人口为 157.8 万人,下辖 11 个街道、10 个镇、1 个民族乡。通州区下辖街道包括中仓街道、新华街道、玉桥街道、北苑街道、潞源街道、通运街道、文景街道、九棵树街道、临河里街道、杨庄街道、潞邑街道,下辖镇包括永顺镇、梨园镇、宋庄镇、漷县镇、张家湾镇、马驹桥镇、西集镇、永乐店镇、潞城镇、台湖镇,民族乡为于家务回族乡。

通州区处于地势平坦的永定河、潮白河冲积平原之上,平均海拔 20 m,地势自西北向东南倾斜,海拔最高点为 27.6 m,最低点仅为 8.2 m。区内分布有 13 条河流,全长 245.3 km,主要包括北运河、潮白河、凉水河、凤港减河等。气候属暖温带半湿润大陆性季风气候,受冬、夏季风影响,形成春季干旱多风、夏季炎热多雨、秋季天高气爽、冬季寒冷干燥的气候特征,年平均气温为 11.3℃,年降水量为 620 mm 左右。土壤肥沃,多为潮黄土、两合土、沙壤土,质地适中。

通州区地处京杭大运河的北端、长安街延长线的东端,首都的“东大门”。通州区以“通”而闻名,素有“一京二卫三通州”之称,西距天安门 20 km,紧邻北京商务中心区,距中国国际贸易中心仅 13 km,西南紧邻亦庄开发区,北距首都机场 16 km,东距天津塘沽港 100 km,处于环渤海经济圈的中心地带。根据《北京城市总体规划(2016 年—2035 年)》,通州新城的定位是功能完备的北京城市副中心,具体内容将在第二节予以专题介绍。

三、顺义区

顺义区地处北京市东北部,地理坐标为 116°28′E～116°58′E,40°00′N～40°18′N,北与怀柔区、密云区相邻,东接平谷区,南与通州区、河北省三河市接壤,西南、西与朝阳区、昌平区以温榆河为界。顺义区南北长 45 km,东西宽 30 km,面积约为 1 021 km²。截至 2018 年年底,常住人口为 116.9 万人；下辖 6 个街道、7 个地区、12 个镇。顺义区下辖街道包括光明街道、胜利街道、石园街道、双丰街道、旺泉街道、空港街道，地区包括仁和地区、马坡地区、南法信地区、天竺地区、后沙峪地区、牛栏山地区、杨镇地区，镇包括张镇、大孙各庄镇、北务镇、李遂镇、木林镇、南彩镇、北小营镇、李桥镇、高丽营镇、赵全营镇、北石槽镇、龙湾屯镇。

顺义区的北、东北边界附近有部分山地，除了十多座小山丘外，其他地区均是平原区，区内海拔最高点为 637 m，最低点为 24 m，平均海拔为 35 m。顺义山区地貌受基岩的地质构造影响，平原区地貌成因主要为河流沉积作用，表层沉积主要为砂和亚砂沉积物。潮白河等河流呈南北走向分布其间，区内地下水资源丰富，部分地区蕴含地热资源。气候属暖温带半湿润大陆性季风气候，具有四季分明的气候特征，年平均气温为 11.5℃，年降水量为 610 mm，年日照时数为 2 746 h。顺义区交通便捷，地理位置优越，清代皇帝去热河(承德)避暑、去木兰围场狩猎，或谒东陵、观海，均走顺义御道；水路交通主要是潮白河和温榆河，自秦代"海运饷边"始，后来历代的居庸、密云各关口的军械粮饷和长城内外的物资交流大多由两条水路漕运。1938 年，区境修建铁路，水路交通停止；1958 年，首都机场建成；1988 年，大秦铁路建成穿越区境北部。区内公路国道、市道交错纵横，交通网络发达。

顺义土壤肥沃、气候适宜、水资源充足，为开展农业生产活动提供了有利条件。新石器时代，顺义地区就出现了原始农业。东汉时期，渔阳太守张堪在狐奴县(今顺义区北)屯兵开稻田八千顷，开启了中国北方种植水稻的历史。中华人民共和国成立后，农业科技发展促进粮食生产，使亩产显著提高，20 世纪 90 年代进入稳定高产期。90 年代中期基本实现农田灌溉化、作业机械化、种植良种化，被誉为"京郊粮仓"。中华人民共和国成立后，顺义的工业才开始起步。20 世纪 50 年代初，区内仅有一家酿酒厂和十多家手工业作坊；改革开放后，工业快速发展，1980 年兴建的燕京啤酒厂发展成为燕京啤酒集团公司，现在更成为中国最大的啤酒集团企业之一。2013 年，燕京啤酒集团公司啤酒产销量 571 万千升，销售收入 188.07 亿元，实现利税 39.52 亿元、利润为 9.71 亿元。1993 年，开发建设了天竺空港工业区、吉祥工业区、林河工业区。从燕京啤酒、鹏程食品、牛栏山二锅头到现代汽车、北京汽车……顺义经过多年的高速发展，已经由过去的农业大县成为今天的工业强区。目前，顺义已经成为首都现代制造业的主要战场和重要支撑，形成了汽车制造、高端装备、电子信息等六大主导产业，建立了天竺综合保税区、临空经济核心区、中关村顺义园等多个功能区。全区基础设施完备、配套政策齐全、政务环境优良，发展战略性新兴产业，产业有基础、承载有空间、发展有环境。战略性新兴产业在顺义已开花结果，以新兴产业补位传统产业、以高端产业补位低端产业，"顺义制造"正大步向"顺义创造"转变。

从首都发展的需求看，顺义区是首都功能疏解承接地和新增功能承载区，首都科技文化、教育医疗、国际交往服务功能和"高精尖"产业的重要集聚区，面向津冀协同发展的前沿区，将在服务保障首都核心功能、推动区域协同发展中发挥越来越重要的作用。顺义发展的目标是"建设绿色国际港、打造航空中心核心区、共筑和谐宜居新家园"：建设绿色国际港，即扩大绿色生态空间，完善山水林田生态系统，优化国际交往的软硬件环境，吸引国际组织和跨国公司总部集聚，举办国际会展和国际赛事，完善国际化服务，强化国际交往功能；打造航空中心核心区，即依托首都机场综合优势，以建设国家临空经济示范区为抓手，完善国际航空枢纽功能，强化航空综合服务，壮大临空经济，推动三次产业融合创新和智能化发展，构建"高精尖"经济结构，提升核心影响力和辐射力，建设高端要素集聚、服务辐射效应显著、参与全球资源配置、引领全国临空经济发展的国际航空中心核心区；共筑和谐宜居新家园，即高标准建设城市，精细化管理城市，提升城市发展品质，提升生态宜居环境，推进城乡协调发展，构建和谐共享社会，切实增进民生福祉，着力提升全区人民获得感，建设绿色宜居、产城融合、职住平衡、安全便捷的和谐新家园。

四、昌平区

昌平区地处北京市西北部，地理坐标为 115°50′E～116°30′E，40°02′N～40°23′N，北与延庆区、怀柔区相连，东邻顺义区，南与朝阳区和海淀区毗邻，西与门头沟区和河北省怀来县接壤。昌平区面积约为 1 352 km²，山地面积约占 60%，平原面积约占 40%。截至 2018 年年底，常住人口为 210.8 万人；下辖 8 个街道、4 个地区、10 个镇。昌平区下辖街道包括城北街道、城南街道、天通苑北街道、天通苑南街道、霍营街道、回龙观街道、龙泽园街道、史各庄街道，地区包括南口地区、马池口地区、沙河地区、东小口地区，镇包括阳坊镇、小汤山镇、南邵镇、崔村镇、百善镇、北七家镇、兴寿镇、流村镇、十三陵镇、延寿镇。

昌平区地势西北高、东南低，可分为三大地貌单元——西部山地、北部山地和东南部平原。西部山地统称西山，属于太行山脉；北部山地统称军都山，属于燕山山脉；东南部平原是温榆河水系的一系列冲洪积扇堆积而成的。区内山地海拔一般为 800～1 000 m，最高峰为高楼峰，海拔为 1 439 m；平原区海拔一般为 30～100 m，最低点为鲁疃，海拔为 26 m。气候属暖温带半湿润大陆性季风气候，四季分明，夏季高温多雨、盛行东南风，冬季寒冷干燥、多西北风，年平均气温为 11.8℃。降水因地形复杂、地域性差异而时空分布不均，全年平均降水量为 550.3 mm。区内大部分河流分属北运河水系和潮白河水系，土壤主要有棕壤、褐土、潮土、水稻土、风沙土等土类。区内植被可分为三个类型区：西部山区海拔 900 m 以上地区主要是次生林和萌生丛，海拔 900 m 以下地区主要是灌丛、灌草丛、人工林和经济林；北部山区主要是自然次生林、灌丛、灌草丛、人工林和经济林；平原区原生植被为温带落叶阔叶林，分布在不受地下水影响的冲洪积平原上部及河间高地，在受到地下水影响的沿河两岸、扇缘地带和洼地是草甸。受人类活动影响的天然植被已经被栽培植物所取代，地边植被以一年生草本为主。

汉元封元年(公元前 110 年)，在县域内设昌平、军都二县。三国时期及两晋时期，二县属幽州。北朝北魏时，省昌平入军都；东魏时，省军都入昌平。五代后唐时，昌平曾改称燕平，后晋时，复称昌平县。辽属析津府，宋属燕山府，金属大兴府。明代定都北京后，将皇陵选址于昌平的天寿山下，明景泰二年(1451 年)迁县治于永安城(现昌平旧县村一带)，正德元年(1506 年)升为昌平州(辖怀柔、密云、顺义三县)，成为京畿重镇。清雍正年间，辖县改属顺天府。民国初年改称昌平县。抗日战争时期，建立昌宛、昌延抗日民主政府。解放战争时期，县政府机关驻桃林村，1948 年 12 月进驻昌平镇。中华人民共和国成立后，昌平县(区)的行政机关驻地在昌平镇。1956 年由河北省划归北京市，改称昌平区；1960 年复称昌平县。1999 年 9 月，经国务院批准，昌平县撤县设区，改称昌平区。

昌平拥有深厚的文化底蕴、悠久的历史，自汉代设立昌平县至今已有 2 000 多年的历史，区内的明十三陵、居庸关长城被列入世界文化遗产名录，银山塔林、和平寺、白浮泉等被列为国家级和市级文物保护单位。昌平有小汤山地热田、沙河地热田，小汤山温泉是知名的温泉旅游胜地。昌平教育资源雄厚，是北京重要的高等教育和科研机构聚集区，这里有北京市委、市政府确定的两个大学园区之一的沙河高教园区。区内有高校 35 所，其中包括中国政法大学、中国石油大学(北京)、北京航空航天大学、中央财经大学、北京邮电大学、外交学院等 14 所重要高校及其分校区，还有国防大学国际防务学院、陆军防化学院等 5 所军队院校及其分校。昌平区内聚集了 18 个国家级科研机构、16 个重点实验室、45 个国家级和市级企业技术中心、3 万多名科技人员，在昌平工作的"千人计划"人才有 203 名；2010—2015 年，全区专利授权量年均增长 20%、技术合同成交额年均增长 40%，均保持在全市前列。

昌平区已经形成以"一花三果"为主导的都市现代农业集群。"一花"是指以百合花为代表的花卉产业，"三果"是指以苹果为代表的精品林果业、以草莓为代表的设施农业和以柿子为代表的传统林果业。昌平的苹果闻名海内外，是国家地理标志保护产品，区内还建有苹果主题公园。2012年2月，第七届世界草莓大会在昌平兴寿镇召开，使得昌平草莓名扬海外。

昌平区定位为"京北创新中心、国际科教新城"，建设目标为"国际一流科教新区"。首都城市功能调整为昌平带来了新的发展契机，随着京津冀协同发展重大国家战略的全面启动，昌平作为首都西北门户、辐射前沿，在京津冀总体布局中处于十分重要的战略位置，同时也是来往于2022年冬奥会举办城市的必经之路，这有利于昌平充分发挥区位、空间、产业、生态等综合优势，在更大空间尺度上提升、优化自身城市功能。昌平作为首都新城之一，在承接中心城区功能转移方面具有显著优势，这将为昌平推进产业升级、改善生态环境、完善城市功能、补齐基础设施和公共服务短板提供新的机遇。同时，作为中关村示范区核心区重要组成部分和首都科教资源最为丰富的区域之一，昌平在北京建设科技创新中心方面存在巨大潜力和作为空间。

五、大兴区

大兴区地处北京市南部，地理坐标为116°13′E～116°43′E，39°26′N～39°50′N，北与丰台区、朝阳区相连，东与通州区毗邻，南临河北省固安县、霸州市，西隔永定河与房山区相望。大兴区南北长、东西宽均约44 km，面积约为1 031 km²。截至2018年年底，常住人口为162.9万人。下辖8个街道、5个地区、9个镇，下辖街道包括清源街道、兴丰街道、林校路街道、观音寺街道、天宫院街道、高米店街道、荣华街道、博兴街道，地区包括亦庄地区、黄村地区、旧宫地区、西红门地区、瀛海地区，镇包括青云店镇、长子营镇、采育镇、礼贤镇、安定镇、榆垡镇、魏善庄镇、庞各庄镇、北臧村镇。

大兴区全境位于永定河的冲积洪积平原之上，地势平坦，海拔为14～52 m。区域的西、南边界是永定河，区内还有凤河、新凤河、龙河、天堂河等十多条河流。气候属暖温带半湿润大陆性季风气候，四季分明，年平均气温为11.6℃，年平均降水量为556 mm，以降雨为主，约占降水总量的97%。区内土壤成土母质为永定河冲积物，沉积物层理明显，土壤有风沙土、褐土、潮土、水稻土、沼泽土5个土类，主要有风沙土、褐土性土、潮褐土、褐潮土、潮土、盐潮土、碱潮土、湿潮土、水稻土和沼泽土等74个土种。自然灾害主要有水灾、旱灾、雹灾、风灾、蝗灾、震灾等。

大兴的前身是古蓟县，因其地处蓟城地区而得名，是春秋战国时期燕国设置的。秦代属于广阳郡。两汉至南北朝时期，除了王莽的新朝期间称伐戎县外，均称蓟县。隋唐五代时期，隶属涿郡、幽州。其间，唐天宝元年(742年)至乾元元年(758年)属范阳郡。唐开元二十三年(735年)，蓟县升为望县。辽会同元年(938年)改名蓟北县，属幽都府；开泰元年(1012年)改名析津县，属析津府。宋宣和年间析津县归宋，属燕山府。金贞元二年(1154年)改名大兴县，属大兴府。元至元九年(1272年)中都改为大都，大兴属大都路。明朝初年，属北平府，永乐元年(1403年)北平府改为顺天府，直至清代，大兴仍属顺天府。1914年，大兴属于京兆地方。1928年，大兴被划归河北省。1943年，中国共产党领导的大宛安永固涿良办事处成立。1949年8月以前，属晋察冀专区冀中十专区，其后改属河北省通县专区。中华人民共和国成立后，仍属河北省通县专区。1958年，划入北京市。同年，将原属北京市南苑区的旧宫、亦庄、瀛海、西红门等地划归大兴，改为区建制。1960年，又改回大兴县。2001年，复改为大兴区。

大兴区是首都的南大门，素有"京南门户"之称，明清时期，京师至南方各地的驿道、御道从区内经过，清末形成两条官马大道。最南端的十里铺渡口，是永定河的著名津渡之一。大兴黄村是明清时期驿道上的驿站之一，后逐渐发展成为京南重镇。

大兴区重视农业经济发展，有"绿海田园""南菜园"的美誉，区内现有耕地61.7万亩。2014年，大兴区实现农林牧渔业总产值63.2亿元，比上年增长3.3%；农村居民人均纯收入为18 824元，比上年增长10.4%。大兴区有蔬菜、西甜瓜、果品、甘薯、花卉五大种植业主导产业，全区蔬菜面积15万亩、瓜类面积7万亩、果品面积12万亩、甘薯面积1万亩。在养殖业上，生猪出栏50.6万头、肉牛出栏1.2万头、羊出栏14.1万只、牛奶产量13.5万吨、家禽出栏866.5万只、禽蛋产量1.5万吨。西瓜、牛奶产量居全市首位，蔬菜、果品产量和生猪出栏量居全市第二位。截至2014年年底，大兴区拥有农业观光园120个，实现观光园总收入1.3亿元，其中采摘收入0.6亿元。实现民俗旅游总收入0.2亿元，设施农业收入12.4亿元。全区农产品综合供给量占全市的近1/6，居郊区前列。2019年11月18日，大兴区入选农业绿色发展先行先试支撑体系建设试点县名单。

大兴区未来发展面临新的重大机遇和一系列有利条件：第一，北京大兴国际机场建成通航，临空经济区全面建设，使新区区位优势更加凸显、社会关注度显著提高，这为其提升国际化发展水平、推动经济平稳较快发展提供了强劲动力；第二，北京市确立"一北一南"科技创新中心的空间布局，有利于聚集更多科技、人才、金融要素，为新区增强创新驱动发展能力创造了有利条件；第三，京津冀协同发展战略全面实施，北京市着力推动中心城区功能疏解，为大兴承接优质资源提供了宝贵机遇，为深化产业协作和调整产业结构提供了广阔腹地，为改善生态环境和优化交通条件提供了重要契机；第四，大兴区三次产业发展各有特色，产业融合发展步伐加快，催生诸多创新性强、潜力大的新兴业态，为新区产业转型升级增添了重要动力。第五，农村集体经营性建设用地入市、两区一体发展等重点改革深入推进，将有效解决空间资源、一体发展体制机制等问题，为新区发展注入新的活力。

根据落实首都城市战略定位、融入京津冀协同发展的要求，围绕新区在全市发展和改革中的职责作用，立足发展基础、比较优势、发展方向、区位条件，大兴区总体定位是科技创新中心区、高端产业引领区、区域协同前沿区、国际交往门户区、深化改革先行区。大兴发展的主要目标是落实"五区定位"取得重要进展，提升"五个水平"取得良好成效，紧抓"五件大事"取得明显成果，率先全面建成小康社会，经济发展更具活力，城乡面貌更加美丽，品牌形象更富魅力，人民生活更加幸福，绿色园廊绵延相连、高端产业镶嵌其间的美好蓝图加快绘就，一体化、高端化、国际化的宜居宜业和谐新区建设取得更大成绩。

第二节　北京城市副中心

在北京市第十一次党代会上，市委、市政府明确提出"聚焦通州战略，打造功能完备的北京城市副中心"，更加明确了通州作为北京城市副中心的定位，这也是北京市围绕中国特色世界城市目标，推动首都科学发展的一个重大战略决策。通州区位优势独特，地处北京东西发展轴和东部发展带的节点位置，是京滨（滨海新区）发展带上的重要节点，也是北京参与京津冀、环渤海区域合作的桥头堡。把通州建设成为北京的城市副中心，对于北京加强与津冀地区融合，参与环渤海发展，构筑面向区域综合发展的城市空间结构具有重要推动作用。目前，通州区委、区政府正大力推进新城核心区的城市综合体建设、大力推进水系景观建设，未来将建成一批独具特色的北京城市副中心标志性建筑群，形成以水为魂、以绿为韵的"北方水城"景观。同时大力发展文化、旅游、休闲等特色功能，发展新增城市功能，有效地吸引和汇聚各类高端资源，不断提升城市的档次与品位。

一、北京城市副中心的范围

北京城市副中心位于北京市东部，长安街东延长线与大运河交会处，距天安门约 25 km，距北京首都国际机场约 20 km，距北京大兴国际机场约 60 km，距雄安新区约 105 km，区位优势明显，交通便捷通畅，生态环境优良，历史底蕴深厚(见图 7-1)。

本规划范围为原通州新城规划建设区：西至与朝阳区之间的绿化带，东至规划东部发展带联络线，北至现状潞苑北大街，南至现状京哈高速公路，东西宽约 12 km，南北长约 13 km，总用地面积约 155 km²，加长拓展区覆盖通州全区，约 906 km²。

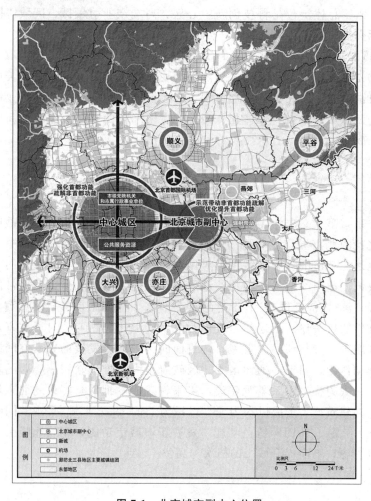

图 7-1　北京城市副中心位置

二、北京城市副中心的功能

北京城市副中心作为北京新两翼中的一翼，紧紧围绕对接中心城区功能和人口疏解，发挥对疏解非首都功能的示范带动作用，促进行政功能与其他城市功能有机结合，以行政办公、商务服务、文化旅游为主导功能，形成配套完善的城市综合功能。

通州区位优势独特，地处北京东西发展轴和东部发展带的节点位置，是京滨（滨海新区）发展带上的重要节点，也是北京参与京津冀、环渤海区域合作的桥头堡。建设北京城市副中心，不仅能够拓展北京城市发展空间，对于带动京津冀区域的发展也将有积极的作用。北京城市副中心是北京重点发展的新城之一，是面向区域的可持续发展的综合服务新城，也是北京参与环渤海区域合作发展的重要基地。北京城市副中心的发展目标为区域服务中心、文化产业基地、滨水宜居新城。产业发展以高端现代服务业为目标，积极发展和提升区域商贸、康体、休闲、娱乐等消费性服务业，大力拓展和延伸金融、商务、技术服务等生产性服务业，着力培育和壮大专业会展、出版交易、影视制作、文化创意等新兴服务业。构建立足东部发展带、服务首都、面向京津冀乃至环渤海地区的区域服务中心，打造为首都文化中心服务、现代文化资源聚集、彰显运河文化的文化产业基地，建设具有多样化高端服务设施和良好人居环境的滨水宜居新城。

国家大力推进以京津冀为核心、以辽东半岛和山东半岛为两翼的环渤海经济区的共同发展，将形成我国新的经济增长极。在环渤海经济区中，京津唐三市分工协作的潜力巨大。其中，唐山与天津都利用港口优势发展临港工业，对北京的高端服务业将产生更大的需求。而通州地处北京东大门，区域战略地位突出，是北京主动参与区域分工、服务环渤海的前沿。

三、北京城市副中心的规划

(一)人口

根据《北京城市总体规划(2016年—2035年)》，到2020年，北京城市副中心范围内常住人口为100万人，2035年调控目标为130万人以内，就业人口规模调控目标为60万至80万人。有序推动北京市市级党政机关和市属行政事业单位整体或部分向北京城市副中心转移，带动中心城区其他相关功能和人口疏解，到2035年承接中心城区40万至50万常住人口疏解。同时，提高义务教育和全民教育水平，增加新城教育资源吸引力，支持中心城区人口向新城疏解；引导高等教育发展，提升新城整体人口素质；优化人口结构，使中心城区的迁入人口由居住型向就业型、创业型转变；稳定外来人口，改变人口不合理的年龄、性别结构，增强社会稳定性。

（二）土地利用与空间布局

1. 土地利用

到 2020 年，北京城市副中心建设用地规模控制在 85 km² 以内，人均建设用地控制在 95 m² 以下。中心城区外的城镇建设用地 17.2 km²，人均建设用地控制在 120 m² 以下；村庄建设用地 22.2 km²，人均建设用地控制在 150 m² 以下。

2. 空间布局

在通州新城范围内，构建"一河两翼，南拓东进，组团发展"的空间结构。

一河两翼：以运河为魂，水绿相映，绿廊镶嵌，突出以运河为纽带的城市形象及文化内涵；运河西岸改造提升旧城，运河东岸聚集城市新增功能，新城旧城比翼互动、协同发展。

南拓东进：南部以通州外环路、京塘公路为界，东部以六环路为界，向外拓展，与亦庄新城、国际空港联动，形成新的发展空间。

组团发展：以六环路、京哈高速公路、通州外环路及京塘公路为分界线，在空间上形成六大功能组团。

就区划的功能划分而言，北京城市副中心西北部形成与北京商务中心区功能互补的商务园、教育产业园及新型住宅区，东北部形成首都科技创新转化的聚集地，西部旧城形成商务、商贸、文化制造的中心区，东部形成承接中心城区新增功能的板块，西南部形成主题公园、专业会展等服务区域乃至东北亚地区的功能区，东南部形成生态环境良好、土地集约利用的新型产业示范园。

同时，在北京城市副中心构建"一带、一轴、多组团"的空间结构。一带是以大运河为骨架，构建城市水绿空间格局，形成一条蓝绿交织的生态文明带，沿运河布置运河商务区、北京城市副中心交通枢纽地区、城市绿心 3 个功能节点。一轴是沿六环路形成创新发展轴，向外纵向联系北京东部地区和北京首都国际机场、北京大兴国际机场，对内串联宋庄文化创意产业集聚区、行政办公区、城市绿心、北京环球主题公园及度假区 4 个功能节点。多组团是依托水网、绿网和路网形成 12 个民生共享组团，建设职住平衡、宜居宜业的城市社区。

（三）产业结构布局

1. 第一产业

随着北京城市副中心的功能定位的确立，通州农业面临新的发展机遇，同时也遇到了前所未有的挑战。北京城市副中心的建设客观上要求通州农业必须改变现有格局，向现代农业方向发展。通州农业需要进一步提高农民的组织化程度，调整产业结构，实施供给侧改革，退出低端种养业生产，发展都市休闲农业，寻求农业发展、农民增收的新途径。一是依据现实基础，调整品种和布局，发展蔬菜、林果花卉和特色养殖业，形成专业村镇。二是凭借首都科技优势，发展节水、节能的现代节约型农业，促进农业多样化发展，依托第一产业资源，发展农产品加工和观光旅游等第二、第三产业。三是促进工业反哺农业、城市支持农村，在对农业提供信贷支持的基础上，积极扶持农业龙头企业发展、扶持农业专业合作组织发展，鼓励社会资本投资农业，支持农业出口创汇。四是提高农业经济的产出能力，提高农业及其延伸产业对农村劳动力的吸纳能力，促进农民增收。五是鼓励本地区农业企业、合作组织与周边地区合作，提高本地区农业在国际市场上的整体竞争力。

2. 第二产业

通州区加快退出不符合首都功能定位和副中心定位的产业，推进工业大院、低端产业、低端市场退出。截至 2017 年 7 月，累计退出市级一般制造业企业 138 家，完成全年 150 家任务的 92%；清理整治"散乱污"企业 1 308 家；89 家工业大院中，已有 22 家具备工业污染整治验收条件；完成 4 个市场疏解清退。在退出低端产业的基础上，北京城市副中心第二产业需要优化产业结构。一是以工业园区为载体，发展都市型工业和现代制造业，重点发展家具制造、印刷、食品加工、记录媒介复制和文教体育用品制造、服饰等行业。二是加大园区基础设施和综合服务配套设施建设力度，打造一流的软硬环境，重点吸引符合产业发展方向的大企业入驻。三是坚持集约化发展，严格项目准入标准，节约土地资源，盘活闲置资源，降低企业的资源消耗，提高产业效益。四是促进产业均衡发展，注重在欠发达地区发展第二产业，支持村镇工业整合，形成农村富余劳动力就业基地。五是促进建筑业发展，支持现有建筑业联合做强，提高资质，增强市场竞争力。

3. 第三产业

加速推动北京城市副中心产业优化升级，加快建设运河商务区。一是重点培育引进总部和金融产业，加强与金融街、北京商务中心区对接合作和错位发展。二是把握新兴产业发展机遇，承接中心城区疏散和新增产业，推动高端服务业发展，积极拓展消费性服务业，大力推动生产性服务业，努力推进新兴服务业。三是围绕综合服务中心职能，加大引进中心城区科技、文化、医疗、行政四大部门的力度，扩大服务范围，增强辐射能力。四是加快文化产业聚集，在北运河两岸形成以文化创意、时尚传媒、出版交易、影视制作等为支撑的文化产业集群中心。五是加快专业服务业聚集，在六环路以西、京沈高速公路以北地区形成以大型娱乐、专业会展、区域商贸为支撑的综合服务中心。六是引导房地产业健康发展，围绕滨水宜居新城的目标，优化房地产业结构，建设适合不同消费需求的多样化住宅，注重商住、酒店、写字楼等的发展。七是利用毗邻空港的优势发展临空经济，吸引大企业总部入驻。

(四)交通

交通包括铁路、高速公路、城市道路和公共交通四个方面。

1. 铁路

根据北京轨网规划，新北京东站设置在通州新城，规模为 10 台 18 线，总占地面积约 0.42 km²。新北京东站是铁路枢纽"四主两辅"中辅助客站之一，规划京哈高速铁路和京秦、京津城际铁路进入该站，城市铁路可连接北京站、北京西站。

2. 高速公路

强化北京城市副中心与中心城区的交通联系，构建与中心城区紧密衔接的交通走廊。区内有 1 条高速公路——京沈高速公路，2 条快速路——京通快速路、通朝大街，3 条主干路——朝阳路、朝阳北路、潞苑北大街。

合理安排通州新城道路与区域公路网的衔接关系，设置顺畅、相对独立的过境交通走廊：东西方向——京哈高速公路、京沈高速公路；南北方向——六环路、东部发展带联络线。加强与东部发展带干道网络的联系，增强辐射能力。通过 1 条高速公路——六环路和 2 条一级公路——通顺路、东部发展带联络线，1 条二级公路——张采路延长线，建立与顺义新城联系的交通走廊；通过 1 条高速公路——六环路和 2 条一级公路——通马路、东部发展带联络线，建立与亦庄新城联系的交通走廊；通过 2 条高速公路——京哈高速公路、京沈高速公路和 3 条一级公路——京榆旧线、运河大街、通香路，建立与河北省(廊坊市北三县)联系的通道。

3. 城市道路

北京城市副中心道路网采用放射线与方格网结合的布局结构。新城道路的建设重点由主干路向次干路、支路转移，提高路网的密度，增强路网集散交通的能力。在旧城区(北运河及六环路以西)规划 5 条纵贯南北和 8 条横贯东西的主干路，在新城区(北运河及六环路以东)规划 5 条纵贯南北和 9 条横贯东西的主干路。

4. 公共交通

公共交通主要包括公交车和轨道交通，在 2020 年前建立以公共交通为主体、轨道交通为骨干，多种客运方式相协调的综合客运交通体系。公共交通方式应承担不少于50%的客运出行量、不少于70%的与中心城区之间的跨区客运出行量。

北京城市副中心轨道交通由地铁八通线、6号线、7号线、18号线以及市郊铁路S6线等共同组成。

(五)区域生态

北京城市副中心重视区域生态环境建设。一是在新城规划中落实上层规划关于绿色空间、景观安全格局和生态廊道、地下水源保护、风沙治理、水生态及污染治理等方面的规定。二是在新城规划范围的城市生态网络中注重对周边生态区域的连接,强化新城与中心城区之间的楔形绿化带,要求绿化覆盖率达到85%以上、树冠覆盖率达55%以上,沿北运河、运潮减河、通惠河、六环路与京沈高速公路设生态廊道,连接南北侧生态带、温榆河生态走廊(风景区)及楔形绿化带。三是以"城市森林"的生态及绿化系统建构城市生态网络,为区域整体碳氧平衡和生态环境改善发挥最大效益。

第三节 城市发展新区人口快速集聚

2012年,《北京市主体功能区规划》明确给出了各城市功能区的区域发展定位、发展目标、发展原则、发展任务和保障措施。其中,城市发展新区的功能是承接核心区的人口和产业。主体功能区规划提出的"城市发展新区"指通州区、顺义区、大兴区(北京经济技术开发区)以及昌平区和房山区的平原地区,土地面积3 782.9 km²。城市发展新区是北京开发潜力最大、城市化水平有待提高的地区,主体功能是重点开发,要加快重点新城建设。同时,要优化提升临空经济区和北京经济技术开发区等基本成熟的高端产业功能区,严格保护汉石桥湿地自然保护区等禁止开发区。昌平区和房山区的山区部分则归入生态涵养发展区,主体功能是限制开发,要限制大规模高强度工业化城镇化开发,要重点培育旅游、休闲、康体、文化创意、沟域等产业,推进新城、小城镇和新农村建设。2017年出台的《北京城市总体规划(2016年—2035年)》也沿用这一范围。城市发展新区是规划中的"多点",即顺义、大兴、亦庄、昌平、房山新城,是承接中心城区适宜功能和人口疏解的重点地区,是推进京津冀协同发展的重要区域。但是,为了保证所讨论行政区划范围的完整性以及统计口径的一致性等,本章所论及的"城市发展新区"指通州区、顺义区、大兴区(北京经济技术开发区)、昌平区和房山区全境。

城市发展新区是首都面向区域协同发展的重要战略门户，也是承接中心城区适宜功能、服务保障首都功能的重点地区。截至 2016 年年底，城市发展新区总人口约为 348.2 万人，其中，男性人口约为 173.7 万人，女性人口约为 174.5 万人。随着新城建设的日趋完善，人口具有显著的增长趋势，承接核心区人口和产业的作用日益凸显，大型社区相继建立，相应的城市生活配套设施日趋完善。未来城市发展新区将发挥越发重要的作用。

一、城市发展新区人口变化总体趋势

首都功能核心区的户籍人口数量自 2008 年至 2016 年呈增加趋势，共增加 16.5 万人，平均每年增加 2.06 万人。2008 年，首都功能核心区常住人口数量为 212.1 万人，2009 年、2010 年呈现小幅增长，2010 年达到峰值，为 216.2 万人，2011 年有所回落。2012 年开始又有所上升，2014 年达到峰值，为 221.3 万人。2015 年再次回落，接近 2012 年常住人口数量水平。2016 年常住人口数量显著降低，2016 年年底为 213.7 万人，处于 2008 年至 2009 年之间的水平，反映出首都功能核心区疏解政策的人口调整作用（见图 7-2）。首都功能核心区的常住外来人口数量也表现出类似的变化特征，2013 年达到最高值，为 55.4 万人，其后呈逐渐减少的趋势（见图 7-3）。

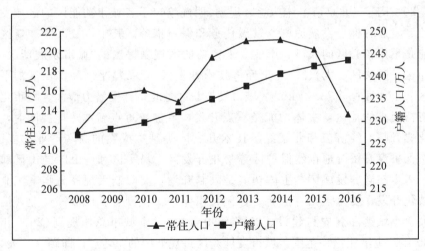

图 7-2　首都功能核心区常住人口和户籍人口（2008—2016 年）

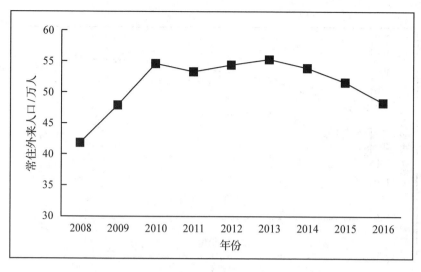

图 7-3　首都功能核心区常住外来人口(2008—2016 年)

城市功能拓展区的户籍人口数量自 2008 年至 2016 年呈增加趋势,增长 74.1 万人,平均每年增加 9.26 万人。2008 年,城市功能拓展区户籍人口数量为 531.0 万人。2009—2015 年常住人口数量继续增长,2015 年达到峰值 (1 062.5 万人),2016 年为 1 033.8 万人,较 2015 年稍有回落(见图 7-4)。外来人口数量从 2008 年的 300 万人逐渐增至 2015 年的 437.4 万人并达到峰值, 7 年共增加 137.4 万人,平均每年增加 19.63 万人,2016 年也开始减少(见图 7-5)。

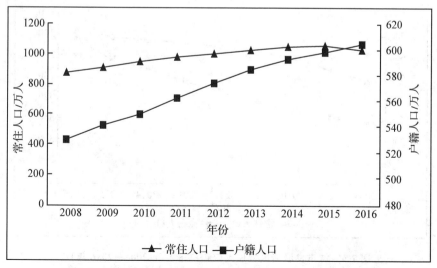

图 7-4　城市功能拓展区常住人口和户籍人口(2008—2016 年)

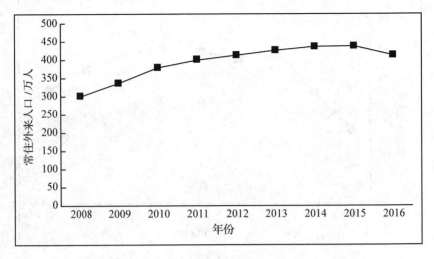

图 7-5　城市功能拓展区常住外来人口（2008—2016 年）

2016 年，城六区常住人口为 1 247.5 万人，比 2015 年减少 35.3 万人，占比下降 1.7 个百分点，实现由增到减的变化。城六区是主城区，其常住人口减少，是由于新增人口向北京城市副中心以及大兴、昌平等新城转移。2017 年，城六区常住人口比上年减少 3.1%。

2008—2016 年城市发展新区的常住人口变化不同于首都功能核心区和城市功能拓展区，一直呈增加趋势（见图 7-6）。从 2008 年的 492.5 万人增

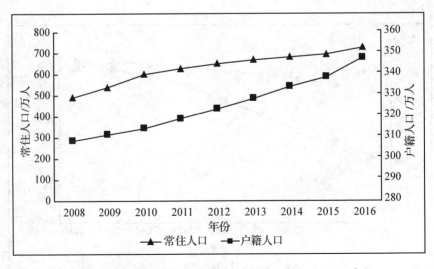

　　　　　　　　　　　　─▲─ 常住人口　　─■─ 户籍人口

图 7-6　城市发展新区常住人口和户籍人口（2008—2016 年）

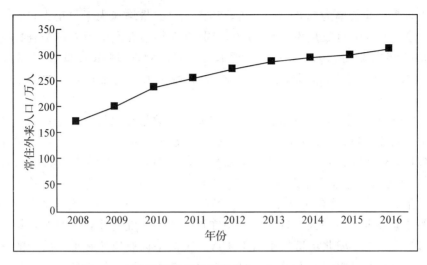

图 7-7　城市发展新区常住外来人口（2008－2016 年）

至 2016 年的 730.3 万人，8 年共增加 237.8 万人，平均每年增加约 29.73 万人。户籍人口数量从 2008 年的 308.7 万人增至 2016 年的 348.2 万人，增加 39.5 万人，年均增加约 4.94 万人。近年来，城区人口向新城迁移，使其常住人口数量显著增加，并保持这一趋势。城市发展新区的常住外来人口数量自 2008 年开始也呈增加趋势，从 2008 年的 174.1 万人增至 2016 年的 313.9 万人，8 年累计增加 139.8 万人，年均增加 17.48 万人（见图 7-7）。首都功能核心区、城市功能拓展区的外来人口数量目前均已随北京人口向新城转移而开始呈现减少趋势；相反，城市发展新区的外来人口数量呈增加趋势。

二、城市发展新区的大型社区

　　新城对核心区人口的承接作用十分显著，城市发展新区兴建了一系列大型社区以承接核心区人口，其中以昌平区的回龙观、天通苑等社区最为典型，并且已经形成"成片"的空间形态。昌平区人口的快速增长也能够反映出这一现象。2006 年年底，昌平区常住人口数量为 82.9 万人，户籍人口为 49.2 万人，其中非农业人口为 27 万人。截至 2016 年年底，常住人口数量达到 201 万，户籍人口数量为 61.1 万人，其中非农业人口数量为 43.3 万。昌平区户籍人口稳步增长，平均每年增长约 1.19 万人；常住人口从 2006 年的 82.9 万人增至 2016 年的 201 万人，其中 2010 年一年增长了 63.95 万人（见图 7-8）。昌平区 2006—2009 年常住人口数量增长率为 6.4 万人/年、2010—2016 年常住人口数量增长率为 5.83 万人/年，常住人口数量增速大于户籍人口。2010 年，全区常住人口数量为 166.05 万，同 2000 年第五次全国人口普查数据相比，10 年共增加 104.57 万人，增长了 170.08％；城镇人口数量增加了 105.88 万，乡村人口数量减少了 1.31 万，城镇人口占常住人口的比重上升了 37.97％。

2006 年之后，昌平区常住人口、户籍人口数量均保持增长趋势。户籍人口中，农业人口数量稳步降低，非农业人口数量稳步增长。2010 年，常住人口数量大幅增加，外来人口数量增幅显著，从 2009 年的 39.5 万人一跃增长至 84.7 万人，超越户籍人口数量(53.3 万人)，外来人口数量多于户籍人口的现象至 2016 年仍然存在(见图 7-9)。根据昌平区 2010 年第六次全国人口普查主要数据公报，昌平区人口主要集中在城北街道、北七家镇、回龙观镇、东小口镇。其中，城北街道位于昌平城区，是昌平区政府所在地、昌平的核心区，人口相对集中；北七家镇、回龙观镇、东小口镇均位于昌平区南部，是人口密集的大型居住区，且具有连片分布的特征。其中，以回龙观社区、天通苑社区最为典型，下面对这两个大型社区进行简要介绍。

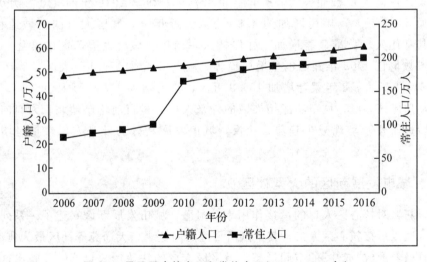

图 7-8　昌平区户籍人口和常住人口(2006－2016 年)

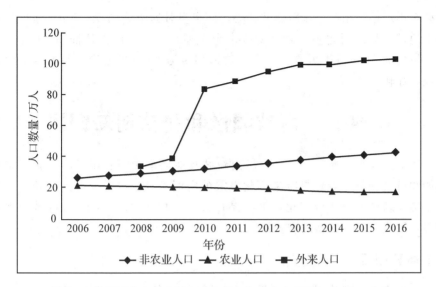

图 7-9　昌平区非农业人口、农业人口和外来人口(2006－2016 年)

(一)回龙观社区

回龙观社区位于昌平区南部,是昌平的南大门,与海淀区接壤,南距德胜门约 16 km,北距昌平城区约 18 km,东接首都机场北线高速公路,京藏高速公路纵穿社区。回龙观社区总面积为 34 km²,北起南沙河,南至海淀区西三旗,西接海淀区上庄和西北旺地区,东邻昌平区东小口,毗邻上地信息产业基地和沙河高教园区,是一个承接南北、贯通东西的首都正北部重镇。

回龙观社区定位为文化居住区,是北京的经济适用房聚集区之一。在政府推动下,回龙观社区在空间上、人口上、管理上从无到有、从小到大,迅速成长为相对独立的亚洲最大的居住区之一。

回龙观社区是总建筑面积 850 万平方米的超大规模社区,常住人口超过 40 万人,人文特色较为突出。回龙观社区整体规划了三纵三横六条商业街,其商业规划的主方向在于改变过去居住加配套的简单格局,以回龙观区域为基础,逐步构建大回龙观同核新城。即将回龙观发展成为一个具有一定产业功能的区域,实现与昌平城区共同构成沿北京北部的同核城市群和经济发展带,满足区域内基础城市功能的需求,打造新的特色商业和特色产业,以此带动区域整体发展和城市功能提升;回龙观行政办公、教育、金融、文体、医疗等配套所占的比例约为 20%,服务性商业所占的比例约为 80%;在服务性商业中,占比例最大的是餐饮业,为 42%,零售业为 31%。

(二)天通苑社区

天通苑社区位于昌平区南部,是北京最大的经济适用房聚集地区之一,地处东小口地区东部，雄踞奥北核心，距离奥林匹克公园仅 3 km，地处亚北黄金地带，临近回龙观、立水桥等多个大型社区。小区占地面积 48 万平方米，规划面积 42 万平方米，其中经济适用房为 35 万平方米，共由四个园区组成，绿化率达 36%。

第四节　高教园区和科技创新园区

顺义、大兴、亦庄、昌平、房山新城及地区承接中心城区的教育、文化功能和科技创新产业，具有集团化发展的空间条件。同时发展这些功能，有助于推动新城的快速城市化，迅速提升城市公共基础设施，整合区域内优势资源，形成区域发展新的增长极。

一、高教园区

北京市委、市政府确定的两个大学园区均位于城市发展新区，一个是位于昌平的沙河高教园区，另一个是位于房山的良乡高教园区。1999 年颁布的《关于深化教育改革全面推进素质教育的意见》中提出"在规划建设的卫星城中，开辟 2 个至 3 个占地 8 000 亩至 10 000 亩的高教园区"。2001 年 10 月，市委、市政府批准"在昌平沙河地区和房山良乡地区建设两个高教园区"。高教园区的建设大大增加了昌平区、房山区的高等教育资源，增强了区域的科技创新能力。

（一）沙河高教园区

沙河高教园区以地铁昌平线沙河高教园站为中心，东至回昌路一线，西至北沙河西四路一线，南至百沙路，北至北六环，是北京城市总体规划中昌平新城的重要组成部分，是一个以高等教育为中心，融学习、工作、居住为一体的现代化学园都市。北京航空航天大学、北京师范大学、北京邮电大学、外交学院、中央财经大学、中国矿业大学（北京）、北京信息科技大学 7 所大学进驻高教园区。

北京航空航天大学创建于 1952 年，是由当时清华大学等 8 所院校的航空院系合并而成的我国第一所航空航天高等学府，学校有学院路和沙河 2 个校区。截至 2018 年 10 月，学校有 60 个本科专业，涵盖工、理、管、文、法、经、哲、医、教育和艺术 10 个学科门类。

北京师范大学的前身是创立于 1902 年的京师大学堂师范馆。1908 年，改称京师优级师范学堂，独立设校。1912 年，改名为北京高等师范学校。1923 年，学校更名为北京师范大学，成为中国历史上第一所师范大学。学校拥有国家重点实验室 4 个(其中联合 2 个)、教育部重点实验室 9 个、北京市重点实验室 12 个、教育部工程研究中心 5 个、北京市工程中心 4 个、教育部人文社会科学重点研究基地 7 个、北京市哲学社会科学研究基地 2 个。

北京邮电大学的前身是中华人民共和国第一所邮电高等学府——北京邮电学院,其成立于 1955 年。1993 年,更名为北京邮电大学。2000 年,划入教育部直属高校行列。2012 年,信息与通信工程一级学科全国排名第一。根据 2019 年 4 月学校官网显示,学校设 14 个二级学院,18 个教学单位,并设有研究生院,有 43 个本科专业,学科专业覆盖理学、工学、经济学、管理学等 9 个学科门类,涉及 22 个一级学科。学校现有西土城路校区、沙河校区、宏福校区和小西天校区,在江苏无锡和广东深圳分别设有研究院。

外交学院创建于 1955 年 9 月,是由周恩来总理倡议,在中国人民大学外交系的基础上成立的,是一所以服务中国外交事业为宗旨,培养一流外交外事人才的小规模、高层次、特色鲜明的高等院校,是外交部唯一直属全国重点大学。截至 2017 年 9 月,学校有展览路校区和沙河校区,占地面积 35.23 万平方米。

中央财经大学是中华人民共和国教育部直属的一所以经济学、管理学和法学为主体,文学、哲学、理学、工学、教育学、艺术学等多学科协调发展的全国重点大学,是中华人民共和国成立后中央人民政府创办的第一所新型高等财经院校,历经中央税务学校、中央财政学院、中央财经学院、中央财政金融学院等发展阶段,1996 年更名为中央财经大学。现有学院南路和沙河两个校区。

中国矿业大学(北京)是在原北京矿业学院的基础上发展起来的一所研究型大学,前身是创办于 1909 年的焦作路矿学堂,学校现有学院路和沙河两个校区。截至 2019 年 3 月,学校设有 21 个学院,59 个本科专业。

北京信息科技大学是一所以工、管为主体,工、管、理、经、文、法等多学科协调发展,北京市重点支持建设的高校,是国家"卓越工程师教育培养计划"建设高校。截至 2019 年 9 月,有清河小营、健翔桥、沙河、金台路、酒仙桥 5 个校区,设有 18 个学院,39 个本科专业。

(二)良乡高教园区

良乡高教园区坐落于房山区良乡新城东区,是城市发展新区核心区和前沿区,距离北京中心城区仅 21 km。

良乡高教园区是一个以高等院校为依托,集教育、研究开发与产业开发等多种功能于一体,并配以适当服务设施而形成的知识园区与高新技术区。依托高等学府云集的资源优势,园区引入"智汇城"的发展定位,未来将成为首都智慧型人才集聚高地、中国科技文化产业核心区之一。近年来，园区确立了"以智慧园区建设为基础、汇聚整合高端要素、实现惠民惠企惠社会（3H）"的发展思路，以"建设中关村南部科技创新城核心区、京保石协同创新推进器、生态宜居智慧服务加速器"为主要任务，着力推进科教产业基地建设，全力落实首都发展战略和新房山建设目标。园区按照功能定位，划分为学校的教学及生活区、西部配套区、中央设施区、中央绿化景观区四大区域。良乡高教园区作为人才、智力、高新技术和文化信息要素的集聚区域，成为城市空间拓展和产业拓展的引领者，努力为高校和城市发展架起一座桥梁。中国社会科学院研究生院、北京理工大学、首都师范大学、北京工商大学、北京中医药大学、北京交通运输职业学院6所高等院校进驻高教园区。

中国社会科学院研究生院隶属中华人民共和国哲学社会科学研究最高学术机构和综合研究中心——中国社会科学院，是一所承担研究生培养任务并具有博士和硕士学位授予权的高等教育机构，也是中国最早成立的研究生院，主要任务是培养人文和哲学社会科学各学科博士和硕士研究生，2011年搬迁至良乡新校园。2017年5月，经教育部批准，以中国社会科学院研究生院为基础，整合中国青年政治学院本科教育及部分研究生教育资源，组建中国社会科学院大学。

北京理工大学创办于1940年，其前身是延安自然科学院，是中国共产党创办的第一所理工科大学；1949年，学校迁入北京；1952年，学校更名为北京工业学院，成为新中国第一所国防工业院校；1988年，学校更名为北京理工大学。截至2016年年底，学校拥有中关村校区、良乡校区、西山实验、珠海校区和秦皇岛分校，设有20个专业学院。

首都师范大学创建于1954年，其办学历史可追溯至1905年成立的通州师范，是世界一流学科建设高校、北京市与教育部共建高校。截至2019年3月，学校占地约88万平方米，有校本部、北一区、北二区、海淀东一区、东二区、良乡、通州等校区，下设31个院系、2个教研部，学科专业涵盖文、理、工、管、法、教育、外语、艺术等。

北京工商大学是国务院批准的全国首批硕士学位授予单位，是以经、管、工为主，经、管、工、理、文、法、史等学科相互支撑、协调发展的北京市重点建设的多科性大学。1999年6月，北京轻工业学院、北京商学院、机械工业管理干部学院合并组建北京工商大学。学校现设14个学院、1个教学部，一级学科硕士学位授权点16个、硕士专业学位授权点17个、本科专业57个。

北京中医药大学是中华人民共和国教育部直属的一所以中医药学科为特

色的全国重点大学，是国家"211 工程""985 工程优势学科创新平台"重点建设院校之一，由教育部、国家卫生健康委员会、国家中医药管理局、北京市共同建设。北京中医药大学的前身是创建于 1956 年的北京中医学院，是中华人民共和国最早成立的高等中医院校之一，1993 年改为现名，2000 年与北京针灸骨伤学院合并组成新的北京中医药大学，被誉为中国中医药领域的首善院校和最高学府。

北京交通运输职业学院是一所全日制普通高等学校，2010 年 4 月由北京市交通学校、北京市路政局技工学校和北京市房地产职工大学合并组建而成。2011 年 6 月，房山区人民政府与北京交通运输职业学院签署合作协议，北京交通运输职业学院入驻良乡高教园区。新校区定位为世界知名、有特色的职业大学总部，通过大学总部的建设，与房山区在开展职业技能培训、研发方面进行深入合作，集聚国际高端要素，为房山区的发展建设做出积极的贡献。

二、科技创新园区

1994 年 4 月起，经国家科委批准，北京市新技术产业开发试验区和中关村科技园区先后 3 次调整范围。2012 年 10 月，国务院印发《关于同意调整中关村国家自主创新示范区空间规模和布局的批复》，原则同意对中关村国家自主创新示范区空间规模和布局进行调整。调整后，中关村示范区空间规模扩展为 488 km²，形成了包括海淀园、昌平园、顺义园、大兴—亦庄园、房山园、通州园、东城园、西城园、朝阳园、丰台园、石景山园、门头沟园、平谷园、怀柔园、密云园、延庆园"一区十六园"发展格局。城市发展新区具有距离中心城区近的空间优势，同时拥有未开发土地，开发成本相对较低，易于形成大规模的科技创新园区。

（一）中关村科技园区昌平园

昌平园成立于 1991 年 11 月，作为最早加入中关村的三个分园之一，1994 年进入国家级开发区行列，自成立以来经济持续增长，基础设施不断完善，经过多年发展，目前已形成能源科技、生物医药、先进制造、新材料和电子信息五大特色产业。昌平园政策区范围为 51.4 km²，位列中关村示范区"一区十六园"空间规模第三位，由中心区、未来科学城、中关村生命科学园、国家工程技术创新基地等重点功能区及北汽福田产业基地，百善通用航空产业园、南口三一产业基地、国际信息产业园、马池口埝头工业园等专业园区组成。截至 2019 年，昌平园入园企业 4 800 家，其中国家级高新企业突破 1 500 家，上市企业 21 家，新三板企业 61 家。

(二)中关村科技园区顺义园

顺义园包括航空北区、航空南区、临空地块、空港西区、空港东区、实创高新北区、实创高新南区、北方新辉地块、非晶地块 9 个区域，总规划占地面积 12.08 km^2，包括 6 个基地，集中形成下一代互联网、移动互联网和新一代移动通信、卫星应用、生物健康、节能环保、轨道交通六大新优势产业集群以及集成电路、新材料、新能源汽车、高端装备与通用航空四大潜力产业集群，重点发展航空航天、高端装备制造、研发服务、信息服务等高端产业，加快推进高新技术成果孵化转化，建设"生态良好、产业集聚、用地集约、设施配套、城乡一体"的研发服务和高技术产业集聚区。

(三)中关村科技园区大兴—亦庄园

大兴—亦庄园规划占地面积 98.27 km^2，共有大兴生物医药产业基地、北京经济技术开发区等 14 块区域。大兴生物医药产业基地位于大兴新城，于 2002 年成立。2006 年被纳入中关村科技园区，规划面积 9.63 km^2，批复为北京国家生物产业基地。基地以生物医药为主导产业，重点构建"1＋4＋2"的特色产业格局，即医药研发及检验机构形成的核心板块，生物制药、现代中药、创新药物、医疗器械四大主体板块，"大健康"、动物疫苗及动物用药两大拓展板块。

北京经济技术开发区于 1992 年开始建设，是北京地区唯一的国家级经济技术开发区。1999 年，市政府决定开发区中的 7 km^2 为中关村科技园区亦庄科技园。亦庄科技园已形成电子信息、生物医药、汽车制造、装备制造四大主导产业，新能源新材料、军民结合、文化创意三大新兴产业，生产性服务业、科技创新服务业、都市产业三大支撑产业，高端、高效、高辐射的十大产业集群。拥有北京奔驰汽车有限公司、中芯国际集成电路制造(北京)有限公司等知名企业，在大尺寸集成电路生产、移动通信产品研发与制造等方面处于国内同行业领先水平。

第五节　临空经济区

顺义区作为北京东北部发展带的重要节点、重点发展新城之一，是首都国际航空中心核心区，是服务全国、面向世界的临空产业中心和现代制造业基地。顺义区依托北京首都国际机场的综合优势，面向北京建设世界城市的需要，不断壮大临空经济，建设以高端现代制造业和现代服务业为支撑的国际流通网络的重要节点，成为国内外交往的枢纽区域和国际人流、物流、信息、技术、资金流等进入首都的集结地。

大兴作为北京大兴国际机场的所在区，其临空经济区也建设在即。大兴机场临空经济区规划已正式获得批复，正在开展城市设计及起步区控制详细规划研究。

一、北京临空经济核心区

2014 年 3 月，北京临空经济核心区获北京市机构编制委员会批准整合。核心区是北京市重点建设的六大高端产业功能区之一临空经济区的核心区域，总规划面积 170 km²，北以六环路为界，南以机场南线高速和京平高速为界，西以京承高速和温榆河为界，东以六环路和潮白河保护绿带为界。起步规划区面积约 56 km²，由原北京天竺空港经济开发区、原北京空港物流基地和原北京国门商务区三个功能区组成。

核心区以首都机场为核心，距市区约 10 km，距天津港约 150 km。区内有 6 条高速公路、4 条快速路、2 条城市轻轨；汇集了以首都机场、国航股份、空中客车、顺丰速运等为代表的航空类企业，以天地图、安泰科技、科园信海、迈恩德等为代表的战略性新兴产业，以华夏基金、国开创新资本等为代表的产业金融类企业，以雅昌彩印、长城华冠、新国展等为代表的文化创意类企业，更拥有宝洁、德国邮政、中国中铁、中远等世界 500 强投资的项目 55 个。

组建后的核心区，将叠加集成首都机场、天竺综合保税区、中关村国家自主创新示范区资源政策优势，大力发展航空运输、保税物流、总部商务、产业金融、文化创意、商务会展等国际化、高端化的临空型现代服务业，积极培育壮大战略性新兴产业，逐步实现"开放功能充分发挥、高端产业聚集和创新发展、城市功能建设水平全面提升、'临空服务'品牌全方位塑造"的目标。

2016 年，核心区累计实现属地税收 107.02 亿元，较上年同期增长 9.2%，占顺义区的 17%；实现地方公共财政收入 27.75 亿元，较上年同期增长 2.9%，占顺义区的 20%。

核心区发展思路是紧紧围绕"打造航空中心核心区"的奋斗目标，坚持"把握三个阶段性特征、推动四个转型升级"和"全面深化改革"的工作总要求，大力弘扬接力精神，以提高发展质量和效益为中心，以体制机制创新为动力，不断优化空间布局，完善资源配置功能，努力在深化改革、创新驱动、产业发展、业城融合上实现新突破，切实肩负起引领全区科学发展的排头兵的使命，加速推动临空经济区向首都国际航空中心核心区转型升级。

二、北京大兴国际机场临空经济区

北京大兴国际机场临空经济区是由国家发展和改革委员会和民航局联合批复设立的临空经济区，面积约 150 km²，其中河北部分约 100 km²，北京部分约 50 km²，未来将建设成空铁联运的通达之城、中国韵味的文化之城、拥抱世界的交往之城、临空经济的创新之城、形象鲜明的印象之城、生态智慧的宜居之城。北京大兴国际机场临空经济区总体定位为国际交往中心功能承载区、国家航空科技创新引领区、京津冀协同发展示范区。2019 年 10 月，北京市和河北省正式批复了《北京大兴国际机场临空经济区总体规划（2019—2035 年）》，标志着北京大兴国际机场临空经济区迈入了实质性建设阶段。2019 年 11 月，北京大兴国际机场临空经济区地名规划方案开始公示。拟命名区域为临空经济区所确定的北京部分规划范围，包括 180 余条道路，涉及大兴区榆垡镇、礼贤镇，北起新机场北线高速，西南至永定河灌渠，东南至京台高速西侧，西起永兴河北路西段，东至青礼路。

第八章　生态涵养发展区

章前语

生态涵养发展区是北京市边缘的郊区，包括门头沟区、平谷区、怀柔区、密云区和延庆区，是首都生态屏障和重要资源保证地，是构建全市城乡一体化发展的重点地区，也是产业结构优化调整的重要区域。该区域原来大多是县，经过多年的发展变化，逐渐转变成北京市16个区中的5个，生态涵养发展区在悠久的历史岁月中沉淀了深厚的文化底蕴，该区域名胜古迹众多，旅游资源丰富。随着改革开放的发展，各区政府积极引进适合各区土质环境的特色农产品，大力发展特色农业，不仅加强了对生态环境的保护，而且给各区人民增加创收，使人民生活更富裕。从北京市"十三五"规划看，"十三五"时期是北京市加快建设国际一流的和谐宜居之都的关键阶段，要全面推进生态文明建设，多举措推进大气污染治理，实现"江水进京"，完成平原地区百万亩造林，实施水环境建设专项行动，改善生态环境。这一切都要从生态涵养发展区开始。因此，生态涵养发展区作为"十三五"规划中的重要区域，要建设更加适宜的生态氛围，建设更加宜居、环境一流的生态屏障。

关键词

远郊区；山区；旅游资源；特色农业；生态涵养

第一节　概　况

生态涵养发展区包括门头沟区、平谷区、怀柔区、密云区和延庆区，是北京的生态屏障和水源保护地，是环境友好型产业基地，是保证北京可持续发展的支撑区域，具有巨大的增长潜力，也是北京市民游憩的理想空间。

生态涵养发展区注重突出生态涵养的职能，形成良好的生态系统，其关键是解决保护生态环境与经济发展之间的矛盾，建立生态建设利益补偿机制，探索生态、旅游及都市工业有利互动的综合发展模式，强化基础设施建设和人力资源培养，强调生态产业发展。重点是生态涵养系统培育、新农村建设、环境保护和循环经济发展等。

一、门头沟区

门头沟区位于北京市正西偏南，地理坐标为 115°25′E～116°10′E，39°48′N～40°10′N，区域东西长约 62 km，南北宽约 34 km，呈扇面形。东与石景山区、海淀区接壤，南与丰台区、房山区相连，西与河北省涞水县、涿鹿县为邻，北与昌平区、河北省怀来县交界。全区以山地为主，山地占全区总面积的 98.5%，整体地势由西北向东南倾斜，位于其西部的山区山形挺拔高峻、险峰叠嶂，是北京西山的核心部分。境内有北京市的最高峰东灵山(海拔 2 303 m)和百花山(海拔 1 991 m)，还有"万亩玫瑰园"妙峰山。主要河流是永定河及其支流清水河，属于海河水系。

门头沟区历史文化悠久，其村落发展可追溯至 10 000 年前，是北京历史上著名的"东胡林人"的聚居地，经过隋唐、辽代、明代的逐步发展，形成今日之格局。门头沟区下辖 4 个街道、1 个地区、8 个镇，分别为大峪街道、城子街道、东辛房街道、大台街道、王平地区、龙泉镇、潭柘寺镇、永定镇、军庄镇、雁翅镇、斋堂镇、清水镇、妙峰山镇。其中，前三个街道是门头沟区的中心城区。截至 2016 年年底，全区户籍人口户数为 12.05 万户，总人数为 251 208 万人。其中，非农业人口为 206 258 人，农业人口为 44 950 人。

门头沟区文化底蕴深厚，现有 228 个村居文化室，全年送书进村居、进学校、进军营、进企业达 3 万余册，送电影下乡 1 万余场。图书馆馆藏总量达到 89.9 万册。全区共有重点文物保护单位 84 个，其中国家级 5 个，市级 8 个。

近年来，门头沟区的交通事业飞速发展。地铁 S1 线被称为"门头沟线"，是北京市目前唯一一条中低速磁悬浮轨道线，该地铁线开通后，从门头沟石门营到石景山只要十多分钟。长安街西延长线贯穿门头沟和石景山两个区，由西向东分别穿越冯村沟、永定河、丰沙铁路、首钢旧厂区等地，全长 6.46 km，宽度为 60～80 m，主路设 8 条车道，两侧分设辅路和人行通道，将成为京城西部一条进出中心城区的快速联络线。地铁 S1 号线、长安街西延长线等交通设施的完善，必将带动门头沟区、石景山区的建设和发展，可实现从门头沟一小时到市中心，有利于中心城区部分功能的疏解。

二、平谷区

平谷区位于北京市东北部，地理坐标为 116°55′E～117°24′E，40°10′N～

40°22′N，地处北京、天津、河北三省市交界处，其西北分别与顺义区、密云区接壤，南与河北省三河市为邻，东南与天津市蓟州区、东北与河北省兴隆县毗连。该区东西长 35.5 km，南北宽 30.5 km，总面积约为 948.24 km²。

平谷区历史悠久，早在旧石器时代，就有人类在这块土地上繁衍生息；六七千年前，先民们创造了上宅文化；辛亥革命后，1914 年顺天府改京兆特别区，平谷为京兆属县之一；1928 年裁京兆，平谷县改隶河北省冀东道；1932 年 9 月，河北省设立蓟密行政督察区，下辖平谷县；1949 年中华人民共和国成立后，平谷县属河北省通县专区；1958 年通县专区撤销，平谷县改属河北省唐山专区，同年 10 月划入北京市。2002 年，平谷县改为平谷区。截至 2018 年，平谷区下辖 2 个街道、4 个地区、10 个镇、2 个乡，分别为滨河街道、兴谷街道、渔阳地区、峪口地区、马坊地区、金海湖地区、东高村镇、山东庄镇、南独乐河镇、大华山镇、夏各庄镇、马昌营镇、王辛庄镇、大兴庄镇、刘家店镇、镇罗营镇、黄松峪乡、熊儿寨乡。

平谷区因其东、南、北三面环山，中间为平原谷地而得名。山区、半山区约占全区面积的 2/3，地势由东北向西南倾斜，中间平缓。山区呈"M"形分布于其北、东、南部，中低山区占北京市山地面积的 4.5%，是以桃、梨、苹果、柿子四大果树为主的林果发展基地；岗台阶地分布于山前，呈环带状，大部分地区已成平坦的块状阶地，多为果园种植地；平原分布于中部和西南部，地势平坦，为洪积冲积平原，是主要粮菜区。境内土壤主要是棕壤、褐土、潮土、水稻土 4 类。有河流 30 余条，属海河流域北三河水系，其中泃河是境内最大河流，由东部入境，于西南出境。

平谷区是独立的山间盆地水文地质单元，属于暖温带半湿润大陆性季风气候，四季分明。境内植被丰厚，从西北至东南有大面积防护林带，绿色无污染的生态环境使该区农业资源丰富，成为北京市重要的农副产品基地，主要农作物有小麦、玉米、谷子及豆类等。

以北京市"十三五"规划为依托，平谷区致力于打造京津冀协同发展的桥头堡，以建设北京城市副中心后花园为定位，率先全面建成小康社会、国家生态文明先行示范区。通过多年的努力，汇聚改革、创新、协同、人才四种动力，实施提升生态、协同发展、产业转型、城乡结合、改善民生五大任务，打造青山绿水、美景环绕、绿色低碳、循环发展的生态宜居城。

三、怀柔区

怀柔区位于北京市东北部，地理坐标为 116°17′E～116°53′E，40°41′N～41°04′N，地处燕山南麓，东临密云区，南与顺义区、昌平区相连，西与延庆区搭界，北与河北省赤城县、丰宁满族自治县、滦平县接壤。全区总面积为2 123.8 km²，是北京市面积第二大的区。怀柔境内多山，山区占全区总面积的89%，明代弘治年间大学士谢迁曾这样形容："怀柔为邑，崇岗叠嶂，绵亘千里"，海拔1 000 m以上的山有24座，其中京北著名的高山黑坨山海拔1 533.9 m。这些连绵的山地是首都北京的绿色长城、天然屏障。

怀柔历史悠久，"怀柔"一词最早见于《诗经·周颂·时迈》中的"怀柔百神"，意为招徕安抚。春秋战国时期，怀柔是燕国战略要地，秦属渔阳郡，其郡治位于怀柔区北房镇梨园庄村。1 300多年前，唐朝就有了"怀柔"这个名称，明洪武元年（1368年）设置怀柔县，跟现在的怀柔区范围基本相同。2002年，经国务院正式批准，怀柔撤县设区。怀柔区下辖2个街道、12个镇、2个民族乡，分别为泉河街道、龙山街道、怀柔镇、雁栖镇、北房镇、杨宋镇、庙城镇、桥梓镇、怀北镇、汤河口镇、渤海镇、九渡河镇、琉璃庙镇、宝山镇、长哨营满族乡、喇叭沟门满族乡。截至2016年年底，常住人口为39.3万人。

怀柔区属暖温带半湿润大陆性季风气候，四季分明，雨热同期，夏季湿润，冬季寒冷少雪。该区河泉众多，水源丰富，水质优良。全区有属于潮白河、北运河两个水系的白河、汤河等4级以上河流17条，山泉774处。怀柔区97.1%的面积为首都一、二、三级饮用水源保护区，地表水质量达到国家二级标准。怀柔区矿产资源丰富，主要有金、铜、铁、铅、锌、钼、萤石、砂石、大理岩、花岗岩等。

四、密云区

密云区位于北京市东北部，地理坐标为116°39′E～117°30′E，40°13′N～40°47′N，东西长69 km，南北宽64 km。密云地处燕山南麓，东南至西北与平谷区、顺义区、怀柔区接壤，北、东分别与河北省滦平县、承德县、兴隆县毗邻，是华北面向东北、内蒙古的重要地带，战略地位十分重要，自古为兵家必争之地，有"京师锁钥"之称。

密云东、北、西三面环山，峰峦起伏，巍峨的明长城绵延在崇山峻岭之上，达207 km，占北京市长城长度的1/3；中部地势低缓，有华北最大的人工湖密云水库，其最大水面面积为188 km²；西南是洪积冲积平原，呈开口的簸箕形。该区面积达到2 229.45 km²，是北京市面积最大的区。其中，山区面积占79.5%，平原面积占11.8%，水域面积占8.7%。

密云区历史悠久，距今约10万年前，祖先们就在这片土地上开拓。据燕落寨雪山文化遗址出土的新石器、陶器等文物考证，距今6 000年前，这里已有人类聚居。2008年，密云通过国家生态区考核验收，成为北方第一个国家生态区，被环保部评为"全国首批生态文明建设试点地区"。2015年，国务院同意撤销密云县，设立密云区。密云区下辖17个镇、2个街道和1个地区办事处(乡)，分别为密云镇、溪翁庄镇、西田各庄镇、十里堡镇、河南寨镇、巨各庄镇、穆家峪镇、太师屯镇、高岭镇、不老屯镇、冯家峪镇、古北口镇、大城子镇、东邵渠镇、北庄镇、新城子镇、石城镇、鼓楼街道、果园街道、檀营地区办事处(檀营满族蒙古族乡)。截至2015年年底，全区常住人口为47.9万人，是生态涵养发展区中人口最多的区。其中，城镇人口为26.6万人，乡村人口为21.3万人。

密云区生态环境优美，山清水秀，是京城最美的郊区。密云区利用其生态优势积极发展农业，形成了"三个三"的发展格局，即以奶牛、肉鸡和柴鸡、蜜蜂为主的生态养殖业，以板栗、苹果、梨为主的绿色林果业，以无公害蔬菜、有机杂粮、花卉为主的特色种植业。

北京城市总体规划将密云定位为生态涵养发展区、北京东部发展带上的重要节点。密云是北京重要的水源保护地，密云水库以北为生态涵养发展区，以南为产业发展区。张裕爱斐堡国际酒庄、汇源果汁、今麦郎饮品、天福号农庄等一批项目的引进，使得密云农业产业化经营水平不断提高，与第二、第三产业快速融合。

五、延庆区

延庆区位于北京市西北部，地理坐标为115°44′E ～116°34′E，40°16′N ～40°47′N。东邻怀柔区，南接昌平区，西与河北省怀来县接壤，北与河北省赤城县相邻。境内平均海拔在500 m左右，其中海坨山主峰海拔2 241 m，是北京第二高峰。延庆区冬冷夏凉，年平均气温为8℃，素有北京"夏都"之称，是著名的避暑胜地。延庆区总面积为1 993.75 km²，其中山区面积占72.8%，平原面积占26.2%，水域面积占1%。

延庆区历史悠久，考古发现，约7 000年前，这里就有人类活动。春秋时期曾是山戎活动地区，春秋晚期和战国初期地属燕国。几经历史变迁，1913年始称延庆县，1958年10月划归北京市。2015年11月，国务院同意撤销延庆县，设立延庆区。截至2015年，延庆区下辖3个街道、11个镇、4个乡，分别为百泉街道、香水园街道、儒林街道、延庆镇、康庄镇、八达岭镇、永宁镇、旧县镇、张山营镇、四海镇、千家店镇、沈家营镇、大榆树镇、井庄镇、刘斌堡乡、大庄科乡、香营乡、珍珠泉乡。截至2016年年底，延庆区常住人口为32.7万人，其中城镇人口为17.7万人。

延庆区是生态涵养发展区,始终坚持生态立区理念,区内净土净水净气,是首都北京的绿色屏障和后花园。城区中心的夏都公园内有中外雕塑家的 50 件精美作品;妫水公园占地面积近万亩,其中有 5 000 亩水面,形成了"城在园中、园绕城区、城景交融"的园林美景,堪称"一城山水半城园"。2016 年,全区林木绿化率达到 70.95%。境内有松山、玉渡山、野鸭湖等 12 个国家和市、县级自然保护区,湿地面积近 100 km²。

近年来,延庆立足生态涵养发展区功能定位,坚定不移地实施生态文明发展战略,抢抓重大发展机遇,扎实推进绿色发展。以"百里山水画廊"为代表的沟域经济成为全市山区发展的亮点,绿色经济特征进一步巩固;节能减排任务超额完成,新能源和可再生能源利用比重在全市名列前茅。

作为 2019 年世界园艺博览会(简称"世园会")、2022 年冬奥会和冬残奥会部分比赛项目承办地,延庆举全区之力聚焦筹办服务保障工作。2016 年,启动世园会、冬奥会绿色有机食品供应基地建设,加快企业转型升级,启动 7 个园艺主题村庄建设,新增花卉种植面积 5 000 亩,全区农业现代化程度达 90.37%。同年,延庆成为北京首批"海绵城市"试点地区。

未来,延庆区将为早日实现山更绿、水更净、天更蓝、空气更清新、人民更幸福的美丽蓝图而努力。

第二节　生态涵养发展区旅游文化景区

生态涵养发展区各区历史都比较悠久,名胜古迹数不胜数,旅游文化资源非常丰富。生态涵养发展区地貌类型以山地为主,大多数开发较好的旅游资源依托自然资源,且多分布在山区。附近村镇以旅游资源为依托,深度开发生态旅游,以旅游业作为发展农村经济的重要支撑,探索人与自然协调发展的途径,变绿水青山为金山银山。生态涵养发展区的旅游资源能够吸引北京城市居民利用周末等闲暇时间进行短途旅游,当地村民通过"农家乐"的假日旅游接待提高了自身的经济收入,逐渐形成了一批独具特色的民俗接待村。

生态涵养发展区的门头沟区、密云区、延庆区、怀柔区、平谷区的旅游各有特色。门头沟区集自然风光、文物古迹、古老民风于一体,境内层峦叠嶂、山清水秀,主要旅游景点可归结为"三山、两寺、一涧、一湖、一河"。其中,灵山是北京唯一的集高原、草原于一体的自然风景区;百花山被称为华北地区的天然植物园;妙峰山的庙会历史久远、闻名遐迩,每逢春夏之交,这里的万亩玫瑰竞相吐艳,花香四溢。始建于西晋永嘉年间的古刹潭柘寺是北京最古老的寺庙,素有"先有潭柘寺,后有北京城"之说;建于唐代武德年间的戒台寺有五大名松，"潭柘以泉胜，戒台以松名"；珍珠湖镶嵌在永定河山峡之中，享有"京西小漓江"的美誉。密云区古迹和人文景观众多。司马台长城以"险、密、奇、巧、全"而著称，是中国少有的保留明代原貌的长城。密云长城现存古代营城60余座，白马关、墙子路、石塘路、曹家路等重要关口是长城营城文化的典型代表。该区还集寺庙文化之大成，仅古北口在鼎盛时期就多达70余座，规模很大，数量极多。延庆区境内有巍峨壮观的八达岭长城、风光旖旎的龙庆峡、沁心宜人的康西草原，有离现代大都市最近的原始森林自然保护区松山，还有经一亿四千万年形成的硅化木国家地质公园，风景众多，美不胜收。2016年，延庆区成功入选国家首批全域旅游示范区，精心推出登山、骑游、赏花、采摘、滑雪、冰灯游园等多种休闲项目。怀柔区建有雁栖湖国际会都，2014年11月，亚太经合组织第二十二次领导人非正式会议在此成功举办；2017年5月，第一届"一带一路"国际合作高峰论坛也在这里举办。怀柔不仅有著名的慕田峪长城，还有汤河口—北石城（密云区）白河风景河段、我国北方最大的佛教丛林——红螺寺等高质量的旅游资源。平谷区旅游资源丰富，有三面环山、峰峦叠翠、风景秀丽的金海湖，有以石英砂岩峰林地貌为特点的京东石林峡，有集高山、峡谷、湖面、深潭为一体的京东大峡谷，有集雪上运动、高尔夫、生态园餐厅、会议、休闲等为一体的综合滑雪旅游胜地青龙山，有中元古界长城系高于庄组白云岩地层的京东大溶洞等。

生态涵养发展区内有AAAAA级景区2处，即慕田峪长城和八达岭长城风景名胜区，占北京AAAAA级景区总数的25%，区内的长城被列入世界文化遗产；有AAAA级景区20处，包括潭柘寺、金海湖风景、红螺寺、司马台长城景区、龙庆峡旅游区等，占北京AAAA级景区总数的28.6%；有AAA级景区45处，包括妙峰山风景名胜区、定都阁景区、京西古道景区、生存岛新概念旅游基地、喇叭沟门原始森林公园、八达岭野生动物世界、百花山自然风景区、云蒙山森林公园等，占北京AAA级景区总数的36.6%；有AA级景区22处，包括小龙门森林公园、灵山风景区、神堂峪自然风景区、天门山旅游风景区、鸡鸣山景区、百泉山旅游区等，占北京AA级景区总数的50.0%；有A级景区7处，包括挂甲峪旅游度假、北京胜泉亲水湾旅游景区、莲花山森林公园、神奇野山峡景区等，占北京A级景区总数的85.7%。生态涵养发展区景区占全市景区比例随景区级别的降低而增大，其中AAAAA级景区的旅游资源均属于长城，AAAA级及以下景区的旅游资源多为地文景观和水域风光。下面分别对区内主要的景区（资源）进行简要介绍。

一、长城

长城是中国古代的军事防御工程，是高大、坚固而连绵不断的长垣。北京市内的长城主要分布于生态涵养发展区，其中最为著名的是八达岭长城、慕田峪长城、司马台长城等。八达岭长城位于延庆区军都山关沟古道北口，是 AAAAA 级景区。八达岭是明长城的一个隘口，集巍峨险峻、秀丽苍翠于一体，以苍茫的风光和"不到长城非好汉"的口号而闻名于世，也是明长城向游人开放最早的地段。

八达岭长城关城为东窄西宽的梯形，有东西二门。东门额题"居庸外镇"，西门额题"北门锁钥"。八达岭长城的敌楼外形相仿，又各具特色，其中，南四楼为观赏八达岭长城的绝佳位置；北八楼是八达岭长城的最高敌楼，又名"观日台"。八达岭长城是中外各界人士到北京旅游的必到之处，每年 4 月 1 日至 10 月 31 日是八达岭长城的旅游旺季。迄今为止，已有包括尼克松、撒切尔夫人等在内的 300 多位世界知名人士登上八达岭长城，一览这里的山河秀色。

八达岭水关长城是八达岭长城东段，为明长城遗址，有 400 多年历史，因修建中国第一条自主设计的铁路京张铁路而被截断。水关长城建于险谷口，自箭楼起呈"V"字形，顺应山势而行，如巨龙蜿蜒，似鲲鹏展翅，箭楼既是敌楼，又具水门功效，此种建筑方式在沿线长城中极为罕见。慕田峪长城位于怀柔区境内，是明长城的精华所在，享有"万里长城，慕田峪独秀"的美誉。司马台长城位于密云区东北部的古北口镇境内，是唯一没有修饰、保留明长城原貌的长城，建于明洪武初年，山势陡峭、地势险峻、工程浩大，至今保存完好，被称为"中国长城之最"。黄花城水长城位于怀柔区九渡河镇境内，是以奇而著称，以秀为特色，融山川、碧水、古长城为一体的旅游胜地，四周群山环抱，林木茂盛苍翠，山清水秀，鸟语花香，形成了一年四季绚丽多姿的植物景观。九分山水一分田，青山碧水两相恋，在这里既可以欣赏秀丽的湖光山色，又可以观赏长城的清灵俊秀，绿树红花相伴身旁，使人有远离城市喧嚣、回归大自然的美妙感觉，而其中的"三绝景"更是引人入胜。

二、宗教建筑

生态涵养发展区分布有多处著名寺院，其中潭柘寺、戒台寺、红螺寺最为有名。潭柘寺位于门头沟区东南部的潭柘山麓，为 AAAA 级景区，是全国重点文物保护单位。寺院坐北朝南，背倚宝珠峰，周围有九座高大的山峰呈马蹄状环护。这九座山峰从东起依次为回龙峰、虎踞峰、捧日峰、紫翠峰、集云峰、璎珞峰、架月峰、象王峰和莲花峰。由于高山挡住了从西北方袭来的寒流，因此这里气候温暖湿润，寺内古树参天、佛塔林立。潭柘寺寺内占地 $0.025\ km^2$，寺外占地 $0.112\ km^2$，加上周围由该寺所管辖的森林和山场，总面积达 $1.21\ km^2$。

潭柘寺山门外有一座三楼四柱的木牌坊，牌坊前有古松 2 株，枝叶相互搭拢，犹如绿色天棚，还有一对石狮，雄壮威武。过了牌坊是一座单孔石拱桥，名曰"怀远桥"，过了桥就是山门。潭柘寺主要建筑可分为中、东、西三路：中路主体建筑有山门、天王殿、大雄宝殿、斋堂和毗卢阁，东路有方丈院、延清阁、行宫院、万寿宫和太后宫等，西路有戒台、观音殿等。此外，还有位于山门外山坡上的安乐堂和上、下塔院以及建于后山的少师静室、歇心亭、龙潭、御碑等。塔院中共有 71 座埋葬和尚的砖塔或石塔。潭柘寺始建于西晋永嘉年间，是佛教传入北京地区后修建最早的一座寺庙。始建时规模不大，寺院初名为"嘉福寺"，清代康熙皇帝赐名为"岫云寺"。因寺后有龙潭、山上有柘树，民间称为潭柘寺。该寺已有 1 700 多年历史，是北京最古老的寺，因此有"先有潭柘寺，后有北京城"之说。

戒台寺位于门头沟区的马鞍山上，始建于唐武德五年（622 年），原名慧聚寺，明英宗赐名为万寿禅寺。因寺内建有全国最大的佛教戒坛，民间称为戒坛寺，又叫戒台。戒台寺是全国重点文物保护单位，它是中国北方保存辽代文物最多、最完整的寺院，最特别的是其保存了佛塔、经幢、戒坛等十分罕见的辽代佛教珍品。

红螺寺位于怀柔区红螺山南麓，始建于东晋咸康四年（338 年），原名"大明寺"，明正统年间易名为"护国资福禅寺"。因红螺仙女的美妙传说，俗称"红螺寺"。红螺寺坐北朝南，依山势而建，布局严谨，气势雄伟。它背倚红螺山，南照红螺湖，山环水绕，林木丰茂，古树参天。

三、山岳

北京是一个多山的城市，山地面积超过 60%，形成了众多山岳型旅游资源，这些旅游资源大多分布在生态涵养发展区，其中有的在山景的基础上与人文旅游资源巧妙结合，还衍生出区域民俗文化特征。北京有名的山岳景区（旅游资源）有灵山、云蒙山、妙峰山。灵山位于门头沟区，具有独特的自然景观，灵山自然风景区就是在其基础上开发而形成的。灵山的主峰东灵山海拔 2 303 m，是北京的第一高峰，又称"北京的屋脊"。灵山的四季变化与北京市区呈现出极大的差异，其日温与北京市区差值达到10℃～12℃，是夏季避暑的不错选择。灵山的植被随海拔高度的上升而变化，既有暖温带植被，又有寒温带针叶林植被，其中以高山草甸最为出名，它是新疆细毛羊、伊犁马和青藏牦牛在北京唯一的天然繁衍养殖场，也是野生动物的乐园。

云蒙山古称"云梦山"，位于密云西部，因山上常白云缭绕，故改名云蒙山。据说战国时期谋略家鬼谷子曾在此山中传授兵法给孙膑、庞涓，因此山中现存有孙膑庙遗址、鬼谷子峰等。云蒙山是一个中山地貌森林公园，人称云蒙山有四多——奇松怪石多，仙山古洞多，飞瀑流泉多，瑞木瑶草多。云蒙山集泰山之雄、华山之险、黄山之奇、峨眉之秀于一体，其六大景观特色是奇峰、异石、潭瀑、烟云、森林、古迹。云蒙山植被覆盖率达90%以上，有树木花约150多种，一年四季花香不断，树木常青，潭塘相连，林深叶密，这在冬季寒冷干燥的北方实属罕见。由于山区特殊的地理环境的影响，云蒙山最炎热的7月平均气温也仅20℃，比承德避暑山庄还低，是避暑消夏的好地方。

妙峰山位于妙峰山镇涧沟村，以古庙、奇松、怪石、异卉而闻名。妙峰山属太行山余脉，主峰海拔有1 291 m，是观日出、晚霞、云海的最佳地点之一。妙峰山上多灌木和花卉，有大量木本植物和优质药材，有山桃花、野丁香、山茉莉、杜鹃花、麦秆菊、玫瑰花等多种观赏花卉。自明代以来，这里就是中国玫瑰花种植的集中地，是"高山玫瑰"的原产地，被誉为"中国的玫瑰之乡"。妙峰山玫瑰谷与保加利亚卡赞勒克谷地并称世界两大玫瑰谷，玫瑰盛开的季节，漫山遍野的玫瑰花的香味让人心旷神怡。妙峰山还有华北地区规模最大的传统朝圣庙会，如今妙峰山庙会除完整保留了明清时期的香客朝顶、香会酬山、施粥、布茶、舍馒头等传统形式外，还增加了商品交易、民俗展示、文艺演出等新内容。

四、沟谷

沟谷是一类重要的地文旅游资源，北京开发了众多的沟谷旅游资源，并形成了一批以沟谷为主体的旅游景点。文物古迹记载了门头沟区悠久灿烂的历史文化，其中比较出名的京西古道位于门头沟区山地地区，是在永定河河谷、西山山隘、沟谷等地形的基础上形成的古代交通系统，也是北京传统历史文化的见证。京西古道主要是商旅古道，还有部分是军用道、进香道。远古民族之间的贸易往来、战争的烽烟、宗教的传播，令这条古道印证着京西历史的厚重。自古以来，京西煤炭资源丰富，整个北京城用的煤都是在这条古道上从西山的煤窑运往城内的。西山群峰中还有很多寺庙，如潭柘寺、娘娘庙等，因而形成了进香古道。

北京延庆百里山水画廊景区位于延庆区千家店镇中国延庆世界地质公园

千家店园区内，属延庆生态涵养区的核心区，总面积为 371 km²。景区内生态环境优良，风光旖旎的白河谷地和壮美的黑河峡谷孕育了神奇的硅化木群、俊秀的滴水飞瀑、神秘的乌龙峡谷、庄严的朝阳寺、古老的关帝庙和葱郁的大滩原始次生林等丰富的旅游资源，还有独特的地质景观，如单斜、背斜、穹隆、喀斯特地貌等。

龙庆峡是北京典型的峡谷景区之一，位于延庆城区东北 10 km 的古城村西北的古城河口。龙庆峡南面为八达岭长城，西北为松山森林公园，正西是海坨山。龙庆峡之名源于明代延庆的称谓"龙庆州"，它被人们誉为北京的"小漓江"。龙庆峡峰峦峭立，山清水秀，既有南方的秀丽，又有北方的雄奇，开阔与幽深间或，险峻与浅滩并存。由于冬季寒冷，结冰期较长，从 1987 年开始，每到严冬，这里就成了冰雕和冰灯的世界。冰灯有不同的主题，加上声、光、电的巧妙设计，使龙庆峡的冰灯艺术充满魅力，每年的冰灯节都吸引了众多游客。

五、水域风光

北京的河流、湖泊、水库众多，构成有动有静、波光粼粼的水景，有的景区就是在水文旅游资源的基础上开发而成的，其中金海湖是以海子水库为基础建设的。金海湖位于平谷区东南金海湖镇上宅村，距北京城区 85 km。在 1679 年三河—平谷大地震中断裂出来一条峡谷，后经过多次改造，建成了海子水库。因北有大金山、南有海子村，故名金海公园。金海公园以金海湖为中心，周围峰峦叠翠，野卉生香，美景如画，有数十处人文景观可游览。横山将金海湖分成南湖和北湖，故有"满园秀色在一湖，一湖秀色在横山"之说。金海湖水域面积达 6.5 km²，由于其位于北京、天津、唐山交界处的三角地带，故有"小北戴河"之称。金海湖是北京市水域面积最大的综合性水上娱乐场所，有游艇、快艇、自驾艇、橡皮艇、皮划艇、水上飞伞、赛龙舟、香蕉船、脚踏船、手划船、肥仔船、水上大滑梯、甲壳虫跑车等 30 多项水上娱乐项目。

金海湖有横山主峰的"驼峰夕照"，有数丈深、住着几百只鸽子的鸽子洞，有曾有两位道士修行的董葛洞，还有通天洞等景观。按照平谷区发展规划，金海湖镇将被打造成休闲度假旅游名镇。

另外，怀柔区建有雁栖湖旅游风景区。雁栖湖位于怀柔城北 8 km 处的燕山脚下，是以湖面为中心的水陆区域，风光旖旎，湖水清澈。每年春秋两季常有成群的大雁来湖中栖息，故而得名。自 1986 年以来，怀柔区政府不断加大对雁栖湖的资金投入，陆续建成了一些景区，2000 年被国家旅游局评为

AAAA 级风景区。湖内有鱼、虾、龟等水生动物几十种，人们多次在这里发现金边地龟和娃娃鱼等珍稀动物，对水质要求很高的仙鹤、白天鹅、淡水鸥等珍禽在湖岸栖息繁衍。雁栖湖环境优美、景色宜人，是北京郊区著名的体育健身、休闲度假的胜地。

六、古村镇

北京作为古代北方重镇和都城，其辐射范围较广，生态涵养发展区在历史上并不完全属于北京的行政范围。在北京山区形成了一些古村镇，并保留了下来，现在经过开发，已经成为以古村镇为主体的景区。其中，具有代表性的为爨底下村和古北水镇。爨底下村位于北京市门头沟区斋堂镇，被评为2009 年度"北京最美的乡村"。它是韩氏家族的聚集地，相传在明代由山西洪洞县大槐树移民而来，当时全村遭遇山洪灾害，仅有一男一女因外出幸免，为了延续韩氏后代，两人成婚并立现址为村。之所以取名为"爨底下"，或许有躲避灾难之意，人们置身其中，有世外桃源的感觉。爨底下村在京西深山峡谷中，至今有 400 多年的历史，现存 70 余套、约 500 间明清时期的四合院民居，保留着较完整的古代建筑群，其特点是依山而建、依势而就、高低错落、幽雅漂亮，建筑风格既有江南水乡的窗、楼、室等细节和局部处理上的风韵，又有北方深宅大院恢宏的整体气势。灰瓦飞檐和石垒的院墙于凝重厚实中透着威严、于恬淡平和中积淀着深厚的文化，被称为北京的"小布达拉宫"。

古北水镇度假区位于密云区古北口镇，背靠司马台长城，坐拥鸳鸯湖水库，是京郊罕见的山、水、城结合的自然古村落，素有"北方小乌镇"之称。经过岁月洗礼、文化变迁的传统村落，以其特有的历史文脉、自然风貌、空间特征给人留下深刻印象。随着新型城镇化政策的提出和旅游市场竞争的加剧，个性鲜明、风貌突出、内涵丰富的旅游小镇更彰显出其强大的生命力和竞争力。"2016 年网民最喜爱的十佳北京踏青地"中，古北水镇榜上有名。

第三节　生态涵养发展区特色农业

按照生态涵养发展区的功能定位，为实现经济的可持续发展，近年来，各个区都利用了各自地域的地理优势，除了植树造林、加强生态保护外，还加快了发展生态经济与循环经济的步伐。在果树种植方面引进了适应其生态环境的优良品种，形成了别具一格的特色农业。生态涵养发展区还有很多农产品种植业和牧渔业等特色产业，本节仅列举 5 种比较典型的特色农产品予以简单介绍。

一、门头沟樱桃和玫瑰

门头沟区地处京郊，山区面积大，林果资源丰富，果树栽培历史悠久。近年来，门头沟区十分重视果品产业的发展，特色林果作为农村主导产业之一，已形成"村村有精品，镇镇有特色"的格局。其中，核桃、仁用杏、京白梨、樱桃、大盖柿等特色产品誉满华北乃至全国。果品业已经成为门头沟区农村经济发展和农民致富的重要途径。例如，妙峰山镇有一个因盛产樱桃而得名的樱桃沟村，这里有得天独厚的种植樱桃的自然条件。该地域冬季无冻害，春季背风向阳、光照足，非常适合樱桃生长。20世纪90年代，该区引进新品种，改良老品种，不断扩大樱桃种植规模。但是樱桃沟村是一个小山村，种植面积有限，只能采取以质量取胜的策略，搞精品品牌。不打农药，不施化肥，采用生物和物理防虫技术，樱桃沟村产出的樱桃绿色无公害，色泽鲜丽，个大皮薄，汁多核小，酸甜适度，营养丰富，口味极佳。每年5月中旬樱桃成熟，像红宝石、似红玛瑙般挂满枝头，大批游客慕名前来观光采摘，此时的樱桃供不应求。

妙峰山独特的土壤、水质、气候条件还非常适宜玫瑰花的种植，形成了闻名中外的万亩玫瑰园，这片玫瑰园可以说是实现了很多人心目中的浪漫场景。根据神话传说，这里的玫瑰是观世音菩萨急于登上妙峰山时不小心被荆棘划破小腿而滴血化成，也有传说称是人们在500年前栽植的，随岁月推移繁殖得漫山遍野，形成了独具特色的万亩玫瑰园。种种传说都给这片美丽的花海蒙上了一层神秘而美好的面纱，让人们从快节奏的都市生活中解放出来，置身花海，呼吸这沁人心脾的玫瑰花香。

二、平谷大桃

平谷区政府利用水质优良、日照充足、土质营养丰富等得天独厚的地域条件，把大桃种植产业开展得如火如荼。平谷大桃不仅销往国内多个省市，而且畅销海外，多次获得国家级金奖，被评为"中华名果"。平谷区是全国大桃生产第一区，拥有黄桃、白桃、蟠桃、油桃四大系列200多个品种。现如今，"中国桃乡"已成为平谷最亮的一张名片。

三、怀柔板栗

怀柔区地处燕山南麓，为暖温带半湿润大陆性季风气候，其主要土质为花岗岩、片麻岩等风化后经成土作用而形成的微酸性土壤。怀柔板栗生长于pH值为6～6.8的弱酸性土壤，这种土壤含有大量的硅酸，板栗吸收后内皮蜡质含量增加，炒熟后内皮容易剥离，这是其他地区的板栗所不能比拟的特点。

独特的地理、气候、土壤使怀柔板栗具有果形玲珑、肉质细腻、糯性强、味道香甜等特点，驰名中外，有"板栗之冠"之称。

四、密云水库鱼

密云区最有名的就是密云水库了。由于密云水库的水质较好，环境无污染，鱼类繁多，密云水库鱼也就成为著名的密云特产。从每年的9月下旬到次年的3月底至4月初，在长达6个多月的捕捞季里，人们都可以在密云享受到正宗、肥美的密云水库鱼。密云水库鱼营养价值极高，含有丰富的蛋白质、脂肪、钙、磷、铁及维生素A等，最具特色的就是干炸小鱼，集焦、黄、嫩、脆、香、鲜于一体。

五、延庆国光苹果

延庆区为发展区域特色农业，根据自身的地理位置和气候条件，在20世纪50年代引进了国光苹果品种。随着市场需求的不断增加，其种植面积也不断扩大，到80年代成为延庆区的主要种植果品。现今，延庆区还有十余棵具有50年以上树龄的国光苹果树，这珍贵而罕见的历史年轮记载了延庆国光苹果的历史气韵。

由于具有海拔高、光照充足、昼夜温差大的优越地理位置和独特气候条件，延庆成为国光苹果的最佳生产地，生产的国光红苹果酸甜适度、香气浓郁、核小肉脆。2009年，农业部正式批准对延庆国光苹果实施农产品地理标志登记保护。

第四节　生态涵养发展区生态保护

生态涵养发展区面积占北京市的70%以上，是全市的水源涵养地和生态屏障，是保证城市可持续发展的关键区域和建设宜居城市的重要基础。多年来，生态涵养发展区为全市的可持续发展做出了重大贡献。生态涵养发展区不断加强生态环境保护与建设的力度，注重自然资源的合理开发与利用，发展生态友好型产业，调整和优化产业结构，取得了较好的效果。

近几年，环境污染问题引起社会的高度重视，这个问题一直困扰着人们。政府积极采取生态环境战略措施，各区根据自身条件采取有效措施，让生态涵养发展区发挥真正的生态作用。通过植树造林、实施小流域综合治理、调转生态破坏型产业、建设生态农业等多方面的努力，有效遏制了生态环境的恶化，在恢复和增加植被、涵养和保护水源、治理水土流失、防风治沙、美化风景等方面取得成效。

密云水库作为京华水源基地，全国闻名。为保护水资源，密云区在做出巨大牺牲的同时也形成了良好的生态环境。密云水库周边以前是荒山秃岭，如今放眼望去，一层层小梯田、一片片茂密树林，对遏制水土流失、涵养水源、净化水质发挥了极其重要的作用。目前，全区林木生态覆盖率达62.3%，水体质量常年保持在国家二级标准以上，湿润指数和水体密度居全市之首。

平谷区积极响应北京市委、市政府提出的"好天气要一天一天地去争取，$PM_{2.5}$治理要一微克一微克地去抠"的大气污染治理要求，开展了"一微克"治理行动，发起以"绿色出行、文明交通"为主题的绿色出行倡议活动。区政府通过5年的努力，将平谷区建成天蓝地绿水清山美、山水绿景环绕融合、绿色低碳循环发展的生态宜居城。

延庆区立足首都生态涵养发展区功能定位，一方面，大力发展绿色经济。以"百里山水画廊"为代表的沟域经济成为全市山区发展的亮点，绿色经济特征进一步巩固；节能减排任务超额完成，新能源和可再生能源利用比重在全市名列前茅。2016年，启动世园会、冬奥会绿色有机食品供应基地建设，区农业现代化程度达90.37%。另一方面，坚定不移地实施生态文明发展战略，抢抓重大发展机遇，扎实推进绿色发展。未来，延庆将坚定不移地实施生态文明发展战略，加快建设国际一流的生态文明示范区，继续奋力推动发展，实现新跨越。

第三篇　专　　论

第九章　交通枢纽

章前语

北京是中国的交通中心，是国家综合运输体系中重要的航空与陆上交通枢纽城市。铁路、公路和航空等主要运输方式承担着北京的对外交通功能，分别形成了铁路枢纽、公路长途客运枢纽和航空枢纽，而市内交通以轨道交通站点为依托，逐渐形成了一批公交换乘枢纽和停车换乘点等，共同构成了北京的城市交通枢纽系统。北京经济社会的快速发展将有力地推进交通事业的持续发展，同时，交通的现代化也将为北京建设成为具有鲜明特色的现代国际城市、文化名城和宜居城市提供必要的基础条件。

关键词

铁路枢纽；公路长途客运枢纽；航空枢纽；公共交通；城市轨道交通

第一节　大北京地区交通体系特征

一、交通区位

以北京为中心的京津冀地区处于全国交通运输网络的中枢位置。其中，北京是全国陆路和空中交通中心，天津是华北、西北的对外窗口和水陆联运枢纽，天津港是环渤海西岸港口群体的中心港口，秦皇岛港是重要的能源输出港和大宗散货输出入港，黄骅港、京唐港是重要的辅助港口，北京空港和环渤海西岸港口体系是我国北方广大区域通向世界的主要窗口和海上通道。

二、综合交通网络

大北京地区一直是国家交通建设的重点地区。经过几十年的发展建设，北京市交通运输基础设施规模不断扩大，覆盖范围更加广泛，技术装备水平和服务质量显著提高，逐步形成了以公路为基础，铁路、航空为远程辐射，管道运输为补充的综合交通运输体系，为首都经济和社会的稳步发展奠定了坚实的基础。

北京的公路建设始于 1913 年，是在古驿道、御路和官马大道的基础上形成的。按公路标准设计建设的第一条公路于 1917 年修建，该路起点是朝阳门外大黄庄，终点在通县新城南门，长约 10 km，宽约 6 m。至 1949 年，北京只有 8 条公路，全长仅为 398 km，而且 96％是土路。

1949—1978 年，北京的公路建设迅速发展，但仍处于低水平，不能满足社会需求，落后于同期经济发展水平。1978 年以后，北京高度重视公路建设，将其作为城市建设的重要组成部分。1986 年，远郊区县实现村村通公路。1990 年，全市实现了乡乡通沥青路。公路总里程由 1977 年的 6 695 km 增长到 2007 年的 20 754 km，其中高速公路 628 km、一级公路 768 km、二级公路 2 799 km、三级公路 4 267 km、四级公路 12 073 km，公路密度为 126.5 km/100 km^2。北京市形成以干线为骨架，以县、乡公路为支脉的四通八达的公路网。

北京自 1986 年开始进行高速公路的建设，2006 年是北京高速公路的建设年，2008 年高速公路有 777 km。2010 年形成以城际铁路、高速公路为骨干，连接城际、中心城、新城、中心镇的快速交通网络。建成首都机场北线和南线高速、京包高速及六环路等，完成连接密云、怀柔、顺义、通州、亦庄等的快速通道，与北京市郊铁路共同构建东部发展带综合交通走廊。

北京依托城市扩展，先后建设二、三、四、五和六环路。城区路网结构以矩形环状为主，道路多以此为依托，与经纬线平行呈网状分布。

截至 2015 年年底，北京市已有公路 9 853 条，公路总里程达到 21 885 km，其中高速公路 981.9 km、一级公路 1 393.2 km、二级公路 3 360.8 km、三级公路 4 020.7 km、四级公路 12 128.4 km，二级以上公路里程占公路总里程的26.2％。公路建设的快速发展，为强化北京公路枢纽功能和城市协调发展提供了有力的交通支持。

铁路营业里程稳步增长，运输效率明显提升。从 1997 年至今，我国铁路先后实施了 6 次大提速，动车组时速已超过 200 km，京津城际铁路列车最高时速可超过 300 km，从北京直达天津全程仅需 30 分钟。铁路大提速不仅缩短了列车运行时间，增加了铁路运输能力，对国民经济发展也起到了促进作用。截至 2015 年年底，北京市完成铁路投资 72.7 亿元，营业里程达 1 268.6 km，客运专线 139.1 km，正线延展里程 2 131.8 km，复线里程726 km，电气化线路营业里程 753 km。

北京航空运输发展迅速，管道运输建设步伐加快。伴随首都机场 T3 航站楼的兴建，以及周边高速公路、轨道交通机场线的开通，围绕首都机场的立体交通网已形成。航班起降能力大幅提升，2015 年共起降飞机 59.02 万架次，平均每天起降 1 617 架次，累计完成旅客吞吐量 8 993 万人次，货邮吞吐量 189×10^4 t。在输油输气管道建设方面，2015 年新增 1 条输油管线之后，管线总数达到 18 条；管道总长度达 4 058.9 km，比上年增长 6.1%。

综合运输网络以北京为主中心（陆路及空路），天津为副中心（水路），以两大中心为主体的铁路干线网络、国道公路干线网络以及航空线网络都较稠密。在已有较为发达的常速交通网络基础上，正在迅速形成高速交通网络——高速公路、高速铁路、航空线网络。高速公路建设突飞猛进，环绕京津的河北省各个市县大都位居各条干线两侧，与北京的联系大多较为方便。网络特征为以首都为中心的放射式，有别于我国许多地区的方格式。这种分布格局对于首都与全国各地的直接联系十分有利，如山东寿光的蔬菜可以直接运入北京，但是也带来过境运输必须通过市区或郊区的弊端。随着经济的发展，区际交流日益活跃，客货交流量不断增长，产生的相互干扰问题也日渐显露，交通网络有待改进。

三、运输结构

随着运输量的快速增长，北京市的运输结构也在逐步改善。在改革开放初期，北京市公路、铁路、民航旅客运输量所占比重分别为 47.8%、51.1%、1.1%，旅客运输主要依靠铁路运输，铁路运输量占全部旅客运输量的一半稍多，比重高于公路运输 3.3 个百分点，民航运输量所占比重很小。40 多年来，随着改革开放的日益深入，各项基础设施不断完善，人民生活水平逐渐提高，百姓出行有了更多的选择。公路和民航旅客运输比重逐步提高，公路运输已成为旅客运输的主要力量，民航运输发展也极为迅猛。2007 年，公路、铁路、民航三种旅客运输量所占比重分别为 46.3%、34.5%、19.2%，公路运输已高于铁路运输 11.8 个百分点；民航运输比重从 1.1%大幅提高到 19.2%，较改革开放初期提高了 18.1 个百分点。2010 年以后，随着中国高速铁路的兴起和不断发展，铁路运输的地位也不断提高。2015 年，公路、铁路、民航旅客运输量所占比重分别为 24.4%、44.5%、31.1%，铁路运输已高于公路运输 20.1 个百分点，民航运输比重从 2007 年的 19.2%提高到 31.1%，提高了 11.9 个百分点。

在货运方面，改革开放初期，北京市货物运输以公路和铁路运输为主。1978 年，公路、铁路货物运输量所占比重分别接近 54.4%、45.6%，民航货运量还不到总量的 1%。40 多年来，公路货物运输一直保持稳步增长，支柱地位逐步增强。2007 年各种货物运输方式所占比重与 1978 年相比发生了较大变化，公路货物运输占货运总量的 86%，提高了约 31.6 个百分点；铁路货物运输所占比重逐渐下降，占货运总量的 9.3%；民航货物运输占货运总量的比重虽然仍然不到 1%，但市场发展前景十分广阔；管道货物运输占货运总量的比重达到 4.2%。2015 年，公路货物运输占货运总量的 73.5%，铁路货物运输占货运总量的 9.3%，航空货物运输占货运总量的 0.7%，口岸监管货物运输占货运总量的 16.5%。

四、远期发展目标和基本特征

北京交通发展的远期目标是全面建成适应首都经济和社会发展需要，满足全社会不断增长和变化的交通需求，与国家首都和现代化国际大都市功能相匹配的"新北京交通体系"。

"新北京交通体系"以现代先进水平的交通设施为基础，构建以公共运输为主导的综合交通运输体系；以信息化与法制化为依托，提供安全、高效、便捷、舒适和环保的交通服务；城市交通建设与历史文化名城风貌和自然生态环境相协调，引导、支持城市空间结构与功能布局优化调整，实现城市的可持续发展。"新北京交通体系"突出以人为本和低碳的基本特征，具体如下。

第一，以人为本的交通服务宗旨。注重交通与环境保护的协调和可持续发展，提供与自然和城市风貌相和谐的交通环境，合理分配与使用交通资源，满足社会多样性交通服务需求。

第二，以一体化交通作为新体系基本构架。在交通规划、建设、运营、管理和服务全面整合的基础上，实现中心城交通与市域交通、城市交通与城际交通，以及各类交通运输方式的一体化协调运行，特别是把地铁和地面交通紧密结合起来。

第三，实施以内涵发展为主的集约化发展模式。从城市环境与资源条件出发，北京交通发展必须采取以内涵型增长为主的集约化发展模式。"新北京交通体系"以公共运输为主体，建立现代化城市综合运输体系；充分发挥既有交通设施的潜在效能，以系统结构优化和先进的运行管理为战略手段，最大限度地提高道路网及各类交通运输设施的整体运行效率和服务水平，以公共交通为主导，降低私家车的使用，实行低碳出行，降低资源消耗及对环境的影响。

第四，以信息化为依托。交通体系发展的各个环节和服务领域全面实现信息化，交通运输与设施运行管理全面实现智能化。

第五，以法制化为保障。交通规划、建设、运行管理与社会服务全面纳入法制化轨道，通过健全法律、规章和完善规范、标准体系，有效地约束决策、管理、服务等所有交通参与者的行为，保证交通系统的有序发展和高效运行。

第二节　对外交通

一、进出京公路通道与公路客货枢纽

(一)进出京公路通道

北京地区的进出京公路通道主要由国家干线公路网络构成，采用以北京为中心的放射线与横线和纵线相叠加的路网布局，作为整个区域的公路联系通道。北京市的"7条首都放射线和1条纵线"的布局结构正在逐步形成与完善之中。

"7条首都放射线"分别为北京至上海高速公路、北京至台北高速公路、北京至港澳高速公路、北京至昆明高速公路、北京至拉萨高速公路、北京至乌鲁木齐高速公路、北京至哈尔滨高速公路。北京市有四个方向的交通走廊，即东南方向的京津交通走廊、西南方向的京石交通走廊、西北方向的京张交通走廊和东北方向的京沈(哈)交通走廊。

"1条纵线"指的是大庆至广州高速公路，在北京市内为京承高速公路和京开高速公路两个走廊。

在此基础上，北京市内其他国道系统对外放射线也不断完善，形成了以高等级公路为主的对外交通走廊。除高速公路外，103、107、108、109、110和111六条国道也承担着进出京客货运输的主要任务。

此外，从通州西马庄通往燕郊的京哈高速因与G1京哈高速重名，已重新命名为通燕高速。

从区域干线公路网络布局来看，北京地区需加强区域范围内核心城之间，以及核心城与中心城之间的区域性高速公路网络建设，形成区域内高速公路和普通公路网络系统，形成北京市与区域内重点城市之间均有双通道或多通道的布局结构。突出京津发展主轴公路通道建设，培育和发展两座城市的区域辐射职能。建设京津之间的多通道联系格局，充分发挥京津发展主轴上重大交通基础设施的作用。

（二）公路运输主枢纽系统

北京公路主枢纽客运站场系统由 9 个客运枢纽组成（见表 9.1）。北京公路主枢纽货运站场系统由 11 个货运枢纽组成（见表 9.2）。

表 9.1　北京公路主枢纽客运站场系统

区域	名称	位置	发送能力 （万人次/年）	发送旅客方向
东部客运枢纽	四惠客运枢纽	四惠东南	294	东及东北方向
	土桥客运枢纽	土桥	600	
南部客运枢纽	木樨园客运枢纽	木樨园	376	华北及中原方向
	宋家庄客运枢纽	宋家庄	500	
东南部客运枢纽	十里河客运枢纽	十里河	378	天津及东南方向
西南部客运枢纽	六里桥客运枢纽	六里桥	766	西南方向
北部客运枢纽	北苑北客运枢纽	太平庄	600	北及西北方向
	望京西客运枢纽	望京	240	
	首都机场客运枢纽	首都机场	100	集疏周边地区换乘旅客

表 9.2　北京公路主枢纽货运站场系统

区域	名称	位置	吞吐能力 （万吨/年）	功能
东部货运枢纽	通州货运枢纽	宋庄	418	东部及东北部货物集散
	天竺货运枢纽	天竺	156	航空货物集散
南部货运枢纽	黄村货运枢纽	黄村	340	南部货物集散
	新发地货运枢纽	新发地	80	市内配送及转运
东南部货运枢纽	马驹桥货运枢纽	马驹桥	370	东南部货物集散及集装箱转运
	十八里店货运枢纽	十八里店	147	市内配送及转运

续表

区域	名称	位置	吞吐能力 （万吨/年）	功能
西南部货运枢纽	阎村货运枢纽	良乡	205	西南部货物集散 及公铁联运
	石景山货运枢纽	八宝山南路	105	市内配送及转运
北部及西北部 货运枢纽	清河货运枢纽	西二旗	102	市内配送及转运
	门头沟货运枢纽	门城镇	80	
	沙河货运枢纽	马池口	220	北部及西北部货物集散 及公铁联运

2013 年，北京规划建成一亩园、西直门、动物园、苹果园、北京西站南广场、北京西站北广场、六里桥、宋家庄、北京南站、四惠、东直门、望京、北苑 13 个大型交通枢纽。果园和北苑北两大枢纽于 2015 年 11 月取得了项目可研批复，完成了与相关区政府签订征地拆迁协议和工程招投标工作，实现了开工目标。望京西、奥体中心枢纽前期工作已得到市规划委方案的确认。

二、进出京铁路通道与铁路枢纽

（一）进出京铁路通道

北京通往全国各地的铁路网络由京沪、京广、京原、丰沙、京包、京通、京承、京哈等 10 条铁路干线与京津城际高速铁路、京沪高速铁路、京广高速铁路等组成，具有内、中、外三重环线，各干线间通过东南、东北、西北等环线相互连接，形成了大型、环形、放射型铁路枢纽。截至 2015 年年底，北京铁路枢纽营业里程为 1 268.6 km，三等以上车站有 40 个。北京站、北京西站、北京南站、北京北站为主要客运站，担负旅客列车的始发、终到任务；石景山南站、良各庄站、良乡站、大台站、周口店站、大红门站、巨各庄站、燕落站、沙河站、通州站、张辛站、百子湾站等为主要货运站，担负货物运输任务；丰台西站为路网性编组站，双桥站、三家店站为辅助性编组站，担负货车中转及车辆集散任务。

（二）铁路枢纽

北京铁路枢纽是全国大型铁路枢纽和网络中心，对发挥北京全国政治中心和文化中心的功能，以及进行首都的建设，起着极其重要的作用。经过多年建设，北京铁路枢纽有了较大的发展，与我国东北、西北、华东、华中、华南、西南地区相连，枢纽内各干线通过大型客运站和货运编组站及东南、东北、西北等环线、联络线连接，形成了辐射式环形铁路枢纽。我国正在构建以北京为中心的城际高速铁路网。

北京铁路枢纽的总体布局已基本形成。从规划角度看，应充分利用铁路枢纽资源，做好主辅客站布局。

2008 年 8 月，京津城际高速铁路开通，拉开了中国高速铁路发展的帷幕，成为中国高铁的"起点站"。基于建设高速和快速铁路运输系统以及加快推进市郊铁路的建设与发展等原则，客运站按"四主两辅"6 个主辅客站规划布局。其中，北京站、北京西站、北京南站和北京北站为枢纽的主要客站，丰台站和新北京东站为枢纽的辅助客站。

（三）铁路干线和铁路通道

1. 京津冀地区高速铁路规划

借鉴国外大都市发展经验，考虑到国内社会经济发展和区域协调发展的需要，为满足京津冀地区之间旅客快速出行要求，建设区域高速铁路运输系统十分必要。

建设以首都为中心、京津为主轴、京石京秦为两翼的快速铁路运输系统。该系统由 7 条线路组成，线网长度为 1 284 km。系统服务特征为：覆盖京津冀地区的主要城市，以 2 小时通达为目标。与北京市行政区域有关的 5 条规划高速铁路线路为：京津城际高速铁路、京石高速铁路、京秦高速铁路、京承高速铁路、京张高速铁路。

京津城际高速铁路是连接北京和天津的主轴。为了北京和张家口联合举办 2022 年冬奥会，京张高铁建设方案进行了调整，时速从原来的 250 km 提高到 350 km，已于 2019 年年底建成。2020 年之前，还建成两翼线路，即京石高速铁路和京秦高速铁路；2020 年之后，适时修建京承高速铁路以及另外 2 条（津唐、津保）高速铁路，建设完成覆盖京津冀地区主要城市的高速铁路网络。

2. 铁路通道

鉴于既有铁路干线线形标准低和运输能力基本趋于饱和的情况，发展客运专线和高速铁路运输系统需要敷设新的高标准的铁路线路。从节约城市建设用地、减少铁路线路对城市用地的切割角度考虑，新增设的客运专线、高速铁路线路原则上沿既有铁路干线一侧设置，与既有铁路干线形成同一铁路通道。

（四）货运场站

根据城市建设发展情况和城市总体规划要求，在既有货运场站的基础上对货运场站布局进行必要调整，大型货运场站逐步向外迁移，新建货场设在五环路、六环路附近，减少城市交通压力及环境污染，实现货运场站的合理布局。

铁路枢纽货运系统主要货站按"1—2—8—11"整体布局。其中，"1"为 1

个集装箱中心站，"2"为 2 个集装箱办理站，"8"为 8 个专业性货场，"11"为 11 个综合性货站。集装箱中心站：良乡；集装箱办理站：黄土店、大红门；专业性货场：清华园、百子湾、石景山南站、固安、沙河、黄村，另两处待定；综合性货站：西黄村、长辛店、琉璃河、石楼、良各庄、门头沟、昌平、南口、通州、地新庄、果树。

北京在平谷区马坊物流基地建成国际陆港，采用批量转关的通关方式，使京津两地转关货物通关实现一次性报关、报检、查验和放行。

三、民用航空港

北京是国内民用航空交通枢纽，也是对外往来的国际民用航空中心，现有机场包括北京首都国际机场、北京大兴国际机场。北京首都国际机场是中国地理位置最重要、规模最大、设备最齐全、运输生产最繁忙的大型国际航空港，是北京的空中门户和对外交往的窗口，是中国民航重要的航空枢纽和民用航空网络的辐射中心。我国意在将北京首都国际机场建设成为大型的、现代化的、具有国际和国内枢纽双重功能的综合性枢纽机场。

根据民用航空事业的发展需求，北京又兴建了北京大兴国际机场。北京大兴国际机场是建设于北京市大兴区礼贤镇、榆垡镇与河北省廊坊市广阳区之间的超大型国际航空综合交通枢纽。远期（2040 年）按照旅客吞吐量 1 亿人次、飞机起降量 80 万架次的规模建设七条跑道和约 $140 \times 10^4 \, m^2$ 的航站楼，机场预留控制用地按照终端（2050 年）旅客吞吐量 1.3 亿人次、飞机起降量 103 万架次、九条跑道的规模预留。机场主体工程占地多在北京境内，一期建设四条跑道及一条军民两用跑道（即空军南苑新机场），$70 \times 10^4 \, m^2$ 航站楼，客机近机位 92 个，已于 2019 年年底建成。

第三节　市域交通与城乡联系

北京市中心城区与郊区，以及郊区之间的交通联系主要依靠市域范围内的公路网组织。北京市公路网采用放射线、环线及联络线相结合的布局结构，形成以由国道、市道等干线公路组成的公路网为主骨架，以县、乡级公路为支脉的全市公路网系统。

北京市公路网由国道（主干线）、市道、县道和乡道组成，公路与城市道路的交接点在五环路上。据《北京城市总体规划（2016 年—2035 年）》，到 2020 年全市公路网总里程要力争达到 22 500 km，到 2035 年超过 23 150 km。完善城市快速路和主干路系统，推进重点功能区和重大交通基础设施周边及轨道车站周边道路网建设，大幅提高次干路和支路规划实施率。提高建成区道路网密度，到 2020 年新建地区道路网密度达到 8 km/km²，城市快速路网规划实施率达到 100%；到 2035 年集中建设区道路网密度力争达到 8 km/km²，道路网规划实施率力争达到 92%。

北京市公路交通依托公路客运主枢纽系统，积极发展跨省市与铁路、航空相接驳的公路长途旅客运输。与此同时，依托口岸、航空港、公路和铁路集装箱场站设施以及公路货运主枢纽系统，发展专业化、集约化货物运输，构筑北京的物流基地。

一、市道系统

北京的市道系统由市道环线、市道放射线和市道联络线组成。其中，市道环线 1 条，即五环路；市道放射线 16 条，即昌赤公路、颐南公路、怀丰公路、京承公路、机场高速公路、京平高速公路、京津公路、京津第二通道、堡(头)渠(头)公路、南中轴路南延、芦求路、长韩路、京保公路、京易公路、京良公路、通香公路；市道联络线 20 条，即八达岭高速公路联络线、沙阳公路、北清路、机场北线、昌(平)(平)谷公路、白马路、平三公路、顺义—通州—亦庄—黄村联络线、东部发展带联络线、李天路、顺平公路、燕房—黄村—亦庄联络线、机场第二通道、密兴公路、琉辛路、延琉路、延康路、康(庄)雁(翅)公路、军大公路、东南部过境通道。

目前，北京建成了以高速公路和一级公路为骨架、功能级配合理的公路运输网络。截至 2015 年年底，市域公路总里程达到 21 885 km，公路网密度由 2003 年的 0.86 km/km² 提高到 1.33 km/km²。高速公路网总里程达到 981.9 km。新城及平原区重要中心城镇均直接与高速公路走廊相连接，市域范围内公路网覆盖全市所有村镇。

北京的市域公路系统已实现市域公路网与国家干线公路网及周边地区城际公路网衔接匹配，强化了北京公路主枢纽功能，为京津冀环渤海经济区资源共享、全面合作、统筹协调发展提供了有力的交通支持。

二、郊区公路

北京市郊区面积共计 15 042.22 km²，占全市总面积的 91.66%。大部分郊区新城道路网主体骨架已基本形成，农村交通状况得到较大改善。截至 2015 年年底，郊区境内公路有 21 462.22 km。远郊区公路密度按面积计算为 1.5 km/km²，按常住人口计算为 24.2 km/万人。

第四节 公共交通系统

一、公共交通系统概况

北京市公共交通系统主要由公共电汽车、轨道交通等客运交通方式构成，公共电汽车提供的客运服务范围基本上覆盖了整个市区（中心城），并且延伸到了远郊区。

截至 2015 年，北京公共电汽车运营车辆 23 287 辆，轨道交通运营车辆 5 024 辆，出租汽车运营车辆 68 284 辆，郊区客运车辆 3 603 辆。2015 年，城市客运共运送乘客 84.2 亿人次。其中，公共电汽车运送乘客 40.6 亿人次，轨道交通完成客运量 33.2 亿人次，郊区客运完成客运量 4.5 亿人次，出租汽车完成客运量 5.9 亿人次。北京还开通了定制公交，定制公交包括商务班车及快速直达专线。截至 2015 年年底，全市定制公交线路为 246 条，其中商务班车 145 条，快速直达专线 101 条。全市拥有公共电汽车线路 876 条，运营里程 20 186 km。

截至 2015 年年底，投入运营的轨道交通线路有地铁 1 号线、2 号线、4 号线、5 号线、10 号线、13 号线和八通线等 18 条，运营里程 554 km，完成客运量 33.2 亿人次，日均客运量 911 万人次，最高日客运量达到 1 166 万人次。年客运量约占公共交通通勤客运量的 50%。截至 2017 年 1 月，北京地铁运营线路共有 19 条，运营里程 574 km，共设车站 345 座。出租汽车运营车辆约 836 万辆，全年承担的客运量为 885 亿人次。2015 年，北京开展预约出租车示范运营，推广应用首汽约车平台和飞嘀电召手机 App。首汽约车平台投入运营车辆 1 100 辆，注册用户 30 余万，5.2 万名出租汽车驾驶员下载安装了飞嘀电召手机 App。除此之外，在北京开展预约出租车服务的公司中，占据市场主导地位的是滴滴打车等。

截至 2015 年年底，全市共拥有公共电汽车客运站 672 个。其中，保养站 17 个，枢纽站 8 个，中心站 21 个，首末站（含调头站及夜间占路驻车点）626 个（其中永久性场站 152 个，临时性场站 474 个）。

北京市公共自行车系统于 2012 年 6 月正式投入运营。截至 2015 年，北京已建成自行车租赁服务网点 1 730 个，自行车服务系统建设规模共计 5 万辆，其中城区 2.2 万辆、郊区 2.8 万辆，涉及运营企业 11 户。

二、公共电汽车线路规划

北京旧城的道路骨架远在明清时期就已基本形成，街道大都是南北走向和东西走向，呈方格式棋盘状，干道少，胡同多。旧城以外主要是以城门为起点的几条狭窄的对外公路。

中心城道路网经过长期建设，基本形成方格网与环线、放射线相结合的布局，已经建成了由 4 条环线、8 条主要放射线和若干条辅助放射线组成的道路系统。

公交线路划分为快线、普线、支线三级。快线采用 BRT（Bus Rapid Transit，快速公交系统）或大站快车的运输组织形式，一般使用大容量的通道车辆，有着较高的运行速度，沟通各大型客流集散中心。普线采用中等站距沟通各客流集散中心，提供便捷的服务。支线系统连接客流集散点与客流集散中心，向公交普线、快线和轨道交通输送客源。

（一）公交专用道网络规划

依托城市干道系统，形成公交专用道网络。

线路：利用快速路，开设快速公交线路，保证车速及乘降、换乘方便；在城市主干路以及部分城市次干路上，开辟公交专用道或公交专用路，形成网络，保证公共电汽车快速通行、优先到达。

车站：公交专用道车站的停靠能力应满足所布设线路的需要，一般应设置港湾，满足公交车辆超车的需要，保证其他车道车辆通行顺畅。

公交专用道时效：根据客流分布可将公交专用道分为全时段和分时段两种。在主要的客运走廊，尤其是无轨道交通的客运走廊上，应设置全时段公交专用道；在次要的客运走廊上，可根据早晚高峰的时间长短设置分时段公交专用道。

（二）地面公交和轨道交通

地面公交和轨道交通构成的公共交通系统承担着大众运输的功能。根据二者的特点和优势，地面公交主要承担中短距离出行，轨道交通主要承担中长距离出行。

随着轨道交通逐步形成规模，更多的交通出行将由其承担。地面公交的功能将发生变化，逐步成为轨道交通的辅助和补充。2010 年以前是地面公交和轨道交通并行发展的时期，地面公交以全面提高服务水平和吸引力为目标。在线网调整优化的基础上，加快发展公交快线，尽快形成系统。

（三）市域快速公交走廊规划

根据北京构建"一核一主一副、两轴多点一区"的城市空间结构的发展要求，新城的建设将成为重点，新城与中心城之间的联系也将越来越频繁。虽然已经规划了若干条轨道交通线路通往不同方向上的新城，但由于轨道交通的建设会受到资金、建设周期、客流等因素的影响，因此有必要规划开辟地面大容量快速公交走廊，尤其是在客运量尚处于较低水平时，发挥地面公交方便、灵活、经济的特点，同时发挥以公共交通为导向的城市规划建设的作用，在建设时做到"公交先行"，促进新城的健康发展。

(四)公交换乘枢纽规划

第一，合理使用城市道路和对外公路资源，组织高效的公共交通运输体系，保证对外交通与中心城交通的合理衔接，需要在与铁路客站和长途汽车站衔接的地点设置公交换乘枢纽。

第二，充分发挥轨道交通的骨干线路作用，以及利用地面公共交通灵活方便的特点，最大限度地方便乘客选用公共交通方式，需要在轨道交通的重点车站设置公交换乘枢纽。

第三，在中心城内的主要交通走廊，以及客流转换地带设置公交换乘枢纽站，保证不同方向、不同方式的客流，能通过枢纽站这种高效的换乘设施，实现相互快速转换，更有效地集散客流，同时也能最大限度地方便乘客。

第四，结合中心城内的大型人流集散点设置换乘枢纽站。在这些大型人流集散点中，有些是历史形成的公交集散换乘中心，如前门、公主坟等，由于没有路外专用枢纽用地，客流转换只能在道路、广场内实现。枢纽规划主要反映需要占用路外用地的交通枢纽站设施。

三、轨道交通线网规划及设施布局

轨道交通是城市公共客运交通体系中的骨干运输系统，具有快速、准时、安全、大运量、舒适性高的特点，主要满足中长距离的交通出行需求。在调整城市空间结构和促进城市合理布局方面，轨道交通具有积极的引导作用，可以支持边缘集团及新城的发展。在旧城建设强有力的轨道交通运输系统，吸引乘客乘坐轨道交通出行，以弥补旧城道路系统的不足与缺陷，有利于历史街区和古都风貌的保持，支持城市可持续发展。发展轨道交通还可以降低碳排放强度、减少环境污染、降低能源消耗和节约利用土地。

轨道交通线网规划分为两个层次。第一个层次是以地铁为主、轻轨为辅的中心城轨道交通运输系统，其服务范围是中心城中心地区、边缘集团及距离较近的新城；第二个层次是市郊铁路运输系统，其服务范围是新城，以及新城至中心城之间的沿线地区。

《北京市"十三五"轨道交通建设计划》中明确提出，到"十三五"末期，北京将形成"三环四横八纵十二放射"轨道交通网，运营总里程提高到 900 km 以上，实现区区通轨道。

第十章　北京的战略定位

章前语

北京市的战略定位是全国政治中心、文化中心、国际交往中心、科技创新中心。建设政治中心，要强化首都为中央党政军领导机关的工作服务的作用，保障国家政务活动安全、高效、有序运行；严格规划、高度管控，治理安全隐患，以更大范围的空间布局支撑国家政务活动。建设文化中心，要充分利用北京文化底蕴深厚和文化资源集聚的优势，发挥首都凝聚荟萃、辐射带动、创新引领、传播交流和服务保障功能，把北京建设成为具有高度包容性和亲和力，充满人文关怀、人文风采和文化魅力的中国特色社会主义先进文化之都。建设国际交往中心，要着力承担重大外交外事活动，持续优化为国际交往服务的软硬件环境，不断拓展对外开放的广度和深度，努力打造国际交往活跃、国际化服务完善、国际影响力凸显的重大国际活动聚集之都。建设科技创新中心，要充分发挥丰富的科技资源优势，不断提高自主创新能力，打造世界高端企业总部聚集之都、世界高级人才聚集之都。

关键词

政治中心；文化中心；国际交往中心；科技创新中心

　　1949 年 9 月 21 日至 30 日，中国人民政治协商会议第一届全体会议在北京举行，27 日大会通过了《关于中华人民共和国国都、纪年、国歌、国旗的决议》，中华人民共和国国都定于北平，北平改名为北京。从此，北京成为中华人民共和国的政治和文化中心。2014 年 2 月，习近平总书记视察北京并发表讲话，明确北京城市战略定位，要求坚持和强化北京作为全国政治中心、文化中心、国际交往中心、科技创新中心的核心功能，深入实施人文北京、科技北京、绿色北京战略，努力把北京建设成为国际一流的和谐宜居之都。

　　北京市的战略定位是全国政治中心、文化中心、国际交往中心、科技创新中心。

第一节　政治中心

作为首都，北京是国家的政治中心，是党中央和国家机关、军事首脑机关、邦交国使馆、国际组织的集中地。首都的唯一性，决定了北京作为政治中心的地位不可动摇，决定了北京对全国具有强大的辐射力和影响力。政治中心建设要为中央党政军领导机关提供优质服务，全力维护首都政治安全，保障国家政务活动安全、高效、有序运行。严格规划、高度管控，治理安全隐患，以更大范围的空间布局支撑国家政务活动。

1949年3月，中共中央从西柏坡迁至北平。同年10月21日，中央人民政府政务院在北京宣告成立。其后，海关总署、中国科学院、空军司令部、公安部队领导机关、中华全国体育总会等先后在北京成立，北京成为中国的行政领导和管理中心。北京是中共中央、全国人民代表大会常务委员会、国务院、中国人民政治协商会议全国委员会常务委员会的所在地，集中了中央各部委、民主党派和人民团体的主要办公机构。党和国家政治生活重要决策、重大决定和号令都从这里发布。1949年以后，历次中国共产党全国代表大会、全国人民代表大会、中国人民政治协商会议都在北京召开。北京今后要以天安门广场、中南海地区为重点，优化中央政务环境，以高水平服务保障中央党政军领导机关工作和重大外交活动；以金融街、三里河、军事博物馆地区为重点，完善金融管理、国家行政和军事管理功能。

第二节　文化中心

一、教育中心

北京的教育事业发达，位居全国之首，形成了由高等教育、职业教育和基础教育组成的多层次的教育体系，对国家教育事业的发展具有重要的带动和示范作用。1990年以来，北京教育完成了四次跨越，即1993年率先在全国基本普及了九年义务教育，基本扫除了青壮年文盲，完成了第一次跨越；从1995年开始连续5年高中阶段入学率达到90％以上，1999年达98％左右，率先普及了高中阶段教育，完成了第二次跨越；高等教育毛入学率从1997年的30.12％提高到2000年的40％，率先实现了高等教育大众化，完成了第三次跨越；2003年，高等教育毛入学率为53％，进入高等教育普及阶段，完成了第四次跨越。

据 2006 年对 1‰人口抽样调查的数据显示，2005 年，北京常住人口大学文化程度以上的有 362.1 万人，占人口总数的 24.4%，远高于全国 6.8%的平均水平，接近世界发达国家的平均水平。其中研究生文化程度的有 28.1 万人，占 1.9%。

2015 年，北京市共有普通高等院校 90 所，全年招收本专科学生 15.8 万人，在校生 59.3 万人，毕业生 15.2 万人，共有 58 所普通高校和 80 个科研机构培养研究生，全年研究生教育招生 9.5 万人，在学研究生 28.4 万人，毕业生 8.0 万人。根据中国管理科学研究院分析，2015 年全国 100 强高等学校中，14 所在北京。按照人才培养和科学研究评分，北京进入 100 强的 14 所高等学校共得 887 分，占 100 强总分的 18.3%。

北京地区高等教育资源丰富，高等院校林立。北京大学创办于 1898 年，初名京师大学堂，它的成立标志着中国近代大学教育的开端。北京大学是中国近代以来唯一一所以国家最高学府身份创立的学校，最初也是国家最高教育行政机关，行使教育部职能，统管全国教育。北京大学催生了中国最早的现代学制，开创了中国最早的文科、理科、社科、农科、医科等大学学科，是近代以来中国高等教育的奠基者。在中国近现代史上，北京大学曾是新文化运动的中心和五四运动的策源地。北京大学始终与国家民族的命运紧密相连，聚集了许多专家学者，培养了众多优秀人才，创造了大批重大科学成果，影响和推动了中国近现代思想理论、科学技术、文化教育和社会发展的进程。清华大学创办于 1911 年，创办经费来自美国退还的部分"庚子赔款"，初名清华学堂，是中国乃至亚洲最著名的高等学府之一，在长达百余年的办学历史中，14 位"两弹一星"功勋奖章获得者、600 余位院士从这里走出，王国维、梁启超、陈寅恪、赵元任等一大批学术巨匠曾在此执教，恰如清华园工字厅对联所书——"槛外山光历春夏秋冬万千变幻都非凡境，窗中云影任东西南北去来澹荡洵是仙居"。在 2017 年 9 月公布的世界一流大学和一流学科建设高校及建设学科名单中，北京市有 8 所高校入围，分别是北京大学、中国人民大学、清华大学、北京航空航天大学、北京理工大学、中国农业大学、中央民族大学、北京师范大学，占总数（42 所）的 19%；北京市有 21 所高校入围一流学科建设高校（共 95 所），占总数的 22%。

2015 年，北京市幼儿园在园幼儿 39.4 万人；普通小学招生 14.6 万人，在校生 85.0 万人，毕业生 10.4 万人；初中招生 8.9 万人，在校生 28.3 万人，毕业生 9.3 万人；普通高中招生 5.7 万人，在校生 16.9 万人，毕业生 5.8 万人；各类中等职业教育招生 2.7 万人，在校生 9.6 万人，毕业生 4.1 万人；特殊职业教育招生 930 人，在校生 7 136 人。

2015 年，北京市共有民办小学 60 所，在校学生 6.7 万人；民办中等教育机构 115 所，在校学生 3.9 万人；民办普通高校 15 所，在校学生 6.7 万人；成人高校 19 所，在校学生（包括普通高校的成人本专科学生）20.4 万人。

二、文化中心

文化是城市实力的重要组成部分和核心力量，北京文化带动了中国文化整体发展。北京市在文化产业上的实力居全国首位。北京历史文化资源丰厚，国家文化机构集中，全国演艺业的 1/2、影视产品的 1/2、图书的近 1/2、音像制品的 1/3、期刊的 1/4、报纸的 1/5 集中在北京。北京市文化产业发展速度很快。2015 年共有公共图书馆 25 个，总藏量 5 943 万册（件），比 2014 年增长 6.1％。北京市有一大批全国第一流的文学家、艺术家及多个文艺团体，自发组织的民间文艺社团超过 1 万个。京剧、昆曲、评剧、河北梆子、曲剧、杂技、皮影、木偶以及话剧、歌剧、芭蕾舞、交响乐、电影等一应俱全。北京市有中央广播电视总台、新华通讯社、人民日报社等 300 多家报社及出版社。截至 2016 年年底，北京地区有线电视用户达到 579.9 万户，其中高清交互数字电视用户 482 万户。2016 年，北京网民数量为 1 690 万人，互联网普及率为 77.8％，列全国第 1 位；北京地区拥有的互联网使用的 IPv4 地址占全国的 25.48％，居首位。截至 2015 年年底，北京有出版单位 238 家，出版图书 20.6 万种、24.45 亿册；音像电子出版单位 148 家，生产电视剧 95 部、3 646 集，电影 291 部；播出公共电视节目 60 套，出版报纸 253 种、87.35 亿份，期刊 3 168 种、9.32 亿册。北京地区新闻出版广播影视产业总营收 2 414.03 亿元，其中新闻出版营业收入 1 279.74 亿元（不含数字出版），广播电视实际创收 1 102.78 亿元，电影票房收入 31.51 亿元。新要素新业态文化集聚趋势显著，如举办意大利超级杯足球赛、中国网球公开赛等国际赛事，承办歌剧《图兰朵》等重大演出。世界著名乐团、舞团纷纷到北京表演。北京正在成为世界体育、艺术进入中国的登陆地和引领世界文化艺术的引擎。

1978 年，全市正式开放的博物馆仅有 14 座。到 2015 年，博物馆注册数量达到 173 座，包括国家级、市属、区属以及民办、行业博物馆等，有人文历史类、自然科学类、名人故居类、遗址类等，馆藏文物 430 万件，全年接待参观人数达 2 069.1 万人次。全市共有国家综合档案馆 18 个，已开放档案 733.23 万卷。北京市拥有全国藏书最多的中国国家图书馆、著名的中央档案馆等；拥有群众艺术馆、文化馆 20 个，年均组织文艺活动 2 587 次。

长安大戏院、中山公园音乐堂、中国评剧剧院、北京戏校排演场、首都剧场、北京广播大厦、首都图书馆、中华世纪坛、首都博物馆等具有民族特色和时代气息的文化场馆，已成为首都北京的亮丽景点和文化载体。北京郊区的3 955个行政村全部建立了数字影厅。北京市民观看文艺演出的人数连续增加（见表10.1）。

表10.1　北京营业性演出情况（2013—2015年）

年份	演出场所数量（家）	演出场次（场）	观众人数（万人次）
2013	123	23 155	1 014
2014	130	24 595	1 020
2015	135	24 238	1 036

　　文化中心建设要充分利用北京文化底蕴深厚和文化资源集聚的优势，发挥首都的凝聚荟萃、辐射带动、创新引领、传播交流和服务保障功能，把北京建设成为社会主义物质文明与精神文明协调发展，传统文化与现代文明交相辉映，历史文脉与时尚创意相得益彰，具有高度包容性和亲和力，充满人文关怀、人文风采和文化魅力的中国特色社会主义先进文化之都。

　　文化中心建设要实施中华优秀传统文化传承发展工程，精心保护好北京历史文化遗产这张中华文明的金名片，构建涵盖老城、中心城区、市域和京津冀的历史文化名城保护体系；要建设一批世界一流大学和一流学科，培育世界一流文化团体，培养世界一流人才，提升文化软实力和国际影响力；要完善公共文化服务设施网络和体系，提高市民文明素质和城市文明程度，营造和谐优美的城市环境和向上向善、诚信互助的社会风尚；要激发全社会文化创新创造活力，建设具有首都特色的文化创意产业体系，打造具有核心竞争力的知名文化品牌。

　　《北京城市总体规划（2016年—2035年）》明确提出要完善历史文化名城保护体系，挖掘历史文化内涵，加强老城、中心城区、市域和京津冀四个空间层次的历史文化名城保护；加强老城和三山五园的整体保护；推进大运河文化带、长城文化带和西山永定河文化带的利用保护（见图10-1）；加强世界遗产和文物、历史建筑和工业遗产、历史文化街区和特色地区、名镇名村和传统村落、风景名胜区、历史河湖水系和水文化遗产、山水格局和城址遗存、古树名木、非物质文化遗产九个方面的文化遗产保护传承与合理利用。

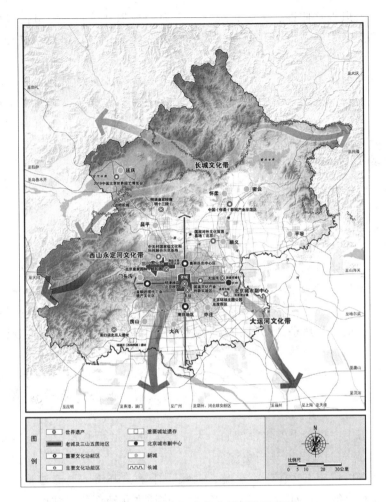

图 10-1　文化中心空间布局保障示意图
资料来源：《北京城市总体规划（2016 年—2035 年）》.

三、文化遗产集中

　　北京是见证历史变迁的千年古城，也是不断展现国家发展新面貌的现代化城市，更是东西方文明相遇和交融的国际化大都市。北京历史文化遗产是中华文明源远流长的伟大见证，是北京建设世界文化名城的根基，要精心保护好这张金名片，凸显北京历史文化的整体价值。传承城市历史文化，深入挖掘保护内涵，构建全覆盖、更完善的保护体系。依托历史文化名城保护，构建绿水青山、两轴十片多点的城市景观格局，加强对城市空间立体性、平面协调性、风貌整体性、文脉延续性等方面的规划和管控，为市民提供丰富宜人、充满活力的城市公共空间。大力推进全国文化中心建设，提升文化软实力和国际影响力。

北京作为全国的文化中心，以大量的历史遗存、深厚的文化底蕴和鲜明的原生态为基础。北京集中了许多人类文化的瑰宝。据统计，北京市拥有全国重点文物保护单位 128 处、市级文物保护单位 357 处。北京市有世界文化遗产 7 处，分别是长城、北京故宫、周口店北京猿人遗址、颐和园、天坛、明十三陵、大运河。其中，北京故宫是世界上规模最大、保存最完整的宫殿建筑群，长城是世界古代史上伟大的军事防御工程，明十三陵是世界上保存完整、埋葬皇帝最多的墓葬群。除此之外，北京还有潭柘寺、云居寺、戒台寺等古寺庙 2 600 多座。

北京有纪念杰出人物的文天祥祠、于谦祠、袁崇焕祠和庙、杨椒山祠等。北京还具有光荣的革命传统，是五四运动的发源地。许多革命先驱和领袖人物都曾在此从事过革命活动，留下了不少革命遗址和纪念地，如天安门广场、人民英雄纪念碑、毛主席纪念堂、孙中山纪念馆、毛主席故居、宋庆龄故居、北京大学红楼、陶然亭慈悲庵、长辛店"二七"革命遗址、"三一八"烈士纪念碑、中国人民抗日战争纪念馆、李大钊烈士陵园等。

北京是近现代文化活动的集中地，有许多名人纪念地，如鲁迅故居、郭沫若故居、蔡元培故居、茅盾故居、齐白石故居、徐悲鸿纪念馆、梅兰芳故居等。

北京历史文化古街聚集。例如，大栅栏地处老城中心地段，全长 275 m，自 1420 年起经过了 600 年历史演变。

北京有以燕京"八绝"（景泰蓝、玉雕、牙雕、雕漆、金漆镶嵌、花丝镶嵌、宫毯和京绣）为代表的 240 项市级非物质文化遗产代表性项目。

第三节　国际交往中心

北京的国际交往中心建设要着力承担重大外交外事活动，服务国家开放大局，持续优化为国际交往服务的软硬件环境，不断拓展对外开放的广度和深度，积极培育国际合作竞争新优势，发挥向世界展示我国改革开放和现代化建设成就的首要窗口的作用，努力打造国际交往活跃、国际化服务完善、国际影响力凸显的重大国际活动聚集之都。优化 9 类国际交往功能的空间布局，规划建设好重大外交外事活动区、国际会议会展区、国际体育文化交流区、国际交通枢纽、外国驻华使馆区、国际商务金融功能区、国际科技文化交流区、国际旅游区、国际组织集聚区。

北京是我国对外交往的国际活动中心，外来人口和文化影响多，国际化程度高。截至 2019 年 9 月，中国与 180 个国家建立了外交关系，在建国门外、朝阳门外的东部关厢地区设有外国使领馆及国际组织代表机构。2016 年，北京市外贸出口额达 18 625.2 亿元，旅游入境人数达 416.5 万人次，旅游外汇收入达 50.7 亿美元。1990 年亚运会、2008 年奥运会彰显了北京在国际交往活动中的重要地位和作用。

在北京召开的国际会议也日趋增多。2003 年，北京举办首届西餐文化节，将人文与餐饮结合，突出了北京国际性、开放性、包容性的特色。作为国际交往中心，近年来北京成功举办了 2014 年亚太经合组织（APEC）领导人非正式会议，2015 年北京国际田联世界田径锦标赛，第一届、第二届"一带一路"国际合作高峰论坛等高规格的大型活动，积累了丰富的国际活动（会议）的组织和服务经验。北京志愿服务团队的服务水平在历次实践历练中不断提高，北京志愿者的微笑也成为北京最好的名片。从 APEC 会议到北京田径世锦赛，从"九三阅兵"到"一带一路"国际合作高峰论坛，扬名于奥运的北京志愿者出现在越来越多的大型赛会和重大活动中，他们周全的礼仪、细致的服务赢得了服务对象的赞誉和好评，在国际舞台上展示了北京志愿者的风采。截至 2017 年 10 月 15 日，"志愿北京"平台实名注册志愿者有 404.43 万名，其中包括有记录志愿服务时间超过 1 500 小时的千余名五星级志愿者。2012 年至 2017 年 10 月 15 日，团市委、市志愿服务联合会承担中央或北京市举办的各类大型赛会志愿服务达 63 场次之多，累计组织志愿者 4.3 万余人次参与服务。中国（北京）国际服务贸易交易会、中国北京国际科技产业博览会、中国网球公开赛、北京国际马拉松赛等已成为每年都要举办的常态赛会，这些赛会都少不了志愿者们真诚的笑脸和专业的服务。

根据《北京城市总体规划（2016 年—2035 年）》，朝阳区东部、北部地区，应强化国际交往功能，建设成为国际一流的商务中心区、国际科技文化体育交流区、各类国际化社区的承载地；提升区域文化创新力和公共文化服务能力，塑造创新引领的首都文化窗口区；规范和完善多样化、国际化的城市服务功能，展现良好的对外开放形象；建成大尺度生态环境建设示范区、高水平城市化综合改革先行区。奥林匹克公园南部的奥体文化商务园区已陆续投入使用，成为集金融服务、文化休闲、商贸服务等功能为一体的多元复合区域。自 2008 年奥运会后，北京奥林匹克公园充分利用奥运品牌优势和区域独有资源，先后举办各类大型活动及高端会议展览 8 000 余场，累计接待中外游客达 4.3 亿人次，区域国际交往功能进一步提升。此外，作为 2022 年冬季奥运会、残奥会的核心区和主承载区，北京奥林匹克公园的冬奥会筹备工作已全面展开，其中，2019年年底国家速滑馆永久性设施施工完毕。

截至2017年8月，雁栖湖国际会都曾先后完成APEC会议、"一带一路"国际合作高峰论坛等重大会议服务保障任务，接待了包括北京国际电影节、华表奖、国际学生北京夏令营等在内的各类国际国内会议会展活动5 258场次，接待60余万人次，收入6.6亿元，为雁栖湖地区会展行业、怀柔区"国际会都"、北京市"国际交往中心城市"的发展提供了有力支撑。国际交往中心建设重点要抓好雁栖湖国际会都和国家会议中心的扩容、提升。一是抓好雁栖湖国际会都资源整合和改造提升。进一步深化环雁栖湖区域功能布局规划，坚持用规划来引导管控，协调各方将环湖服务设施纳入国际会都的发展用途，实现统一规划、统一布局、统一修缮、统一运营。要加强周边地区综合整治，做好减法，把握好环雁栖湖区域建筑基调、尺度与天际线，控制建筑高度，进一步提升环境质量。二是高水平打造雁栖小镇。立足于服务国际会都、服务怀柔科学城，定位于服务配套，打造具备国际交往功能的人文小镇。三是完善国家会议中心功能。着手规划建设国家会议中心二期，打造新时期首都建设的精品力作。四是加强工作统筹和政策协调。把雁栖湖国际会都和国家会议中心的扩容、提升作为重点工程来抓，并以此带动整个国际交往中心建设。

2022年2月4日至20日，北京市和张家口市将联合举办冬季奥林匹克运动会。这是中国历史上第一次举办冬季奥运会，同时也是中国继北京奥运会、南京青奥会后，第三次举办奥运赛事。与2008年北京奥运会一样，2022年北京冬奥会也必将成为我国重要历史节点的重大标志性活动。要统筹考虑赛事需求、赛后利用、环境保护、文化特色、文物保护、无障碍等因素，按计划推进2022年北京冬奥会北京赛区和延庆赛区各类场馆规划建设，打造优质、生态、人文、廉洁的精品工程；高标准、高质量完成京张高铁、延崇高速公路建设，完善北京、延庆与张家口三个赛区之间的交通联系；发挥首都资源优势，加强人才培养与合作，积极运用现代科技特别是信息化、大数据等技术，提高赛会运行保障和服务水平。

北京还拥有全国最大的邮政通信枢纽、国际邮件互换和报刊发行中心。2015年，北京市邮政公司与世界上138个国家和地区的243个互换局建立了通邮关系，经营信函、包裹、汇兑款、金融、特快专递、物流、报刊发行、集邮、国际邮件和多种代办代理业务。

第四节　科技创新中心

北京是中国智力资源最丰富的地区，是全国高素质人才聚集区，聚集了全国最多、最优秀的人才精英和科研机构，人才竞争力居全国第一，科技实力居全国之首，基础研究能力强，科技投入全国领先，科技创新能力全国第一。

2016 年研究与试验发展（R&D）经费支出 1 484.6 亿元，比 2015 年增长 7.3%，相当于地区生产总值的 5.96%，高出全国 3.85 个百分点，财政科技投入居全国之首。2016 年科技活动人员 35.5 万人，比上年增长 3.4%，在北京工作的两院院士有 756 名，约占总数的 1/2，居全国首位。专利申请量与授权量分别为 18.9 万件、10.1 万件，分别增长 21.0%、7.0%，其中发明专利申请量与授权量分别为 10.5 万件、4.1 万件，分别增长 17.7%、15.0%，每万人专利申请量超过 85 件。共签订各类技术合同 7.5 万项，增长 3.7%；技术合同成交总额为 3 940.8 亿元，增长 14.1%。

2007 年，北京市光伏领域的产值达到 20 亿元左右，在研发和产品检测方面居全国前列，太阳能光伏装备行业也优势突出。2008 年，北京市有 51 项产品入选国家自主创新产品名单，数量位居全国第一位。北京市拥有国内第一条商业化的非晶硅薄膜太阳能电池生产线供应商，太阳能电池组件生产能力稳步提升。"十二五"期间，北京市科技服务业增加值年均增长 12.7%，高于地区生产总值增速 3.2 个百分点，2015 年科技服务业增加值达到 1 820.6 亿元，同比增长 14.1%，高于地区生产总值增速 7.2 个百分点。北京是全国科技资源（仪器设备）最丰富的地方，2009 年 6 月面向全社会开放的首都科技条件平台，构建了涵盖 264 个国家级和北京市级重点实验室、国家工程中心、中关村开放实验室、企业技术研发中心等体系，开放仪器 13 112 台，科技创新能力不断提高。经过多年建设，截至 2015 年年底，形成了以 27 家研发实验服务基地、12 个领域中心、14 个区县工作站为主体的首都科技条件平台工作体系和科技资源开放服务体系，建立了天津、河北（重点石家庄）、内蒙古、重庆、黑龙江、贵阳、银川等首都科技条件平台区域合作站。开放 743 个国家级、北京市级重点实验室、工程中心，4.05 万台（套）仪器设备向社会开放共享，促进了 636 项较成熟的科研成果转移转化，聚集了包括两院院士、长江学者等在内的 10 403 位专家，形成了仪器设备、科技成果和研发服务人才队伍共同开放的大格局。仅 2015 年就有 10 670 家企业享受到首都科技条件平台的各类服务，服务合同额达 20.1 亿元，推动形成政产学研用开放创新、协同创新的大格局。

要充分发挥丰富的科技资源优势,不断提高自主创新能力,在基础研究和战略高技术领域抢占全球科技制高点,加快建设具有全球影响力的全国科技创新中心,努力打造世界高端企业总部聚集之都、世界高级人才聚集之都。

坚持提升中关村国家自主创新示范区的创新引领辐射能力,规划建设好中关村科学城、怀柔科学城、未来科学城、创新型产业集群和"中国制造2025"创新引领示范区,形成以"三城一区"为重点、辐射带动多园优化发展的科技创新中心空间格局,构筑北京发展新高地,推进更具活力的世界级创新型城市建设,使北京成为全球科技创新引领者、高端经济增长极、创新人才首选地(见图 10-2)。

2016 年 9 月发布的《北京加强全国科技创新中心建设总体方案》提出建设北京全国科技创新中心的三步走目标:第一步,到 2017 年,科技创新动力、活力和能力明显增强,科技创新质量实现新跨越,开放创新、创新创业生态引领全国,北京全国科技创新中心建设初具规模;第二步,到 2020 年,北京全国科技创新中心的核心功能进一步强化,科技创新体系更加完善,科技创新能力引领全国,形成全国高端引领型产业研发集聚区、创新驱动发展示范区和京津冀协同创新共同体的核心支撑区,成为具有全球影响力的科技创新中心,支撑我国进入创新型国家行列;第三步,到 2030 年,北京全国科技创新中心的核心功能更加优化,成为全球创新网络的重要力量,成为引领世界创新的新引擎,为我国跻身创新型国家前列提供有力支撑。

建设科技创新中心的重要任务包括强化原始创新,打造世界知名科技中心;实施技术创新跨越工程,加快构建"高精尖"经济结构;推进京津冀协同创新,培育世界级创新型城市群;加强全球合作,构筑开放创新高地;推进全面创新改革,优化创新创业环境。北京全国科技创新中心建设要打造世界知名科技中心,需统筹规划建设中关村科学城、怀柔科学城、未来科学城(三城),建立与国际接轨的管理运行新机制,推动央地科技资源融合创新发展。优化中央科技资源在京布局,发挥高等学校、科研院所和大型骨干企业的研发优势,形成北京市与中央在京单位高效合作、协同创新的良好格局。中关村科学城主要依托中国科学院有关院所、高等学校和中央企业,聚集全球高端创新要素,实现基础前沿研究重大突破,形成一批具有世界影响力的原创成果;怀柔科学城重点建设高能同步辐射光源、极端条件实验装置、地球系统数值模拟装置等大科学装置群,创新运行机制,搭建大型科技服务平台;未来科学城着重集聚一批高水平企业研发中心,集成中央在京科技资源,引进国际创新创业人才,强化重点领域核心技术创新能力,打造大型企业集团技术创新集聚区。除此之外，还要重视超前部署基础前沿研究，加强基础研究人才队伍建设，建设世界一流高等学校和科研院所。

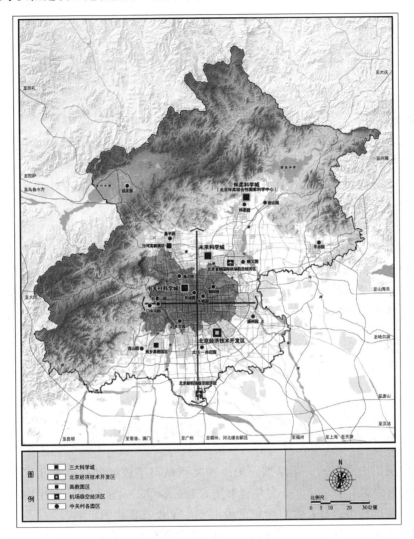

图 10-2　科技创新中心空间布局保障示意图

资料来源：《北京城市总体规划（2016 年—2035 年）》.

第十一章　国际性大都市

章前语

北京有着悠远绵长的历史、得天独厚的区位优势、3 000 多年建城史、700 多年正式建都史，是我国的首善之区。中华人民共和国成立以来，人民生活水平显著提高，生态环境显著优化，经济实力不断增强，对外开放不断加深。随着综合实力大大提升，中国国际地位明显提高，开始从世界边缘逐渐走向世界中心。作为一个世界大国的政治中心、文化中心、国际交往中心和科技创新中心，北京成为世界城市已是大势所趋。北京的发展目标是建设成为国际一流的和谐宜居之都，在经济实力、国际化功能、创新能力、生态环境等方面按照世界城市的标准进行建设。在后奥运时期，北京确立了人文北京、科技北京和绿色北京三个重要发展战略。

关键词

人民生活；生态环境；经济实力；对外开放；国际性大都市

第一节　文明古都

中国历史悠久，文化厚重，为世界文明做出了独特的贡献。北京作为中国的首善之区，拥有 3 000 多年建城史、700 多年正式建都史，在中国政治生活中的地位日益凸显，并对中国的发展产生了极其重要的影响。

都城是人类社会踏入文明时代的标志，是人类社会物质生产水平获得较大提高后的产物。中国古代都城既是当时的政治、军事中心，又是当时的文化教育和宗教中心，是中华民族悠久历史和灿烂文化的集中体现。

由于地理位置特殊，北京从一开始就成为多民族文化的汇聚之地，它的都城地位，与契丹、女真、蒙古、满等北方民族的历史发展息息相关。此外，它又是一个不断发展的都城，是一个经历了从农耕文明到现代文明沧桑巨变的政治文化中心，在世界都城史上占有重要的地位。北京作为世界著名的古都，融汇着中国各民族悠久的文化传统和世界多种宗教文化，凝聚着中国辉煌的建筑文化艺术，体现着古代东方完美城市的文化氛围。

一、古都的历史

北京是我国七大古都之一。

周灭商后，封召公奭于燕，封黄帝之后于蓟，从此这一带出现了地方诸侯国的都城——燕都和蓟，它们成为北京城的起源。春秋时期，燕并蓟，移治蓟城。五代时期，后晋石敬瑭在 938 年按约定将燕云十六州献给契丹。辽以北京为其陪都，建号南京，又称燕京。

金朝继起，金贞元元年(1153 年)海陵王完颜亮下令迁都燕京，改称中都，是为北京正式建都之始。金元易代之际，蒙古骑兵攻占金中都，改中都为燕京，由燕京留守兼行省长官达鲁花赤(即断事官)治理。1234 年，以燕京为治所设中州断事官主治汉民，汉人称之为燕京行尚书省。蒙古人占领中都以后的 60 年里，中都城一仍金制，为 62 坊，除皇宫被焚烧殆尽外，城内的街巷胡同、四合院、衙门、商铺、寺观基本没什么变化。元至元四年至至元二十二年(1267—1285 年)忽必烈于中都北郊兴建大都。明灭元后，朱元璋定都南京。燕王朱棣发动政变夺权，迁都北京。继明而起的清朝是一个来自东北地区的少数民族建立的政权，为了便于实现对全国的有效统治，定都北京又成为其必然选择。清朝灭亡后，北洋政府定都于北京。

二、古都的区位优势

军事条件、经济条件、地形条件和人文环境等是一些王朝选择定都北京的重要因素。北京能成为中国的七大古都之一，与特殊的地理环境和中国封建社会后期历史发展的趋势密切相关。

《日下旧闻考》曾经这样评论北京地区的地理形势："是邦(幽州)之地，左环沧海，右拥太行，北枕居庸，南襟河济""绵亘千里，重关峻口""独开南面，以朝万国"。《顺天府志》也说："燕环沧海以为池，拥太行以为险。枕居庸而居中以制外，襟河济而举重以驭轻。东西贡道，来万国以朝宗；西北诸关，壮九边之雉堞。万年强御，百世治安。"金朝文臣梁襄在给金世宗的上书《谏北幸》中则说："燕都地处雄要，北倚山险，南压区夏，若坐堂隍，俯视庭宇，本地所生，人马勇劲，亡辽虽小，止以得燕，故能控制南北，坐致宋币。……况今又有宫阙井邑之繁丽，仓府武库之充实，百官家属皆处其内，非同曩日之陪京也。居庸、古北、松亭、榆林等关，东西千里，山峻相连，近在都畿，易于据守，皇天本以限中外，开大金万世之基而设也。"西汉桓宽《盐铁论》中提道:"燕之涿、蓟……,皆为天下名都,非有助之耕其野而田其地者也,居五诸之冲,跨街衢之路也。"此处指出燕都与交通条件的关系。古代王朝都城选址北京,自然条件是重要因素之一。金代认定,北京位置雄要,北依山险,南压中原,地理位置十分独特。元代认识到北京位于东部平原和西部山地交会之处,通过南部平坦区域,可进一步控制中原。明代认为"以燕京而视中原,居高负险,有建瓴之势""形胜甲天下,宸山带海,此有金汤之固,诚万古帝王之都"。《帝京景物略》又描述,"皇城西,古木深林,春峨峨,夏幽幽,秋冬岑岑柯柯"。城内不少地方"泉从地涌,一决而通"。独特的地理区位和优越的环境条件是明朝选都的主要考虑。清朝定都北京,则主要依据该地控制中原、可统一中国的地理优势。

第二节　中华人民共和国成立以来的发展

1949 年 10 月 1 日,中华人民共和国宣告成立,北京成为新中国的首都,社会经济、文化生活等各个方面发生了巨大变化。经过 70 多年的建设和发展,北京已从一个古老的皇城建设成为高度开放的大都市。

一、人民生活

1949 年以后,北京城市化水平不断提高。1949 年北京的常住人口为420.1 万人,1978 年增长到 871.5 万人,2015 年为 2 170.5 万人,是 1949 年的 5 倍多,居住半年以上的外来人口为 822.6 万人。1949 年,城镇在业人员仅为 43.3 万人。1978 年,从业人员达到 444.1 万人,其中城镇在业人员为291.6 万人。2015 年,从业人员达到 1 186.1 万人,比 1949 年增加 26.4 倍。

1956—1978 年,城镇居民人均可支配收入年均增速为 2.3%。2015 年,城镇居民人均可支配收入为 52 859 元,农村居民人均可支配收入为 20 569元。城乡居民消费支出分别由 1978 年的 360 元和 185 元增加到 2015 年的36 642 元和 15 811 元。城镇居民恩格尔系数由 1978 年的 58.7%下降到 2015年的 22.1%,农村居民恩格尔系数由 1978 年的 63.2%下降到 2015 年的27.7%。居民消费虽然仍以传统物质产品消费为主,但食品消费正由"主食型"向"副食型"转变,在酒楼、饭店用餐消费的比重正在提高。1978 年以来,北京居民用于教育、文化和娱乐服务的支出大幅增长(见表 11.1),在影视、娱乐、旅游、休闲、体育、健康、培训、咨询等方面的消费呈上升趋势。

表 11.1　北京居民教育、文化、娱乐服务支出(1978—2015 年)

年份	1978	1982	1986	1990	1994	1998	2002	2006	2008	2012	2015
支出(元)	28.75	33.20	129.36	190.19	451.79	964.19	1 810	2 515	2 383	3 696	3 635

社区卫生服务体系覆盖面广，城区服务网络街道层级覆盖率达到 100%，2014 年全市共建立社区卫生服务团队 3 445 个，累计签约家庭 431.4 万户、936.2 万人，比 2013 年增长了 10%。2009 年北京市就已经在全国率先实现城乡统一的养老保险制度。2008 年年末，全市民用汽车保有量为 318.1 万辆，其中私人小汽车 174.4 万辆，是 2000 年的 7.2 倍。1978 年城镇居民人均住房使用面积只有 6.7 m^2，2015 年跃升至 31.69 m^2，扩大了 3.7 倍；2015 年农村居民人均住房使用面积达到 43.03 m^2，比 1978 年增加 33.2 m^2。2009 年，北京开始进行棚户区和城乡接合部的住房改造。

二、生态环境

1949 年以来，北京先后 5 次制定了城市建设总体规划，通过规划使城市定位逐步得到调整与明确，推动了城市建设有计划进行，城市环境更加宜居。

北京城市环境生态不断改善。1949 年，全市的人均公园绿地面积仅为 3.6 m^2，2016 年达到 16.1 m^2。城市绿化覆盖率由 1978 年的 22.3% 增长到 2008 年的 43.5%，2016 年达到 48.4%。2016 年，全市森林覆盖率达到 42.3%，林木绿化率达到 59.3%。北京市风沙危害区主要分布在永定河、潮白河、大沙河沿岸和延庆康庄、昌平南口地区，总面积为 1 650 km^2，治理前景观环境差，风沙活动频繁，当地百姓总结为"无风一片沙，有风地搬家，每当风沙起，处处毁庄稼"。京津风沙源治理一期工程于 2000 年启动，十余年间累计实施造林、营林 4 600 km^2，构建了首都北部抵御风沙的第一道防线。目前，京津风沙源治理二期工程已在昌平、门头沟、怀柔、平谷、密云、延庆、房山、大兴 8 个区全面展开，截至 2015 年，已完成林业建设任务约 201 km^2。2002 年，北京开始实施播草盖沙工程，通过栽种北京本地植物品种和引进沙生、抗旱灌木及草本植物，对重点风沙源地区的裸露沙荒地、卵石滩地、沙坑地等进行绿色覆盖，形成上层乔木、中层灌木、下层草本的立体防沙固沙体系。2011—2015 年，播草盖沙工程主要在朝阳、海淀、顺义、平谷、延庆、昌平、房山、通州等区实施，面积近 60 km^2。在植物选择上，除了沿用传统的品种二月兰、板蓝根等外，还引进了金冠花、射干、荆芥、芍药等新品种，不仅实现了抑沙止尘作用，还展现了多层次、多色彩的景观效果，美化了区域环境。2012 年开始的平原百万亩造林工程，利用废弃砂石坑、荒滩荒地造林绿化，在五大风沙危害区加大生态修复力度，营造具有防风固沙、景观游憩等多功能的森林约 168 km²，使五大风沙危害区得到彻底治理。2011—2015 年，北京市沙化土地减少 248 km²，沙化程度逐年降低。沙尘天气从 2000 年左右的年均 13 次以上，减少到 2014—2015 年的年均 2 到 3 次，风沙渐离北京城。2000 年空气质量二级和好于二级的天数为 177 天，2008 年为 274 天，2009 年达到 285 天，达标率约为 78.1%。然而，近年来雾霾问题成为北京重要的环境问题之一，2016 年空气质量达标天数仅为 198 天，能否治理好北京大气污染问题关系到区域的可持续发展。城市生活垃圾处理体系不断完善，垃圾分类和资源化力度加大。2010 年，建成 3 638 个社区再生资源回收站点、13 个再生资源分拣中心，在 600 个小区推广垃圾减量和垃圾分类试点。截至 2014 年年底，首都绿化委员会和北京市人民政府联合表彰了首都绿化美化花园式单位 6 058 个、首都绿化美化花园式街道 85 个，极大地促进了首都全民义务植树工作的开展，有效改善了广大市民的生产生活环境，提高了首都整体环境质量。截至 2014 年年底，北京市累计评选首都绿化美化花园式社区 236 个，创建首都绿化美化园林小城镇 99 个。截至 2013 年年底，全市共创建首都绿色村庄 616 个。山区村庄陆续建设小型污水处理站，截至 2015 年年底，全市 1 085 条小流域(山区 576 条、平原区 509 条)中已建成 316 条生态清洁小流域，治理水土流失面积 3 912 km²，有效保护了首都水源。监测结果表明，全市各项坡地水保措施年均保水 3 220×10⁴ m³，减少土壤流失 118×10⁴ t，减少流失总磷 22t，总氮 124t，CODMn697t。生态清洁小流域出水水质全部达到地表水水质三类以上。风能、太阳能等清洁能源得到充分的开发和利用，据统计，截至 2016 年年底，北京市并网的光伏发电装机规模达到 239.7 MW，较 2015 年增长 45.2%，年发电量 2.9×10⁸ kW·h，相当于 10 万个家庭一年的用电量。根据规划，2020 年北京市的光伏发电装机容量将超过 1 000 MW，而北京市 5 000 m² 以上屋顶分布式光伏预估装机容量为 3 195.5 MW，如果开发三分之一，就可以实现 2020 年的目标。因此，北京市大型屋顶分布式光伏大有可为。

城市防灾减灾能力大大提高。北京市细化社区防灾减灾的工作标准，提出每一个街道建设一处防灾减灾培训基地，每个社区配备防毒面具、逃生绳等救援避险物资和装备等。截至 2016 年年底，北京建有地震应急避难场所 120 处，其中Ⅰ类场所 11 处、Ⅱ类场所 45 处、Ⅲ类场所 64 处，包括地坛园外园、皇城根遗址公园、西便门绿地、南中轴绿地(西城段)、南中轴绿地(东城段)、滨河公园等，总面积 1 831×10⁴ m²，可容纳 299.96 万人。除此之外，北京市创建防震减灾示范学校 186 所，其中区级 145 所、市级 35 所、国家级

6 所；地震安全示范社区 239 个，其中区级 174 个、市级 44 个、国家级 21 个；防震减灾科普教育基地 62 处，其中区级 46 处、市级 10 处、国家级 6 处。

三、经济实力

1949 年以后，北京经济总量快速增长，规模不断扩大，产业种类超过 1 000 个。1949 年，全市地区生产总值为 2.8 亿元，1952 年增长为 7.9 亿元，仅占全国的 1%，2015 年为 23 014.6 亿元，全市地区生产总值年均增长 7.9%，占全国的 5.6%。人均地区生产总值由 1952 年的 165 元提高到 2015 年的 106 497 元，约合17 099 美元。按照世界银行的划分标准，处于高收入水平。2013 年，北京市第二产业和第三产业的法人单位资产总量为 122.1 万亿元，约占全国 466.8 万亿元资产的 26%。2016 年万元 GDP 能耗为 0.283 5 吨标准煤，下降 4.79%，为全国最低。全球知名的城市评级机构全球化与世界级城市研究小组与网络（GaWC）发布的《2016 年世界城市评级报告》，将北京列入 Alpha＋（一线强）城市。2016 年，北京市地区生产总值占国内生产总值的比重为 3.3%。

随着工业化的不断推进、城市功能定位的不断清晰，北京市的产业结构逐步升级，"三二一"的产业结构开始确立。工业由传统重工业发展到以汽车、电子为主导的现代制造业。第三产业由以传统服务业为主发展到以现代服务业为主。全市服务网点、市场数量大幅增加，商业业态也从原来单一的供销社、百货商场发展到商场、综合市场、专业商店、社区便民点、连锁店、仓储超市相结合的多元化模式。

四、对外开放

1978 年以前，北京市外贸进出口总额累计仅为 17 亿美元。2016 年，北京地区进出口总额达到 18 625.2 亿元。2015 年，北京市外商投资企业有3 835 个，从业人员平均人数为 135.5 万人，实际利用外商直接投资额为 1 299 635 万美元。1979 年以来，北京开始发展海外企业，企业数量年均递增 10% 以上，项目广泛分布在亚洲、非洲、美洲、欧洲、大洋洲等。2009 年 3 月，京西重工收购美国最大的零部件企业德尔福公司的全球汽车悬架和制动器的研发、生产系统。2010 年 7 月，北京亦庄国际投资发展有限公司控股的太平洋世纪汽车系统有限公司收购美国耐世特汽车系统公司转向系统。2012 年至 2013 年，汉能控股集团有限公司连续并购了四家领先的海外薄膜技术公司，包括德国 Solibro 公司、美国 MiaSolé 公司、美国 Global Solar Energy 公司及美国 Alta Devices 公司，汉能因此掌握了全球先进的铜铟镓硒（CIGS）和砷化镓(GaAs)技术，同时也掌握了全球领先的装备生产线制造技术及研发能力。

1978 年以后，北京的国际交往日渐增多，逐步发展为一个现代化的国际城市，对国外投资者和游客都具有较大吸引力。2016 年，全市共接待入境游客 416.5 万人次，旅游外汇收入达到 50.7 亿美元。

第三节　迈向国际化大都市的北京

中国综合实力大大提升，国际地位明显提高，开始从世界边缘逐渐走向世界中心。作为一个世界大国的政治中心、文化中心、国际交往中心和科技创新中心，北京成为世界城市已是大势所趋。

一、国际城市构架基本形成

1993 年，北京市首次提出要把北京建成现代化国际大都市。在北京西二环路复兴门桥至阜成门桥之间，国务院批准建立占地约 104 hm^2 的金融街。"十一五"期间，北京提出重点建设好中关村科技园区、北京经济技术开发区、临空经济区、商务中心区、奥林匹克中心区、金融街六大高端产业功能区。《北京城市总体规划（2004 年—2020 年）》确定北京城市发展目标为国家首都、国际城市、文化名城、宜居城市，明确了北京城市发展目标定位，第一步是构建现代国际城市的基本构架，第二步是到 2020 年左右全面建成现代国际城市，第三步是到 2050 年成为世界城市。《北京城市总体规划（2016 年—2035 年）》确定北京的发展目标是国际一流的和谐宜居之都：第一步，到 2020 年建设国际一流的和谐宜居之都取得重大进展，率先全面建成小康社会，疏解非首都功能取得明显成效，"大城市病"等突出问题得到缓解，首都功能明显增强，初步形成京津冀协同发展、互利共赢的新局面；第二步，到 2035 年初步建成国际一流的和谐宜居之都，"大城市病"治理取得显著成效，首都功能更加优化，城市综合竞争力进入世界前列，京津冀世界级城市群的构架基本形成；第三步，到 2050 年全面建成更高水平的国际一流的和谐宜居之都，成为富强民主文明和谐美丽的社会主义现代化强国首都、更加具有全球影响力的大国首都、超大城市可持续发展的典范，建成以首都为核心、生态环境良好、经济文化发达、社会和谐稳定的世界级城市群。随着北京经济社会快速发展，举办奥运会极大地提升了北京的国际化、现代化水平和综合竞争力；应对国际金融危机后国家影响力提高，北京在世界城市体系中的地位也日益增强。北京进入从中等发达城市向发达城市迈进的新阶段，完成了总体规划确定的构建现代国际城市基本构架的近期目标。

就国际商贸城市建设而言，按照国际公认的标准，国际商贸中心城市的社会消费品零售总额为 250 亿美元，而北京的社会消费品零售总额在 2008 年就已经达到 4 589 亿元，约合 684 亿美元，是这一标准的 2 倍多。据仲量联行 2016 年发布的《全球零售目的地》研究报告显示，北京在全世界十大零售地中排名第 3 位。第 1 位和第 2 位分别是迪拜和上海。作为世界第一人口大国和全球第一大货物贸易出口国、第二大进口国中国的首都，北京具有成为世界城市的良好基础，其对外交往也十分活跃，截至 2016 年 3 月底已与 48 个国家的 53 个城市建立了友好城市关系。从政治影响力来看，北京已经具备成为世界城市的条件。作为世界城市，北京在未来的发展中应继续深化产业调整，着重发展金融、科研、文化创意等现代服务业，以及电子信息、新医药与生物工程等高新技术产业，提高高新技术产业在全球产业链中的地位，以成为全球性服务中心。

世界城市的本质特征是拥有全球经济控制能力，这种控制能力主要来源于聚集其中的跨国企业和跨国银行总部。因此，金融中心、管理中心是世界城市最重要的经济功能。北京总部经济发展迅速，2006 年就已经吸引了众多跨国公司地区总部、研发中心、国内大企业集团总部等聚集（见表 11.2）。2016 年，北京总部经济发展更是进入一个新阶段，总部企业数量净增 70 家，达到 4 007 家。世界知名企业在京设立跨国公司地区总部达到 161 家，其中外国的世界 500 强企业投资的地区总部达 67 家。金融业已成为首都经济的支柱产业之一。2008 年 5 月，北京市委、市政府《关于促进首都金融业发展的意见》正式对外公布，将北京定位为国家金融决策中心、金融管理中心、金融信息中心和金融服务中心，同时第一次明确提出将北京建设成为具有国际影响力的金融中心城市。按照 2014 年新华—道琼斯国际金融中心发展指数报告，北京在国际金融中心的排名中已位居第 9 位。

表 11.2　2006 年北京的跨国公司地区总部

序号	公司名称 （公司总部所在国家）	备注	序号	公司名称 （公司总部所在国家）	备注
1	ABB(中国)有限公司(瑞士)	★▲	19	百特(中国)投资有限公司(美国)	▲
2	爱立信(中国)有限公司(瑞典)	★▲	20	北电网络(中国)有限公司(加拿大)	▲
3	爱普生(中国)有限公司(日本)	★▲	21	东陶机器(中国)有限公司(日本)	▲

序号	公司名称 （公司总部所在国家）	备注	序号	公司名称 （公司总部所在国家）	备注
4	摩托罗拉（中国）投资有限公司（美国）	★▲	22	东芝（中国）有限公司（日本）	▲
5	日立（中国）有限公司（日本）	★▲	23	得利满有限公司北京联络处（法国）	▲
6	三星（中国）投资有限公司（韩国）	★▲	24	IBM（中国）有限公司（美国）	▲
7	松下电器（中国）投资有限公司（日本）	★▲	25	卡特比勒（中国）投资有限公司（美国）	▲
8	索尼（中国）有限公司（日本）	★▲	26	康柏（中国）投资有限公司（美国）	▲
9	西门子（中国）有限公司（德国）	★▲	27	康明斯（中国）投资有限公司（美国）	▲
10	伊藤忠（中国）集团有限公司（日本）	★▲	28	朗讯科技（中国）有限公司（美国）	▲
11	丰田汽车（中国）投资有限公司（日本）	★	29	乐金电子（中国）投资有限公司（韩国）	▲
12	葛兰素史克（中国）投资有限公司（英国）	★	30	曼内斯曼（中国）有限公司（德国）	▲
13	佳能（中国）有限公司（日本）	★	31	诺基亚（中国）投资有限公司（芬兰）	▲
14	卡夫食品（中国）有限公司（美国）	★	32	诺维信（中国）投资有限公司（丹麦）	▲
15	欧姆龙（中国）有限公司（日本）	★	33	雀巢（中国）有限公司（瑞士）	▲
16	日产（中国）投资有限公司（日本）	★	34	施耐德电气（中国）有限公司（法国）	▲
17	阿尔斯通（中国）投资有限公司（法国）	▲	35	正大（中国）投资有限公司（泰国）	▲
18	阿海珐（北京）咨询有限公司（法国）	▲			

注：★经商务部认定 ▲经北京市认定。

北京的银行资产总量大。2015 年年末，全国的银行资产总量是 194.2 万亿元，北京是 19.7 万亿元左右，占全国的 1/10 以上。北京地区 62 家银行办理跨境人民币结算 1.2 万亿元，同比增加 979 亿元；业务数量为 9.3 万笔，同比增加 2.2 万笔。跨境人民币业务涉及的国家和地区达 187 个。2015 年，北京地区银行办理外商直接投资人民币结算 3 659.7 亿元，同比增长 88.8%。已有 45 家跨国企业集团开立人民币双向资金池专用账户，归集跨境收入合计 435.2 亿元。北京地区银行已与境外 77 个国家和地区的 403 家银行建立了代理行关系，为境外机构开立人民币结算账户 751 个，与境外银行间的融资余额达到 2 万亿元。

二、全方位建设世界城市

北京在经济实力、国际化功能、创新能力、生态环境等方面正在按照世界城市的标准进行建设。在后奥运时期，北京确立了人文北京、科技北京和绿色北京三个重要发展战略。

（一）人文北京

人文北京主要是坚持以人为本，真正做到发展为了人民、发展依靠人民、发展成果由人民共享。大力发展社会事业，建设文化中心，在国家形象、历史使命和全球意识上提升北京的文明设施和文明素质。随着财力的增加，公共财政逐步惠及全社会，朝基本公共服务均等化发展，北京财政补贴的对象从国企职工扩展到整个社会。为改善市民出行环境，北京每年安排预算资金 130 亿元，支持轨道交通建设和公交优先战略实施，落实公交低票价，优化调整公交线路，使所有在北京居住的人享受到国内最低廉的公共交通票价。北京提出了要坚持城乡统筹、实现城乡一体化的发展新格局，以产业为支撑，实施管理式服务，统筹城乡发展。在山区生态保护过程中，更多的劳动力在生态保护岗位就业，这既解决了就业问题，又有效地保护了生态环境。文化名城的定位与北京深厚的历史底蕴紧密相连，宫殿群、皇家园林、胡同和四合院是北京的标志和象征，故宫、长城、周口店北京猿人遗址、天坛、明十三陵、颐和园、大运河已被联合国教科文组织列为世界文化遗产，房山区有世界地质公园。人文魅力、历史底蕴、文化特色和自然风光是城市活力和竞争力的源泉，因此，北京需要发展文化、旅游等与历史文化名城空间环境相适应的产业，从而达到保护与发展的目的。

（二）科技北京

科技北京主要是充分发挥首都科技优势，通过积极承接国家科技重大专项和重大科技基础设施建设，大幅提高自主创新能力；通过大力实施科技振兴产业工程，加快发展高新技术产业，推动首都产业结构优化升级；通过加强企业技术创新能力建设，完善企业技术创新服务平台，增强企业综合竞争力；通过提升民生科技在首都城市建设、社会管理、教育文化、医疗卫生、公共安全、生态文明、新农村建设等领域的服务水平，为建设繁荣、文明、和谐、宜居的首善之区作出切实贡献。

强化科技支撑，确立创新引领发展的理念，加快经济结构调整和经济发展方式转变，实现跨越式发展，在汽车工业、电子商务、生物制药等方面取得重要进展。加快创新型城市建设，努力构建充满活力、富有效率、更加开放、有利于科学发展的体制机制。具体措施包括加快推进中关村国家自主创新示范区建设，积极落实各项先行先试政策，通过首都科技平台建设整合科技创新资源，落实股权期权激励、政府采购，建立民营企业总部基地，促进科技与资本融合等，调动科技创新的积极性。为了发挥留学人员的科技创新作用，北京先后建成留学人员海淀创业园、大兴创业园和空港创业园等。

以科学技术为依托，北京将信息、生物医药、节能环保、新能源、纯电动汽车、新材料和航空航天7大战略性新兴产业确定为重点发展领域。北京材料产业基础雄厚，集中了全国材料领域30%～40%的科研开发力量。2010年1月，《北京市加快太阳能开发利用促进产业发展指导意见》发布，北京开始加快太阳能的开发利用，振兴新能源产业。这是北京市第一份以市政府名义颁布的促进新能源发展的综合政策。

2010年9月，中关村科学城首批启动建设项目签约。中关村科学城总面积约为75 km²，是中关村国家自主创新示范区核心区，这里汇集了清华大学、北京大学等20余所高等院校，中国科学院等近百家国家级科研机构，上百家国家重点实验室和国家工程中心，航天科技、联想集团等6 000余家高新技术企业，有两院院士523名，约占全国的36%。区域内众多科研机构和企业参与承担了涉及"核高基"、大规模集成电路、新一代移动通信、大型飞机等国家科技重大专项的核心任务，在新能源、新材料、信息技术、生物技术等领域形成了丰富的科技创新成果。经国家科委批准，从1994年4月起，北京市新技术产业开发试验区和中关村科技园区先后3次调整范围，经历了"一区三园""一区五园""一区七园"的发展格局。2006年1月，经国务院批准，国家发展改革委发布公告，审核确定中关村科技园区规划用地总面积为232.52 km²。随后，国土资源部公布了中关村科技园区的海淀园、丰台园、昌平园、电子城、亦庄园、德胜园、石景山园、雍和园、通州园、大兴生物医药产业基地规划用地的四至范围。2012年10月，国务院印发《关于同意调整中关村国家自主创新示范区空间规模和布局的批复》，原则上同意对中关村国家自主创新示范区空间规模和布局进行调整。调整后，中关村示范区空间规模扩展为488 km²，形成了包括海淀园、昌平园、顺义园、大兴—亦庄园、房山园、通州园、东城园、西城园、朝阳园、丰台园、石景山园、门头沟园、平谷园、怀柔园、密云园、延庆园16园的"一区多园"发展格局。

北京市将市场配置资源的基础作用和政府的引导作用结合起来，以企业为主体、市场为导向、产业化为目标，形成了具有首都特色的"北京模式"。

(三) 绿色北京

北京自1993年开始推行清洁生产，属于我国最早开展清洁生产审核的城市之一。2005年正式启动循环经济。

绿色北京是要把城市的发展建设与改善生态环境紧密结合起来，努力建设生态文明，坚持走环境友好型和资源节约型道路，不断提升首都的环境质量，发展循环经济，倡导绿色健康的生活方式和消费方式。1999年，北京开始将四环以内的工业企业外迁。2001年，北京提出了建设城市大园林的设想。2007年，北京启动了绿化隔离地区城市公园环建设，首批建成开放的郊野公园有15个。平均万元地区生产总值能耗从1980年的高能耗降到了2008年的较低水平，降幅达到80%以上。2009年，北京开始实施生态落实绿色北京行动计划，包括垃圾分类处理和再生利用等。大唐国际北京高井热电厂、华能高碑店热电厂、国华东郊热电厂和京能石景山热电厂4大电厂使用清洁能源的改造，已列入绿色北京行动计划。2010年7月，北京对涉及水泥、卫生陶瓷、钢铁、焦炭等高耗能企业实施专项监察，严格执行国家公布实施的单位产品能耗限额标准。

发展新能源汽车是迈向汽车强国的必经之路，是我国弯道超车的机会，也是新的消费增长点、经济增长点，更是节能减排、降低污染的重要手段。截至2015年年底，北京累计推广应用电动汽车3.59万辆，仅2015年就新增2.35万辆。截至2016年9月底，公共平台已接入充电设施运营商21家，接入充电站点700余个，接入充电桩6 000余根，累计服务车主近6万人，累计服务车辆3万余，累计完成充电电量160余万度。经计算，从2016年3月至9月，减少汽车燃油56万升左右，减少二氧化碳排放量2 500多吨。

绿色城市与宜居城市密切相关，宜居城市的定位体现了以人为本、自然和谐的精神，是城市可持续发展的基础。衡量城市宜居性主要从四个方面入手：一是生态条件，要求空气清新、水源洁净、市容整洁等；二是物质条件，要求公用设施完善，交通便利，文化娱乐、教育科研、体育卫生等部门齐全；三是经济条件，要求商业及服务业繁荣、就业机会充分、创业环境宽松等；四是人文条件，要求文化氛围浓厚、居民之间以及居民与政府之间关系融洽、社会风气良好。

第十二章　北京和首都圈

章前语

　　本章以京津冀协同发展为主要内容，界定了首都圈的范围，分述了北京首都圈空间范围的几个划分方案，并明确本书所指的首都圈是京津冀城市群。京津冀整体定位是"以首都为核心的世界级城市群、区域整体协同发展改革引领区、全国创新驱动经济增长新引擎、生态修复环境改善示范区"。还介绍了京津冀城市区域协作的历史及京津冀协同发展的必要性。本章概括说明京津冀城市群各城市概况，并探讨了北京在首都圈区域协调发展中应当发挥的联系作用。

关键词

　　首都圈；区域协调发展；北京城市副中心；京津冀城市群；联系作用

第一节　首都圈范围和特征

一、首都圈

（一）首都圈的含义

　　首都圈实际上是一个都市圈，与普通都市圈不同的是，首都圈的中心城市是该国首都。简言之，首都圈就是以首都为中心的、可以为全国提供政治功能服务的特殊的都市圈。

　　首都圈具有区别于其他都市圈的两个明显特征：一是以首都为中心城市，具有强大的政治服务功能；二是在首都圈内邻近首都地区密布着许多国家机构和政治机构。国外著名的首都圈有韩国首尔圈、英国伦敦圈、日本东京圈等，其中以日本东京圈最具代表性。日本东京圈由东京及其邻近的七个县组成，总面积为 36 287 km^2，占日本国土的 10％。2014 年，日本东京圈人口为 4 364万人，占全国总人口的 34.3％，是世界上最大的首都圈。地区生产总值占全国 GDP 的 38.3％，在日本经济发展中占据重要地位。日本东京圈内人口和产业高度集聚，从产业结构来看，其第一产业、第二产业、第三产业在全国都占有举足轻重的地位，尤其是第三产业地位十分重要。从就业人数来看，2015 年，日本东京圈从事第一产业、第二产业、第三产业的人口比例分别为 1.3％、21.3％、77.4％，其总就业人数和第三产业就业人数占全国的比例一直处于不断上升的趋势，而且第三产业就业人数占全国的比例要高于总就业人数占全国的比例 2 个百分点左右，这表明日本东京圈的服务功能在全国尤具支配地位。日本的都市圈规划开始于城市化加速发展过程中，与我国目前的发展阶段类似。因此，在这一方面，日本的都市圈、首都圈规划建设等经验对于我们有重要的借鉴意义。

对于首都圈范围的界定，不同的学者有不同的看法。谭成文等提出，决定首都与其周边地区社会经济空间联系的关键性因素是可达性和辐射、接受能力，基于此，应用引力模型和场强模型，选取地区城市市区人口、地区城市市区生产总值、城市间的时间距离、北京政治文化可达性系数、接受程度系数、接受程度修正系数等指标，对中国首都圈的空间范围做出界定。高汝熹、罗明义则提出另外一种首都圈界定方法，提出以中心城市为核心、以城市体系为依托、以交通通达条件为纽带，兼顾城市行政区划和经济区划相对一致的原则，并提出首都圈划分的三个步骤。上述两种界定方法都遵循了以城市为中心的原则，但都不是很全面。张召堂在前人研究的基础上提出了首都圈范围界定的三原则，即定性与定量相结合、以城市体系为依托、以中心城市为核心，并提出了各原则下界定的细分依据，包括地理上的相互依存性、经济联系的紧密程度、社会文化的相近性和组织协调的难易程度。在此基础上，通过经济距离、引力和场强的定量计算，对首都圈的空间范围进行界定。

迄今为止，中国首都圈空间范围的划分方案众多，分别主张将首都圈的空间范围界定为京津唐地区、京津冀北地区、京津冀两市一省、京津冀晋蒙两市两省一区和京津冀城市群。

1. 京津唐地区

长期以来，京津唐地区逐步建立了密切的社会经济联系，国内有关北京及其周边地区的早期研究都集中于此区域。20 世纪 80 年代，国家计委曾组织领导了京津唐国土规划研究，并由中国科学院地理研究所经济地理部编著了《京津唐区域经济地理》等。当时还未提出"首都圈"的概念，但实际操作中已经将首都圈的空间范围界定为京津唐地区，包括北京、天津、唐山、廊坊和秦皇岛 5 市，面积约 $5.64 \times 10^4 \, km^2$。高汝熹等根据我国都市圈范围界定的原则和方法，结合我国首都的特点，给出了首都圈的范围，包括北京、天津、唐山、廊坊、保定、张家口 6 个地级及以上城市，外加一个县级市涿州市，面积约 $8.74 \times 10^4 km^2$。这个意义上的首都圈与京津唐地区有一定的差别，但仍是以北京、天津、唐山为主，将秦皇岛排除在外，加入保定、张家口。此外，胡序威也曾提出"京津唐区块"这一概念，其在地域范围上也大体相当于京津唐地区。

这种划分方法充分考虑了区域间交通可达性与经济联系的紧密程度，但也使得首都圈的范围过于狭小，腹地不够开阔，不利于首都圈的持续发展。

2. 京津冀北地区

1996 年，北京市科委制定了《北京市经济发展战略研究报告》，认为首都圈包括北京、天津及河北省北部的唐山、廊坊、保定、张家口、沧州、秦皇岛和承德 9 市，面积约为 $16.8 \times 10^4 km^2$。谭成文等参照首都圈的历史，采用重力模型和场强模型，根据区域经济联系的紧密程度划分出中国的首都圈，包括北京、天津、廊坊、保定、唐山、秦皇岛、沧州、承德、张家口共 9 个地级及以上城市所辖的地域范围。此外，清华大学的吴良镛教授在"京津冀北城乡空间发展规划研究"总报告中也给出了首都圈的空间范围，与北京市科委、谭成文等对首都圈的划分口径基本一致。

该划分方法扩大了首都圈的空间范围，为首都圈的发展提供了广阔的腹地，同时又保存了较高的区域联系紧密度。但是同前一种划分方法一样，其更多考虑的是区域联系的紧密程度，没有顾及行政区划的完整性，将河北省的一部分划入首都圈，却将河北省的省会石家庄市排除在外。在当今中国行政区经济背景下，这种划分方法明显不利于首都圈各主体之间的协调和合作。

3. 京津冀两市一省

这个意义上的首都圈包括北京市、天津市、河北省，两市一省所辖的全部地区，面积约为 $21.8 \times 10^4 km^2$。与前两种划分方法相比，该划分方法考虑到自然地理区域的完整性和行政区经济现状，将河北省的省会石家庄市划入首都圈，有利于京津冀三地政府之间的协调和合作，为首都圈的发展创造了更好的政策环境；局限性在于划分过于简单，未充分考虑区域内部应有的区域联系紧密程度，将与京津两市距离较远且联系较弱的衡水、邢台、邯郸 3 市划入其中，这就为首都圈区域经济协作水平的提高增加了难度。

《2007 中国都市圈评价报告》将以北京和天津分别作为中心城市的两个都市圈合并为首都圈，包括 2 个直辖市——北京、天津，5 个地级市——承德、唐山、保定、廊坊、张家口，8 个县级市——遵化、迁安、定州、涿州、安国、高碑店、霸州、三河。与上海圈、广州圈、杭州圈、沈阳圈、南京圈、汕头圈、哈尔滨圈、济南圈、成都圈、石家庄圈、武汉圈、重庆圈、长春圈、大连圈、青岛圈、太原圈、西安圈 17 个都市圈相比，首都圈综合竞争力指数得分 62.4 分，排名第 3 位（前两位分别是上海圈、广州圈，得分分别为 90.5 分、68.3 分）。其中，发育指数总得分 72.8 分，排名第 3 位；实力指数总得分 40.5 分，排名第 3 位；绩效指数总得分 69.2 分，排名第 4 位。

4. 京津冀晋蒙两市两省一区

2010 年 6 月，在第三届京津冀晋蒙政协区域经济发展论坛上，提出建立体现华北区域国际化的大北京都市圈的设想，建议从国家层面制定京津冀晋蒙区域发展规划，建立京津冀北城市群、冀中南城市群、晋中南城市群、呼包鄂城市群。京津冀北城市群以京津为核心，以天津、秦皇岛、曹妃甸等港口为主要出海口，以北京—廊坊—天津—滨海新区为发展主轴，以北京—唐山—秦皇岛和北京—保定为发展次轴，以渤海西海岸构建临海城镇密集带，以张家口和承德为新增长极，形成大中小城市和小城镇相结合的多层级、开放型城市群。冀中南城市群以石家庄为核心，包括石家庄、保定、沧州、衡水、邯郸、邢台等地区，黄骅港为该地区最便捷、最经济的出海口。晋中南城市群以太原为核心，包括太原、晋中、忻州、阳泉、吕梁、长治、临汾、运城、晋城等地区。呼包鄂城市群以呼和浩特为核心，主要为内蒙古中部以首府呼和浩特、草原钢城包头和新型能源基地鄂尔多斯东半部为顶点构成的一个资源丰富、经济社会发展条件优越的三角形区域。

5. 京津冀城市群

2013 年 5 月，习近平总书记在天津调研时提出，要谱写新时期社会主义现代化的京津"双城记"。2013 年 8 月，习近平总书记在北戴河主持研究河北发展问题时，又提出要推动京津冀协同发展。2014 年 2 月 26 日，习近平总书记在京主持召开座谈会，专题听取京津冀协同发展工作汇报，强调京津冀协同发展意义重大，对这个问题的认识要上升到国家战略层面。

早在 2011 年，国家发改委就开始启动首都经济圈的规划和编制工作，在 2012 年的区域规划审批计划当中，首都经济圈的发展规划更是排在首位。首都经济圈，包括北京市、天津市以及河北省的保定、唐山、廊坊、石家庄、沧州、秦皇岛、张家口、承德、邯郸、邢台、衡水 11 个地级市。京津冀城市群的概念由首都经济圈发展而来，其中北京、天津、保定、廊坊为中部核心功能区，京津保地区率先联动发展。

京津冀整体定位是"以首都为核心的世界级城市群、区域整体协同发展改革引领区、全国创新驱动经济增长新引擎、生态修复环境改善示范区"。其中，北京市的定位是全国政治中心、文化中心、国际交往中心、科技创新中心，天津市的定位是全国先进制造研发基地、北方国际航运核心区、金融创新运营示范区、改革开放先行区，河北省的定位是全国现代商贸物流重要基地、产业转型升级试验区、新型城镇化与城乡统筹示范区、京津冀生态环境支撑区。

习近平总书记就推进京津冀协同发展提出七点要求：一是要着力加强顶层设计，抓紧编制首都经济圈一体化发展的相关规划，明确三地功能定位、产业分工、城市布局、设施配套、综合交通体系等重大问题，并从财政政策、投资政策、项目安排等方面形成具体措施；二是要着力加大对协同发展的推动，自觉打破自家"一亩三分地"的思维定式，抱成团朝着顶层设计的目标一起做，充分发挥环渤海地区经济合作发展协调机制的作用；三是要着力加快推进产业对接协作，理顺三地产业发展链条，形成区域间产业合理分布和上下游联动机制，对接产业规划，不搞同构性、同质化发展；四是要着力调整优化城市布局和空间结构，促进城市分工协作，提高城市群一体化水平，提高其综合承载能力和内涵发展水平；五是要着力扩大环境容量生态空间，加强生态环境保护合作，在已经启动大气污染防治协作机制的基础上，完善防护林建设、水资源保护、水环境治理、清洁能源使用等领域合作机制；六是要着力构建现代化交通网络系统，把交通一体化作为先行领域，加快构建快速、便捷、高效、安全、大容量、低成本的互联互通综合交通网络；七是要着力加快推进市场一体化进程，下决心破除限制资本、技术、产权、人才、劳动力等生产要素自由流动和优化配置的各种体制机制障碍，推动各种要素按照市场规律在区域内自由流动和优化配置。

综上所述，本书以空间相互作用理论为基础，同时考虑历史、地理、经济、文化等多方面的因素，将京津冀城市群的 13 个城市划入首都圈的范畴。

(二)首都圈的特征

1. 一轴集中

京津两大核心城市的空间轴线所占面积约为首都圈的 13%，却集聚了首都圈近 33% 的户籍人口和超过 45% 的非农业人口（2015 年）；两市的总体经济实力（地区生产总值）占首都圈的比重已超过 50%。其中，两市全社会固定资产投资占首都圈的比重超过 40%，两市社会消费品零售总额占首都圈的比重超过 50%，两市地方一般预算财政收入占首都圈的比重超过 70%。在对外经济交流方面，两市进出口总额所占的比重接近 90%。都市圈核心城市的功能过于集中，可能给基础设施，尤其是交通基础设施，带来较大的压力。交通不畅导致人们通勤时间加长，经济运行效率降低。北京的交通拥挤状况已经相当突出。

2. 二元结构

京津两大核心城市的城市化水平和经济发展水平很高，但周边各市的城市化水平和经济发展水平较低，存在着大量的乡村地区和农村人口。首都圈内明显的两极分化不利于产业在圈域内的空间转移，核心区的进一步发展无法得到周边有实力的腹地的强力支持，周边地区也不能很好地通过产业的地域分工而获益。

(三)京津冀协同发展的必要性

1. 城市群规模等级不尽合理

这突出表现为超大城市所占比重过大，而人口在 20 万～100 万的大中城市的数量太少。2015 年，北京市和天津市非农业人口数分别为 1 878 万人和 1 278 万人，而其他城市非农业人口数量总和为 3 886 万人。北京、天津两个超大城市的非农业人口数量远超其他 11 个城市，地区生产总值之和占首都圈城市群的大部分。

2. 行政区域限制明显

在京津冀地区，城市发展目标相近，产业政策的制定追求大而全，造成产业结构自成体系、自我封闭，产业结构的趋同直接导致区域内各利益主体相互之间争资源、争项目、争投资等要素争夺战和无序竞争导致的市场分割，圈域内协作分工体系难以形成，整体实力也很难提升。

1949 年以后，北京在"变消费城市为生产城市"的方针指导下，大力发展工业。在相当长的时间内，京津冀地区新建的大型工业项目主要集中在北京，京津实力对比此消彼长，两个经济中心的格局随之出现。但是两个城市缺乏明确的分工，产业结构都呈现重型化的特征，重复建设、竞争和排他制约了各自的发展和整体实力的提高。

长期以来，北京、天津两市相互博弈，没有充分发挥中心城市对周边地区的辐射作用。京津冀经济圈则受行政区划掣肘严重。北京和天津同属直辖市，产业结构类似，竞争动机强烈。河北地方保护主义严重，很难接受京津辐射，地方政府各自为政，没有从区域经济协调发展的高度来有效地配置区域资源。这些状况致使首都圈的区域经济合作长期处于较低水平，没有形成协调发展的合力，区域经济活力尚待提高。

3. 区域经济一体化进程相对缓慢

日本东京圈在合理的产业职能分工的基础上形成了一体化的区域经济。相比之下，中国首都圈则有明显的体制和结构性障碍。首都圈内的城市分属于二市一省，缺乏像日本东京圈那样协调各方的区域治理结构主体，政府处于强势地位，国有及国有控股企业所占比例较大，这就导致明显的"行政区经济"。根据 2004 年的统计，北京市和河北省国有及国有控股企业实现工业增加值占规模以上工业增加值的比重分别达 51.8% 和 45.6%，天津市公有制经济实现增加值占全市生产总值的比重达 52%。各城市地方利益不同，竞争呈现无序性，这就导致市场分割，产业自成体系，圈域内协作分工体系难以形成，区域经济一体化进程相对缓慢。

(四)社会经济状况

1. 土地资源

首都圈 13 个城市行政区域总面积为 214 598 km²，市辖区为 22 867 km²。按各城市行政区域土地面积大小排序，承德市最大，以下依次是张家口市、保定市、北京市、石家庄市、唐山市、沧州市、邢台市、邯郸市、天津市、衡水市、秦皇岛市、廊坊市。

从 2009 年年末耕地面积绝对数量分析，首都圈耕地面积为 72 357 km²。其中，北京市占 3.14%，天津市占 6.18%，河北省占 90.68%（见表 12.1）。在首都圈中，张家口市耕地面积最大，达 9 168 km²，以下依次是保定市、沧州市、邢台市、邯郸市、石家庄市、衡水市、唐山市、天津市、承德市、廊坊市、北京市、秦皇岛市。从 2009 年年末耕地相对数量分析，张家口市人均占有耕地面积最大，为 2 162m²，以下依次是衡水市、承德市、沧州市、邢台市、廊坊市、邯郸市、唐山市、保定市、秦皇岛市、石家庄市、天津市、北京市。

2. 人口结构

2015 年年末，首都圈总人口为 11 205.3 万人。北京市总人口为 2 170.5 万人，天津市总人口为 1 547.0 万人，河北省总人口为 7 487.8 万人，分别占首都圈总人口的 19.37%、13.81%、66.82%（见表 12.2）。北京市非农业人口为 1 877.7 万人，天津市非农业人口为 1 278.4 万人，河北省非农业人口为 3 886.4 万人，分别占首都圈非农业总人口的 26.67%、18.15%、55.18%。从人口绝对数量分析，北京市人口最多，为 2 170.5 万人，以下依次是天津市、保定市、石家庄市、邯郸市、唐山市、沧州市、邢台市、廊坊市、衡水市、张家口市、承德市、秦皇岛市。从人口自然增长率分析，邯郸市最高，达 7.19‰，天津市最低，仅 0.23‰。

表 12.1　首都圈土地资源分布结构

| 城市 | 行政区域土地 | | 2009 年年末耕地资源 | | 2009 年年末人口数量（10^4 人） | 人均占有耕地面积（$10^4 m^2$） |
	市域面积（km^2）	所占比例（%）	全市（$10^3 hm^2$）	所占比例（%）		
北京	16 406	7.64	227.2	3.14	1 755	0.012 9
天津	11 917	5.55	447.2	6.18	1 228	0.036 4
保定	22 129	10.32	808.3	11.17	1 102	0.073 3
唐山	13 801	6.43	562.8	7.78	747	0.075 3
石家庄	14 480	6.75	582.2	8.05	988	0.058 9
廊坊	6 382	2.97	360.0	4.98	412	0.087 4
秦皇岛	7 753	3.62	191.7	2.65	298	0.064 3
张家口	36 147	16.84	916.8	12.67	424	0.216 2
承德	39 388	18.35	403.0	5.57	344	0.117 2
沧州	13 468	6.28	789.0	10.90	703	0.112 2
衡水	8 546	3.98	569.7	7.87	430	0.132 5
邢台	12 187	5.68	701.7	9.70	699	0.100 4
邯郸	11 994	5.59	676.1	9.34	888	0.076 1
总计	214 598	100.00	7 235.7	100.00	10 018	—

　　从人口密度分析，除承德市（90 人/km^2）、张家口市（122 人/km^2）、衡水市（519 人/km^2）、保定市（522 人/km^2）、秦皇岛市（396 人/km^2）外，首都圈其他城市人口密度均大于首都圈所有城市人口密度平均数 530 人/km^2。其中，北京市人口密度最大，为 1 323 人/km^2；天津市居第二位，为 1 298 人/km^2。

表 12.2　首都圈人口结构（2015 年）

| 城市 | 2015 年年末人口 | | 非农业人口 | | 行政区土地面积（km^2） | 常住人口密度（人/km^2） | 人口自然增长率（‰） |
	全市（万人）	所占比例（%）	全市（万人）	所占比例（%）			
北京	2 170.5	19.37	1 877.7	26.67	16 411	1 323	3.01
天津	1 547.0	13.81	1 278.4	18.15	11 917	1 298	0.23
保定	1 155.2	10.31	539.2	7.66	22 129	522	5.46

城市	2015 年年末人口		非农业人口		行政区土地面积（km²）	常住人口密度（人/km²）	人口自然增长率（‰）
	全市（万人）	所占比例（%）	全市（万人）	所占比例（%）			
唐山	780.1	6.96	454.9	6.46	13 801	565	3.36
石家庄	1 133.2	10.11	623.9	8.86	14 480	987	5.88
廊坊	456.3	4.07	251.0	3.56	6 382	715	6.72
秦皇岛	307.3	2.73	166.2	2.36	7 753	396	2.93
张家口	442.2	3.95	230.8	3.28	36 147	122	3.36
承德	353.0	3.15	165.2	2.35	39 388	90	4.47
沧州	744.3	6.64	361.4	5.13	13 468	553	6.45
衡水	443.5	3.96	260.9	3.70	8 546	519	5.01
邢台	729.4	6.51	348.2	4.94	12 187	599	7.10
邯郸	943.3	8.42	484.7	6.88	11 994	786	7.19
总计	11 205.3	100.00	7 042.5	100.00	211 603	—	—

3. 从业结构

从三次产业从业人员就业状况分析，首都圈从业人员共 2 404.69 万人。在首都圈产业结构中，第一、第二、第三产业从业人员分别占首都圈从业人员的 4.95%、27.29%、67.76%。第三产业从业人员最多，其次是第二产业，第一产业最少。（见表 12.3）

表 12.3　首都圈三次产业从业人员就业状况（2015 年）　　　　单位：万人

城市	三次产业合计	第一产业	第二产业	第三产业
北京	1 186.10	50.30	200.80	935.00
天津	896.80	66.17	320.16	510.47
保定	45.91	0.06	26.32	19.53
唐山	44.49	1.76	14.59	28.14
石家庄	70.73	0.06	24.61	46.06
廊坊	21.35	0.01	11.53	9.81
秦皇岛	27.47	0.04	10.99	16.44

续表

城市	三次产业合计	第一产业	第二产业	第三产业
张家口	17.10	0.08	5.59	11.43
承德	14.34	—	4.76	9.58
沧州	18.73	0.53	7.26	10.94
衡水	10.19	—	2.97	7.22
邢台	16.61	0.01	7.52	9.08
邯郸	34.87	0.02	19.24	15.61
总计	2 404.69	119.04	656.34	1 629.31

从首都圈各城市从业人员占该市三次产业从业人员比例分析，第一产业天津市最大，占 7.38％，北京市为 4.24％，衡水市和承德市最小；第二产业保定市最大，达 57.33％，邯郸市为 55.18％，北京市最小，仅 16.93％。第三产业北京市最大，达 78.83％，其次是衡水市，为 70.85％，保定市最小，仅42.54％。由此可见，北京市第三产业比首都圈其他城市发达，这与北京作为政治、文化中心和国际大都市地位是密切相关的。(见表 12.4、图 12-1)

表 12.4　首都圈从业人员就业结构(2015 年)　　　　　　单位:％

城市	第一产业	第二产业	第三产业
北京	4.24	16.93	78.83
天津	7.38	35.70	56.92
保定	0.13	57.33	42.54
唐山	3.96	32.79	63.25
石家庄	0.08	34.80	65.12
廊坊	0.05	54.00	45.95
秦皇岛	0.15	40.00	59.85
张家口	0.47	32.69	66.84
承德	—	33.19	66.81
沧州	2.83	38.76	58.41
衡水	—	29.15	70.85
邢台	0.06	45.27	54.67
邯郸	0.05	55.18	44.77

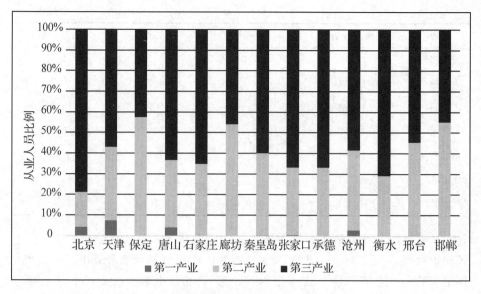

图 12-1　首都圈从业人员就业结构(2015 年)

4. 地区生产总值

从绝对数量分析,首都圈 2015 年年末地区生产总值(当年价格)为 69 994.11亿元。其中,北京市对首都圈生产总值的贡献最大,达 32.88%,其次是天津市、唐山市,分别占 23.63%、8.72%,衡水市最小,仅占 1.74%。从人均地区生产总值分析,天津市最高,达 107 960 元,其次是北京市,达 106 497 元,邢台市最低,仅 24 193 元。(见表 12.5、图 12-2)

表 12.5　首都圈综合经济状况(2015 年)

城市	地区生产总值 (当年价格)(亿元)	所占比例 (%)	人均地区生产总值 (元/人)	地区生产总值 增长率(%)
北京	23 014.60	32.88	106 497	6.9
天津	16 538.19	23.63	107 960	9.3
保定	3 000.30	4.29	29 067	7.0
唐山	6 103.06	8.72	78 354	5.6
石家庄	5 440.59	7.77	50 839	7.5
廊坊	2 473.86	3.54	54 213	8.8
秦皇岛	1 250.44	1.79	40 689	5.5
张家口	1 363.54	1.95	30 837	5.8

城市	地区生产总值 （当年价格）（亿元）	所占比例 （%）	人均地区生产总值 （元/人）	地区生产总值 增长率（%）
承德	1 358.73	1.94	38 490	5.5
沧州	3 320.63	4.74	44 614	7.7
衡水	1 220.01	1.74	27 506	7.6
邢台	1 764.73	2.52	24 193	6.0
邯郸	3 145.43	4.49	33 345	6.8
总计	69 994.11	100.00	—	—

注：统计资料中保定市未含定州市。

从首都圈产值结构分析（见表 12.6），第一产业产值占三次产业产值比例，北京市最低，仅 0.6%，其次是天津市，为 1.3%，张家口市最大，达 17.9%；第二产业产值占三次产业产值比例，北京市最低，仅 19.7%，其次是秦皇岛市，为 35.6%，唐山市最高，达 55.1%；第三产业产值占三次产业产值比例，北京市最高，达 79.7%，其次是天津市，为 52.1%，唐山市最低，仅 35.6%。

表 12.6　首都圈三次产业产值结构（2015 年）

城市	第一产业		第二产业		第三产业	
	产值（亿元）	占比（%）	产值（亿元）	占比（%）	产值（亿元）	占比（%）
北京	140.20	0.6	4 542.60	19.7	18 331.70	79.7
天津	208.82	1.3	7 704.22	46.6	8 625.15	52.1
保定	433.46	13.1	1 645.67	49.9	1 221.43	37.0
唐山	569.07	9.3	3 364.52	55.1	2 169.47	35.6
石家庄	494.43	9.1	2 452.39	45.1	2 493.77	45.8
廊坊	206.17	8.3	1 102.41	44.6	1 165.28	47.1
秦皇岛	177.63	14.2	445.09	35.6	627.72	50.2
张家口	243.67	17.9	545.58	40.0	574.29	42.1
承德	235.64	17.3	636.42	46.9	486.67	35.8
沧州	319.44	9.6	1 646.42	49.6	1 354.77	40.8
衡水	168.89	13.8	563.09	46.2	488.03	40.0
邢台	275.57	15.6	793.68	45.0	695.48	39.4
邯郸	402.82	12.8	1 483.36	47.2	1 259.25	40.0
总计	3 875.81	—	26 925.45	—	39 493.01	—

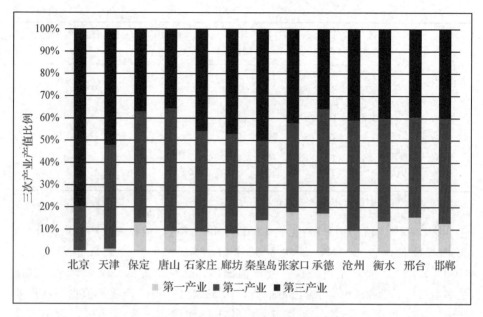

图 12-2　首都圈三次产业产值结构（2015 年）

（五）区域分工合作

1. 地理、历史上联系紧密

首都圈各市在地理上相互邻近、相互依存，自然形成了联系紧密的同一区域，为各市开展区域合作提供了有利的空间基础。区域内两大中心城市北京市区与天津市区相距仅 113 km。两个世界级的特大城市在百余千米的空间范围内并存，这在世界范围内也非常少见。河北省各市环京津分布，京津通往全国各地的铁路、公路都经过河北省。首都圈其余各市到北京的铁路距离都在 300 km 以内。由于地理上的相近性，在长期的历史发展中，首都圈各市形成了比较紧密的经济社会联系，在社会文化的各方面都有较强的同一性。

2. 资源禀赋上的互补性

矿产资源禀赋上的互补性：总体来说，在首都圈内，北京市的矿产资源虽然种类较多，但多数储量较少，质量不高，以煤、铁和一些非金属矿产资源为主。天津市的能源与矿产资源具有种类少、储量大、产量高、配套程度高等特点，石油、天然气、海盐、地热等主要能源在储量、产量上居全国前列，为发展工业提供了资源条件。河北省是全国矿产资源大省，矿种齐全，分布集中，其中煤、石油、铁、黄金、萤石、石灰岩是河北省的六大优势矿种。这六大优势矿种主要分布于环京津各市。自然资源是人类赖以生存的基础，又是社会生产的原料和燃料来源以及生产布局的必要条件和场所。在所有的自然资源中，矿产资源对经济发展的意义尤为重要。首都圈各区域在矿产资源禀赋方面的互补性为各区域的职能分工提供了重要前提。

科技智力资源和劳动力资源禀赋上的互补性：北京、天津两市拥有全国一流的科技智力资源，而河北省拥有丰富的劳动力资源，并且在价格上具有一定的优势。要素禀赋是经济发展的基本条件，生产要素的数量、质量、地区分布特征、组合特点在一定程度上决定了区域的产业结构、产业地区分布、生产的技术路线和质量等。由于各地区自然资源和其他生产要素禀赋水平与状况存在很大差异，再加上生产不同产品需要投入的各项要素比例不同，因此各地区可以根据自己的生产要素相对优势进行合理的分工，密集使用本地区相对丰裕、价格低廉的生产要素，集中生产那些本地区相对稀缺的、价格相对高的产品(也包括原材料)，然后用来交换，以此获得区际分工的利益。

首都圈各市在自然资源、劳动力、科技智力等资源禀赋方面存在较大差异，具有较强的互补性，为区域合作的开展提供了重要条件。如果首都圈各市从区域经济发展的角度出发，开展有效的分工协作，充分发挥各自的要素禀赋优势，那么将大大促进各市的经济发展，实现互补、联动发展。

3. 比较发达的交通条件

首都圈是我国交通网络最为密集的区域之一，是全国的陆、海、空交通的枢纽，较发达的交通条件为首都圈的区域协作提供了基本前提。首都北京是全国重要的铁路交通枢纽，有众多的铁路干线通往全国各地，形成了以北京为中心、向周围辐射的四通八达的铁路交通网络。

首都圈已形成了以北京为中心，向其他城市辐射的发达的公路交通体系。圈内已建成京津塘、京石、京秦、京沈、京张、京开等十几条高速公路，还有101、102、103等十余条国道，构成了完善的公路交通体系。首都圈内现有北京首都国际机场、北京大兴国际机场、天津滨海国际机场、石家庄正定国际机场和秦皇岛北戴河机场五个大型机场。其中，首都国际机场是首都圈内最大的航空港，也是全国最大的航空港。首都圈内拥有天津、秦皇岛、京唐、黄骅四个大港及秦市新港、秦山港等众多小港组成的港口群。

(六)区域协作历史

京津冀区域协作由来已久，大致可以分为三个时期。

1. 1949 年以前首都圈各区域间交流的历史沿革

北京、天津是我国北方的两个核心城市，它们对周边地区的发展产生了重大的影响。环抱京津的其他城市的形成和发展与京津有密切关系，它们和京津形成了比较紧密的经济社会联系。金、元、明、清四朝建都北京，首都圈的其余城市围绕京城分布，它们在畿辅首邑天津的带领下，对北京形成拱卫之势,在政治、经济、文化等方面发挥着各自的功能。在京畿地区,天津与北京的关系最为密切。汉末以来,北京作为中原政权开发东北的基地,逐渐成为我国北方的军事重镇,需要大量的军用物资的供给。华北各水系的沟通和京杭大运河的修成,为天津枢纽地位的确立和城市的形成奠定了基础。辽代以后,北京的地位不断上升,成为首都和全国最大的消费城市,所需粮食和其他消费品均由南方各省份提供,这些物资都要经河运、海运至天津进京,这极大地促进了天津城市的形成和发展。在长期的历史发展过程中,北京与天津之间逐渐形成了联系密切、分工明确的关系。北京一直是政治中心和文化中心,天津则主要担负经济中心的职能。天津城市的形成和发展伴随着北京地位的上升,反过来又有力地辅助了北京。作为南粮北运和北盐南运的河、海两运枢纽,天津有着发达的漕运业和盐业,成为沟通北京和南方各省的咽喉,而且以其鱼盐之利满足了北京的财政、物资之需。此外,天津的农副产品,如小站的米、宝坻的大蒜、静海的萝卜、蓟州区的栗子和红果等也大量供应北京。随着贸易、金融和工业的迅速发展,天津逐步成为我国北方的经济中心和仅次于上海的全国第二大工商业城市,在我国经济中占有十分重要的地位;而北京则继续作为全国的政治中心和文化中心。这样,两市的分工更加明确,协作水平进一步提高。天津不再仅仅是首都的辅助城市,而成为首都开展分工合作的伙伴城市。

唐山作为京津两市的原材料基地发展起来,主要为京津提供铁矿石、煤炭和建筑材料等。随着煤炭、钢铁、陶瓷、水泥等小规模重工业企业的落户,以及工业门类的增加,唐山的综合经济实力逐渐增强,与京津的经济联系越来越紧密,构成京津唐三角地带。清代和民国时期,保定曾长期为直隶(河北)省府,是冀中地区的物资集散中心。廊坊自古就是京津交流的重要通道,逐步成为京津唐三角地带的重要组成部分。沧州毗邻天津,靠近渤海,我国历史上南北水运的大动脉南运河从沧州境内贯穿而过,所以沧州是京津与南方各省物资交流的必经之地。近代以来,秦皇岛港的建设使秦皇岛成为京津的能源补给基地和辅助性港口,是首都圈的第二大出海通道。承德的建设与清代避暑山庄的兴建密切相关,是当时仅次于北京的全国政治中心。张家口自古以来就是首都圈通往内蒙古的重要通道,又是京津北部的军事屏障和拱卫京师的军事要地,也是中俄贸易的重要场所。

2. 1949—1978 年首都圈各区域之间的关系

中华人民共和国成立后,北京作为首都,不但是全国的政治中心、文化中心,而且开始向经济中心方向发展。在"一五""二五"时期,北京市提出"变消费城市为生产城市"的方针,大力发展工业,而且优先发展重工业,以建立首都工业化的基础。到 1962 年,北京市的工业总产值已达 42 亿元,是 1949 年的 26.7 倍;工业总产值占工农业总产值的比重,从 1949 年的 55% 提到 92%。1970—1979 年,北京市共完成工业投资 65.5 亿元,其中重工业投资占 89.5%,特别突出了化工、机械和冶金三大行业。1970 年,北京市工业总产值突破 100 亿元大关;到 1979 年,全市工业总产值达到 213.4 亿元,轻重工业比例为 36.3∶63.7。

从 1949 年至 1958 年,天津作为直辖市,较好地发挥了经济中心的作用,经济发展较快。但此期间,国家对天津的投资很少,这也是后来天津经济地位下降的重要原因。1958 年,天津被降格为河北省的省辖市,政治、经济地位大大降低,这对首都圈区域之间的关系造成了很大影响。相应地,天津接受的国家投资和物资分配比例减小,经济发展速度大大降低,经济中心的地位不断弱化。1967 年,天津恢复了直辖市的地位,但是由于无法开展正常的经济建设,因此发展基本处于停滞状态,根本不能发挥其应有的经济中心的功能。1976 年唐山大地震给天津带来了巨大的经济损失,经过三年的震后重建,其生产才恢复到震前水平。

在计划经济时期,资源、产业等经济要素的分配都由中央政府的行政指令和计划完成,各地区之间历史上形成的自然经济社会联系中断。直至改革开放前,首都圈内两大核心城市之间及与周边各市之间的分工协作水平明显降低,大大限制了各区域优势的发挥,对首都圈的发展造成了相当大的负面影响。这一时期值得肯定的是,首都圈在交通基础设施建设方面取得了很大的成果,各区域之间的交通联系大大增强,为区域经济社会的发展奠定了基础。

3. 1978—2010 年首都圈各区域之间合作的开展

1978 年以后,首都圈各区域之间的合作逐步开展,可以划分为两个阶段。

第一阶段(1978—1991 年):各区域之间的协作开始启动,但水平较低。1983 年,北京、天津分别成立了主管横向经济联合的职能机构,之前分散的部门行为转化为有组织的协作,经济合作水平有了相应的提高。1986—1991 年,天津与环渤海地区其他各市共达成 1 000 余个经济技术协作项目,总投资 4 亿多元,产生了良好的经济效益。随着城市间合作的开展,首都圈各区域之间的联系加强,其中最重要的一个表现就是京津冀之间大量的人口迁移。这次由政府主导的地区间的合作打破了首都圈内持续 30 年的经济壁垒,为之后的区域间合作奠定了基础。但是,在这一阶段,京津两市对地区主导地位的争夺仍然没有停止,没有开展有效的合作,造成了严重的内耗,致使这两个核心城市之间的合作长期处于很低的水平,给首都圈区域内的整体协作造成了消极影响。

第二阶段（1992—2010年）：区域间合作水平提高，有待推进全面合作。1992年以后，加快环渤海地区发展的指导思想在高层决策中得到正式确立。1994年制订了环渤海地区的初步发展计划。在环渤海地区经济发展加速的背景之下，首都圈作为环渤海地区重要的组成部分，其各区域的分工协作也有了很大改善。1994年，北京市将以京津为核心建设首都经济圈，推动环渤海地区乃至整个北方地区发展的构想融入北京市21世纪发展战略，河北省也为推动区域合作提出了环京津、环渤海"两环发展战略"。1995年，河北省加大了同京津合作的力度，在借助京津促进自身发展的同时，提出进行分阶段、多形式、多领域、全面、大规模的开放。主要包括以下几点内容：谋划产业衔接及产业转移，在首都圈内实现产业分工；发挥地区优势，振兴第一产业，丰富京津市民的"菜篮子"；积极进行技术合作和人才交流；大力加强基础设施建设、原材料制造、成套设备制造等大型项目的合作；以出口为指导，相互实施产业调整，建立新产业基地；共同合作进行环境保护，确保政府间合作流畅，保证巨额资金及时到位；北京、天津、秦皇岛、保定、承德等旅游资源丰富的城市，共同推进旅游业的发展；整顿流通体制，形成统一的大市场，促进地区间合作。

通过一系列的努力，首都圈各区域之间的合作取得了较大的进步。1995年，北京对天津、河北的投资达到50亿元，转让科技成果近1 000项。天津充分发挥港口优势，承担了京津两市90%的集装箱运输业务；充分发挥了其首都经济圈的保税机能，吸引了大批企业入驻。河北省为京津地区提供了大量的蔬菜、食品和水、煤、铁等资源，以及大量的劳动力，同时也从京津招进了大量高层次人才。

2005年以来，京津两市在机场、铁路、公路等基础设施整合方面的合作取得了重大进展，这成为进一步推进京津合作的契合点。首钢曹妃甸模式是京冀区域产业合作的一个特色鲜明的实际案例，北京的一批现代制造业企业和农牧业企业向周边地区拓展。2010年，河北省涿州市和固安县参加了北京丰台、房山、石景山、大兴、门头沟西南5区的经济合作论坛；大厂回族自治县也利用园区建设承接北京产业转移。此外，首都圈各区域之间在旅游、高新技术产业等领域的合作也取得了实质性进展。目前，首都圈各区域之间的分工协作水平有了显著提高，但是由于受长期条块分割体制的影响，还有许多主客观条件的限制，实现首都圈各区域的全面、协调、可持续的协作仍然任重道远。

(七)区域发展定位

中国首都圈的发展定位应该借鉴日本东京圈的做法，以法律条文的形式予以明确规定，在经济发展的过程中根据实际情况适时加以调整。中国首都圈的发展定位应分为三个层次。

1. 环渤海中心区

环渤海地区是一个完整的地理单元，由首都圈、山东半岛、辽东半岛三个地区组成。首都圈是环渤海地区的地理中心，同时也是东北亚经济圈的地理中心。首都圈的发展可带动南边的山东半岛和北边的辽东半岛，从而全面提升环渤海地区的综合实力，将环渤海地区转变为统一的经济区。从地位上看，首都圈中心城市北京具有特殊的地位，其政治、科技、文化、信息、交通等方面优势明显。首都圈作为环渤海中心区，在传承地域文化、转变区域发展方式、维护生态安全等方面具有重要作用。

2. 北方增长极

根据增长极理论，结合日本都市圈模式的经验，一个国家或地区要实现经济的快速发展，关键是在某些局部培育一定数量的增长极。日本的三大都市圈——东京圈、阪神圈和名古屋圈是世界上典型的增长极。目前，长三角、珠三角两大都市圈已初步形成我国南方的两大增长极。相比之下，首都圈经济协作水平不够高，区域经济活力还未得到有效释放。因此，把首都圈打造成我国北方举足轻重的增长极，对于改善我国区域经济南北失衡、优化我国区域经济格局意义重大。

3. 世界城市的影响力

在经济全球化的大背景下，发展世界城市已经成为世界主要国家获取更大发展空间的战略选择，特别是重要国家的首都，多以世界城市为目标定位。从政治、经济、地缘上看，北京和其所在的首都圈应借助大国首都的影响力，把北京发展成为 21 世纪的世界城市。首都圈正发展为具有世界影响的城市区域，其实现这些发展也正面临着良好的机遇。

第二节　首都圈中的北京

一、北京在首都圈中的联系作用

北京在首都圈中起着举足轻重的作用，首都圈是以首都为中心并为全国提供政治功能服务的特殊的都市圈。谭成文等指出，首都圈具有两个明显区别于其他都市圈的特征：一是以首都为中心城市，具有强大的政治服务功能；

二是在首都邻近地区密布着许多国家机关和政治机构。首都圈的特征是由首都与周边地区的社会经济空间联系决定的，显然，可达性和辐射接受能力是决定这种联系的关键因素。

(一)可达性

可达性包括地理空间可达性和社会文化可达性，在一定程度上反映了两地之间经济联系的可能性。随着可达性的降低，外面同城市联系越困难，受城市的影响也越弱。

北京的地理空间可达性在国内位居前列。北京已成为国际国内交往中心、全国的交通通信枢纽、各类经济流的集散点，是中国基础设施现代化水平最高的城市。作为区域性的路径枢纽，北京可通过联营联运等方式有效利用毗邻的天津等城市的基础设施，特别是天津的空港和各滨海城市的港口，实现区域经济流量的合理配置和综合平衡，扩大整个地区的对外交流量。

北京的社会文化可达性在全国首屈一指。社会文化可达性指从区外进入该区所必须克服的语言文化、社会风俗、生活习惯和心理反应等方面的障碍。社会文化可达性往往比地理空间可达性更重要。元代以来几百年的京都历史使北京具有很强的社会文化可达性。北京具有普通话优势及外语优势，以及良好的国际可达性；北京是中国对外政策制定和对外交往的中心。北京城市的形成、发展和壮大，正是在这种具有良好可达性的地理路径体系基础之上，中国各地区、各民族各种政治文化形式力量相互作用的结果。北京的地理空间可达性和社会文化可达性程度都很高，因此其影响范围越发扩大。

(二)辐射接受能力

全国政治文化中心的城市性质会增强首都的辐射能力。北京作为中国的政治中心和文化中心，其政治和文化服务功能涵盖全国。随着现代化交通、通信体系的建立与完善，北京对内将环渤海经济区、长江三角洲及沿江地区经济带、珠江三角洲三个核心经济区连接起来，对外则是中国与世界交往、交流的窗口。这种中国其他城市无法比拟的政治文化优势是北京的重要优势。

北京周边地区相对比较落后，这使得其接受辐射的能力较小。首都圈与长江三角洲及珠江三角洲经济区相比较，北京的周边地区相对落后，具有较强的二元性。这种二元性制约着北京整体优势和区域规模经济效益的发挥。城市郊区和广大农村地区相对落后，乡镇企业不发达，部分偏远山区人民生活水平较低，也是首都圈与长江三角洲、珠江三角洲经济区的重要差距所在。北京周边地区相对落后的状况，与北京的相对发达形成强烈的对比。尽管它们之间会因具有互补性而可能增强联系，但这种较大的差距也会使得北京与其周边地区经济联系的"共同语言"比较少，从而导致北京周边地区接受北京辐射的能力较小。

二、首都圈与北京

北京要实现可持续发展，并成为具有国际竞争力的世界城市，必须要有首都圈作为支撑，并与其周边地区（首都圈内其他地区）协调发展。北京作为环渤海区域的龙头，需要建立区域产业协作体系，形成产业发展梯度，支持产业集聚和产业链的完善。

（一）首都圈与世界城市

从世界城市发展的一般规律来看，竞争优势是其出现的动因，规模经济和外部经济是其发展壮大的强大推动力，即世界城市的崛起有其区域原因。都市圈是世界城市的依托，推动世界城市的发展。一方面，只有通过生产要素和社会、政治、文化活动不断向世界城市集中并形成具有规模经济的一定区域，才可使经济社会效益最大化；另一方面，世界城市建设必须充分借助区域内其他城市提供的正外部效应。

（二）首都圈与可持续发展

北京要实现可持续发展，必须解决水问题和环境问题。要解决水问题和环境问题，仅仅局限于北京内部是行不通的，因此需要建设首都圈。北京缺水，很显然无法依靠自身解决缺水问题；环境问题与产业有关，产业结构调整必须从区域的角度进行考虑。北京目前最为稀缺的生产要素莫过于水资源。由于水资源储量小，且时空分布不均，水污染严重，以及其他种种自然和人为原因，北京成为中国乃至世界上严重缺水的城市之一，水资源短缺已成为北京进一步发展的重要制约因素。北京只有和周边地区协调好关系，从周边地区获得水供给（开源），把一些耗水的产业转移至周边富水地区（节流），才能实现可持续发展。

环境问题的产生是产业和人口过度集中的一种反映，北京环境质量差是最根本的不可持续因素。数百年的开发，特别是中华人民共和国成立后大力发展重工业的指向，使得北京面临很大的生态环境压力。尽管近年来北京开始注意工业结构改造和技术改革，环境保护投入不断增加，控制和治理城市污染的呼声与日俱增，加强环境管理的政策措施大量出台，但北京地区的生态环境改善进程缓慢。目前采用的衡量大气污染的 3 项指标中，氮氧化物含量和总悬浮颗粒物（TSP）含量全年超标，二氧化硫含量在采暖期间超标，现状堪忧。从更大的区域尺度考虑产业与人口的配置，消除过度集中，也有利于环境问题的解决。

三、北京与首都圈其他城市之间的联系

北京与首都圈之间的关系主要体现在北京与首都圈其他城市之间的联系上，范爱文将北京与距离其 200 km 以内的城市之间的历史联系定性为三种类型——军事战略联系、物资流通联系和文化政治联系。

（一）军事战略联系

首都圈的结构和格局最初设计时是为了满足保卫京城的需要，建都北京也主要是出于军事和民族关系的考虑。张家口、秦皇岛、保定分别位于北京与内蒙古、东北和冀中大平原的关口上，战略位置险要，是重要的军事门户。承德是清代为加强民族联系而选定的没有名号的陪都。这种军事和民族关系的考虑是首都圈构架的基础，现在这种需要不存在了，但这种格局延续下来了。

（二）物资流通联系

历史上，首都圈的各城市在物资交流上有着比较明确的分工。例如，张家口是与内蒙古乃至俄罗斯进行毛皮、畜类交易的商业城市，保定提供多样化的农副产品和手工业产品。天津不仅是南北运河和海上交通的水运枢纽，使北京得到充足的物资供应，而且以它特有的鱼盐之利弥补了北京物资和财富的不足。唐山为京津提供煤炭动力资源，并在此基础上得到迅速发展。由于当初北京自身职能较为单纯，周边城市的优势和特色能够充分发挥，城市间关系基本上是积极的，有互相带动之势。

（三）文化政治联系

作为都城的北京一直是全国的政治文化中心，但由于历代战乱频繁，文化事业常受到兵火的破坏。因此，保定一度成为北京的文化辅助城市，是北京的文化分中心。中华人民共和国成立后，这种优势逐渐削弱，文化设施大部分转移到京津，保定因此日衰。秦皇岛由于港口的兴起和避暑胜地北戴河的开辟而吸引了北京的人员，分担了北京的一部分政治外交活动。承德曾经是清政府处理民族事务和宗教活动的中心，为首都的政治分中心。天津曾经是封建政府和军阀政权阴谋的策划地。可见，即使在高度集权、交通不便的时代，也可以实现首都职能的有效分散。

四、北京战略定位与空间结构

（一）世界级规模的大都市圈

首都圈可以理解为以首都为中心所形成的都市圈或者首都所在的都市圈。京津冀都市圈的战略定位是打造成为世界级规模的大都市圈（带）、世界级的

研发和创新创业基地、中国高端服务业和高端制造业的集聚区、中国北方的门户地区和中国经济发展的增长极。

(二)建成多功能、综合性、现代化国际大都市

国际大都市有两种类型:一是首都型国际大都市,如伦敦、巴黎、东京等;二是非首都型国际大都市,如纽约等。首都有两种发展模式:一是以承担首都功能为主的单一城市模式,主要代表有华盛顿、堪培拉、巴西利亚等城市,城市特点是规模不大,功能单一,主要承担首都功能和行政功能;二是多功能的综合性城市模式,主要代表有伦敦、巴黎、布鲁塞尔、东京、首尔、雅加达、马尼拉、曼谷、墨西哥城等,其中伦敦、巴黎和东京是世界著名的国际大都市,其特点是规模大,功能多样,历史悠久,具有路径的依赖性。北京既是一个首都城市,又是一个多功能、综合性的大都市,其发展目标是建设成为现代化的国际大都市。

(三)城市空间结构由单中心向多中心过渡

工业化城市发展阶段的空间结构特点是单中心城市,产业类型是劳动指向型,核心区人口数量增长,主导产业是制造业,生产特点是大批量生产,通信方式是面对面交流和电话交流;而后工业化城市发展阶段的空间特点是多中心城市,产业类型是服务指向型,核心区人口数量减少,主导产业是服务业,生产特点是多样化、小批量生产,通信方式是互联网交流。北京的核心区人口从 2002 年到 2006 年减少了 14.34%;北京的第三产业增加值 2008年占地区生产总值的 73%,2009 年增长为 75.8%。由此可以认为,北京已经进入后工业化城市发展阶段。北京城市发展状况基本符合杜能模型,空间结构演变已呈现人口核心区在空间上逐步扩大、经济核心区与人口分布同步、城市化进程加快、由单中心向多中心过渡等特点,单中心城市的时代成为历史。

(四)建设城市副中心

2017 年发布的《北京城市总体规划(2016 年—2035 年)》提出了"一核一主一副、两轴多点一区"的城市空间结构,其中的"一副"指的是北京城市副中心。北京城市副中心规划范围为原通州新城规划建设区,总面积约 155 km^2,外围控制区即通州全区,约 906 km^2,进而辐射带动廊坊北三县地区协同发展。

北京城市副中心是北京新两翼中的一翼(另一翼为河北雄安新区)。应当坚持世界眼光、国际标准、中国特色、高点定位,以创造历史、追求艺术的精神,以最先进的理念、最高的标准、最好的质量推进北京城市副中心规划建设,着力打造国际一流的和谐宜居之都示范区、新型城镇化示范区和京津冀区域协同发展示范区。

北京城市副中心的建设遵循中华营城理念、北京建城传统、通州地域文脉，构建蓝绿交织、清新明亮、水城共融、多组团集约紧凑发展的生态城市布局，形成"一带、一轴、多组团"的空间结构。一带是以大运河为骨架，构建城市水绿空间格局，形成一条蓝绿交织的生态文明带，沿运河布置运河商务区、北京城市副中心交通枢纽地区、城市绿心 3 个功能节点。一轴是沿六环路形成创新发展轴，向外纵向联系北京东部地区和北京首都国际机场、北京大兴国际机场，对内串联宋庄文化创意产业集聚区、行政办公区、城市绿心、北京环球主题公园及度假区 4 个功能节点。多组团是依托水网、绿网和路网形成 12 个民生共享组团，建设职住平衡、宜居宜业的城市社区。

到 2020 年北京城市副中心常住人口规模调控目标为 100 万人左右；到 2035 年常住人口规模调控目标为 130 万人以内，就业人口规模调控目标为 60 万～80 万人。通过有序推动市级党政机关和市属行政事业单位搬迁，带动中心城区其他相关功能和人口疏解，到 2035 年承接中心城区 40 万～50 万常住人口疏解。到 2020 年北京城市副中心规划区主要基础设施建设框架基本形成，主要功能节点初具规模；到 2035 年初步建成国际一流的和谐宜居现代化城区。

五、北京在首都圈中的地位和产业

(一)后工业化时代与产业合作

近年来，北京积极转变发展方式，产业结构调整成效明显，首都经济已经跨入全新的发展阶段，率先进入了后工业化时代。主要标志如下。①从 2006 年起北京市第三产业增加值占地区生产总值的比重突破 70％，2008 年第三产业比重比上海高 20 个百分点，其中占地区生产总值的比重达到 15％；2009 年金融业占服务业的比重达到 19.1％。②北京市 2008 年地区生产总值总量首次突破 1 万亿元，人均地区生产总值达到 8 000 多美元，2009 年人均地区生产总值突破 1 万美元，属于中等富裕城市，步入由中等发达城市向发达城市发展的新阶段。③北京市 2007 年第三产业就业人口占就业总人口的比重突破 70％，第三产业税收所占比重超过 80％。北京市经济发展正在发生三个向度的转型：从以工业为主向以服务业特别是现代服务业为主转型，从以投资拉动经济向以消费拉动经济转型，从外延扩张向创新驱动转型。北京的产业结构演变规律与发达国家趋同。北京已经从以制造业为主的城市过渡到以信息服务、文化创意等第三产业为主的服务型城市，产业结构实现了由工业经济向服务经济、创意经济的转变。首都圈内，京津冀三地处于不同发展阶段，为区域产业合作提供了驱动力和发展空间。北京可为津冀腾出工业资源，提供人才、信息支持和服务等，既避免了同质化竞争，又增强了经济互补性。

(二)生产性服务业与现代制造业

处于不同发展阶段的城市，其产业结构、发展重点和推动经济的动力会有所不同：处于后工业化阶段的北京，需要重点发展现代服务业和高端制造业，做好产业升级和"消费拉动"的文章；处于工业化阶段中后期的天津，则应重点发展现代制造业和现代物流业，做好"投资、出口带动"和产业做大做强的文章。特别是北京的生产性服务业与天津的现代制造业互有需求，具有很强的互赖性。在近期，京津最有可能率先实现产业合作的切入点是京津金融合作、北京科技研发与天津现代制造业的合作、京津现代物流合作以及京津旅游合作。在金融方面，北京拥有金融机构总部所在地和资金雄厚的优势，天津有金融创新先行先试的优势。一方面，北京市的银行存差逐年增长；另一方面，天津资金紧缺，而产业发展需要大量的资金支持。北京应以建设国际金融管理中心为目标，侧重发挥总部宏观决策作用；天津应以建设国际金融运营中心为目标，侧重发展为区域经济服务的金融操作机构。在物流方面，北京零售市场容量大、旅客流量大，客运具有明显优势；而天津货运具有明显优势，全年货物周转量是北京的28.8倍。北京货运主要依靠铁路运输，而天津货运主要靠水运，水运占货物周转量的97%。京津两市在物流和运输方面联起手来，优势互补，可以更好地发挥区域经济中心的作用。

(三)制造业的适度发展

北京的产业结构升级不仅表现在三次产业之间，而且表现在制造业内部，主要表现在现代制造业的比重逐年加大、比较劳动生产率逐年提高、霍夫曼比例逐年降低等指标上。北京制造业的分布呈现出以开发区为载体的区域分工特点。国有资产比重过高，是北京工业特别是制造业的一大特征。进一步优化产权结构，是北京工业在资源环境约束条件下适度发展的必要举措。无论是从世界城市还是从国家首都的定位来看，工业尤其是现代制造业的发展都是不可缺少的。因此，北京制造业今后的定位仍然是"适度发展"，而不是采取退出模式，具体说就是"比重稳定，结构优化"。北京未来的经济发展要靠制造业与服务业的双轮拉动，制造业还要占一定比重，从国外大都市的发展经验来看，制造业的比重应在15%～20%。但北京不是发展一般的制造业和服务业，而是发展高端的制造业和服务业。应建立控制两头、甩掉中间的哑铃型产业结构，一头是总部、研发，另一头是营销、品牌的运作等。

(四)北京文化创意产业集群发展

文化创意产业集群的发展有其自身演进的一般规律。文化创意产业依托的文化资源具有较强的地域性、民族性和历史性，不仅要求在地理区位上相对集中，而且要求在生产和创作上相互匹配和协调。文化创意产业集群的发展，需要消费需求、生产资源、支撑产业和环境因素四个方面的条件。文化创意产业集群具有区位性和根植性、关联性和科技性、产权性和风险性等特点，能产生外部经济效应、协同发展效应和网络创新效应。

北京文化创意产业已经形成六大集聚区，包括北京数字娱乐产业示范基地、中关村创意产业先导基地、北京 DRC 工业设计创意产业基地、国家新媒体产业基地、东城区文化产业园和朝阳区大山子艺术中心。

北京发展文化创意产业集群，需要解决文化创意产业集群的价值链效率不明显、服务渠道不够畅通、协调机制尚未形成、人才资源尚待涵养等问题。

第三节　雄安新区

一、雄安新区成立的过程

2014 年 2 月，习近平总书记在听取京津冀协同发展工作汇报时做了重要指示，京津冀协同发展逐渐上升为国家战略。2015 年 4 月，中央政治局会议审议通过《京津冀协同发展规划纲要》。2016 年 5 月，中共中央政治局会议审议了《关于规划建设北京城市副中心和研究设立河北雄安新区的有关情况的汇报》。2017 年 2 月，习近平总书记专程到河北省安新县进行实地考察，主持召开河北雄安新区规划建设工作座谈会。4 月，中共中央、国务院印发通知，决定设立河北雄安新区。6 月，中国共产党河北雄安新区工作委员会、河北雄安新区管理委员会获批设立，为中共河北省委、河北省人民政府派出机构。7 月，中国雄安建设投资集团有限公司正式成立。10 月，国家工商总局公布《关于支持河北雄安新区规划建设的若干意见》，其中提出将依法对"雄安"字样在企业名称核准中予以特殊保护，雄安新区工商和市场监管部门可以将"河北雄安"作为行政区划使用。

雄安新区是继深圳经济特区和上海浦东新区之后又一具有全国意义的新区，被称为"千年大计、国家大事"。

二、雄安新区的地理位置和自然环境

（一）雄安新区的地理位置

雄安新区位于河北省保定市境内，地处北京、天津、保定腹地，规划范围涵盖河北省雄县、容城、安新 3 个县及周边部分区域，对雄县、容城、安新 3 县及周边区域实行托管。河北雄安新区管理委员会驻河北省容城县奥威路 100 号。雄安新区具体包括雄县的雄州镇、昝岗镇、大营镇、龙湾镇、朱各庄镇、米家务镇、双堂乡、张岗乡、北沙口乡，安新县的安新镇、大王镇、三台镇、端村镇、赵北口镇、同口镇、刘李庄镇、安州镇、老河头镇、圈头乡、寨里乡、芦庄乡，容城县的容城镇、小里镇、南张镇、大河镇、晾马台镇、八于乡、贾光乡、平王乡等。

(二)雄安新区的自然环境

雄安新区地处太行山东麓、冀中平原中部、南拒马河下游南岸，在大清河水系冲积扇上，属太行山麓平原向冲积平原的过渡带。新区西北较高，东南略低，海拔 7～19 m，为缓倾平原，土层深厚，地形开阔，植被覆盖率很低，有多处古河道。地处中纬度地带，属暖温带大陆性季风气候，四季分明，春旱多风，夏热多雨，秋凉气爽，冬寒少雪，全年平均气温约 11.7℃，年平均降水量为 500 多毫米。全年以偏北风最多，年平均风速为 2.1 m/s。

白洋淀是雄安新区的核心水域，对维护湿地生态系统平衡、调节京津冀地区气候等都发挥着重要作用。2008—2017 年，每年 8 月的白洋淀湿地水体面积遥感监测结果表明，白洋淀在水位提高的同时，水体面积也呈扩大趋势。近 10 年来白洋淀最高水位为 8.7 m，出现在 2013 年，湿地面积达113 km²，其主要原因是安新县 2012 年降水量为近 10 年来最多，达到 716.3 mm，有利于白洋淀蓄水。

三、雄安新区的意义与功能

设立雄安新区，对于集中疏解北京非首都功能，探索人口经济密集地区优化开发新模式，调整优化京津冀城市布局和空间结构，培育创新驱动发展新引擎，具有重大现实意义和深远历史意义。

根据《北京城市总体规划(2016 年—2035 年)》，雄安新区是北京新的两翼之一，建设时应整体谋划、深化合作、取长补短、错位发展，努力形成北京城市副中心与河北雄安新区比翼齐飞的新格局。雄安新区规划建设以特定区域为起步区先行开发，起步区面积约 100 km²，中期发展区面积约 200 km²，远期控制区面积约 2 000 km²，定位为二类大城市，推动北京非首都功能和人口向河北雄安新区疏解集聚，打造北京非首都功能疏解集中承载地，形成北京中心城区、北京城市副中心与雄安新区功能分工、错位发展的新格局。一是建立与雄安新区便捷高效的交通联系。依托和优化既有高速公路，规划新增抵达雄安新区的高速公路，实现北京与雄安新区之间高速公路快捷联系；依托干线铁路，优化线位，加强与雄安新区交通枢纽的有效连接，积极扩容现有交通廊道，加大线网密度，实现与北京本地轨道交通网络的有效衔接；加强北京首都国际机场、北京大兴国际机场等国际航空枢纽与雄安新区的快速连接。二是支持在京资源向雄安新区转移疏解。支持部分在京行政事业单位、总部企业、金融机构、高等学校、科研院所等向雄安新区有序转移，为转移搬迁提供便利；做好北京与雄安新区产业政策衔接，积极引导中关村企业参与雄安新区建设，将科技创新园区链延伸到雄安新区，促进雄安新区吸纳和集聚创新要素资源，培育新动能，发展高新产业；在雄安新区合作建设中关村科技园区。三是促进公共服务等方面的全方位合作。全力支持央属高校、医院向雄安新区疏解；积极对接雄安新区需求，采取新建、托管、共建等多种合作方式，支持市属学校、医院到雄安新区合作办学、办医联体，推动在京部分优质公共服务资源向雄安新区转移；鼓励引导在京企业和社会资本积极参与，共同促进雄安新区建设完善的医疗卫生、教育、文化、体育、养老等公共服务设施和公共交通设施。

四、雄安新区的规划

（一）人口

截至 2017 年 6 月底，雄安新区常住人口为 104.71 万人。按照雄安新区远期规划的 2 000 km² 的面积，以及 200 万～250 万的常住人口来计算，人口比滨海新区少一些，相当于浦东新区的 1/2，最多不超过深圳的 1/4。从人口密度来看，浦东新区为 4 500 人/km²，深圳为 5 700 人/km²，滨海新区为 1 350 人/km²，雄安新区则是 1 000～1 250 人/km²，是其中最低的。雄安新区的建设，将紧紧围绕"人"这个核心谋篇布局，充分提高基本公共服务水平，发展社会事业，配套优质教育医疗等资源，提高对疏解北京非首都功能高级人才的吸引力。

（二）交通

1. 铁路

雄安新区规划有津保铁路、京雄城际铁路、津雄城际铁路、固保城际铁路、京石城际铁路 5 条铁路，新区内设有雄安站、雄安西站、白沟站、白洋淀站 4 个高铁站。

京雄城际铁路是北京至雄安新区的城际铁路，位于北京市和河北省境内，线路自北京西站至雄安站（含），全长 106 km。沿线涉及北京市大兴区，河北省的固安县、永清县、霸州市、雄安新区。全线设北京西站、广安门站、李营站、北京大兴站、大兴机场站、固安东站、霸州北站、雄安站。该工程为客运专线，李营至大兴机场段设计速度目标值为 250 km/h，大兴机场至雄安新区段设计速度目标值为 350 km/h。

津雄城际铁路，将于天津与雄安新区间开设，铁路起点为雄安站，终点为天津滨海南站，另有一条支线直通天津西站。

京雄、津雄两条城际铁路使雄安新区与北京、天津两个直辖市直接相连。

津保铁路，连接天津市与河北省保定市，线路自天津西站高速车场引出，经河北霸州、雄县至保定站，总长 157.8 km。全线共设 7 个车站，分别是天津西站、胜芳站、霸州西站、白沟站、白洋淀站、徐水站、保定站。

2. 公路

四纵(高速东、西连接线，立新路、固雄线)、五横(保津高速、国道 112 线、津保北线、保静路、昝白路)构成雄安新区的公路交通网。雄安新区已融入京津城市大交通框架，到北京只需 45 分钟行程。

3. 航空

北京大兴国际机场将服务雄安新区，将由横纵向高铁连接。其中有一条保定市—安新县—白沟—固安线并入环北京城际铁路后接入北京大兴国际机场。石家庄、天津离雄安新区非常近，两地的机场也将接入高铁网络，服务雄安新区。

第十三章　区域可持续发展

章前语

北京在经济、社会快速发展过程中也遇到了生态、环境问题，如何解决好这些问题是北京区域可持续发展的关键。本章介绍北京的水问题、风沙问题、大气污染问题、山区生态退化问题等，并探讨其应对策略。近年来，在环境治理问题上，北京市在一系列规划项目推动下，取得了明显成效。本章涉及《京津风沙源治理二期工程规划(2013—2022年)》等规划内容，并介绍北京环境保护方面的进展。

关键词

水资源短缺；水污染；风沙问题；雾霾；生态退化

第一节　水问题

北京市是一个严重缺水的大城市，尤其是20世纪90年代以来，水资源短缺问题更为严重。南水北调水进京之前，随着经济的发展、人口的增加和宜居城市的建设，北京市水资源问题更加突出。南水北调水进京之后，在一定程度上缓解了北京市供水紧张的局面，但有限的水资源供给与用水需求的不断增长仍将是北京市长期面临的问题。因此，针对北京市水资源特点，研究水资源的可持续利用，对保障首都供水安全、实现经济、社会稳步健康发展具有重要意义。

一、水资源短缺

(一)水资源现状

1. 水资源与水供需概况

北京市水资源由地表水、地下水和入境水组成。2016年，北京市年降水量为660 mm。全市地表水资源量为14.01×10^8 m³，地下水资源量为21.05×

$10^8 m^3$，水资源总量为 $35.06 \times 10^8 m^3$。北京市多年平均水资源总量为 $37.39 \times 10^8 m^3$，2016 年水资源总量比多年平均水资源总量少 6%。北京自 1999 年持续干旱以来，人均水资源量不足 $100 m^3$，不到全国平均水平的 $1/20$、世界平均水平的 $1/80$，远低于国际公认的人均 $1\,000 m^3$ 的警戒线。水资源总量年际波动大，1999 年至 2004 年，北京年均水资源总量为 $16.6 \times 10^8 m^3$，仅为多年平均值的 45.7%；加上入境水量剧减，实际水资源量仅为 $21.8 \times 10^8 m^3$；其中 2002 年只有 $18.71 \times 10^8 m^3$，远低于城乡用水需求。

2016 年，全市总供水量为 $38.8 \times 10^8 m^3$。其中，地表水为 $2.9 \times 10^8 m^3$，占总供水量的 7%；地下水为 $17.5 \times 10^8 m^3$，占总供水量的 45%；再生水为 $10.0 \times 10^8 m^3$，占总供水量的 26%；南水北调水为 $8.4 \times 10^8 m^3$，占总供水量的 22%。北京市多年平均用水量为 $41.6 \times 10^8 m^3$。2016 年全市用水总量为 $38.8 \times 10^8 m^3$，其中生活用水量为 $17.8 \times 10^8 m^3$，占 46%；环境用水量为 $11.1 \times 10^8 m^3$，占 28%；工业用水量为 $3.8 \times 10^8 m^3$，占 10%；农业用水量为 $6.1 \times 10^8 m^3$，占 16%。从用水量的分配变化看，受产业结构调整和工业内部、农业内部结构优化配置，以及技术进步等因素影响，工业用水量和农业用水量均呈稳中略降趋势，但生活用水量显著增加（见表 13.1，图 13-1），2016 年生活用水量是 1988 年的 2.78 倍。

2. 水资源特点

(1) 水资源严重短缺

降水是北京市水资源的主要补给来源。北京地处暖温带的北缘，为半湿润半干旱季风气候，降水量只有全球陆地平均降水量的 60%，折合成降水资源量为 $10\,415 \times 10^8 m^3$，其中 $60\% \sim 70\%$ 蒸发散失，只有少部分成为径流和入渗地下，总量不足，且北京地势西高东低，北高南低，这一特点对自然降水的储存和保留极为不利，更易形成干旱缺水之势。

半个世纪以来，北京年降水量呈减少趋势，每 10 年平均降水量由 20 世纪 50 年代的 781.9 mm 减少到 90 年代的 574.2 mm。1999 年以来，年均降水量仅为 421.75 mm。降水量减少不仅削减了地表径流，减少了地表水资源量，也使地下水补给不足、可开采量下降。近年来，北京年平均气温比 20 世纪 80 年代初升高约 $1{}^\circ\!C$，比 20 世纪五六十年代升高约 $1.5{}^\circ\!C$。降水减少，气温升高，蒸发量加大，气候趋于干暖化（见表 13.2）。

表 13.1　北京市水资源量和用水量变化(1986—2016 年)

年份	水资源量(10⁸ m³)							用水量(10⁸ m³)			
	水资源总量	地表水	地下水	重复计算量	入境水	实际水资源量	出境水	总用水量	农业用水量	工业用水量	生活用水
1986	27.03	14.20	17.91	5.08	10.70	37.73	10.28	36.55	19.46	9.91	7.18
1988	39.18	24.65	21.21	6.68	16.15	55.33	19.92	42.43	21.99	14.04	6.40
1989	21.55	12.00	13.98	4.43	6.33	27.88	8.73	44.64	24.42	13.77	6.45
1990	35.86	19.02	21.71	4.87	11.73	47.59	14.60	41.12	21.74	12.34	7.04
1991	42.29	24.17	23.68	5.56	12.84	55.13	15.94	42.03	22.70	11.90	7.43
1992	22.44	10.94	15.18	3.68	10.27	32.71	11.61	46.43	19.94	15.51	10.98
1993	19.67	8.28	14.92	3.53	6.57	26.24	9.03	45.22	20.35	15.28	9.59
1994	45.42	25.76	36.58	16.92	13.93	59.35	24.48	45.87	20.93	14.57	10.37
1995	30.34	15.56	28.93	14.15	17.28	47.62	21.62	44.88	19.33	13.78	11.77
1996	45.87	25.96	30.26	10.35	25.12	70.99	39.41	40.01	18.95	11.76	9.30
1997	22.25	10.61	16.40	4.76	8.50	30.75	19.44	40.32	18.12	11.10	11.10
1998	37.70	17.83	29.21	9.34	14.45	52.15	21.43	40.43	17.39	10.84	12.20
1999	14.22	5.16	12.81	3.75	5.79	20.01	10.73	41.71	18.45	10.56	12.70
2000	16.86	6.34	15.18	4.66	7.11	23.97	10.24	40.40	16.49	10.52	13.39
2001	19.20	7.78	15.70	4.28	5.29	24.49	7.35	38.93	17.40	9.18	12.35
2002	16.11	5.25	14.69	3.83	2.60	18.71	6.24	34.62	15.45	7.54	11.63
2003	18.40	6.06	14.79	2.45	4.18	22.58	7.91	35.80	13.80	8.40	13.00
2004	21.35	8.16	16.54	3.35	6.32	27.67	9.14	34.55	13.50	7.66	12.78
2005	23.18	7.58	18.46	2.86	4.59	27.77	8.48	34.50	13.22	6.80	13.38
2006	22.07	6.67	15.40	0	4.25	26.32	7.38	34.30	12.78	6.2	13.70
2007	23.81	7.60	16.21	0	3.45	27.26	7.42	34.80	12.44	5.75	13.89
2008	34.21	12.79	21.42	0	5.35	39.56	10.08	35.10	12.0	5.2	14.7
2009	21.84	6.76	15.08	0	3.03	24.87	8.23	35.5	12.0	5.2	14.7
2010	23.08	7.22	15.86	0	4.33	27.41	8.29	35.2	11.4	5.1	14.7
2011	26.81	9.17	17.64	0	4.71	31.52	12.09	36.0	10.9	5.0	15.6

续表

年份	水资源量（$10^8 m^3$）						用水量（$10^8 m^3$）			
	水资源总量	地表水	地下水	重复计算量	入境水	实际水资源量	出境水	总用水量	农业用水量	工业用水量	生活用水
2012	39.50	17.95	21.55	0	5.82	45.32	18.50	35.90	9.30	4.90	16.00
2013	24.81	9.43	15.38	0	7.07	31.88	15.44	36.40	9.10	5.10	16.30
2014	20.25	6.45	13.80	0	3.59	23.84	11.88	37.50	8.20	5.10	17.00
2015	26.76	9.32	17.44	0	4.49	31.25	14.32	38.20	6.50	3.80	17.50
2016	35.06	14.01	21.05	0	7.13	42.19	17.63	38.80	6.10	3.80	17.80

资料来源：历年北京市水资源公报.

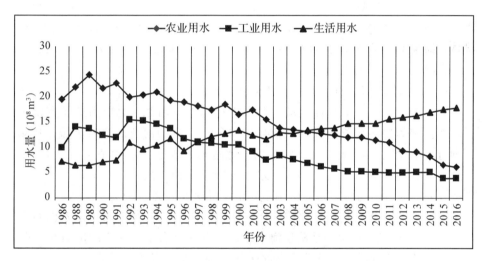

图 13-1　北京用水量变化（1986—2016 年）

表 13.2　北京观象台 1950 年以来气温与降水变化

年份	1950	1960	1970	1980	1990	2000 年以来
年（平均）降水量（mm）	781.9	627.9	598.8	581.8	572.4	437.7
年平均气温（℃）	11.6	11.6	11.4	12.1	13.0	13.0

（2）水资源总量年际变化幅度大

华北平原是降水量年际变化幅度最大的地区之一，北京降水量年际变化幅度很大。丰枯水年交替出现与丰枯水年连续出现的概率大体各占 1/3，连续出现的时间平均为 2—3 年。据史志记载，连续枯水年最长达 9 年。近 80 年来，最长连续枯水年也在 5 年以上(1940—1945 年、1980—1984 年)。如果这种情况再度发生，将使北京出现严重水危机。近 100 多年来，北京市最大丰水年降水资源量为 23 612×10⁸ m³，最小枯水年降水资源总量仅 4 017×10⁸ m³，前者是后者的近 6 倍，而且北京市经常出现连续枯水年。

（3）水资源年内分配不均

北京市全年降水量在年内以夏季(6—8 月)最多，占全年降水量的 76% 以上。汛期内可集中全年降水量的 80%，局地暴雨常见。而用水高峰春季(3—5 月)降水量很少，不足 60 mm，常发生干旱；冬季(12 月—次年 2 月)仅有 10 mm 左右；汛期的水量多寡决定着全年水量的丰枯。这是多年平均的情况，至于某一特定年，分布特征就更加突出。例如，1959 年 6—9 月降水量为 1 318.9 mm，占全年降水量的 93.8 %，而该年的其他 8 个月份降水量仅为 87.1 mm，占全年降水量的 6.2 %。而且汛期降水多集中在几次大的暴雨过程中，每年汛期均有多余径流量出境，多年平均径流量为 23.65×10⁸ m³，据报道，即使是在典型的枯水年(1980—1981 年)，全市汛期尚有 1.2×10⁸ ～ 1.9×10⁸ m³ 的径流量出境。

（4）地表水资源分布不均，可用水量连年减少

北京地处华北平原的西北端。西部山地属太行山脉，北部山地属燕山山脉，东南部为冲洪积物组成的山前倾斜平原。北京的河流属海河流域，从东到西分布有蓟运河、潮白河、温榆河—北运河、永定河和大清河五大水系，均由北山、西山流入东南平原区。水系分布不平衡，潮白河水资源最多，占整个水系水资源总量的 39.4%，既受流域面积大的影响，又受山区面积大、产流多的作用；其次是温榆河—北运河水系，水资源占整个水系水资源总量的 24.3%；水资源最少的是蓟运河水系，仅占整个水系水资源总量的 8.8%。北京市地表水资源分布，山区多于平原区，前者是后者的 2.3 倍。

北京可利用地表水量的 90% 来自密云水库和官厅水库。20 世纪 50 年代，年均可用来水量为 19.3×10⁸ m³。1999 年以来，两大水库可用来水量持续下降，至 2002 年两水库可用来水量之和降到了建库以来的最低点，仅为 1.73×10⁸ m³(见表 13.3)。

20 世纪，北京入境水量衰减的原因与降水减少有关，但更主要的是上游修建了大量蓄水工程和增加了工农业生产用水。官厅水库上游先后修建了大小水库 267 座，发展灌溉面积 36.36×10⁸ m²，并建有冶炼、电力、化工等高耗水工业。密云水库上游也修建了 30 多处蓄水工程，发展了 2×10⁸ m² 以上的灌溉面积和一些工业产业，拦蓄和利用水量剧增。

表 13.3 密云水库、官厅水库可用来水量统计(1990—2016 年)单位：10^8 m^3

年份	1990	1991	1992	1993	1994	1995	1996	1997	1998	1999	2000	2001	2002
密云水库	9.84	10.13	6.54	3.56	15.94	5.72	11.23	4.66	10.05	1.33	0.97	3.48	0.78
官厅水库	3.16	3.77	4.11	2.55	3.08	7.32	8.35	4.01	4.56	2.57	2.47	1.15	0.95
合计	13.00	13.90	10.65	6.11	19.02	13.04	19.58	8.67	14.61	3.90	3.44	4.63	1.73

年份	2003	2004	2005	2006	2007	2008	2009	2010	2011	2012	2013	2014	2015	2016
密云水库	9.84	10.13	6.54	3.56	15.94	5.72	1.77	2.94	4.10	3.04	4.42	1.59	3.16	6.82
官厅水库	3.16	3.77	4.11	2.55	3.08	7.32	0.22	1.13	0.46	0.22	1.64	0.46	0.93	1.67
合计	13.00	13.90	10.65	6.11	19.02	13.04	1.99	4.07	4.56	3.26	6.06	2.05	4.09	8.49

资料来源：历年北京市水资源公报.

(二) 水资源短缺原因分析

1. 降水季节和年际变化大

北京市位于温带半湿润半干旱季风气候区，降水的季节和年际变化大，夏季降水占全年绝大多数，最大年降水量为 1 406 mm，最小年降水量仅为 242 mm。南水北调工程仅能缓解北京用水需求，不能从根本上改变缺水状态。

2. 长期超采，地下水位下降

北京地下水曾十分丰富，西郊位于燕山前麓，历史上泉、湖、沼星罗棋布，河流众多。据北京市地质工程勘察院调查，20 世纪 50 年代北京尚有泉 1 347 眼。自 20 世纪 60 年代以来，由于长期超采，又得不到充分补给，地下水资源萎缩，地下水位逐年下降，泉水已基本枯竭。2016 年年末，地下水平均埋深达 25.23 m，与 2015 年年末相比，地下水位回升 0.52 m，储量相应增加 $2.7 \times 10^8 \text{ m}^3$；与 1998 年年末相比，地下水位下降 13.35 m，储量相应减少 $68.4 \times 10^8 \text{ m}^3$；与 1980 年年末相比，地下水位下降 17.99 m，储量相应减少 $92.1 \times 10^8 \text{ m}^3$；与 1960 年相比，地下水位下降 22.04 m，储量相应减少 $112.8 \times 10^8 \text{ m}^3$(见图 13-2)。2016 年年末，全市平原区地下水位与 2015 年年末相比，下降区(水位下降幅度大于 0.5 m)占 14%，相对稳定区(水位变幅在 −0.5∼0.5 m)占 42%，上升区(水位上升幅度大于 0.5 m)占 44%。2016 年年末地下水埋深大于 10 m 的面积为 5 355 km^2，较 2015 年减少 117 km^2；地下水降落漏斗(最高闭合等水位线)面积为 958 km^2，比 2015 年减少 98 km^2，漏斗主要分布在朝阳区的黄港、长店至顺义区的米各庄、赵全营一带。

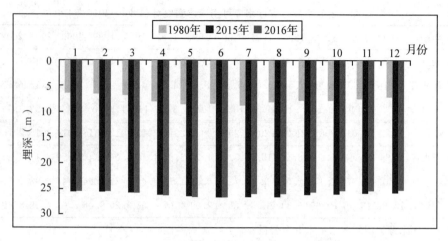

图 13-2　2016 年与 2015 年及 1980 年北京市平原区地下水逐月埋深比较图
资料来源：2016 年北京市水资源公报.

3. 人口膨胀和城市化发展加大了生活用水需求

1978 年北京总人口为 872 万人，2016 年达到 2 172.9 万人，年均增加 34.23 万人。值得注意的是，20 世纪 90 年代以来，北京市人口自然增长率已降到很低，近年一直保持在 9‰ 以下，城区和近郊区甚至出现零增长或负增长。外来流动人口大量涌入是北京市人口增长的主要来源，1990 年北京市外来人口为 127 万人，2000 年增长到 308.4 万人，2003 年达到 409.5 万人，2008 年为 465.1 万人，2015 年为 822.6 万人。由于我国城市化进入高速发展阶段，北京特殊的城市功能和发达的经济水平，还将吸引更多外来人口。

根据 20 世纪 80 年代以来北京人口数量与生活用水量之关系，建立数学模型如下：

$$Y = 21.059 \ln X - 139.18 \quad R^2 = 0.816\ 3$$

式中，X 为总人口（单位：万人），Y 为生活用水量（单位：10^8 m^3），R^2 为相关系数。研究表明，北京水资源人口可承载能力为 1 450 万人，目前用水人口已达到此规模。根据北京城市发展规划，2020 年北京城市人口将控制在 2 300 万人。由上式计算，2020 年北京生活用水量将增加到 23.83×10^8 m^3。

二、水旱灾害

（一）水旱灾害概述

北京市水旱灾害频繁。据资料记载，1470—1989 年，共 520 年，出现洪涝灾害 162 次，其中连续 2 年出现 20 次，连续 4 年出现 2 次，连续 5 年和 6

年出现各 1 次。中华人民共和国成立以来,北京地区较大洪灾年份有 1949 年、1950 年、1954 年、1955 年、1956 年、1959 年、1963 年、1964 年、1969 年、1976 年、1994 年等。

1470—1989 年,共出现旱灾 172 次,其中连续 2 年出现 27 次,连续 3 年出现 6 次,连续 4 年出现 3 次,连续 7 年和 9 年出现各 1 次。1999 年至 2000 年是中华人民共和国成立以来最严重的连续干旱年,1999 年北京市年降水量仅 373 mm。受降水减少的影响,官厅水库汛期来水量为 0.76×10^8 m³,密云水库汛期来水量为 0.75×10^8 m³,均是建库以来最少的一年。持续高温少雨天气,导致蒸发能力强,降水入渗补给大幅度减少;农业开采量显著增加,地下水位大幅度下降都是重要原因。

北京市水旱灾害常呈现交替出现的特点。例如,1993 年北京市遇到 20 世纪的第 4 次大旱,紧接着 1994 年发生中华人民共和国成立以来第 4 次大涝,1995 年又出现严重的春旱。

(二)北京水旱灾害成因

1. 常年春旱的地理环境

北京三面环山、东南濒临渤海湾的地理位置,造成自古以来京津、河北地区"十年九春旱"的气候环境,春旱秋涝是其显著特点。

2. 春季多风,空气干燥

降水少是造成干旱的主要原因,但是空气的干燥程度也是不可忽视的因素。大气干旱是气象干旱的类型之一。北京地区在春季不但经常少雨,而且经常多风。旱风和强烈的太阳辐射,导致蒸发能力很强,使得农作物消耗的水分增多,根部吸收的水分不足以补偿蒸发的水分,从而加重旱情。

3. 坡地雨水容易流失,土壤干旱

北京市土地总面积达 1.6×10^4 km²,其中山地占 61.3%,平原占 38.7%。在山地之中,适宜种植农作物和果树的坡地占 58.6%,适宜植树造林的坡地占 12.8%。总而言之,北京地区农业可利用的坡地面积占山地面积的 70% 以上,这种情况对于发展山区农业当然很有好处。但是也应该看到,如果降雨量相同,那在平原和坡度比较小的地区,水分容易渗入土壤中贮存起来;而在坡度比较大的山地,骤然降下的雨水很容易在被土壤吸收以前在地表形成径流而大量流失,从而在春旱时显露出比平原和缓坡地区严重得多的旱情。

4. 森林植被的破坏

森林植被的破坏,既是造成洪涝灾害的社会因素也是造成干旱灾害的社会因素。首先,森林植被的破坏使得水土流失严重,河流含沙量日益增大,河床淤浅,造成河流易于在汛期泛滥。其次,由于山区土壤缺乏植被,不易涵养水分，雨季时容易很快在地面形成径流，在一定条件下暴发山洪和泥石流。再次，森林植被的破坏会在局部地区改变大气环流的正常过程，造成局部地区的干旱气候。最后，森林植被的破坏在山区、半山区会加重水土流失，在平原地区会严重削弱土壤涵养水分的能力，加重干旱。

三、水污染严重

随着北京市社会经济的发展，水污染问题日趋严重。根据对北京市 70 条河流 2 300 km 河段的水质监测资料分析，有 54 条河流受到不同程度的污染，污染长度达 912 km。地表水污染主要分布在城近郊区、城市下游河道及远郊城镇以及工业集中区附近。地下水污染主要是总硬度和硝酸盐超标。1993—2003 年，北京市供水厂出厂管网水的余氯、浊度、细菌总数、总大肠菌群 4 项监测指标的综合合格率为 100%。

随着我国饮用水质标准的提高，人们对水质的主要关注点由感官指标、金属毒理学指标向有机污染物、微生物安全方向转变。1985 年卫生部饮用水标准共 35 项，而 1993 年建设部制定的《城市供水行业 2000 年技术进步发展规划》规定，生活饮用水质标准 I 类 89 项、II 类 51 项、III 类和 IV 类 35 项。北京市符合和优于 III 类水的河长占评价总河长的 68% 左右，河流污染物主要为耗氧有机物、氨氮和总磷。1993—2003 年，北京符合饮用水源地标准（II～III 类）的水库有密云水库、怀柔水库、十三陵水库、海子水库、西峪水库、黄松峪水库；官厅水库为 IV 类水源地，符合工业及非直接接触娱乐用水标准。北京市环境保护局 2005 年水环境调查显示，逾七成河流水质不达标。被监测的 78 条有水河流中，水质不达标的有 56 条，并有 47 条（段）的水质属于最差的劣 V 类水。在城市中心区 20 条河流中，只有京密引水渠、永定河引水渠、长河水质较好，其余有水河流都是劣 V 类水；在 19 个湖泊中，三分之一为劣 V 类水体。2008 年监测全市 82 条有水河流共长 2 020 km，IV 类、V 类和劣 V 类水质河道长度占到了监测总长度的 44.1%。城市中下游地区大部分仍为劣 V 类水体，下游河湖仍然存在着黑臭现象。监测资料显示，地下水符合 II～III 类水质标准的井占总监测井数的 47.5%，符合 IV 类水质标准的井占 37.5%，符合 V 类水质标准的井占 15.0%。超 III 类水质标准的污染主要为总硬度、混浊度、氨氮等，其中 65% 的井水中有氨氮和亚硝酸盐氮同时检出的现象，说明这些井的水质已经受到了污染，应当引起重视。

北京水污染按成因大致分为自然环境本底水污染（如氟、砷污染）；自然生态环境破坏引起的水污染（如植被破坏造成的山洪泥石流、水土流失所引起的土沙流泻、冲刷下垫面有机物污染河流及水库等）；排放污染物质引起的水污染，即以施用农药、化肥为主的农业污染，京郊地区农药使用量为 $0.3\ kg/hm^2$，化肥使用量为 $270\ kg/hm^2$；以排放工业"三废"为主的工业污染；以排放生活污水为主的生活污染；以排放乡镇工业废水和畜禽污水为主的农村污染，地表河流污染物的 $60\%\sim70\%$ 来自规模饲养场；以堆放垃圾为主的城市垃圾污染，北京年产垃圾可达 $500\times10^4 t$。此外，还有其他因素引起的水污染。

水污染造成的危害是严重的，不仅影响自然生态环境，而且影响城市的发展、人民的身体健康，还进一步加剧了水资源的紧张程度。北京市五大水系多年平均清水量为 $23\times10^8\ m^3$，年污水排放量为 $11.48\times10^8\ m^3$，其大部分未经处理就直接排入河道，对河湖的清洁水体造成新的污染，使河道污水量达到了 $20.17\times10^8\ m^3$，导致五大水系可作饮用的水量仅为 $13\times10^8\ m^3$ 左右。由此可见，水污染使北京水的供需矛盾更趋尖锐。

四、水管理滞后

(一)设施建设相对滞后

水源和供水工程设施建设即为工程管理，北京水源和供水工程设施存在的问题是多方面的：一是工程设施的建设速度赶不上经济发展的速度，二是工程设施配套不够，三是部分工程设施老化失修。从北京地区水资源供需形势看，水源和供水工程尚不具备应对新的水源危机的应变能力和支持首都各项事业进一步发展的能力。产生这些问题的原因也是多方面的，既有对水利基础设施建设和基础产业建设认识不足的原因，也有城市建设整体布局不够协调和对水利工程设施投资过低的原因。

(二)水管理体制有待完善

北京市在水资源保护、开发和利用管理诸方面都存在着亟待解决的问题，归纳起来主要有水管理体制不顺、水运行机制不畅和水法规体系不健全等。如果这些问题得不到有效解决，势必会加剧水资源的紧缺程度，进而影响全市经济社会的正常运行。北京现行的涉水多部门管制体制存在着诸多弊端：一是不利于水资源的统一规划，二是不利于水资源的合理调度，三是不利于水资源的综合管理。水运行机制不畅不是旧体制造成的，其核心是水的商品化问题没有随着改革开放的进程逐步得以解决。

五、解决水问题的对策

(一)水资源可持续利用策略

作为一个开放的、耗散的、动态多变的非结构化系统，水资源系统正越来越多地受到人类经济活动的影响。一般而言，水资源的开发利用过程可分为需求、开发、利用、退水、排放五个环节。过去人们比较重视开发和利用环节，而对其他环节重视不够，将水资源的开发利用过程视为没有反馈的开环结构。因此，随着经济的发展，用水需求快速增长，水资源供不应求，人们不得不寻求开发更多的水源来满足用水需求。随着用水量的增大，污水排放量越来越大，不仅河道水质变差，原有的清洁水源也受到污染，从而进一步加剧水资源短缺，出现"经济越发展，用水量越大，污水排放越多，污染越严重，水资源越短缺"的恶性循环。

应从水资源开发利用的各个环节入手，以水资源的可持续利用为目标，在继续加强水利基础设施建设的同时，强化需求管理和退水管理，采取系统工程，实施综合措施，将水资源的开发利用过程由开环结构变为各环节相互影响的闭环结构，最大限度地发挥水资源的综合利用效益，实现水资源系统、社会经济系统、自然生态系统的协调统一。

(二)水资源管理对策

1. 加强用水需求管理

用水需求管理旨在提高水资源的利用效率和效益，控制用水需求增长速度，通过市场机制和经济手段，促进用水主体节约用水，改变水资源管理模式，使水资源管理由以供给管理为主的"开发利用型管理"转向以需求管理为主的"节水效率型管理"。北京市在节水方面采取了一系列措施，取得了明显的成效。2016 年全市水资源消费量为 $38.8 \times 10^8 \ m^3$，万元 GDP 水耗为 15.8 m^3，下降了 4.79%，这一降幅超过年度万元 GDP 水耗下降目标 1.79 个百分点。在创建节水型社会的推动下，北京市用水效率也在提升，对于雨水、再生水的利用率不断提高。据介绍，2015 年全市利用的可再生水，占总用水量的 25% 以上，居全国第 1 位。

随着经济社会的发展，用水需求管理仍是一项解决水资源短缺问题的长期策略，管理的重点是全面推行用水定额核算，严格控制用水指标，实行用水计量、计划供水、定额核算、总量控制、超计划加价。继续进行产业结构调整，限制高耗水产业发展；大力推广节水技术，改进用水工艺和流程，提高用水效率，减少用水无效损耗，全面落实社会单位节水"六必须"。建立合理的水价体系，用经济手段调动全社会的节水积极性。加强水资源的社会管理体系和社会行为规范体系，充分利用市场机制、经济杠杆、社会舆论、水价奖惩政策等，约束规范人们的用水行为，在全社会倡导节约、环保的生活理念，提高全社会的节水意识，建设节水型社会。

2. 积极适度地开发各种水源

北京是资源型缺水城市，目前水资源的供给实际上是以牺牲生态环境用水和动用储备水源来满足基本用水需求的。随着经济社会的发展，即使在加强用水需求管理的条件下，依靠当地现有水源也难以满足用水需求，必须进一步开发各种水源。一是根据水资源的区域分布状况，积极实施跨流域和跨省份调水，弥补水资源总量的不足。二是积极开发雨洪水、咸水等非常规水源，利用河道、坑塘、湿地以及城区透水路面等，最大限度滞蓄雨洪水、回补地下水。北京市平原区地下水超采严重，地下水降落漏斗面积近 1 000 km²，在没有外来水源补充的情况下，利用雨水回补是缓解地下水位急剧下降的一个主要途径。三是大力开发再生水，既能弥补水资源的不足，又能减少向河道的污水排放量，改善河道水环境。北京再生水的利用量逐年提高（见表 13.4）。2015 年，北京再生水利用量达到 $9.5 \times 10^8 \, m^3$，占全市总用水量的 24.9%，已经广泛应用于工业制造、农业灌溉、城市绿化和河湖环境保护等方面。

表 13.4 北京再生水利用量变化（2004—2015 年）

年份	2004	2005	2006	2007	2008	2009	2010	2011	2012	2013	2014	2015
再生水利用量（$10^8 \, m^3$）	2.0	2.6	3.6	5.0	6.0	6.5	6.8	7.0	7.5	8.0	8.6	9.5
占全市总用水量比例（%）	5.8	7.0	10.5	14.4	17.1	18.3	19.3	19.4	20.9	22.0	22.9	24.9

3. 合理调配使用各种水源

北京是一个多水源、多用户、供水结构复杂的大城市，根据不同水源的来水特性及水质特点，按照一定的水源调配原则，实时在各用户之间合理配置有限的水资源是管好水、用好水、促进水资源高效利用的一个重要途径。在现阶段没有新水源补充之前，虽然地下水超采严重，但在节水挖潜后，水资源的缺口还要依靠超采地下水来弥补。南水北调水进京后，从北京市水资源可持续利用和水环境改善来考虑，首先，应尽可能地利用再生水，提高水资源的重复利用率，改善河道水环境；其次，充分利用南水北调水；再次，在利用主要调节水库适当预留战略储量的条件下，再开发利用地表水（包括雨洪水）；最后，应尽可能减少开采（每年维持基本开采量）地下水，并通过人工和自然回灌的方式，促进地下水储量的恢复。当地下水资源恢复到一定程度后，再适当加大地下水开采力度，对各种水源进行综合调配，将地下水位维持在适宜的范围，使水环境得到良性循环，实现水资源的可持续利用。

4. 积极实施虚拟水战略

解决北京市缺水问题，一方面应积极通过工程措施从区外引进实体水资源，另一方面应结合产业结构调整积极实施虚拟水战略。实际上，以往北京市通过产品贸易已引进了大量虚拟水，对在用水量逐步下降的条件下支撑经济社会的快速发展起到了积极的作用。以 2000 年为例，按照产品购进量初步估算，仅考虑粮食、肉、蛋、水产品等农副产品，北京市年虚拟水引进量为 $40 \times 10^8 \sim 50 \times 10^8 \ m^3$。今后，北京市应进一步实施虚拟水战略。但需要指出的是，实施虚拟水战略必须结合北京市的实际，必须与北京市的产业结构调整相协调，要考虑产业结构调整对社会就业、人民生活的影响，尤其是对粮食安全的影响。

5. 建立区域合作机制

水资源的流域特点和水事行为的外部性决定了解决水资源问题不能仅着眼于局部区域，应从更大范围来考虑。北京市地表供水量的 2/3 依靠密云、官厅两大系统，这两大系统的水绝大部分来自上游的河北、山西地区。近年来，为缓解北京市缺水紧张局面，在水利部的组织下，实施了数次从山西、河北向北京市的应急集中输水。今后几年北京市还需要从周边水库调水，未来虚拟水战略的实施也需要从更大范围、更广思路来考虑。因此，随着水权意识的加强和市场机制的完善，应从水源区保护、水量分配、水权转让、经济扶持、产业互补等方面，建立长期的、全方位的区域合作机制。

6. 提供完善的政策和制度保障

完善的政策和制度是进行水资源科学管理、实现水资源可持续利用战略的重要保障，贯穿于水资源开发利用的各个环节。解决北京市水资源问题，不仅需要工程的、行政的、技术的措施，更需要政策和法律的保障。要实现"循环水务"的治水新思路，需要完善一系列的政策法规，如水源的开发利用与保护、节约用水、中水回用、不同水源的水价体系、水务投融资等方面的政策法规。

第二节　风沙问题

一、历史溯源

世界四大沙尘暴高发区分别位于中亚、北美、中非和澳大利亚，我国的沙尘暴属于中亚沙尘暴区的一部分，西北、华北深受其害。2000 年春季，西北、华北地区连续发生 12 次扬沙、沙尘暴天气，均波及北京。这种恶劣天气发生时间之早、频率之高、范围之广、强度之大，在近 50 年十分罕见。北京地区受风沙危害严重的地区有 5 处，即康庄地区、南口地区、永定河沿岸、潮白河沿岸和大沙河沿岸，占全市沙化土地面积的 69%。

北京地区第一次有史料记载的沙尘暴出现在北魏太平真君元年(440 年)。据《上谷郡志》记载："春二月，上谷郡""风起，坏屋庐，杀人"。此后，北魏有记录的重大沙尘暴有三次，分别是北魏景明元年(500 年)、景明三年(502 年)和正始二年(505 年)。辽金时期，随着北京气候变得寒冷干旱和政治经济中心地位的加强，有关风沙的记载开始多起来，作为金中都，北京地区"风霾""雨土"的记载尤其多。金贞祐三年(1215 年)蒙古军攻占金中都，元至元八年(1271 年)建新都城。游牧民族始入中原，最初未改变牧业民族习惯，许多耕地荒废，植被得以保护。之后，随着牧地被重新开垦为耕地，沙尘暴再次降临北京地区，元至治三年(1323 年)到至顺二年(1331 年)的 9 年间，有 7 年出现多次沙尘暴天气。明代统治的 276 年间，北京地区共有 95 个年份出现春夏之交的大风沙尘暴天气。除春夏之交外，严重一些的年份延续至夏季，甚至秋冬季节也出现沙尘暴。明正统十四年(1449 年)四月至五月，"京师烈风，尽晦"，"大风，黄沙蔽天"。民国时期，北京地区战乱不止，有关沙尘暴的记载不多。

1949 年以后，沙尘天气在 20 世纪五六十年代极为严重，其主要原因是在北京的西北方，从坝上直到内蒙古草原的广大地区，草原和森林植被遭到严重破坏，沙漠、戈壁面积不断扩大，生态平衡严重失调。

北京处于狼山风口和古北口风口的要冲，在风口的下风地带，形成了康庄至南口、潮白河谷和永定河谷三条风廊，一年有 20～30 天风速在 3 m/s 以上，最大风速达 20～30 m/s。风廊控制范围内形成了若干风沙危害区，这些地区土地瘠薄，植被稀疏，"无风一片沙，有风地搬家"。风沙危害不仅严重制约着当地经济的发展，而且严重影响首都功能的正常发挥，危及北京的国际声望和城市形象。虽然从 20 世纪 80 年代开始，北京先后被纳入三北防护林建设工程、京津风沙源治理工程和退耕还林还草工程中，但是生态修复工作还存在许多问题。必须加快生态修复进度，遏制风沙危害，扭转生态环境急剧恶化造成的被动局面，尽快改善北京及其周边地区的生态环境。

二、成因分析

沙尘是大风作用于沙化地面的结果。粉沙中颗粒最小的部分称作沙尘，可以飞上天，在空中处于悬浮状态，顺风飘移数百千米，沙尘暴、扬沙都是风沙活动的表现形式。大风和裸露的地表，是产生风沙活动的两个必备条件。

(一)内因

北京的风沙化土地主要是历史上永定河、潮白河、温榆河等河流多次泛滥冲击而成的，进而形成了永定河、潮白河、大沙河流域和康庄、南口地区五大风沙危害区，地处北京的上风口，是北京就地起沙扬尘的主要沙尘源。

(二)外因

1.地质地貌

从北京市向西北到中蒙边境，横跨了华北冲积平原、燕山等山系、内蒙古高原三大地貌单元，形成逐渐升高的三级构造地貌阶梯。在内蒙古高原上广泛地分布着戈壁、沙漠和风沙土。横亘在内蒙古高原和华北冲积平原之间的燕山山脉呈东北—西南走向，永定河、潮白河、滦河等水系基本与之垂直，呈西北—东南走向，这种地貌特征对北京风沙灾害所起的作用很大，内蒙古高原上大面积覆盖的沙漠、风沙土、戈壁是北京风沙的重要物质来源之一。从内蒙古高原到华北冲积平原的从高到低的阶梯状地形，使内蒙古高原上的沙尘容易向北京吹扬。北京西北侧西北—东南向的水系河道形成了风沙的通道，在延庆康庄、昌平南口、永定河两岸、潮白河两岸及大沙河两岸等地形成风口，有利于风沙向东南方纵深扩散。东北—西南走向的燕山等山脉对西北风带来的风沙起到了一定的阻滞作用。

2.干旱少雨

从内蒙古高原到华北冲积平原包括干旱地区、半干旱地区和半湿润地区。在干旱地区分布的主要是戈壁、沙地和风沙土。半干旱地区大面积分布着沙漠、沙地、风沙土和沙化土地。半湿润地区则分布着轻微沙化土地和小片沙地。由于干旱少雨，不但土壤含水率低，而且随着气候逐渐变暖、气温升高，特别是遇到暖冬且持续少雨时，裸露的土壤变得更为干燥、疏松，为沙尘天气提供了丰富的沙尘源。北京地区历史上春季多风，气候变化周期性明显，干旱周期风沙必然大；湿润周期，即使风大，沙尘也不会太大。

3.北方冷暖空气频繁交替

每年冬春季节冷空气活动成为出现沙尘天气的重要条件。北京地处季风区，每年冬春季节的主风向是北风和西北风，大风源自南西伯利亚南部俄罗斯、蒙古交界处。冷高压气团首先在这里形成，然后以同心圆的形式向南（正南、西南、东南）扩张。冷高压气团经过的地区都会出现大风天气。来自北方的大风通过军都山的山口（如八达岭山口）时，由于地形的关系，风力大大加强，常常使北京出现7～8级甚至8级以上的强风。每年3月至5月，北方冷暖空气频繁交替活动，产生对流层低层强烈垂直不稳定的因素，冷空气活动产生的大风是出现沙尘天气的重要条件。

4.气温持续偏高

受温室效应的影响，近年来，全球普遍出现了气温升高的趋势。京津地区春夏季节持续高温天气加剧了沙尘天气的危害，如2006年，我国北方地区3月平均气温为 3.6℃，比常年同期（2.9℃）偏高 0.7℃。气温回升，致使地表层解冰，土壤水分蒸发大，土质疏松，为初春沙尘天气频繁发生提供了条件。

（三）人类活动

人类的开垦和过度放牧使内蒙古高原生态平衡遭到破坏，土地普遍沙化，而风蚀加速了沙化的进程。内蒙古高原对北京居高临下，当它的地表植被和很薄的土层遭受破坏后，其蕴藏量极其巨大的风沙土裸露地表，在强大的西北季风作用下，对北京将构成长期威胁。

北京地区的另一个沙源是郊区的耕地以及城内、城郊的建筑工地。3 月北京郊区的越冬小麦刚刚返青，还不足以覆盖农田。其他庄稼还没有播种，大部分地表处于裸露状态。北京有秋翻地的习惯，秋翻地使耕地疏松，易受风蚀作用。春天，北京干旱少雨，经常出现大风天气，大风常常把耕地中颗粒细小的尘土吹扬，飘向北京城区。近年来，北京的建筑工地多达上千个，往往是开工以后不能及时竣工，工地上的粉尘随风飘扬，加剧了北京的沙尘天气。

同耕地、工地相比，永定河和其他大小河流是北京最主要的沙源。永定河上游称桑干河，发源于山西北部管涔山，经河北张家口地区进入北京，全长 680 多千米，在北京境内长 170 km。桑干河在远古时期水量很大，出山前为高山峡谷所束，水流湍急；出山以后，倾注于华北平原上，由于地势平坦，河水散流，呈网状分布，北京城区恰在永定河冲积扇的高地上。永定河将从上中游挟带的沙石，沉积在冲积扇上，加上河流不断改道，使北京地下有丰富的河流石和河流沙。还有些河流石、河流沙直接暴露于地表。北京西站附近的莲花池，古称西湖。《水经注》称，西湖"缘水澄澹，川亭望远"，是一处游览胜境。在辽金时代，这里是文人聚会场所，当时有人作诗说："倒影花枝照水明，三三五五岸边行。"清代以后湖面渐小，为泥土垃圾淤平。20 世纪 90 年代中期，北京城建部门在此采挖沙石。沙石来自十余米深的大坑中，地下沙石甚丰。莲花池的沙石也来源于永定河，远古的永定河曾从这里流过。南苑地区过去湖泊甚多，自元代以来是皇帝狩猎的地方。近年在南苑却出现了采沙场，粉沙来自地下，也与永定河有关。埋在地下的古河沙，经过人为活动的影响，常常被翻出地面，成为沙尘之源。永定河干涸的河道，更成为巨大的沙源。

三、防治对策

（一）确定总体布局，科学编制规划

实行山区涵养、平原治理的总体战略。山区涵养是通过实施封山育林、人工造林和关停、废弃矿山生态修复等措施，增加植被，提高现有林地防护

功能。平原治理是根据风沙危害成因和扬沙起尘特点，因地制宜，通过播草盖沙、沙坑治理等措施进行科学治理。

科学编制并严格组织实施防沙治沙规划。有关各区政府要根据全市防沙治沙规划，组织编制本行政区域的防沙治沙规划，明确减少沙化土地的时限、步骤和措施。防沙治沙规划要与本市城市总体规划、土地利用总体规划、生态建设规划、水资源利用规划相衔接，并纳入市、区国民经济和社会发展规划。各区防沙治沙规划经市政府审批后实施。防沙治沙规划一经批准，未经批准机关同意，任何单位和个人不得擅自修改和调整。有关各区政府要认真做好规划的组织实施工作，建立健全责任制，切实将规划任务落实到具体工程项目和年度目标。定期对规划实施情况进行检查、评估，确保规划任务按期完成。

(二)依靠科技支撑

依靠科技支撑，应用现代生物技术，进行科学试验，引进和推广先进科学技术，提高科技贡献率和成果转化率，实现全市防沙治沙工程的现代化转变。根据北京沙区的特点，有关部门要积极引进沙生、抗旱草本植物，对全市沙区现有的裸露沙荒地、卵石滩地、沙坑地等，全面实行播草覆盖，有效"堵住"风沙口。另外，通过引种沙生灌木植物，筛选出能够在北京地区沙地、砂质化土地正常生长和繁殖的优良品种，摸索其栽培技术。同时还要对国内外有关防沙治沙相对成熟和先进的技术进行集成配套、完善提高，建立适应北京不同类型沙区的防沙治沙技术体系；推广沙地灌溉、滴灌、覆盖等节水技术，加强对北京风沙的治理。

(三)加强沙尘源区植被建设

沙尘天气的形成是极为复杂的过程，目前对其形成的许多机理尚不清楚。人类对于沙尘天气形成的许多条件，尚无法控制；但是恢复植被可以对沙尘天气的形成、强度及其危害产生影响。国内外的实践与经验都证明，目前在缓解沙尘天气方面，人类唯一能做的就是恢复沙尘源区的植被覆盖。只要坚持不懈地加强沙尘源区的植被建设，减少沙尘源区的裸露土地，沙尘天气就一定会得到缓解，风沙危害就会不断减小。因此，恢复植被是缓解北京沙尘天气的根本途径。

(四)建立和完善沙尘天气监测、预警系统

大面积恢复林草植被等措施需较长时间的努力。因此，当务之急是建立和完善沙尘天气监测、预警系统，以减少强沙尘天气造成的损失。研究沙尘天气动态监测方法，利用卫星遥感、雷达和探空等手段，对沙尘天气的形成、发展和扩散进行跟踪观测，形成一个实时的沙尘天气监测、预警系统，并及时发布信息，尽可能减少损失。

（五）完善防沙治沙扶持政策

1. 建立稳定的投入机制

各级政府要加大对防沙治沙的资金投入，将防沙治沙作为一项重点，纳入同级财政预算和固定资产投资计划。要积极引导社会资金，扩大利用外资规模，拓宽筹资渠道。要加大科技投入力度，对防沙治沙重点科技支撑项目予以扶持。

2. 落实税收优惠和信贷支持政策

单位和个人投资进行防沙治沙的在投资阶段免征各种税收；取得一定收益后，免征或减征有关税收，具体规定按国家有关政策执行。对符合林业贷款财政贴息规定的防沙治沙贷款项目，按财政部核准数额，市财政给予地方配套政策。继续扩大农户小额信用贷款和农户联保贷款，支持有条件、有生产能力、守信用的农户通过防沙治沙、发展沙产业和多种经营实现增收致富。

3. 扶持各种社会主体参与防沙治沙

改革现行防沙治沙投入和管理方式，创造公平竞争环境，为各种社会主体开展防沙治沙提供条件。凡纳入国家重点工程项目的公益性防沙治沙活动，经各区有关行政主管部门检查验收合格后，享受国家重点工程项目的资金补助。进一步完善招投标制、报账制，研究政府出资直接收购土地沙化严重地区各种社会主体营造的非国有公益林的相关政策。征占用治理后的沙化土地，必须严格履行相关审批手续，并由征占者给予治理者合理的经济补偿。

4. 保障治理者的合法权益

沙化土地可以通过承包、租赁等多种形式落实经营主体，按照签订的合同，限期进行治理。治理后的沙化土地，如涉及权属或地类变更，要及时依法办理土地变更登记手续，保障治理者和土地权利人的合法权益。使用国有沙化土地从事防沙治沙活动的，其土地使用权的期限最高可至70年，治理后的沙化土地承包经营权可以依法继承和流转。

5. 合理开发利用沙区资源

在有效治理和严格保护的基础上，积极引导各种实体充分利用沙区资源，大力发展沙产业。大力扶持一批资源消耗低、科技含量高、竞争力强、辐射潜力大、市场前景好的龙头企业，以公司加农户的形式，把沙区资源优势转变成经济优势；鼓励和引导各种社会主体发展具有首都特色的种植、养殖、农副产品深加工、生态旅游和高性能沙产品等产业，形成新的经济增长点。

（六）加大科技治沙和依法治沙力度

1. 加强防沙治沙科学研究和技术推广

市有关部门和有关各区政府要针对防沙治沙工程的关键性技术难题，开展多部门、多学科、多层次的联合攻关,建立健全防沙治沙技术推广和服务体系,加大先进适用技术和科技成果推广应用力度,积极探索科技推广新机制。

2. 科学开展土地沙化监测工作

市园林绿化部门要抓紧会同气象等有关部门,应用卫星遥感等先进科技手段,科学安排监测内容,构建覆盖全市的沙化土地监测网络体系和土地沙化预警机制,对沙化土地治理后形成的植被状况和生态环境工程效益进行科学评价。

3. 加大执法力度,保护治沙成果

各级政府要严格执行《中华人民共和国防沙治沙法》等有关法律法规,完善配套政策。要加强防沙治沙执法体系建设,充实执法监管力量,明确执法责任,健全监督机制,积极配合同级人民代表大会搞好执法检查,加大行政执法监督力度。

(七)加强对防沙治沙工作的组织领导

1. 防沙治沙工作实行政府负责制

市政府和有关各区政府每年都要向同级人民代表大会及其常务委员会报告防沙治沙工作情况,自觉接受监督。全面推行行政领导防沙治沙任期目标责任考核奖惩制度,将防沙治沙年度目标和任期目标纳入各区政府政绩考核范围。

2. 部门联动,综合治理

建立防沙治沙部门联系协调机制,市有关部门要加强对全市防沙治沙工作的组织、协调和指导,按照职能分工,共同做好防沙治沙工作。

3. 加强区域合作与国际交流

根据本市防沙治沙工作开展情况,加强区域合作与国际交流,积极引进国内外的资金、技术和先进管理经验,促进防沙治沙事业的发展。在防沙治沙措施、沙化土地监测与预警、沙产业建设等方面加强区域统筹,积极争取周边省、自治区、直辖市的支持与协作。

4. 广泛发动社会各界关心和支持防沙治沙事业

充分发挥各种社会团体在防沙治沙工作中的重要作用,动员社会各方面的力量关心和支持防沙治沙事业。市政府和区政府对在防沙治沙工作中取得显著成绩的单位和个人,给予表彰和奖励。

四、防沙治沙工程简介

环北京风沙源区水土流失和土地沙化问题严重,一个主要症结就是生态缺水。大量事实表明,合理利用水资源是防沙治沙的基础,以小流域为单元开展综合治理是防沙治沙的成功模式,水源工程和节水灌溉工程"双管齐下"是防沙治沙取得成效的保证。因此,防沙治沙要在以水为中心、坚持综合治理、注重"三大效益"的原则指导下来研究和制定相关的规划和措施。

为遏制北京及周边地区土地沙化的趋势、改善京津周围生态环境，国家林业局会同农业部、水利部及京津冀晋蒙五省（区、市）人民政府共同组织编制了《2001—2010 年京津风沙源治理工程规划》（简称《治理规划》）。《治理规划》以《全国生态环境建设规划》为指导，根据北京及周边地区沙化土地分布的现状、扩展趋势和成因及治理的有利条件，采取荒山荒地荒（沙）营造林、退耕还林、营造农田（草场）林网、草地治理、禁牧舍饲、小型水利设施、水源工程、小流域综合治理和生态移民等措施治理沙化土地 $1\,011.69×10^8\,m^2$，在 2010 年使治理区生态环境明显好转，风沙天气和沙尘暴天气明显减少，从总体上遏制项目区沙化土地的扩展趋势，使北京及周边地区生态环境得到明显改善。

2012 年 9 月，温家宝主持召开国务院常务会议，会议讨论通过了《京津风沙源治理二期工程规划（2013—2022 年）》。会议指出，京津风沙源治理一期工程自 2000 年启动实施以来，取得显著的生态、经济和社会效益。京津地区沙尘天气呈减少趋势，空气质量改善。工程区沙化土地减少，植被增加，物种丰富度和植被稳定性提高。河北、山西、内蒙古三省（区）的重点治理地区农牧民生产生活条件得到改善，经济社会可持续发展能力增强。

为进一步减少京津地区沙尘危害，不断提高工程区经济社会可持续发展能力，构建我国北方绿色生态屏障，会议决定，在巩固一期工程建设成果基础上，实施京津风沙源治理二期工程。工程区范围由北京、天津、河北、山西、内蒙古 5 个省（区、市）的 75 个县（旗、市、区）扩大至包括陕西在内 6 个省（区、市）的 138 个县（旗、市、区）。会议强调，实施京津风沙源治理二期工程，要遵循自然规律，坚持生物措施、农艺措施和工程措施相结合，努力促进农牧业结构调整和生产方式转变，注重体制机制创新，提高综合效益。

第三节　大气污染

一、北京雾霾问题

近年来，北京雾霾天气频发。2015 年供暖季开始后，雾霾现象严重，半个月内就经历了两次严重污染过程。北京发布了历史上首个空气重污染红色预警。2016 年，北京空气质量达标天数为 198 天，较 2015 年增加 12 天；PM2.5 重污染 38 天，较 2015 年减少 7 天。

治理雾霾问题首先要明确造成雾霾的原因，其中最为重要的是确定污染物化学组成及其主要来源，这一过程被称为 PM 2.5 源解析。源解析指的是大气污染来源解析。作为空气污染重灾区,京津冀地区的 PM 2.5 的源解析一直备受关注。相关研究从组成成分和来源两部分进行分析:从组成成分来看,有机物(占 26%)、硝酸盐(占 17%)、硫酸盐(占 16%)占据 PM 2.5 前三位(见图 13-3);从来源来看,28%～36% 来自区域传输,其他的都是北京本地产生的。在特殊重污染过程中,区域传输贡献可达 50% 以上。在本地污染贡献中,机动车、燃煤、工业生产和扬尘为主要来源,分别占 31.1%、22.4%、18.1% 和 14.3%,餐饮、汽车修理、畜禽养殖、建筑涂装等其他排放占 14.1%(见图 13-4)。

北京市 PM 2.5 成分和来源呈现两个突出特点。一是二次粒子影响大,影响不可忽视。PM 2.5 中的有机物、硝酸盐、硫酸盐和铵盐主要由气态污染物二次转化生成,累计占 PM 2.5 的 70%,是重污染情况下 PM 2.5 浓度升高的主导因素。二是机动车对 PM 2.5 产生综合性贡献。首先,机动车直接排放 PM 2.5,包括有机物和元素碳等;其次,机动车排放的气态污染物包括挥发性有机物(VOCs)、氮氧化物(NOx)等是 PM 2.5 中二次有机物和硝酸盐的"原材料",也是造成大气氧化性增强的重要"催化剂"。2003 年硝酸盐与硫酸盐的比例是 3∶5,2014 年硝酸盐已超过硫酸盐(硝酸盐/硫酸盐=1.05)。最后,机动车行驶还对道路扬尘排放起到"搅拌器"的作用。

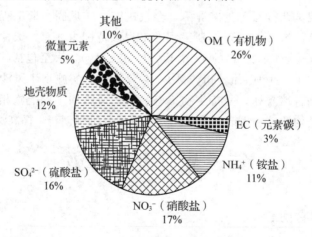

图 13-3　北京市 PM 2.5 主要成分质量百分比(2012—2013 年)

资料来源:北京市 PM 2.5 来源解析正式发布[OL]. http://www.bjepb.gov.cn/bjhrb/xxgk/jgzn/jgsz/jjgjgszjzz/xcjyc/xwfb/607219/index.html.

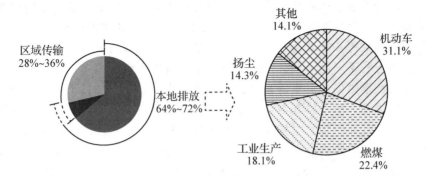

本地排放与区域传输之间的关系　　　　本地排放（左图64%~72%部分）的主要来源

图 13-4　北京市 PM 2.5来源综合解析结果（2012—2013 年）

资料来源：北京市 PM 2.5来源解析正式发布［OL］.http：//www.bjepb.gov.cn/bjhrb/xxgk/jgzn/jgsz/jjgjgszjzz/xcjyc/xwfb/607219/index.html.

除此之外，近年来超强厄尔尼诺事件导致入冬以来冷空气活动少、强度弱、小风日数多、大气静稳度高，以及相对湿度大、污染物吸湿性增长和化学反应明显，这是造成重污染天气频繁发生的主要气象原因。由于北京在雾霾天气过程中空气湿度较大，受辐射降温影响，夜间到清晨出现雾或轻雾，如2015 年 12 月 19 日至 26 日，京津冀及周边地区重度霾面积达 $35.2×10^4$ km^2，北京、河北中南部地区 PM 2.5峰值浓度均超过 500 $\mu g / m^3$，河北南部局地超过 1000 $\mu g / m^3$，为当年入冬以来影响范围最大的雾霾天气过程。

二、污染特点

（一）主要污染物

2016 年，北京市环境空气中主要污染物年平均浓度全面下降，二氧化硫（SO_2）、二氧化氮（NO_2）、细颗粒物（PM 2.5）和可吸入颗粒物（PM_{10}）年平均浓度值分别为 10$\mu g / m^3$、48$\mu g / m^3$、73$\mu g / m^3$ 和 92$\mu g / m^3$。

北京的大气首要污染物为颗粒物，气态污染物大部分也存在不同程度的超标现象。其中，固定源对颗粒物的贡献大于机动车，NO_x 以机动车排放为主，SO_2 主要来自燃煤排放。硫组分来自北京本地污染源排放的 SO_2 和远距离输送。虽然北京市 SO_2 排放量得到削减，但是硫污染并未减缓，控制硫组分须在华北地区乃至更大范围内大幅削减 SO_2 排放量。

颗粒物的来源可分为天然源和人为源。天然源包括地面扬尘、海浪溅出的浪沫和盐粒、火山爆发所释放出来的火山灰、森林火灾的燃烧物、宇宙陨星尘以及植物的花粉、孢子等。人为源主要是燃料燃烧过程中形成的烟尘、飞灰等，各种工业生产所散发出来的原料或产品微粒、汽车排放出来的尾气以及矿物燃料燃烧所排放出来的 SO_2 在一定的条件下转化成的硫酸盐离子等。大气颗粒物的来源和浓度会因不同地区的地理环境、经济发展、能源结构以及管理水平等的不同而不同。一般北方城市的可吸入颗粒物冬、春季质量浓度高，夏、秋季则偏低。原因是冬、春季北方降水偏少，气候干燥，植被干枯，西北风强劲，易引发起沙、扬尘天气或沙尘暴现象，同时也由于北方城市冬季供暖，需要燃烧大量煤炭，产生大量颗粒物。来自西北的沙尘暴借强劲的西北风可能长距离输送影响中国的多个城市，有时甚至会席卷大半个中国，这是冬、春季北方城市空气质量大大下降的另一主要原因。相反，夏、秋季北方降水增多，湿度增大，植被覆盖度明显增大，风速通常较小，空气质量无疑相对较好。

（二）季节变化

北京秋冬季节转换时，早晚温差大，夜间常形成辐射逆温，极有利于大气污染物积累。11 月至 12 月为一年中污染最严重的时段；12 月至次年 1 月北京完全受大陆气团控制，偏北风明显，有利于污染物向下游输送，虽然为采暖季节，PM_{10} 等大气污染物的浓度却出现下降趋势。

春季为北京的沙尘季节，由于上游及周边风沙影响，PM_{10} 浓度较高，3 月至 4 月最为明显。沙尘往往伴随大风出现，大风带走了气态污染物，春季主要表现为沙尘单一型污染。随着冷气团的减弱，5 月之后北京风沙逐渐减少，大气颗粒物浓度明显降低，到 7 月降至一年中最小值，为北京一年中空气质量最好的月份。

北京大气中 SO_2 与 CO 含量在 11 月至次年 3 月较高，1 月达到最高值，这可以很好地体现城市大气污染燃煤型特点。

北京大气中 NO_2 与 NOx 的含量，可以体现大气污染的机动车排放特征。NO_2 与 NOx 的含量越高，说明机动车排放型污染越明显。机动车排放型污染以秋季最明显，冬季最不显著。秋季特别是 11 月大气污染主要表现为局地积累，而且华北地区常驻性的污染汇聚带加剧了大气污染的程度，每年灰霾污染的天数超过 100 天。机动车排放污染最明显的季节与大气污染最严重的季节明显重合，说明机动车排放对北京市大气污染的贡献越来越大。2016 年年末，北京机动车保有量已达 571.8 万辆，年排放污染物 $70×10^4$ t。据测算，机动车排放的 CO、NOx、HC，分别占到该类污染物全市排放总量的 86%、56%、32%。

三、污染防治

20 世纪 90 年代，北京实施大气污染治理。自 1998 年以来，北京大气环境持续得到改善。2013 年，国务院印发《大气污染防治行动计划》。该计划提出的目标是，到 2017 年，全国地级及以上城市可吸入颗粒物浓度比 2012 年下降 10% 以上，优良天数逐年提高；京津冀、长三角、珠三角等区域细颗粒物浓度分别下降 25%、20%、15% 左右，其中北京市细颗粒物年均浓度控制在 60 $\mu g/m^3$ 左右。北京市为贯彻落实《大气污染防治行动计划》，发布了《北京市 2013—2017 年清洁空气行动计划》。

(一)能源结构调整减排工程

北京市天然气供应量从 2000 年的 $11 \times 10^8 m^3$ 增加到 2016 年的 $152.24 \times 10^8 m^3$，天然气居民用户总数达 580 万户，天然气管线长度达 1.8 万余千米，基本实现了城市居民炊事的燃气化。2017 年，北京市已完成 1 万多蒸吨燃煤锅炉清洁能源改造，700 个村"煤改清洁能源"任务超额完成，实现城六区和南部平原地区基本"无煤化"。与 2013 年相比，北京年用煤总量由 $2\,300 \times 10^4 t$ 压减到 $700 \times 10^4 t$ 以内。2015 年北京的能源结构中，煤品占 13.7%，油品占 33.5%，电力占 21.9%，天然气占 29.0%，另有 1.9% 是其他能源。

(二)机动车结构调整减排工程

机动车尾气是温室气体的首要来源。北京市分别于 1999 年、2002 年、2005 年、2008 年执行国 Ⅰ、国 Ⅱ、国 Ⅲ、国 Ⅳ 机动车排放标准，平均比全国提前两年执行，每提高一次标准，单车污染减少 30%～50%。自 2016 年 12 月 15 日起，在空气重污染橙色及红色预警时，国 Ⅰ、国 Ⅱ 排放标准轻型汽油车全市禁行。国 Ⅴ 排放标准于 2017 年 1 月 1 日起在全国范围内全面施行。自 2016 年 4 月 1 日起，国 Ⅴ 排放标准已经在北京、上海、广州等地实施。国 Ⅴ 排放标准要求，颗粒物排放限值须在 0.0045 g/km 以下，相比国 Ⅳ 排放标准的 0.025～0.060 g/km 更为严苛。同时，要求汽车尾气中含有更低的 CO、HC、NOx 等气体。

从 2017 年 2 月 15 日起，国 Ⅰ、国 Ⅱ 排放标准轻型汽油车周一至周五工作日在五环路(不含)以内道路限行。2017 年 10 月 1 日，中石油在北京市域的加油站，按照国家要求已完成国 Ⅵ 油品升级置换工作。2016 年 12 月，《轻型汽车污染物排放限值及测量方法(中国第六阶段)》发布，要求自 2019 年 1 月 1 日起，所有销售和注册登记的轻型汽车应符合国 Ⅵa 限值要求；自 2023 年 1 月 1 日起，所有销售和注册登记的轻型汽车应符合国 Ⅵb 限值要求。可以看出，油品标准实施日期先于排放标准，期限更为严格。相较于国 Ⅴ 车用汽柴油标准，国 Ⅵ 车用汽柴油标准可减少机动车污染物排放，改善大气环境质量，全面达到欧盟现阶段车用油品标准水平，个别指标超过欧盟标准。

控制机动车保有量，确保 2017 年年底将全市机动车保有量控制在 600 万辆以内。积极发展新能源汽车。到2017年年底，北京公交集团更新完成4 500余辆电动公交车，新能源车占比达65%。截至2017年6月底，北京新能源汽车数量达到13.54万辆。除了公用交通领域外，私人和单位新能源车数量为9.53万辆。已在北京市建成170个公共充电站点、1 600余个公共充电设施。其中，长安街东西城区段、通州区段已建成35个公共充电站点、350个公共充电设施，西城大栅栏北京坊、东城东方广场、通州万达广场、通州森林公园漕运码头等热点充电场站均已投入运营。

(三)产业结构优化减排工程

2001年以来，北京市调整搬迁了市区的污染企业，关停了郊区所有水泥立窑、砂石料场和黏土砖厂。特别是北京焦化厂等东南郊地区的一批化工企业停产，首钢压产$400×10^4$ t，华北电力北京热电有限公司燃重油发电机组和北京京丰热电有限公司燃煤发电机组等停产。自2001年禁采砂石以来，河道盗采砂石得到明显遏制。《北京市2013—2017年清洁空气行动计划》提出，2013年至2016年要调整退出建材、化工、铸造、家具制造等行业的小型污染企业1 200家。截至2016年年底，这一目标已超额完成。2013—2016年北京市累计关停退出1 341家一般制造和污染企业，产业瘦身和结构调整取得阶段性成果。

(四)末端污染治理减排工程

严格环保标准。加快修订重点行业大气污染物排放标准，进一步加严污染物排放限值。2013年，北京市发展改革委、市质监局、市环保局等部门修订发布低硫散煤及制品标准。2015年年底前，市质监局、市环保局制定修订建材、石化和汽车制造等行业大气污染物排放标准，基本建成完善的大气污染物排放标准体系。严格执行相关行业挥发性有机物排放标准、清洁生产评价指标和环境工程技术规范。加强挥发性有机物面源污染控制，鼓励使用通过环境标志产品认证的涂料、油墨、胶粘剂、建筑板材、家具、干洗剂等产品。

实施氮氧化物治理。2013年，完成京丰燃气热电厂、10座远郊区县燃煤集中供热中心和4条水泥生产线的脱硝治理。2014年年底，全市所有水泥生产线完成脱硝治理。2015年，各远郊区全面完成燃煤集中供热中心烟气脱硝高效治理。不断推进燃气锅炉低氮燃烧技术改造。

开展工业烟粉尘治理。2013年，华能北京热电厂实施烟气除尘深度治理；全市水泥厂和搅拌站的物料储运系统、料库完成密闭化改造。不断推进燃煤锅炉、工业窑炉除尘设施升级改造；严格落实原材料、产品密闭贮存、输送、装卸料采取有效抑尘措施等要求，大型煤堆、料堆要实现封闭储存或建设防风抑尘设施。

（五）城市精细化管理减排工程

严格控制施工扬尘污染。推行绿色文明施工管理模式，建设单位、施工单位在合同中依法明确扬尘污染治理实施方案和责任，并将防治费用列入工程成本，单独列支，专款专用。实施扬尘污染防治保证金制度。北京市住房和城乡建设委员会、市园林绿化局、市水务局、市交通委员会、市市政市容委员会等相关部门加强本行业施工过程中的扬尘管理，督促施工单位落实全封闭围挡、使用高效洗轮机和防尘墩、料堆密闭、道路裸地硬化等扬尘控制措施，切实履行工地门前三包责任制，保持出入口及周边道路的清洁。

严格控制道路扬尘污染。北京市市政市容委员会、市住房和城乡建设委员会、市城市管理综合行政执法局、市公安局公安交通管理局、市交通委员会等部门加强渣土运输规范化管理，严格执行资质管理与备案制度，城市渣土运输车辆安装卫星定位系统并实现密闭运输。加强对重点地区、重点路段渣土运输的执法监管，杜绝道路遗撒。

（六）生态环境建设减排工程

提高绿化覆盖率。在平原地区，2016 年年底完成百万亩造林工程，同时加大荒滩荒地、拆迁腾退地和废弃坑塘治理力度，从源头上减少沙尘污染；加快建设新城滨河森林公园、功能区"绿心"等大尺度城市森林和重点镇生态休闲公园，完善城市绿化隔离带。在山区，继续推进京津风沙源治理、太行山绿化、森林健康经营等工程建设，加强与周边省区市的区域林业建设合作，增强绿色生态屏障功能。在城区，坚持规划建绿，加快推进滨水绿带建设，加大代征绿地回收和建设力度，积极实施屋顶绿化、垂直绿化等立体绿化工程，增加绿化面积。

扩大水域面积。到 2017 年，累计增加水域面积 1 000 hm^2，建设生态清洁小流域 170 条，治理水土流失面积 1 750 km^2。市园林绿化局牵头编制全市湿地保护发展规划，到 2017 年，累计建成 10 个湿地公园和 10 个湿地保护小区。

实施生态修复。对远郊区的废弃矿山、荒地实施生态修复和绿化，恢复生态植被和景观，不断推进开采岩面治理工作。

（七）空气重污染应急减排工程

将空气重污染应急纳入全市应急管理体系，实行政府主要负责人负责制，成立市空气重污染应急专项指挥部，负责空气重污染的应急组织、指挥和处置。市生态环境局等部门加强空气重污染预警研究，完善监测预警系统，不断提高预测预报的准确性。

完善应急程序，强化工作措施，综合考虑污染程度和持续时间，增加持续重污染的应急措施，包括机动车单双号限行、重点排污企业停产减排、土石方作业和露天施工停工、中小学校停课以及可行的气象干预等。开展重污染天气应急演练。

在国家有关部门的协调支持下，会同周边省区市建立空气重污染应急响应联动机制，开展区域联防联控，共同应对大范围的空气重污染问题。

第四节　山区生态退化与修复

一、生态退化概况

北京山区生态底值很好，但由于矿山开采、城镇建设、旅游开发、道路建设等人为干扰，山区生态系统退化，主要表现在：①生物多样性方面，山区生物多样性丰富，生物丰度指数较高，为 60.718，高于全市的 53.127；②水土流失方面，山区水网及水资源一般，水网密度指数为 20.182，区域差异明显，水土流失严重，流失面积为 2 878 km²，沙化面积为 305 km²，土地退化指数达 6.326，其中山区中度侵蚀面积为 805 km²，轻度侵蚀面积为 2 378 km²，侵蚀面积占山区总面积的 31.6%；③地质灾害方面，山区泥石流沟达 816 条，分布密度高达 7.0 条/km²，泥石流面积为 2 282 km²，占山区总面积的 22.59%。山区具有一定规模的崩塌有 3 850 处，滑坡十余处，采空塌陷处山区均有分布，主要集中在门头沟和房山等地。④环境质量方面，山区环境质量优越，环境质量指数为 97.024，远高于全市的 87.386；⑤景观破坏方面，山区地貌景观破坏指数为 3.86，其中矿山造成的地貌破坏达 40 多平方千米，山区裸地裸岩石砾地面积达 300 多平方千米。

北京山区植被退化面积为 1 837 km²，占山区总面积的 18.2%；植被恢复面积为 752 km²，占山区总面积的 7.5%；植被相对稳定面积为 7 483 km²，占山区总面积的 74.3%。山区水土流失较为严重，水土流失较严重区主要分布在浅山区及山区生态保护区；水土流失一般区主要分布在自然保护区、风景名胜、水土保持林区、水源涵养林区、大中型水库蓄水线周边等植被条件比较好的区域。泥石流、崩塌、滑坡、采空塌陷等是山区主要的地质灾害。山区地质灾害高危险区主要分布在门头沟的斋堂、清水、大台街道，房山的霞云岭、大安山、史家营等，以及昌平的流村镇、怀柔的长哨营、延庆的千家店等；无地质灾害危险区主要分布在低山区和延庆城区；其余乡镇为地质灾害中低危险区。

二、生态退化原因

(一)自然因素

地质地貌是生态系统得以存在和发展的物质基础，不稳定的地质地貌结构、偶发性的或突发性的地质灾害可诱发生态退化。在地质构造单元上，北京北山和西山均属于燕山沉降带。在燕山运动时期，由于褶皱、断裂和抬升等地质作用，形成凸起的山地。北京山区经历了多旋回、多期次的构造运动，形成不同的构造形迹，因而地质构造相当复杂，有东西向、近东西向、北东向、近北东向、近南北向、北西向等多组、多方向构造发育，其中以东西向（包括近东西向）和北东向两组规模最大。北京的地貌主要分为三个大区：北部山地区、西部山地区和平原区，每个大区又分为若干子区。北京山区复杂的地质地貌导致了地质灾害的频繁发生，干扰和破坏了山区生态系统中的生态因子，造成了泥石流、滑坡、水土流失、土壤退化、植被物种生物多样性减少等生态退化问题，所以地质地貌是造成北京山区生态退化的重要原因。

气候和水文因素也是控制生态系统发育的主要生态背景条件。不同的纬度和海陆位置，会形成不同的气候水文特征以及不同的植被—土壤—生物的时空分异，进而形成各具特色的生态系统类型。在气候和水文因素的稳定持续作用下，它们一般并不形成生态退化，如有异常变化则会导致严重的区域生态退化。北京山区气温随海拔高度的增加而降低，变化较大，1月平均气温最低，延庆可达−9℃；7月平均气温最高，延庆可达23℃。降水量地区差异显著，年际变化大，季节分配不均。多雨区沿燕山、西山山前迎风坡分布，年降水量达700 mm以上；少雨区分布于西、北部背风坡的延庆康庄、怀柔汤河口、门头沟斋堂等地，年降水量在500 mm以下。1999年以来北京连续干旱，导致密云、官厅两大水库来水量和蓄水量锐减，水库蓄水入不敷出。全市山区共有547条小流域，局部大暴雨与山洪泥石流灾害时有发生，破坏严重。2006年北京山区坡地共产生地表径流29 367.4×$10^4 m^3$，流失土壤238.5×10^4t，流失总磷91.1 t，流失总氮387.3 t。因此，北京山区温差较大以及降水分布不均，加之地形地貌方面的山高坡陡，都对山区生态系统中的土壤、植被等造成不利影响，这些因素是造成生态退化的主要原因。

土壤条件是生态系统中植被生长发育的本底条件，土壤有机质含量的高低影响着植被的类型及生长状况。土壤因子的自我维持能力不协调，便会带来表土侵蚀并导致原生生态环境的消失；与地貌因子不协调，便会改变地表形态，造成原生生态环境的急剧改变，等等。

北京山区的土壤养分含量较高。中山区人烟稀少，植被覆盖度大，土壤有机质含量可达 8%～12%。低山区植被条件差，水土流失严重，土壤有机质含量为 2%～6%。不同土壤养分含量有明显的差异，山地从高到低的土壤类型排序是：山地草甸土—山地棕壤—山地淋溶褐土—山地普通褐土和碳酸盐褐土。在北京山区陡坡地带，土壤养分不足、土层薄、干旱等大大限制了山区绿化和农业的发展，也造成了生态退化。

(二)生物因素

就北京山区野生植物资源来说，由于多年来的掠夺性采集和任意破坏植被，蓄存量变小，出现率降低。北京山区野生动物资源也由于人为干扰及生态退化等逐年减少。北京的草场资源集中分布在山区，山区草场属于次生型，是森林被破坏后的产物，即所谓的无林荒山中土层较厚、灌草丛较好的地方，可视为宜林地，也可视为宜牧地。北京山区草场的面积为 $3417 \times 10^4 \ km^2$，占山区总面积的 33%，但是由于多年的放牧，草场已严重退化。北京山区的林木覆盖率和森林覆盖率虽然很高，但是由于气候的变化和区域开发的影响，天然植被受到越来越严重的破坏，植被类型也发生了显著的变化。森林生态系统的退化使得整个山区生态系统的功能衰退，这是山区生态退化最重要的生物因素。

随着城市化进程的加快和人口的不断扩张，到北京山区生活和休闲旅游的人口不断增加，加上违法捕猎等人为因素，山区的生物多样性遭受了很大的破坏，生物物种不断减少。同时，山区多年的非法采煤对植物和动物的生境造成了极大的破坏。随着山区旅游业的兴起、发展以及人为活动的进一步增加，生物多样性减少的趋势会更加明显。因此，要加大山区生态保护的力度，控制和协调人与自然的关系，科学有序地进行山区旅游业等产业的开发建设。

(三)人为因素

人为活动往往对生态系统的演变起着主导的诱发作用。人类对生态退化的推动是多方面的、全方位的、深远的。人类活动的强烈干扰往往会加速生态退化的进程，可将潜在的生态退化转化为现实的生态退化。人为活动对生态系统的影响往往是不断累加的，直接和间接地破坏生态系统。与自然因素相比，人为因素对生态系统作用的方向通常是不确定的，既可加速生态退化，又可阻止逆向的生态演替。对于北京山区的生态退化而言，人为因素是关键的原因。北京的城镇化、工业化、农业活动、矿山开采以及道路等基础设施的建设造成的水土流失问题十分突出，严重干扰了北京山区的生态系统，破坏了一些原始的森林生态系统，加快了山区的生态退化速度。

三、生态修复规划

北京山区生态修复规划的内涵：遵循自然生态的发展规律，坚持自然恢复与工程相结合、生态修复与新农村建设相结合，以建设全面的山区生态保障体系为目标，以规划为统领，以科技为支撑，以生态工程为重点，减少山区的安全隐患和地质灾害、水土流失、植被破坏等生态问题，改善山区的生态环境，提高生态景观效果，为山区的经济寻求增长点，实现山区生态涵养、首都屏障的区域功能定位。

规划原则：坚持生态优先、综合治理的原则，坚持自然恢复与工程措施并重的原则，坚持因地制宜、分区治理的原则，坚持预防为主、治理为辅的原则，坚持生态修复与新农村建设相结合的原则，坚持统筹规划、分类指导、分区分步实施的原则。

规划期末(2020年)完成废弃矿山、矿山亟待恢复治理区、矿山恢复治理区和矿山加强保护区的生态修复任务；完成水土流失重点治理区的修复工作，并加强重点监督区和重点保护区的修复防治工作；完成植被退化区的生态恢复工作。截至规划期末，山区的地质灾害、水土流失及植被破坏问题基本消除，山区生态环境和景观效果显著改善，使山区的经济发展向生态经济和绿色经济转变，山区经济社会进入可持续的良性循环的轨道。

生态修复规划的内容，实际上是依据生态学原理，通过一定的生物、生态以及工程的技术和方法，人为地改变和消除生态系统退化的主导因子，在空间上调整、配置和优化系统内部及其与外界的物质、能量和信息的流动过程及其时空秩序，使生态系统的结构、功能和生态学潜力成功地恢复乃至得以提高。生态修复的成功与否主要可以从以下五点判定：一是可持续性，二是不可入侵性，三是生产力，四是营养保持力，五是具有生物间的相互作用。北京山区生态修复规划的重点：一是明确生态退化的空间和生态退化的程度，二是确定修复的范围及修复的时序，三是选择合理的生态修复的措施和工程技术方法，四是对修复工程的实施进行评价。

思考题

1. 简述北京市的地理位置。

2. 阐述北京的自然地理区位条件。

3. 试论述北京市行政区建制沿革。

4. 简述北京市行政区划现状。

5. 试论述北京地区新生代环境演变过程。

6. 北京地区构造单元有哪些?

7. 简述北京地区主要的褶皱构造。

8. 北京地区活动构造主要有哪些?

9. 如何理解北京地区是中国地震比较活跃的地区之一?

10. 试论述北京地质发展简史。

11. 试论述北京地貌基本特征。

12. 举例说明北京主要地貌类型。

13. 简述北京气候基本特征。

14. 简述北京降水的空间分布特征。

15. 简要介绍北京地区的大型水库。

16. 试论述北京植物区系特征。

17. 举例说明北京地区山地植被垂直分异。

18. 简述北京动物区系特征。

19. 举例说明北京主要的土壤类型。

20. 试论述北京城市发展历史过程。

21. 简述北京旅游业发展的优势条件。

22. 试论述北京旅游业的发展方向。

23. 试论述北京地区人口空间分布特征。

24. 简述北京的京味文化。

25. 简述北京四合院的基本建筑格局。

26. 试论述北京的四大功能区域划分。

27. 简述首都功能核心区的存在问题和发展方向。

28. 简述城市功能拓展区的存在问题和发展方向。

29. 简述城市发展新区的存在问题和发展方向。

30. 简述生态涵养发展区的存在问题和发展方向。

31. 简述首都功能核心区的战略定位。

32. 简述东城区的总体发展定位。

33. 简述西城区的功能定位。

34. 试论述北京古代人口集聚过程。

35. 简述明清时期北京人口分布特征。

36. 简述现代北京人口分布特征。

37. 试论述古代北京城市建设基本格局。

38. 举例说明当代北京城市的空间对称性。

39. 北京的"前三海"指的是什么？

40. 北京的"后三海"指的是什么？

41. 举例说明北京的胡同文化。

42. 简述为什么要疏解北京的非首都功能。

43. 举例说明海淀区的高等教育资源特征。

44. 简述北京商务中心区的位置。

45. 简述北京城市副中心的地理位置。

46. 简述北京城市副中心的功能。

47. 简述城市发展新区的人口变化总体趋势。

48. 简要介绍生态涵养发展区的重要旅游资源。

49. 举例说明生态涵养发展区发展的特色农业。

50. 简述首都放射线高速公路。

51. 试绘制北京轨道交通线路运营示意图。

52. 简要介绍京津冀城市群。

53. 试论述京津冀协同发展的必要性。

54. 简述京津冀协作的历史。

55. 试论述北京与首都圈其他城市有何种历史联系。

56. 简述首都圈的区域发展定位。

57. 试论述北京水资源短缺的原因。

58. 简述北京水旱灾害成因。

59. 试论述北京风沙问题的成因。

60. 试论述北京生态环境退化的主要原因。

参考文献

[1]祝尔娟，牛立超，吴常春．北京60年的发展成就与未来展望[J]．经济地理，2009(9)．

[2]陈正邦，邓一岗，米双庆，等．北京地区的印支运动[J]．成都地质学院学报，1985(3)．

[3]罗哲文．北京历史文化[M]．北京：北京大学出版社，2004．

[4]邬翊光，况鸿璋．北京市经济地理[M]．北京：新华出版社，1988．

[5]邱竞．北京经济增长方式转变研究[D]．中国人民大学，2008．

[6]北京市环境保护局．借奥运成功经验继续推进北京大气污染防治[J]．城市管理与科技，
    2008(5)．

[7]谢守红，宁越敏．世界城市研究综述[J]．地理科学进展，2004(5)．

[8]樊文雁．北京及周边地区大气污染初步研究[D]．兰州大学，2008．

[9]常人春．老北京的风俗[M]．北京：北京燕山出版社，1990．

[10]北京市统计局，国家统计局北京调查总队．数说北京改革开放三十年[M]．北京：中
    国统计出版社，2008．

[11]黄忠臣．北京市水资源状况调查分析[J]．北京建筑工程学院学报，2003(4)．

[12]贾瑞燕，丁国栋，肖辉杰．北京风沙化土地生态修复现状、问题与对策——以延庆县
    为例[J]．水土保持研究，2005(2)．

[13]李会安．北京市水资源利用问题与对策[J]．北京水务，2007(6)．

[14]李金海，史亚军．科学治沙的理论与实践——北京京津风沙源治理工程实例[M]．北
    京：中国农业大学出版社，2007．

[15]李爽，孙九林．北京风沙源区土地退化及其趋势分析[J]．资源科学，2005(2)．

[16]傅桦，吴雁华．北京现代农业的理论与实践[M]．北京：中国环境科学出版社，2001．

[17]王金如．北京的水问题及防治对策[J]．城市防震减灾，1999(1)．

[18]王英，金军，李令军，等．北京大气污染区域分布及变化趋势研究[J]．中央民族大学
    学报(自然科学版)，2008(1)．

[19]吴佩林，张伟．北京市水危机与水资源可持续利用对策[J]．辽宁工程技术大学学报，
    2005(3)．

[20]于德源．北京灾害史[M]．北京：同心出版社，2008．

[21]薛俊菲，顾朝林，孙加凤．都市圈空间成长的过程及其动力因素[J]．城市规划，2006(3)．

[22]陈益宜．都会区域定义之研究[M]．台北：永大书局，1983．

[23]高汝熹，阮红．论中国的圈域经济[J]．科技导报，1990(4)．

[24]高汝熹，罗明义．城市圈域经济论[M]．昆明：云南大学出版社，1998．

[25]胡序威，周一星，顾朝林，等．中国沿海城镇密集地区空间集聚与扩散研究[M]．北京：科学出版社，2000．

[26]高汝熹，罗守贵．2006中国都市圈评价报告[M]．上海：上海三联书店，2007．

[27]谭成文，杨开忠，谭遂．中国首都圈的概念与划分[J]．国土开发与整治，2000(3)．

[28]杜德斌，智瑞芝．日本首都圈的建设及其经验[J]．世界地理研究，2004(4)．

[29]张召堂．中国首都圈发展研究[M]．北京：北京大学出版社，2005．

[30]高汝熹，吴晓隽，车春鹏．2007中国都市圈评价报告[M]．上海：格致出版社，2008．

[31]国家统计局城市社会经济调查司．中国城市统计年鉴(2008)[M]．北京：中国统计出版社，2009．

[32]王少杰．中日首都圈经济发展模式比较研究[D]．河北大学，2006．

[33]王建．美日区域经济模式的启示与中国"都市圈"发展战略的构想[J]．战略与管理，1997(2)．

[34]王辉，万新平．环渤海经济圈·天津卷[M]．北京：社会科学文献出版社，1996．

[35]谭成文，李国平，杨开忠．中国首都圈发展的三大战略[J]．地理科学，2001(1)．

[36]范爱文．首都圈城市协调发展问题的分析[J]．徐州师范大学学报(自然科学版)，1999(1)．

[37]周伟，祝尔娟．关于京津冀都市圈发展的战略思考——2008首都圈发展高层论坛观点综述[J]．首都经济贸易大学学报，2009(3)．

[38]齐吉祥．北京地理与历史[M]．北京：中国林业出版社，2008．

[39]田至美．北京山区主体功能区协调发展的区域背景分析[J]．中国环境管理，2009(2)．

[40]李妍彬，田至美．北京山区小流域治理措施综述[J]．环境科学与管理，2007(2)．

[41]王静文，毛其智．北京城市近10年人口分布演变态势分析[J]．北京规划建设，2010(1)．

[42]刘学敏，等．首都区：实现区域可持续发展的战略构想[M]．北京：科学出版社，2010．

[43]孟素洁，杨小琼．北京都市型现代农业快速发展[J]．数据，2009(7)．

[44]北京市气象局气候资料室．北京气候志[M]．北京：北京出版社，1987．

[45]北京市地方志编纂委员会．北京志·地质矿产水利气象卷·气象志[M]．北京：北京出版社，1999．

[46]中国科学院《中国自然地理》编辑委员会．中国自然地理(植物地理)(上册)[M]．北京：科学出版社，1983．

[47]陈昌笃，林文棋．北京的珍贵自然遗产——植物多样性[J]．生态学报，2006(4)．

[48]北京市重点保护野生植物名录公告[EB/OL]．[2020-01-10]．http：//zhengwu.beijing.gov.cn/gzdt/gggs/t937844.htm．

[49]乔曾鉴，邢其华，武吉华，等．北京植物区系的初步分析[J]．北京师范大学学报(自然科学版)，1964(2)．

[50]崔国发，邢韶华，赵勃．北京山地植物和植被保护研究[M]．北京：中国林业出版社，2008.

[51]霍亚贞．北京自然地理[M]．北京：北京师范学院出版社，1989.

[52]钟敦伦，谢洪，王士革，等．北京山区泥石流[M]．北京：商务印书馆，2004.

[53]中国自然资源丛书编撰委员会．中国自然资源丛书·北京卷[M]．北京：中国环境科学出版社，1995.

[54]北京市计划委员会国土环保处．北京国土资源[M]．北京：北京科学技术出版社，1988.

[55]北京市"十一五"时期新农村建设发展规划[EB/OL]．[2020-01-11]．http：//www. beijing. gov. cn/zfzx/ghxx/sywgh/t691602. htm.

[56]北京市地方志编纂委员会．北京志·综合卷·建置志·地名志·区县概要[M]．北京：北京出版社，2004.

[57]侯仁之．北京城市历史地理[M]．北京：北京燕山出版社，2000.

[58]北京市民政局，北京市测绘设计研究院．北京市行政区划地图集[M]．长沙：湖南地图出版社，2005.

[59]北京市地质矿产局．北京市区域地质志[M]．北京：地质出版社，1991.

[60]鲍亦冈，刘振锋，王世发，等．北京地质百年研究——北京地区基础地质研究的历史与最新成果[M]．北京：地质出版社，2001.

[61]傅桦，吴雁华，曲利娟．生态学原理与应用[M]．北京：中国环境科学出版社，2008.

[62]北京市统计局，国家统计局北京调查总队．北京市2009年国民经济和社会发展统计公报[J]．数据，2010(3).

[63]李容全，刘增森．北京地区长辛店砾石层沉积学特征与西山地貌发育的几个问题[J]．地理学报，1984(1).

[64]林超，李昌文．北京山区土地类型研究的初步总结[J]．地理学报，1980(3).

[65]北京市地方志编纂委员会．北京志·地质矿产水利气象卷·水利志[M]．北京：北京出版社，2000.

[66]刘华训．北京山区的植被与环境[A]//邢嘉明，林文盘．京津地区生态环境研究文集[C]．北京：气象出版社，1987.

[67]北京市地方志编纂委员会．北京志·农业卷·林业志[M]．北京：北京出版社，2003.

[68]王鸿媛．北京鱼类和两栖·爬行动物志[M]．北京：北京出版社，1993.

[69]赵欣如．北京鸟类图鉴[M]．北京：中国林业出版社，1999.

[70]北京市地方志编纂委员会．北京志·综合卷·人口志[M]．北京：北京出版社，2004.

[71]王东，王放．北京魅力[M]．北京：北京大学出版社，2008.

[72]谢庄，曹鸿兴．北京最高和最低气温的非对称变化[J]．气象学报，1996(4).

[73]杨国栋，陈效逑．北京地区的物候日历及其应用[M]．北京：首都师范大学出版社，1995.

[74]虢侗，鸣磬．算算冬季有多长[J]．中国科技教育，2002(5).

[75]金蕾，徐谦，林安国，等．北京市近二十年(1987～2004)湿沉降特征变化趋势分析[J]．环境科学学报，2006(7).

[76]Shen G，Gao X，Gao B，et al．Age of Zhoukoudian Homo erectus determined with 26Al/10Be burial dating[J]．Nature，2009，458.

[77]高星，张双权，陈福友．论周口店遗址的科学价值与研究潜力——纪念裴文中先生诞辰100周年[J]．第四纪研究，2004(3).

[78]Hu Y，Shang H，Tong H，et al．Stable isotope dietary analysis of the Tianyuan 1 early modern human[J]．PNAS，2009，106：10971～10974.

[79]Shang H，Tong H，Zhang S，et al．An early modern human from Tianyuan Cave，Zhoukoudian，China[J]．PNAS，2007，104：6573～6578.

[80]北京大学历史系《北京史》编写组．北京史(增订本)[M]．北京：北京出版社，2012.

[81]吕金波，李勇．北京地质大厦景观石的地质特征[J]．城市地质，2016(3).

[82]尹钧科．北京建置沿革史[M]．北京：人民出版社，2008.

[83]任荣，韩宝福，张志诚，等．北京昌平地区基底片麻岩和中—新元古代盖层锆石U—Pb年龄和Hf同位素研究及其地质意义[J]．岩石学报，2011(6).

[84]贺高品，叶慧文，夏胜利．北京密云地区变质基性岩墙的Sm—Nd同位素年龄及其地质意义[J]．岩石学报，1993(3).

[85]贺高品，叶慧文，夏胜利．北京密云地区麻粒岩相区变质作用演化及PTt轨迹的研究[J]．岩石学报，1994(1).

[86]Shi Y，Wilde S，Zhao X，et al．Late Neoarchean magmatic and subsequent metamorphic events in the northern North China Craton：SHRIMP zircon dating and Hf isotopes of Archean rocks from Yunmengshan Geopark，Miyun，Beijing[J]．Gondwana Research，2012，21(4).

[87]方同明，孙永华，刘鸿，等．北京地区太古宙变质地层研究新进展[J]．中国地质，2016(3).

[88]方同明，程新彬，刘鸿，等．北京密云放马峪基性岩墙群LA—MC—ICP—MS锆石U—Pb年龄及其意义[J]．地质通报，2016(12).

[89]Shi Y，Zhao X，Gao B，et al．Early Neoarchean magmatic and paleoproterozoic metamorphic events in the northern North China Craton：SHRIMP zircon dating and Hf isotopes of Archean rocks from the Miyun Area，Beijing[J]．ACTA GEOLOGICA SINICA (English Edition)，2017，91(3)：988～1002.

[90]刘本培，全秋琦，等．地史学教程[M]．北京：地质出版社，1996.

[91]陈玉山．北京西山晚古生代植物群组合及双泉组时代探讨[J]．中国煤炭地质，1990(2).

[92]张宏，柳小明，张晔卿，等．冀北滦平—辽西凌源地区张家口组火山岩顶、底的单颗粒锆石U—Pb测年及意义[J]．地球科学—中国地质大学学报，2005(4).

[93]米家榕，张川波，孙春林，等．北京西山杏石口组发育特征及其时代[J]．地质学报，1984(4)．

[94]刘宪亭．北京西山杏石口组的鱼化石[J]．古脊椎动物学报，1988(4)．

[95]刘健，赵越，柳小明，等．燕山褶断带下板城盆地杏石口组沉积特征及其构造意义[J]．岩石学报，2007(3)．

[96]陈海燕，张运强，刘蓓蓓，等．冀北承德盆地杏石口组沉积特征及时代讨论[J]．中国地质调查，2015(8)．

[97]赵越，宋彪，张拴宏，等．北京西山侏罗纪南大岭组玄武岩的继承锆石年代学及其含义[J]．地学前缘，2006(2)．

[98]于海飞，张志诚，帅歌伟，等．北京十三陵—西山髫髻山组火山岩年龄及其地质意义[J]．地质论评，2016(4)．

[99]鲍亦冈．北京市岩石地层[M]．武汉：中国地质大学出版社，1996．

[100]郭旭东．北京第四纪地质导论[M]．重庆：重庆出版社，2007．

[101]蔡向民，张磊，郭高轩，等．北京平原地区第四纪地质研究新进展[J]．中国地质，2016(3)．

[102]北京市经济和信息化委员会．2017北京软件和信息服务业发展报告[EB/OL]．[2020-01-10]．http://www.bsia.org.cn/fro/content.action? contentId = 8a2c07e25d73fd13015d7cdfa39900b0．

[103]刘艺．日本首都圈产业分工协作及对京津冀都市圈发展的启示[J]．智富时代，2016(8)．

[104]中国互联网络信息中心．中国互联网络发展状况统计报告[R]．http://www.cnnic.net.cn/hlwfzyj/hlwxzbg/#．

[105]王志．北京传媒蓝皮书：北京新闻出版广电发展报告（2015～2016）[M]．北京：社会科学文献出版社，2016．

[106]奥运功能区打造国际交往联络窗口[N]．法制晚报，（2017-09-12）．http://www.fawan.com/2017/09/12/468889t185.html．

[107]董光器．五十七年光辉历程——建国以来北京城市规划的发展[J]．北京规划建设，2006(5)．

[108]北京市沙化土地面积5年减少37.2万亩[N]．北京日报，（2016-06-18）．http://china.huanqiu.com/hot/2016－06/9054998.html．

[109]周昆叔．北京环境考古[J]．第四纪研究，1989(1)．

[110]尹钧科．北京郊区村落发展史[M]．北京：北京大学出版社，2001．

[111]高寿仙．北京人口史[M]．北京：中国人民大学出版社，2014．

[112]袁熹．近代北京城市人口研究[J]．人口研究，2003(5)．

[113]马小红，胡玉萍，尹德挺．当代北京人口（上下）[M]．北京：中国人民大学出版社，2014．

[114]谭英．日坛史略[M]．长春：吉林大学出版社，2010．

[115]徐飞.中轴线 连接北京的历史与未来[J].北京观察,2017(10).

[116]张次溪.酒旗戏鼓天桥市 多少游人不忆家[J].北京规划建设,2014(3).

[117]郑垣.倾诉岁月的沧桑——京西古道寻幽[J].中国城市金融,2007(1).

[118]岳晓婧,周学江.特色民俗村落空间的传承与再造——以古北水镇为例[J].城乡建设,2016(7).

[119]丁扬."生存岛"体验生存[J].科技潮,2001(9).

[120]戚本逊,张慧军,刘学.小樱桃做出大文章——门头沟区樱桃沟村见闻[J].前线,2006(6).

[121]溢彩.板栗之冠——怀柔板栗[J].中国果菜,2016,35(1).

[122]王光镐.人类文明的圣殿——北京(上下)[M].北京:中国书籍出版社,2014.

[123]北京市统计局.北京统计年鉴1992[M].北京:中国统计出版社,1992.

[124]北京市统计局.北京统计年鉴1993[M].北京:中国统计出版社,1993.

[125]北京市统计局.北京统计年鉴1994[M].北京:中国统计出版社,1994.

[126]北京市统计局.北京统计年鉴1995[M].北京:中国统计出版社,1995.

[127]北京市统计局.北京统计年鉴1996[M].北京:中国统计出版社,1996.

[128]北京市统计局.北京统计年鉴1997[M].北京:中国统计出版社,1997.

[129]北京市统计局.北京统计年鉴1998[M].北京:中国统计出版社,1998.

[130]北京市统计局.北京统计年鉴1999[M].北京:中国统计出版社,1999.

[131]北京市统计局.北京统计年鉴2000[M].北京:中国统计出版社,2000.

[132]北京市统计局.北京统计年鉴2001[M].北京:中国统计出版社,2001.

[133]北京市统计局.北京统计年鉴2002[M].北京:中国统计出版社,2002.

[134]北京市统计局.北京统计年鉴2003[M].北京:中国统计出版社,2003.

[135]北京市统计局.北京统计年鉴2004[M].北京:中国统计出版社,2004.

[136]北京市统计局.北京统计年鉴2005[M].北京:中国统计出版社,2005.

[137]北京市统计局,国家统计局北京调查总队.北京统计年鉴2006[M].北京:中国统计出版社,2006.

[138]北京市统计局,国家统计局北京调查总队.北京统计年鉴2007[M].北京:中国统计出版社,2007.

[139]北京市统计局,国家统计局北京调查总队.北京统计年鉴2008[M].北京:中国统计出版社,2008.

[140]北京市统计局,国家统计局北京调查总队.北京统计年鉴2009[M].北京:中国统计出版社,2009.

[141]北京市统计局,国家统计局北京调查总队.北京统计年鉴2010[M].北京:中国统计出版社,2010.

[142]北京市统计局,国家统计局北京调查总队.北京统计年鉴2011[M].北京:中国统计出版社,2011.

[143]北京市统计局，国家统计局北京调查总队．北京统计年鉴2012[M]．北京：中国统计出版社，2012.

[144]北京市统计局，国家统计局北京调查总队．北京统计年鉴2013[M]．北京：中国统计出版社，2013.

[145]北京市统计局，国家统计局北京调查总队．北京统计年鉴2014[M]．北京：中国统计出版社，2014.

[146]北京市统计局，国家统计局北京调查总队．北京统计年鉴2015[M]．北京：中国统计出版社，2015.

[147]北京市统计局，国家统计局北京调查总队．北京统计年鉴2016[M]．北京：中国统计出版社，2016.

[148]北京市统计局，国家统计局北京调查总队．北京统计年鉴2017[M]．北京：中国统计出版社，2017.

[149]北京市统计局．北京区域统计年鉴2002[M]．北京：同心出版社，2002.

[150]北京市统计局．北京区域统计年鉴2003[M]．北京：同心出版社，2003.

[151]北京市统计局．北京区域统计年鉴2004[M]．北京：同心出版社，2004.

[152]北京市统计局，国家统计局北京调查总队．北京区域统计年鉴2005-2006[M]．北京：同心出版社，2006.

[153]北京市统计局，国家统计局北京调查总队．北京区域统计年鉴2007[M]．北京：同心出版社，2007.

[154]北京市统计局，国家统计局北京调查总队．北京区域统计年鉴2008[M]．北京：同心出版社，2008.

[155]北京市统计局，国家统计局北京调查总队．北京区域统计年鉴2009[M]．北京：同心出版社，2009.

[156]北京市统计局，国家统计局北京调查总队．北京区域统计年鉴2010[M]．北京：同心出版社，2010.

[157]北京市统计局，国家统计局北京调查总队．北京区域统计年鉴2011[M]．北京：同心出版社，2011.

[158]北京市统计局，国家统计局北京调查总队．北京区域统计年鉴2012[M]．北京：同心出版社，2012.

[159]北京市统计局，国家统计局北京调查总队．北京区域统计年鉴2013[M]．北京：同心出版社，2013.

[160]北京市统计局，国家统计局北京调查总队．北京区域统计年鉴2014[M]．北京：同心出版社，2014.

[161]北京市统计局，国家统计局北京调查总队．北京区域统计年鉴2015[M]．北京：北京日报出版社，2015.

[162]北京市统计局，国家统计局北京调查总队．北京区域统计年鉴2016[M]．北京：中国统计出版社，2016.

[163]北京市统计局，国家统计局北京调查总队．北京区域统计年鉴2017[M]．北京：中国
　　　统计出版社，2017.

[164]北京市西城区志编纂委员会．北京市西城区志[M]．北京：北京出版社，1999.

[165]北京市东城区地方志编纂委员会．北京市东城区志[M]．北京：北京出版社，2005.

[166]北京市宣武区地方志编纂委员会．北京市宣武区志[M]．北京：北京出版社，2004.

[167]北京市崇文区地方志编纂委员会．北京市崇文区志[M]．北京：北京出版社，2004.

[168]北京市海淀区地方志编纂委员会．北京市海淀区志[M]．北京：北京出版社，2004.

[169]北京市朝阳区地方志编纂委员会．北京市朝阳区志[M]．北京：北京出版社，2007.

[170]北京市丰台区地方志编纂委员会．北京市丰台区志[M]．北京：北京出版社，2001.

[171]北京市石景山区地方志编纂委员会．北京市石景山区志[M]．北京：北京出版
　　　社，2005.

[172]北京市房山区志编纂委员会．北京市房山区志[M]．北京：北京出版社，1999.

[173]北京市门头沟区志编纂委员会．北京市门头沟区志[M]．北京：北京出版社，2006.

[174]昌平县志编纂委员会．昌平县志[M]．北京：北京出版社，2007.

[175]顺义县地方志编纂委员会．顺义县志[M]．北京：北京出版社，2009.

[176]大兴县志编纂委员会．大兴县志[M]．北京：北京出版社，2002.

[177]通州区地方志编纂委员会．通县志[M]．北京：北京出版社，2003.

[178]平谷县志编纂委员会．平谷县志[M]．北京：北京出版社，2001.

[179]怀柔县志编纂委员会．怀柔县志[M]．北京：北京出版社，2000.

[180]密云县志编纂委员会．密云县志[M]．北京：北京出版社，1998.

[181]延庆县志编纂委员会．延庆县志[M]．北京：北京出版社，2006.